김현종,
한미
FTA를
말하다

김현종,
한미
FTA를
말하다

김현종 지음

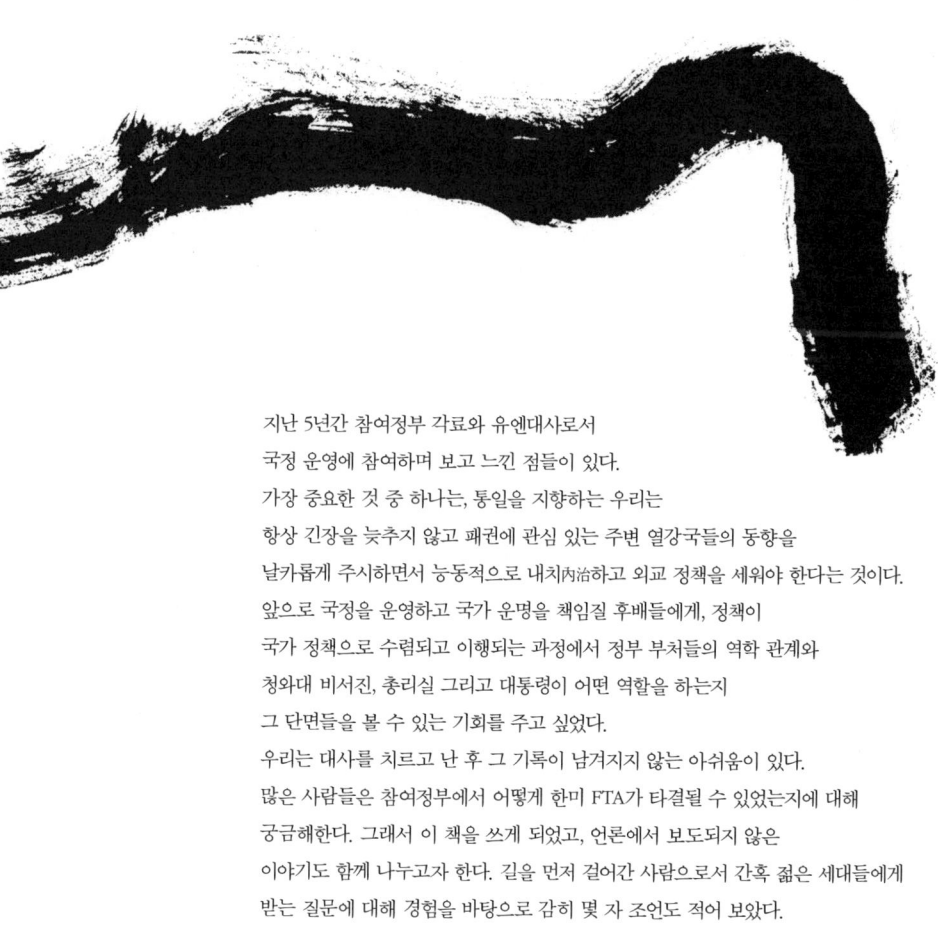

지난 5년간 참여정부 각료와 유엔대사로서
국정 운영에 참여하며 보고 느낀 점들이 있다.
가장 중요한 것 중 하나는, 통일을 지향하는 우리는
항상 긴장을 늦추지 않고 패권에 관심 있는 주변 열강국들의 동향을
날카롭게 주시하면서 능동적으로 내치內治하고 외교 정책을 세워야 한다는 것이다.
앞으로 국정을 운영하고 국가 운명을 책임질 후배들에게, 정책이
국가 정책으로 수렴되고 이행되는 과정에서 정부 부처들의 역학 관계와
청와대 비서진, 총리실 그리고 대통령이 어떤 역할을 하는지
그 단면들을 볼 수 있는 기회를 주고 싶었다.
우리는 대사를 치르고 난 후 그 기록이 남겨지지 않은 아쉬움이 있다.
많은 사람들은 참여정부에서 어떻게 한미 FTA가 타결될 수 있었는지에 대해
궁금해한다. 그래서 이 책을 쓰게 되었고, 언론에서 보도되지 않은
이야기도 함께 나누고자 한다. 길을 먼저 걸어간 사람으로서 간혹 젊은 세대들에게
받는 질문에 대해 경험을 바탕으로 감히 몇 자 조언도 적어 보았다.

대한민국을 위해 최전방에 설 젊은이들이
한미 FTA 협상가들의 중심을 읽고 그 치열함에 지혜가 더하기를 바란다.

2010년 12월

김현종

차례

프롤로그 노무현 대통령과의 첫 만남 9

1부 22세기 희망 전략

1장 FTA 로드맵
FTA 낙제생에서 FTA 모범생으로 19

2장 동시다발적 FTA
캐나다, 미국, EU, 멕시코, 아세안,
뉴질랜드와의 FTA 출범 57

2부 한미 FTA 협상 과정

1장 숨 가빴던 출범 과정
"정치적 부담은 크지만 결단 내고 갑시다!" 89

2장 1~7차 협상 과정
죽고자 하면 산다 116

3장 마지막 일주일
남산의 적벽대전 181

4장 미국의 신통상정책
추가협상 요구한 USTR 227

5장 4대 선결조건의 진실
의약품, 자동차, 쇠고기, 스크린쿼터 248

6장 투자협정
또 하나, 짚고 넘어가야 할 이슈 276

3부 동아시아 3국 패러다임 전쟁

1장 한일 FTA
첫 단추를 잘못 꿰다 307

2장 한일 김 분쟁
일본을 WTO에 제소하다 332

3장 한중 FTA
한미 FTA를 유심히 지켜보는 중국 363

4장 남북 FTA
통일로 가는 길 378

4부 가능성은 2퍼센트 미만, 그래서 도전한다

1장 유학 시절
좌절은 있어도 실패는 없다 399

2장 유엔대사 시절
통일 한국은 안보리 상임이사국 후보 445

3장 인사는 만사
흙 속에서 진주 찾기 462

4장 대한민국 미래 동력
FTA는 과정일 뿐이다 482

에필로그 승산은 있다 491

프롤로그
노무현 대통령과의 첫 만남

2003년 2월. 새하얗게 눈 덮인 레만 호수 옆 세계무역기구WTO* 건물, 어둠이 짙게 깔린 주차장으로 들어섰다. 새벽 4시 반. 스위스 겨울 바람이 뼛속까지 스며드는 날씨였다. 다자 무역협상 준비와 수많은 분쟁으로 WTO 법률국 변호사들은 눈코 뜰 새 없이 바빴다. 나는 담당하고 있던 분쟁사건의 판결문을 작성하고 주니어 변호사들에게 업무지시를 내릴 준비를 해야 했다. 새벽에 출근하니 경비원들이 처음에는 의아한 눈으로 쳐다봤지만 언제부턴가 익숙해진 눈길로 "봉주르Bonjour" 하며 인사를 건넨다.

법률국은 WTO 건물 한구석에 있다. 믿거나 말거나지만 다른 부서 직원들이 제시간에 퇴근하는 모습을 보지 못하게 하려고 구석에 뒀다고 한다.

---

* 2차 세계대전 후 자유무역을 지향하며 만든 GATT 체제를 대체하기 위해 설립된 국제기구. 자유무역의 원칙을 토대로 세계 무역을 증대시키고 국가 간의 무역분쟁을 해결하는 기구.

여하튼 사무실에 들어서면서 하루 일과를 바쁘게 그리고 있는데 공연히 끼어드는 걱정이 있었다. 1997년 외환위기 때 한국 반도체와 조선 업계가 공적자금을 대출받은 것이 불법보조금이라는 이유로 미국과 EU가 상계관세* 대상이라고 제소한 일이 기억난 것이다. 그 논리대로라면 대한민국 대다수 산업계가 해당되지 않겠나, 그래서 상계관세가 부과되면 수출에 문제가 생기고 급기야 수출중단으로 이어지는 건 당연한 수순이지 않나! 끊임없이 이어지는 생각을 애써 무시한 채 판결문을 작성하고 오전 회의를 준비하고 있는데 전화벨이 울렸다. 출근 시간 전이라 전화 올 일이 없었는데 발신 번호를 보니 서울에서 온 전화였다.

"여보세요."

"김 변호사님, 여긴 서울입니다. 통화 가능하시죠? 당선자께서 통상 관련 브리핑을 받고 싶어 하시는데, 와주실 수 있겠습니까?"

너무나 갑작스러운 부탁이어서 어떻게 대답해야 할지 몰랐다. 스키를 타러 가자고 가족들과 약속을 해놓고 여러 주를 미루다가 약속을 잡은 게 다음 주인 것도 이유였지만, 일면식도 없는 당선자께 광범위한 통상 분야의 현안을 짧은 시간 내에 요약해 드려야 한다는 것이 부담스러웠다. 이런저런 생각이 겹치는데 상대가 다시 강하게 요청해 왔다.

"통상 분야는 김 변호사님이 가장 정확하게 보고할 수 있을 것 같은데, 꼭 와서 브리핑을 해주셔야 할 것 같습니다."

---

* 국제무역에서 차별 관세의 하나. 수출국이 수출 보조금이나 장려금을 지급하여 수출 가격을 부당하게 낮게 할 경우, 수입국이 그 효과를 없앨 목적으로 정규 관세 외에 상계관세를 부과한다.

조국 대한민국을 5년 동안 이끌어 갈 국가 지도자에게 국제통상의 현실을 정확하게 알려 드리는 것이 그 어떤 일보다 우선하는 일이라는 판단이셨다. 가겠다고 답했다. 그러나 비행기 표를 예약하면서도 서울에 도착해서 어떤 내용을 먼저 보고해야 할지 적잖이 걱정되었다.

당선자 사무실은 외교통상부 건물 4층에 있었다. 많은 비서관이 취임식 준비로 동분서주하고 있었다. 나를 포함하여 다섯 명이 약 두 시간에 걸쳐 각 주제에 대해 보고하기로 했다. 주제의 중요성에 비해 턱없이 적은 시간이 책정되어 있었다. 게다가 분위기를 봐서는 그 두 시간도 전부 할애할 것 같지 않아 조금 불안했다. 보좌관 두 명이 우리를 원탁으로 안내했다.

"어떻게 앉으면 되죠?"

"편한 대로 앉으시죠. 제가 의전을 잘 몰라서요."

의전보좌관이 웃으며 말하는데 권위적이지 않은 느낌을 받았다. 얼마 지나지 않아 노무현 당선자께서 들어왔다. 간단히 인사를 나눈 뒤 곧바로 발표가 시작됐고 나는 두 번째 순서였다.

"WTO 법률국에 근무하는 김현종입니다. 통상 분야에서 느낀 점을 몇 가지 말씀드리고자 합니다."

당선자께서 고개를 끄덕였다.

"WTO에서는 자국의 국익을 위해 경제 강국들이 치열한 경쟁을 하고 있습니다. 최근에는 국제 간 무역분쟁이 자동차나 반도체 같은 공산품이나 농산물뿐만 아니라 서비스와 지적재산권 그리고 우리 일상에까지 영향을 미치고 있습니다. 예를 들어 포장마차에서 판매하는 진로, 보해, 황진이,

이몽룡 소주가 위스키와 동종상품이라는 WTO 판결이 나와 우리 정부는 이들 주류에 같은 세율을 적용해야 했습니다. 최근에는 1997년 외환위기 당시 공적자금을 대출받은 기업과 산업이 상계관세 분쟁으로 흔들리고 있습니다. 반도체와 조선 등 우리나라 수출을 책임지는 여러 분야에 공적자금이 투입되었는데, 선진국들은 이 공적자금을 불법보조금으로 간주하여 우리나라 수출품목에 상계관세를 물리려고 벼르고 있습니다. 당장은 조선업계와 하이닉스사의 반도체에만 상계관세를 부과하는 문제로 분쟁이 걸려 있지만, 여기서 패소하면 전자·신발·제지 가릴 것 없이 우리나라 주요 수출품목 전부가 상계관세를 피할 수 없게 됩니다. 우리나라는 국민총생산의 70%를 무역에 의존하고 있어서 구속력 있는 WTO 분쟁에서 패소하면 치명적일 수 있습니다."

"그거 문제네요. 어떻게 대처하면 되죠?"

변호사 출신인 당선자께서는 공적자금에 대한 법률적 문제를 즉각 이해했다. 나는 두 번 생각할 필요도 없다는 듯 말했다.

"당연히 승소해야죠."

노무현 당선자는 알겠다는 듯이 신중한 표정으로 앞에 놓인 메모지를 보았다. 나는 급하게 불을 꺼야 할 분야를 언급한 후 통상전략에 대해 말씀드렸다.

"당선자께서 강조하시는, 대한민국을 동북아 중심 국가로 만드는 전략으로서 FTA를 효율적으로 활용하는 방안이 필요합니다. FTA를 부정적으로만 보지 말고 국가의 경쟁력 강화에 중요한 전략으로 삼아야 합니다. 대한민국이 국제사회 중심 국가의 일원이 되려면 '개방형 통상국가'가 되어야 합니다. 주변 국가들보다 기업하기 좋은 나라가 되어야 합니다. 개방형 통상국가가 되려면 WTO 차원의 다자 체제 무역협상은 물론이고, FTA를 해야 합니다. 지금까지 다자 체제에만 의존해 온 일본과 중국도 벌써 FTA를 체결했습니다. FTA의 장점은 원하는 협정 상대 국가를 택할 수 있고, 자유화 품목을 협상 과정에서 조정할 수 있다는 점입니다. 예를 들어 한-칠레 FTA에서는 쌀, 사과, 배를 제외했습니다."

당선자께서 조용히 듣고 있다가 말했다.

"쌀은 예외 품목이죠?"

"예, 그렇습니다. 우리는 우루과이라운드 협상 과정에서 개도국 지위를 인정받아 2004년까지 관세화 유예를 받았습니다. 유예기간 10년이 끝나는 2004년에 다시 관세화 유예를 받고 싶으면 WTO 회원국들과 협상을 타결해야 합니다. 협상이 타결되지 않아도 관세화 유예는 자동으로 지속된다는 말이 계속 나오는데, 당선자님, 이것은 명백한 거짓말입니다. 절대로 이 말을 믿지 마십시오."

당선자께서는 계속 주의 깊게 듣고 있었다.

"문제는 국민은 물론 정부조차도 통상의 중요성을 인식하지 못하고 있다는 점입니다. 국내 사정 때문에 솔직한 보고를 못하고 낙관적으로만 말합니다. 비난과 질책의 분위기 속에서 정부 책임자들은 잔뜩 위축되어 솔직해질 수가 없습니다. 우루과이라운드 협상이 대표적인 사례입니다. 대통령이 대통령직을 걸고 쌀 시장 개방 저지를 공언한 마당에, 협상 상황을 정확히 파악하고 예측한다 해도 누가 쌀 시장 개방의 가능성을 감히 말하겠습니까? 북한 핵 문제를 다루듯 대통령께서 관련 부처 장관회의를 직접 주재하고, 전체 국익 확보를 위해 과감하고 전략적인 통상정책을 결정해야 합니다. 결정된 정책은 즉각 집행해야 하고, 해당 부처나 특정 분야의 이익을 국익보다 앞세우는 정부 관리에게는 책임을 묻게 해야 합니다. 이렇게 정부 최고책임자가 주도하는 회의체는 이미 전 세계적으로 운영되고 있습니다. 미국의 경제각료회의NEC가 그러하며, 영국, 호주, 캐나다의 내각회의도 마찬가지입니다."

당선자께서는 관심을 가지고 경청했다.

"비전과 국제 감각을 가지고 통상교섭본부를 과감하게 개혁해 나가면서 통상정책을 수행하는 것이 바람직합니다. 국익을 위해 헌신적으로 일하겠다는 젊은 세대들의 의욕이, 안일하고 보신주의적인 관료들 때문에 좌절되어 국익이 손해를 보는 경우가 있습니다. 국제무대에서는 이런 현상이 종종 나타납니다. 국익을 위해서는 국내 눈치나 보는 보신주의의 틀을 과감히 깨야 합니다. 결론적으로, WTO 무역 현장은 국익을 위해 개처럼 싸우는 동네입니다. 우리가 살아남아 우리의 국익을 챙기려면 통상 조직을 강화해야 합니다. 통상 문제를 글로벌 패러다임에서 보며 정책을 수립해야 합니다."

할당된 두 시간 중 내 보고가 거의 한 시간을 차지했다. 같이 있던 네 분께 좀 미안했다. 다섯 사람의 브리핑이 끝난 뒤 당선자께서 말했다.

"김 변호사 말은 재미있게 잘 들었습니다. 그런데 김 변호사 말하는 걸 보니까 '저 사람, 출마했더라면 말하는 스타일 때문에 언론과 상당히 문제가 있겠다'는 생각을 했습니다. 주먹말을 쓰시더군요. 어쨌든 통상 보고는 재미있게 잘 들었습니다."

당시는 '주먹말'의 의미를 몰랐는데, 복잡한 개념을 이해하기 쉽게 표현한다는 뜻으로 노 대통령은 이후에도 이 표현을 가끔 썼다.

인수위 브리핑이 끝난 뒤 일주일 정도 지났을 때, 전화가 왔다. 정부로 들어와 통상 분야를 맡아 달라는 메시지였다. 구체적인 제안을 해왔다.

"내부회의를 했는데 40대 중반도 안 된 사람을 장관급으로 임용하기는 좀 힘들다는 의견입니다. 그런데 그 밑에 차관보급인 통상교섭조정관 자리가 있습니다. 그 자리를 맡아 주실 수 있는지요?"

나는 거절할 수밖에 없었다. 당시 근무하고 있던 WTO 법률국에서도 부국장(국제기구에서 P5급은 국장급 바로 아래에 있는 직급으로 실질적 부국장 역할을 한다) 역할을 하고 있었는데, 조직 내에서 넘버투의 위치에 한계를 느끼고 있었기 때문이다. 국제기구가 그러한데, 국내 정부 조직은 그 한계가 더하지 않겠나 싶었다.

"죄송합니다. '부' 자가 들어가는 자리는 여러모로 애매한 것 같습니다. 고시 출신이 아닌 제가 그런 자리에 들어가면 일하기가 쉽지 않을 것 같습니다."

그날은 그렇게 대화를 마쳤다. 그런데 일주일 후, 제네바로 돌아가기 전날 다시 전화가 왔다.

"전에 말씀 나눈 내용을 대통령께 보고드렸는데, 그래도 김 변호사님이 꼭 좀 맡아 줬으면 좋겠다고 말씀하십니다."

"……"

그렇게 나는 4년의 제네바 생활을 접고 한국으로 돌아왔다.

1부 22세기 희망 전략

한미 FTA가 타결된 다음 날인 2007년 4월 3일, 대통령과 장차관급 인사들이 '한미 FTA와 한국경제 워크숍'에 앞서 국기에 대한 경례를 하고 있다.

한미 FTA 타결 한 달 후인 2007년 5월 6일 피터 만델슨 EU 통상 집행위원과 함께 한-EU FTA 협상 개시를 공식선언하고 있다. 나는 2005년 12월 홍콩 DDA 각료회의 이후 그와 언제든 부담 없이 통화할 수 있는 사이가 되었다.

1장

FTA 로드맵
FTA 낙제생에서 FTA 모범생으로

"저는 도하개발어젠다DDA* 다자협상이 WTO에서 실패로 끝나리라 판단합니다. 무역의존도가 매우 높은 우리는, 양자적 형태인 FTA로 적극적이고도 장기적으로 국부를 늘려서 종국엔 통일을 준비해야 한다고 생각합니다. FTA 상대국은 어떻게 선정하는 거죠?"

"조정관님, 그건 간단합니다. 상대방이 먼저 와서 하자고 하면 하는 겁니다."

"……! 지금 뉴질랜드가 우리와 FTA를 하자고 하는데, 그럼 뉴질랜드와도 해야 하는 겁니까?"

"그럼요."

• 2001년 11월 14일, 카타르 도하에서 개최된 제4차 WTO 각료회의가 출범시킨 다자간 무역협상. WTO 체제 출범 이후 최초의 대규모 다자간 무역협상이다.

"시장 규모가 인구 400만에 양 떼가 사람보다 열 배 많은 나라인데 경제 효과가 없어도 하는 겁니까?"

"네, 그렇습니다."

2003년 5월 11일 외교통상부 통상교섭조정관으로 부임해 공무원 생활을 시작한 지 며칠 되지 않았을 때, 외교부 동료와 나눈 대화이다. 기가 막히고 실망스러웠다! 패권 경쟁이 치열한 동북아 지역 한복판에 사는 관료인 그에게서 나는 중국·일본과의 관계, 더 나아가 미국·러시아와의 관계를 감안하여 다면적 전략 사고multilevel strategic thinking를 국가통상에 적용한 통찰력을 기대했던 것이다.

WTO 150개 회원국 중에서 FTA를 체결하지 않은 국가는 단 두 나라밖에 없었다. 한국과 몽골이었다. 우리는 다자 무역에 계속 의존해 왔고 양자 FTA는 통상정책에 개념조차 인식되어 있지 않았다.

나중에 통상본부장을 하면서 우려할 만한 상황이 세 번 있었는데, 그중 하나가 멕시코가 자국과 FTA를 체결하지 않은 국가에 대하여 관세를 25%에서 최고 90%까지 올리는 바람에 금호타이어를 실은 컨테이너들이 부산항으로 회항한 사건이다. 반면, 일본은 멕시코와 FTA를 타결하여 자국 상품을 무관세로 수출할 수 있게 되었다. 더 나아가 멕시코는 국영회사가 발주하는 프로젝트 입찰 참가 자격을 FTA 체결국 기업으로 제한했다. 두산, 삼성, SK를 비롯한 우리나라 기업들의 시장이 잘려 나간 것이다. 멕시코는 한국에게 유익한 교역국가다. 2004년 대멕시코 무역흑자는 25.8억 달러에 달했으며, 전자, 자동차, 반도체와 같은 품목의 수출이 계속 증가하고 있었다. 한국과 일본의 주요 수출품목이 겹치기 때문에 한국의 무역흑자가 둔화될 가능성을 배제하지 못했다.

멕시코는 전 세계에서 FTA를 가장 많이 체결한 나라 가운데 하나였다.* 15년 전부터 40개가 넘는 국가와 FTA를 체결함으로써 다른 나라들과는 사뭇 다른 무역정책을 펴왔다. 전 세계에서 두 번째로 FTA를 많이 체결한 칠레가 한국과 FTA 협상을 하는 것을 보고 멕시코는 김대중 정부 때 FTA를 제안해 왔다. 그러나 우리나라는 지극히 소극적으로 대응했다.

그때 우리 정부가 알았는지 모르겠지만 멕시코 정부는 불쾌해했다. 남미 지역에서 아시아와의 첫 FTA를 칠레에게 내준 것에 대해 FTA 선두 국가로서 자존심이 상했던 것이다. 제안을 거절당하자 멕시코는 한국의 수출 경쟁국인 일본에 접근했고 성공했다. 비정한 국제관계에서는 자연스러운 수순이다.

세계 시장에서 대한민국 상품의 점유율이 줄어들어도 우리 경제가 무사하다면 문제 삼을 일이 아니다. 우리 국민이 한반도 남쪽 시장만 가지고 자급자족하는 생활이 족하다고 동의한다면, 세계 시장 점유율 경쟁에서 뒤처지는 불이익을 부득불 감내할 수도 있다. 그러나 미국과 일본은 국내 시장이 커서 2006년을 기준으로 무역의존도가 각각 국내총생산의 22.3%, 28.1%밖에 안 되는 반면, 한국은 71.5%에 이른다. 설상가상 한국은 통일

● "FTA로 시장 개방해도 비교우위론 제대로 작동 안 해", 〈매일경제〉 2010. 8. 16. 기사에 의하면 EU가 84개국, 칠레가 58개국, 서유럽 지역경제기구인 EFTA가 57개국, 멕시코가 48개국, 한국이 44개국(미국, EU 포함)과 FTA를 타결했다.

비용을 비축해야 하는 절체절명의 국가적 숙제가 있다. 참고로 독일은 지난 20년 동안 통일 비용으로 1조 3,000억 내지 1조 6,000억 유로, 우리 돈으로 2,200조 원이 넘는 돈을 썼다. 그러니 세계 시장을 시시각각 한눈에 꿰고서, 우리 산업이 세계 시장을 효율적으로 점유해 가도록 정부 주무부처는 사명감을 갖고 임무를 수행함이 당연하지 않은가!

한·중·일의 뒷동네인 아세안ASEAN과 중국은 이미 FTA를 타결했고 일본은 협상의 중간 지점에 도달했지만 한국은 FTA를 거론도 하지 않은 상태였다. 세계농업 수출 비중이 1%밖에 안 되는 칠레와의 FTA도 비준이 안 되고 있던 터라 통상담당자들은 위축되어 아세안과는 엄두도 못 내고 있었다. 오죽 답답했으면 아세안 외무부장관들이 당시 윤영관 외교부장관에게 FTA를 적극 검토하면 좋겠다는 말을 직접 수차례 했으랴. 이미 중국시장이 커졌다. 중국이 아세안과 FTA를 성사시켜 얻은 결과다. 자동적으로 한국은 중국에 대한 무역의존도가 더 커지고 있다. 큰 시장에 끌려가게 된다. 2005년 양자 교역량은 1,000억 달러를 돌파했고, 대만, 홍콩, 마카오를 포함해 대중국 무역흑자는 하루 1억 달러에 달했다. 한국의 2만 개 기업들은 지난 20여 년간 중국에 301억 달러를 투자했고*, 한중 간 항공운항은 월 평균, 2006년 4,753편에서 2007년 6,333편으로 늘었다.

물론 이런 통계만 보면 중국과의 교역이 한국에 유리해 보이지만, 그렇게 단순히 판단할 일이 아니다. 국제 시장은 균형이 필요하다. 중국은 우리

• 수출입은행 자료에 의하면 1988년부터 2010년 사이 20,533개 법인이 301억 달러를 투자했다.

나라와 지리적으로 근접해 있고 우리와 오랜 역사적 교류가 있었으며 물밑 시장이 이미 활발하다는 점, 게다가 북한과의 관계를 생각하면 중국시장에 대한 의존도가 높아지는 것을 우려하지 않을 수 없었다. 특히 최근에 와서 중국이 투자를 승인하기 전에 고난도 기술에 투자하라며 특정 분야를 지목하여 투자를 강요하는 경우까지 있었고 환경, 노동, 근로 기준이 강화되면서 거래 비용도 계속 늘고 있었다.

중국, 일본, 아세안 10개국을 합친 시장보다 규모가 더 큰 미국 시장에서 중국과의 경쟁도 눈여겨보아야 한다. 1995년에서 2005년 사이 한국 상품의 미국 시장 점유율은 3.6%에서 2.3%로 하락한 반면, 중국 상품의 점유율은 같은 기간 6.1%에서 14.6%로 상승했다. 현재 한국 기업이 이익을 가장 많이 내는 시장이 미국 시장이고, 이곳은 전 세계 개별 상품의 가치와 경쟁력이 판가름 나는 시장이기도 하다.

중국 다음으로 큰 교역국가인 EU 27개국에 대한 수출은 꾸준히 늘고 있다. 그러나 유럽사회의 고령화로 경쟁력이 계속 약화된 EU는 환경 기준을 엄격히 하면서 여러 가지 기술 장벽을 만들어 그들의 시장을 효과적으로 방어하고 있다. 또한 중국, 동남아에 진출한 일본 기업들은 오히려 공장을 철수하고 자국 내 고급기술에 투자함으로써 한국과 기술 격차를 벌리는 데 주력했다. 브릭스(BRICs. 브라질, 러시아, 인도, 중국) 같은 신흥 시장의 경우 한국의 수출은 꾸준히 늘고 있지만, 시장의 투명성이 부족한 관계로 어려움을 겪고 있었다. 한국 백색가전의 시장점유율이 50%에 근접하는 인도 시장에서조차 날이 갈수록 경쟁이 치열해져서 대책 마련이 시급하다.

이처럼 급격한 세계 시장의 변화에도 불구하고, 우리는 뚜렷한 통상정책을 수립하지 못한 채 수동적 자세를 취하고 있었다. 수고가 없었다는 지적이 아니다. 변화에 대처하지 못했다는 것이다. 결과적으로 그동안 한국은 강대국들의 입김에서 자유롭지 못한 다자 무역에 의존해 왔고, 상대 국가의 시장 특성을 고려한 실익 추구 협상을 전제로 하는 양자 FTA 통상정책 개념은 거의 없었다. OECD 회원국들의 경우 1인당 국민소득이 1만 달러에서 2만 달러가 되는 데 걸린 기간은 대부분 10년 미만이다. 일본은 4년, 홍콩, 싱가포르가 각각 5년, 덴마크 9년. 하지만 한국은 1995년에 11,432달러에 도달한 이래 10년이 넘도록 선진국 문턱을 넘지 못했는데, 그 이유가 이런 태도에 있지 않았을까 싶다.* 아세안과의 통상 관계를 봐도 무역으로 먹고사는 나라인 한국이 얼마나 안일하게 대처했는지 알 수 있다. 한·중·일을 포함하여 매년 열리는 '아세안+3' 회의에는 외교부장관회의와 통상장관회의가 있는데, 일본과 중국은 두 회의 모두 참가하지만 한국은 외교부장관회의에만 참석해 왔다. 통상 분야는 차순위라는 이야기다. 한 국가가 고착화된 체제를 개방하고 개혁하는 일은 예나 지금이나 늘 어려운 일이다. 민주주의 국가에서는 개방·개혁이 쉽지 않다. 개방은 국수적인 분위기에서 비애국적 행위로 평가되기 때문이다.

---

* 우리나라 1인당 국민소득은 2003년에 12,717달러, 2004년에 14,206달러, 2005년에 16,413달러, 2006년에 18,372달러를 거쳐, 2007년에는 선진국 수준인 20,060달러에 도달했다.

역사의 교훈

비슷한 경우를 100여 년 전 조선의 역사에서 발견한다. 조선의 경우, 개방을 통한 개혁을 주장한 세력들은 사회적 기반이 미약하여 뜻을 이루려다 번번이 쇄국을 불렀고 결과적으로 망국을 초래했다. 정조 사후, 천주교가 '사교邪敎'로 낙인 찍혔고, 권철신, 이승훈, 정약용 등 개혁파는 힘을 못 썼으며, 1870년대 들어 외국 문물 도입에 적극적이던 우의정 박규수와, 사회 주류층 젊은 인사들인 김옥균, 박영효, 서재필 등의 주장도 1884년 갑신정변을 기점으로 주류에서 밀려났다.

이어 대원군은 개국이냐 쇄국이냐의 역사적 기로에서 정치적 포석으로 척화비 건립과 같은 배외排外 정책을 강행함으로써 불가항력적이었던 국제 정세의 파도에 대처하는 데 실패했다. 특히 1866년 병인양요, 제너럴셔먼호 사건 등 국지적 규모의 전투에서 승리하자 쇄국정책을 유지함이 조선에 이롭다는 대원군의 인식은 강화된다. 결국 조선은 고루한 세계관을 견지하며 20세기 주권 상실의 치욕으로 스스로 걸어간 셈이다. 이렇듯 국제 정세의 시야가 좁다 보니 1860년 중국과 영국 간 베이징조약, 1871년 중국과 일본 간 동등한 관계를 선포한 청일수호조규가 잇따라 체결되어도 그것이 중국 본토를 향한 일본의 야심찬 행보임을 눈치채지 못했고, 더군다나 그 행보의 첫 경유지로 한반도를 전초기지로 삼고 싶어 하는 저들의 속셈을 예측하기에는 참으로 역부족이었다. 늘 내치의 혼란으로 인한 대책 수습에 골몰하느라 세계열강들이 앞다투어 무지한 조선 정부의 눈을 가린 채 조약·조규들의 굴욕적인 조항들을 들이대도 그 역사적 의미도 파악하지 못한 채 결국 1876년 일본과 강화도조약을 체결하기에 이른다.

1882년 조미수호조규에서 미국에 최혜국대우를 약속하게 되자 그동안 오랜 최혜국이었던 중국의 추궁이 두려웠던지 '조선이 중국의 속국'임을 명시하는 서한을 미국에 보내기도 했다. 이 사건은 신진 개화파 김옥균 일행이 지지세력 없이 무리하게 일으킨 혁명을 진압하는 과정에서 중국의 간섭을 불러들이게 되고 한반도에서 중국과 일본이 부딪치는 단초를 제공한다. 이어서 청일전쟁이 발발했고 승리한 일본은 조선 정부에게서 중국의 영향력을 밀어내면서 당시 세계 패권국인 영국을 등에 업고 조선을 그들의 속국으로 접수하려 했다.

위기를 느낀 조선 정부는 이미 국제적으로 고립되어 가던 러시아를 짝사랑하며 설익은 균세均勢정책에 집착했다. 그 결과 다시 한반도에서 러시아와 일본이 부딪친다. 러일전쟁이다. 승리한 일본은 1905년 조선의 외교권을 수탈했고, 1910년 조선은 백주대낮에 국권을 송두리째 강탈당했다. 이 와중에 미국 육군 장관 태프트와 일본 수상 가츠라가 '가츠라-태프트 밀약'을 맺었지만 조선은 일본의 동의 없이 외국과 조약을 맺지 못한다는 내용에 합의했다는 걸 알 수도 없었고, 제2차 영일동맹조약을 통해 일본이 조선에서 자국의 이익을 보호하는 데 필요한 조치를 할 수 있도록 약정한 사실도 알지 못했다. 결국 국제 정세 변화를 제대로 인식하고 대처하는 정치 세력의 부재, 지도층의 안일한 정책 운영으로 조선은 일본에게 강점당하고 말았다.

반면 일본 정부는 국제관계에 대하여 치밀한 계산을 하고 있었다. 한반도에서 중국과 러시아를 전쟁으로 물리침으로써 아시아의 패권국임을 과시했고, 물밑 작업을 통해 서방 패권국에게서 조선의 주권을 인수하는 데 필요한 협조를 받아 두었다. 당사자인 조선과 그 누구도 이의를 제기하지 못하도록 주변국들을 효과적으로 활용한 것이다. 물론 조선 정부 내부에도 저들의 협조자를 이미 심어 두었다. 이것이 국치다.

역사의 교훈은 두고두고 되새김질하여 현재의 선택에 지혜로 삼아야 한다. 국수주의에 뿌리를 둔 시대착오적 정책은 치명적 손상을 초래하기도 한다. 21세기의 대한민국은 달라야 한다. 20세기 내내 한반도에서 겪어 낸 풍상을 통해 길러진 생존력을 바탕으로 한 22세기 희망 전략이 절실하다. 개국에 실패한 아픔을 온몸으로 느껴야 했던 박은식 선생은 이렇게 탄식했다.

> 당시는 세계 정세가 급변하고 서양 문물이 동아시아에 침투하여, 중국은 아편전쟁을 치렀고 일본은 혁신의 소리가 높을 때였다. 우리나라도 이에 호응하여 만약 걸출한 수완으로 옛것을 바꾸고 새것을 취했다면 국가 민족의 융성을 기대할 수도 있었으며, 또 그 무렵은 오랜 세도정치로 백성이 혁신을 절실하게 기대하던 때였으니 곧 그 지위가 충분하고 그 힘이 충분하며 시기도 적절하던 때였다. 단지 고금을 통할 수 있고 국내외를 관찰할 수 있는 학식이 부족하여 개인의 지혜를 내치에 치중하니 과격한 경우가 많았으며, 대외적으로 배척하는 것을 위주로 하여 쇄국정책을 편 탓에 스스로 소경이 되었고, 마침내는 화가 아주 가까운 주변으로부터 미쳐 왔으니, 나라가 중흥할 수 있는 시기를 잃게 된 것은 참으로 원통하고 애석한 일이다. 따라서 우리나라의 한스러운 역사가 바로 여기서 시작하는 것이다.*

동시다발적 FTA의 필요성과 전략 구상

나는 한반도를 중심으로 한 통상전략을 세우는 일에 온힘을 다해 몰두했다. 때로는 집무실을 걸어 잠근 채 고심하고, 외부 인사들에게 조언을 구하기도 하고, 외교통상부 직원들과 의견을 나누며 토론을 했다. 겉으로는 강하게 주장하다가도 상대의 뜻을 되새김질하며, 나와 다른 의견을 접목하고 수정하기를 거듭했다. 언제부턴가 매일 아침 내 방에 있는 지구본을 들여다보는 버릇이 생겼다. 높이 1미터가 넘는 지구본은 생각을 세계적인 차원에서 해달라는 취지로 한국무역협회가 고위 관료들에게 제공한 것이다.

지금까지 세계 자유무역의 대세는 WTO 체제였다. 그러나 150여 개국이 모여서 벌이는 WTO 협상은 각국의 주장이 너무도 다양하여 원만한 타결이 어렵다는 것을 터득했다. 그래서 자국의 주장을 효과적으로 전달하기 위해 몇몇 국가끼리 '우호적인 그룹'을 만든다. 그 그룹 내에서도 의견이 비슷한 국가들끼리 '진짜 우호 그룹'을 만들 정도다. WTO 협상 타결이 얼마나 험난한 과정인지 쉽게 추측할 수 있을 것이다. 다자협상의 지지 부진함은 때로 한 국가의 산업을 수렁에 빠뜨리기도 한다. '진짜 우호 그룹'이 '우호적인 그룹'에 손해를 끼치기도 하면서 말이다. 세계 무역 현장의 최종 판결기구에서 국제무역 운영체제에 대한 부정적 현실을 목격한 나로서는 강국이 아닌 한국이 왜 새로운 패러다임인 FTA를 선택해야 하는지 그 이유를 본능적으로 이해하게 되었다. 우리도 더 늦기 전에 그 흐름

• 박은식, 《한국통사》, 범우사, 1996, 76쪽.

에 합류해야 했다. 이것이 100여 년 전 조선이 걸어간 길을 반복하지 않을 수 있는 결론이었다.

참여정부의 첫 FTA 상대국은 일본으로 정해져 있었다. 김대중 대통령 재임 당시 일본과 FTA를 출범시키기로 한 약속 때문이었다. 또한 많은 사람들이 아시아 시장을 위주로 중국, 일본과 먼저 FTA를 추진해야 한다고 주장했고 이는 거부할 수 없는 대세였다. 그러나 참여정부의 첫 FTA 상대국으로 일본이 선정된 것에 나는 주저하지 않을 수 없었다. 첫 단추는 국익과 직결된다. 때문에 한반도를 중심으로 한 세계 통상전략의 큰 그림도 그리지 않은 채 전 정부의 약속에 묶여 정책이 실행되고 이것이 훗날 국가와 국민에게 불이익이 된다면 대한민국 통상정책의 미래를 결정하는 현재의 주무자로서 심각한 직무유기라는 생각을 떨쳐 버릴 수 없었다. 패권에 관심이 있는 중국과 일본의 경쟁 구도하에서 우리가 준비되지 않은 상태로 FTA를 체결하면 저들 좋은 일만 시키는 결과만 얻을 뿐이다. 한·중·일의 경제통합이 서구유럽 시장, 그리고 북미 시장과 대등한 위치를 점하기 위한 동북아 3국의 협력이라고는 하나, 그 내용이 어떤지가 훨씬 중요하다. 나도 원안은 동의하나 3국의 균형에 질서가 우선 확립되고서야 진정한 협력이 가능하다는 사실에 고민이 있었다.

중국은 이미 시장이 크고, 일본은 원천기술이 우세하다. 그러나 우린 아직 세계 시장을 확실히 장악하지 못하고 있음을 인정하지 않을 수 없다. 그러므로 패권을 잡는 데 혈안이 된 일본과 중국을 상대하기 위해서는 먼 곳에서 큰 시장과 먼저 FTA를 하는 것이 순서였다. 그렇다면 그 상대는 미국이다! 일본이 아닌 것이다.

이것은 친미·반미의 이념 문제를 초월한다. 국가산업이 한 단계 도약하기 위함이다. 키신저 전 미국 국무부장관이 말한 '실익 정책realpolitik' 개념이다. 1972년 닉슨 대통령이 베이징을 방문하고 1979년 중국과 수교를 맺은 것도 이념을 떠나 구소련이 영향력을 확대하는 것을 저지하기 위한 조치였다. 비스마르크도 독일 통일을 이룬 후 러시아가 독일의 적인 프랑스와 손잡지 못하게 하려고 미리 러시아와 동맹 협약을 맺었다. 지정학적으로 강국들에 둘러싸인 한국으로서는 미국과 가까워야 동북아 지역에서 더 자유로워질 수 있다. 보이지 않는 영향력으로 북한체제를 장악하는 중국의 힘과 보이는 영향력으로 한국체제를 지원하는 미국의 힘, 그리고 또 다른 한 축을 이루는 일본의 야심을 감안하면서 하늘이 주신 한반도의 주인으로서의 책무를 다할 필요가 있다. 보이는 것이 다가 아니다. 혜안이 필요하다.

따라서 무슨 연유로 일본을 첫 번째 FTA 상대국으로 정했는지 모르지만, 전략적 차원에서 볼 때 그것은 잘못된 선택이었다. 경제적 차원에서 2003년 당시 190.4억 달러의 대일 무역적자가 300억 달러로 늘어날 추세였고 우리 제조업의 기본적인 부품 소재 산업에 치명적 영향을 미칠 것을 감안하면 더욱 잘못된 판단이었다. 까딱하면 또 제2의 한일합방이 될 수 있다는 생각이 들었다. 빈틈없는 FTA 로드맵을 만들어 국가 정책의 최고 결정권자인 대통령께 보고해야 한다는 의무감이 강하게 들었다.

당시 전 세계적으로 FTA는 193건이 발효되어 있었다. 공격적으로 시장 확대를 해가고 있는 선진국들은 우루과이라운드 협상 결과도 소화하지 못

하는 개도국의 저항을 과소평가하고 있었다. 테이블에서 협상할 만한 상대로 여기지도 않고 있다는 말이다. 뭔가 획기적인 전략이 필요했다. 특히 인접국인 일본과 단기간에 협상 타결을 할 수 없는 상황에서 거시적인 틀을 세우고 미시적인 전술까지도 포함한 전략을 강구해야 했다.

또 하나 심각한 고충이 있었다. 이 점은 국가통상 수장으로서 직임을 수행하는 내내 나의 고민이었다. 그것은 국민들에게는 아직 생소한 FTA가 국내 실물 경제에 도움이 된다는 사실을 체감케 하는 일이었다. 참여정부의 구호가 무엇이었던가? 국민소득 3만 달러 시대! 이것은 거저 얻어지는 것이 아니었기에 피와 살을 깎는 노력과 효율적인 국가적 전략이 필요했다. 통상 분야에서 '선진 통상국가'의 감각과 실천할 수 있는 시스템을 구축해서, 구호를 구호로 끝내지 않고 국민의 신뢰를 얻어 믿음을 주는 정부가 되어야 했다. 이는 정부 부처 간 협조와 협력, 심지어 협업이 필요한 부분으로, 두고두고 넘어야 할 산임을 실감했다.

EU가 먼저냐, 미국이 먼저냐

한국은 FTA 지각생이자 낙제생이었다. 전 세계적으로 FTA 체제의 무역 규모가 꾸준히 증가하고 있다는 사실은 주요 무역 대상국들과 FTA를 체결하지 못할 경우 우리가 세계 시장에서 크게 불리해질 것임을 의미했다.

이후 2007년 한국과 FTA를 체결한 나라(칠레, EFTA,* 아세안)들 사이의 교역량은 838억 달러로 한국의 對세계 교역량의 약 11.5%를 차지했다. 같

---

* 유럽자유무역연합. EU에 가입하지 않은 4개국(스위스, 노르웨이, 아이슬란드, 리히텐슈타인) 연합체.

은 기준으로 멕시코가 FTA를 체결한 나라와의 교역량은 대對세계 교역량의 83.6%, 싱가포르는 57.3%(2006년), 미국 34.3%, 중국 17.3%였다. 경쟁 상품들에 관세가 부과되지 않는 상황에서 우회 상품에 고관세가 부과된다면 한국은 주요 시장에서 경쟁할 수 없게 된다. 만약 EU가 현대·기아 자동차에는 10% 관세를 그대로 부과하면서 미국과 일본 자동차에 대해 10% 관세를 철폐한다면, 현대·기아차는 시장에서 도태될 것이다. 한국에서 칠레산 와인의 시장점유율은 프랑스 와인을 위협하며 2003년부터 2007년 사이 6.5%에서 17%로 증가했다. FTA를 체결하지 않은 상태에서 시장을 뺏기지 않으려면 우리 기업들은 해당 지역에 투자를 늘리게 되는데, 이는 국내의 고소득 고용 기회가 해외로 빠져나가는 결과로 이어진다. 더욱이 해외로 제조설비가 이전됨에 따라 향후 우리의 경쟁자가 될지도 모를 해외 기업들에 우리 기술이 노출될 위험도 있다. FTA는 한국 기업의 기술적 노하우가 노출되는 위험을 줄이고 한국의 제조설비와 고소득 고용 기회를 국내에 머물게 하여 근로자들에게도 이익을 줄 수 있다.

오랜 고심 끝에 얻은 결론은 '동시다발적 FTA를 추진한다'였다. 세계자유무역 시장에서 대한민국이 매력적인 '필수 FTA 파트너'가 되는 것이다. 동시다발적 FTA를 통해 한국의 무역 상대국들이 한국 시장에서 입지를 유지하기 위해 서로 경쟁하게 해야 한다. 한-칠레 FTA 체결 후 미국과 유럽의 와인 산업, 유럽의 연어 산업, 뉴질랜드의 키위 산업이 한국 시장에서 타격을 입었고, 한국과 FTA를 체결하지 않은 국가들의 산업계는 한국과 FTA를 체결하도록 그들 정부를 강하게 압박했다. 한국으로 수출되던 칠레산 와인, 연어, 키위가 관세인하 및 철폐로 미국, 유럽, 뉴질랜드산 제품보다 훨씬 유리한 가격으로 한국 시장에서 판매될 수 있었기 때문이다.

　FTA의 가장 큰 수혜자는 소비자다. 미국과의 FTA 체결은 마치 고구마 줄기와도 같다. 많은 미국 상품에 부과되는 관세를 한미 FTA 이후 인하하거나 철폐하면 일본과 EU의 공산품과 중국, 호주 및 캐나다산 농산물이 가격경쟁력을 잃기 때문에 한국 시장에서 도태될 수밖에 없다. 미국산 공산품에 적용되는 관세를 내리면 다른 교역국가의 경쟁상품은 한국에 발을 붙이기 어려울 것이고, 한국의 무역 상대국들은 한국 시장을 잃지 않기 위해 한국과 FTA 체결 혹은 투자를 서두르게 되는 것이다. 목표가 정해졌다.

　이제 목표에 이르는 다각적인 전략 내용을 선택해야 했다. 동시다발적 FTA 전략이 성공하려면 우리에겐 두 가지가 필요했다. 하나는 높은 수준의 개방을 하는 것이고, 다른 하나는 한국의 성장 잠재력을 높여 주는, 경제 규모가 큰 국가와 FTA를 체결하는 일이었다. 물론 이 두 가지를 어떻게 잘 엮어 내느냐 하는 것이 전략의 핵심이었다. 나는 개방 수준을 정하기 위해 우리 산업 공부에 집중했고, 큰 시장을 얻기 위해 미국과 EU 시장을 주목했다. EU를 통해 미국으로 가느냐, 미국을 통해 EU로 가느냐의 이정표는 하늘에 부탁했다. 그러나 문제는 이 두 나라가 한국과 FTA를 체결하는 데 전혀 관심이 없다는 점이었다.

FTA의 F도 모르는 나라 아닙니까

　미국과 FTA를 추진하기 전에 EU와 먼저 하는 것도 좋은 방책이라 생각했다. 나중에 국회청문회와 국정감사 때 왜 EU와 먼저 하지 않았느냐는 질문을 여러 차례 받았는데, 명심할 것은 FTA를 하려면 상대가 필요하다는 점이다. 박수도 손바닥을 마주 쳐야 하듯 상대 국가가 FTA를 하겠다는 의향이 있어야 할 수 있다. EU 27개 국가는 FTA보다 한 단계 높은 관세동맹을 맺었기 때문에 한 나라라고 생각하면 된다. 따라서 전 품목에 27개 국가가 똑같은 관세를 부과한다. 통상에 관한 한 모든 권한이 EU 집행위원회에 있기 때문에 개별 국가들은 다른 국가와 직접 접촉하지 않는다.

유럽 중심으로 정책을 입안하는 EU 집행위는 얼마 전까지만 해도 신규 공무원을 채용할 때 32세 이상은 뽑지 않았다. EU 집행위 엘리트들에게 고액 연봉과 최고의 대우를 제공하며 철저하게 유럽의 이익을 증진시키도록 했다. 유럽에 대해 낭만적으로 생각하는 대한민국 국민이 있을 수도 있지만, 변호사 시절과 WTO에서 겪은 경험에 따르면 내 생각은 조금 다르다. 프랑스에서 고속전철을 수입하면서 병인양요 때 프랑스가 약탈해 간 우리 문화재인 외규장각 도서를 반환받는 것으로 합의가 된 적이 있었다. 결과는 어땠나? 프랑스 정부는 자국 국립도서관장의 반대가 심하다는 이유로 약속을 지키지 않았다. 우린 저들 좋은 일만 해주고 원하는 바는 얻지 못했다. 더 문제되는 것은 그다음이다. 대한민국 국군은 차세대 헬기를 유로콥터로 선정했다. 물론 유로콥터가 우수해서였겠지만, 반대급부 수익체결도 없이 유로콥터를 선정한 것이다. 나는 이런 장사를 하는 것이 못내 속상하다. 사전에 관련 부처들 간에 국익에 보탬이 되는 긴밀한 협조가 절실하다.

2003년 6월 브뤼셀에서 열린 한-EU 경제공동위 수석대표로 참석하게 되었다. 회의 도중 차관급인 EU 부집행위원장과 FTA 정책에 대해 이런저런 이야기를 하다가 의중을 살펴보았다. 그는 EU의 FTA 경험에 대해 먼저 말문을 열었다.

"우리는 멕시코·칠레와 FTA를 체결했습니다. 그때 솔직히 조그만 나라들이 하룻강아지 범 무서운 줄 모르고 달려드는 것 같아 상당히 걱정하면서 협상을 했습니다."

"EU는 세계 12위 경제규모인 한국과 FTA를 할 생각이 있습니까?"

그러자 부집행위원장이 웃으면서 말했다.

"김 차관보, 당신네 나라는 FTA를 한 건도 안 했고, FTA의 'F' 자도 모르는 나라 아닙니까? 우리가 지금 하는 FTA는 3세대 FTA*인데 한국이 어떻게 우리와 FTA를 하겠습니까? 일본마저도 3세대 FTA의 한 부분인 규격 상호인정을 1년 이상 협상하다가 포기했습니다. 지금까지 해온 대로 WTO에서 진행되는 다자협상이나 충실하게 하세요. 말이 나와서 말인데 기왕이면 지리적 표시 관련해서 우리 입장을 지지해 줬으면 좋겠습니다."

상당히 거만스러운 답이었다. 1960년대에 우리가 제철소를 만들 계획을 세웠을 때, 세계은행이 한국이 제철소를 설립하는 것은 시기상조라며 생각도 말라고 말렸다. 1962년 일본과 보상금 협상 때 오히라 외상은 당시 김종필 중앙정보부장에게 중공업 같은 것은 생각도 말고 농업용 기계나 만들라고도 했다. 1970년대에 자동차를 만들 계획을 세우자 한국은 만들지

• 1세대 FTA는 대개 공산품에 대해 배타적으로 관세를 철폐하는 데 초점을 맞추었다. 이 형태는 농산품, 서비스, 지적재산권, 위생 검역, 경쟁, 노동과 환경을 포함하며 3세대 FTA로 발전했다.

못할 테니 포기하라며 주요 선진국들이 말린 적도 있다. 1980년대에 와서는 반도체에 진출할 계획을 세우자 그거야말로 중공업과 달리 하이테크 분야라서 성공할 수 없다며 진출을 막으려 했다. 1990년대 IT 통신 분야에 대해서도 같은 지적을 했다. 이런 사례들을 보면 선진국들이 개도국을 지원한다 해도 저들과 동등한 수준이 되는 건 결코 원치 않는다는 걸 알게 된다. 오기가 발동하는 순간이었다. '누가 누구에게 먼저 FTA를 요구할지 두고 보자!' 자존심이 상했지만 덕분에 에너지가 생성되었다.

브뤼셀을 떠났다. 하늘의 이정표를 본 것이다.

수세적 DNA?

"한국 때문에 회의가 결렬되었다." 이런 기사는 우리 언론에서 외신으로도 내신으로도 논평은커녕 보도도 눈에 띄지 않는다. 2003년 9월 캔쿤에서 열린 DDA 각료회의가 결렬된 것이 한국 때문이라는 이유로 한국은 세계 무역을 확대시키는 다자협상의 방해자로 주목받았다. 다자협상이라는 것은 WTO 150개 회원국들 사이에 어떤 중요한 이슈가 있는지 알아야 하고, 그 흐름의 출처와 방향을 입체적으로 분석해서 상황이 바뀔 때마다 즉각적이고도 효과적인 대책이 있어야 한다. 개발도상국들은 반대했지만 EU, 일본 그리고 한국은 싱가포르 이슈•를 지지했고 연합된 의견을 유지하는 데 동의했다.

• 1996년 싱가포르에서 열린 제1차 WTO 각료회의에서 다자 규범의 필요성을 제기한 의제를 말한다. 무역 원활화, 정부조달 투명성, 투자 촉진, 경쟁정책 등 크게 네 분야로 이루어져 있다.

그러나 한국 대표들은 캔쿤 각료회의 때 의장국 멕시코를 비롯한 여러 나라가 각료회의를 결렬시키려 하고 있음을 알아차리지 못했다. 상황의 변화에 대한 정보 없이 싱가포르 이슈를 약화시키는 개정안에 반대하는 의견을 우리가 발언하자 의장인 멕시코 데베즈 장관은 우리 대표의 발언을 빌미삼아 각료회의를 결렬시켰다. 그 후 모든 국가들은 한국 때문에 회의가 결렬되었다고 지적했고 덕분에 한국은 결렬된 회의 결과에 대한 책임을 뒤집어썼다. 명분을 찾던 이들이 희생양을 발견한 것이다. 멕시코가 EU와 미국과의 사전협의 없이 회의를 중단할 수 없는 상황이었음에도 한국은 이러한 기류를 사전에 감지하지 못했다. 우리는 회원국 중 핵심세력이 아니었기 때문에 정보력이 부족했던 것이다. 그때 라미 EU 집행위원장은 파이낸셜타임즈에 한국 때문에 회의가 결렬되었다고 지적했고, 라미 위원장과 좋은 관계를 유지했던 쥘릭 미국 무역대표부USTR 대표도 한국은 언급조차 하지 말라고 직원들에게 신경질적인 지시를 내릴 정도였다.

다자협상장에서는 머릿수보다, 특공대처럼 소수의 직원들이 흩어져 주요 국가들과 접촉해 거시·미시 동향을 파악하며 정보를 취합하여 시시각각 분석하는 것이 중요하다. 물론 한국은 DDA 같은 다자협상에 여러 부처에서 많은 직원을 보낸다. 그러나 이들은 현장에서 어떤 일이 일어나는지 수동적으로 관찰할 뿐 상대방과 일대일로 적극적으로 붙지 않는다. 과거 2,000년간 900번 이상 외적의 공격을 당한 민족이기 때문에 한국인의 DNA가 수세적으로 바뀐 건 아닌가 싶을 때가 있다. 협상 현장에서 상관의 지시만 기다리는 모습을 많이 봤다. 앞으로 2,000년간의 민족의 미래를 위해 지금부터라도 DNA를 바꾸어야 한다.

나는 조정관으로 임명되었으나 DDA 다자협상에서 배제되어 있었다. 과장들보다 젊은 차관보급 인사가 외부에서 들어온 것에 대한 동료들의 불편한 심기가 고스란히 반영된 것이다. 내가 조정관으로 내정된 날 통상교섭본부 간부들은 조퇴를 했다고 한다. 나를 DDA 다자협상 라인에서 배제한 이유 중 하나는, 한국 협상단이 얼마 전까지 WTO 사무국에서 일하던 직원의 지시를 받아 가며 협상하게 되면 협상 상대방과 WTO 사무국 직원들이 한국 협상단을 얼마나 우습게 보겠느냐는 것이었다.

가끔 DDA 협상에 대해 보고받을 때면 수세적이고 특별한 비전 없이 진행된다는 느낌을 받았다. 더 화나게 만드는 것은 DDA 다자협상 각료회의 결렬에 대해 한국을 비난한 라미 EU 집행위원장의 파이낸셜타임즈 기고에 대한 늦장 대응이었다. 외교부는 기고가 나온 후에도 사흘 동안 무대책으로 있다가, 토요일에 3시간 동안 회의를 열어 반박하기로 결정했지만 국내외 어떤 언론사도 기사를 실어 주지 않았다. 일반적으로 반박 기고문은 24시간 내에 이루어져야 효과가 있다.

FTA 마이너스 쌀

인수위 시절 이후, 2003년 10월 21일 아시아태평양경제협력체APEC 정상회담 때가 되어서야 대통령께 다시 FTA에 대해 보고할 기회가 주어졌다.

"김 변호사, 오랜만입니다. 정부에 들어와서 열심히 일 잘하고 있다는 얘기는 들었습니다. 뭐 보고할 거 있습니까?"

대통령은 처음 만나 부르던 호칭을 그대로 사용하였다.

"오늘 20개국 정상들과 회의하실 논지는 이미 나와 있지만, WTO와

DDA 협상 조기타결에 대한 적극적인 견해를 표명하시고, 안보와 개도국의 기술 협력 제공에 대한 생각을 말씀하시면 됩니다. 동시통역이니 그냥 쭉 말씀하시면 됩니다."

"예, 알고 있습니다."

"대통령님, APEC 말고 다른 사항을 좀 말씀드려도 되겠습니까?"

"그렇게 하세요."

"제가 듣기론 이라크에 파병하는 것으로 알고 있습니다. 몽골도 173명을 파병하기로 했는데, 이를 위해 미국에 내놓은 조건이 FTA를 하자는 것입니다. 우리도 미국에 'FTA 마이너스 쌀'을 요구하는 것이 좋지 않겠습니까?"

"FTA 마이너스 쌀이라뇨?"

"동맹국이 어려울 때 돕는 것은 당연한 일입니다. 그 동맹을 강화하는 차원에서 우리에게 유리한 FTA를 하는 것입니다. 즉 쌀 같은 민감한 품목을 제외하는 자유무역 협정을 하는 것입니다. 이라크를 침공한 미국 입장에서는 동맹국들의 지지가 필요할 때입니다. 월남전과 걸프전에 참전했던 한국에게 어차피 이라크 파병을 요청한다면 대신 우리는 한미 FTA를 요구하는 것입니다. 명분도 있고 실리도 얻게 됩니다."

"FTA에서 민감 품목을 제외하는 것이 가능합니까?"

"예, 미국도 FTA를 하면서 장래 민감 품목을 제외한 경우가 있고, 상대국도 이것을 허용했습니다."

"그런 가능성을 제 머리에 입력시켜 놓는 것이 중요합니다."

"1인당 국민소득 3만 달러의 선진국으로 가기 위해서는 필요할 것입니다. 부시 대통령과는 이미 친분을 쌓으셨기 때문에 가능하다고 봅니다. 미국 재계 인사들의 평가도 들었는데, 대통령님의 개방·개혁 의지가 인상 깊었다는 반응을 보였습니다. 특히 대통령께서 정부가 투명해야 기업도 투명해진다고 말씀하셨을 때, 부시 대통령이 동의한다는 반응으로 세 번 윙크를 했습니다."

"나도 그 모습을 보고 왜 그러는 건지 궁금했는데, 그 이유였군요. 김 조정관이 얘기한 FTA에 대해서는 잘 참고하겠습니다."

2003년 8월 동시다발적 FTA를 추진해야 한다는 보고서를 올린 이후 노 대통령은 긍정적인 반응을 보여 왔다. 아마도 교역 상대국들이 서로 FTA를 추진하는 상황에서 무역의존도가 높은 우리만 안 하고 버틸 수는 없다는 것을 알고 있었고, 국가 최고책임자로서 큰 부담이 되었을 것이다.

WTO 체제 대 FTA 체제, 둘 중 하나는 몰락할 운명

"실행 못 하는 전략은 전략도 아닙니다. 교두보를 확보하면서 동시다발적으로 FTA 협상을 진행시키는 전략은 좋은데, 문제는 어떤 논리와 근거로 대통령과 국민을 설득시켜 동시다발적 FTA로 개방·개혁을 실행하느냐가 핵심입니다. 미국, EU 등과의 FTA 체결의 중요성, 즉 가장 큰 시장에 접근성을 확보해 한국이 세계적 경쟁력을 갖춰야 한다는 사실을, 어떻게 대통령과 국민들에게 납득시킬 수 있겠습니까?"

"본부장님, 이것은 아주 어려운 일입니다. 특히 현 행정부의 지지기반은 무역 자유화를 지지하지 않을 것이고, 그 상대가 미국이라면 더욱 분명히 반대할 것입니다. 지지기반을 상실할 것이 뻔한데 정부 스스로 감행할 수 있을 거라 보십니까?"

"노 대통령은 실용주의적입니다. 이념에 사로잡혀 있는 지도자가 아닙니다. 패러다임을 깨고 나온 논리적인 아이디어를 좋아하고 나아가 승부욕도 있기 때문에 우리가 FTA 외톨이가 된다는 사실을 염려하실 것입니다. 대통령의 장점은 필요한 접전을 피하지 않고 승부수를 거는 데 비겁하지 않다는 것입니다. 대통령도 미국이 우리의 동맹국일 뿐 아니라, 지난 10년 동안 무역흑자를 내준 주요 교역대상국임을 잘 알고 있습니다."

"본부장님, 미국이나 EU 같은 거대 경제권력들과는 FTA를 체결할 필요가 없습니다. 그냥 캐나다, EFTA, 아세안만으로도 충분합니다. 세계 농산물 수출량의 약 1% 정도밖에 차지하지 못하는 칠레와도 FTA 협상이 3년이나 걸렸고 지금 비준하는 데 얼마나 어려움을 겪고 있습니까."

"아닙니다. 미국과 EU, 중국 같은 거대 경제권과 FTA를 꼭 체결해야 합니다. 참여정부가 진보정권이기 때문에 미국과의 FTA를 국민이 이해하고 또 받아들일 수 있을 것입니다. 닉슨 대통령이 보수적이었기 때문에 베이징을 방문할 수 있었던 것처럼 말입니다. 우리는 비전을 가지고 자주적인 경제 강국을 지향해야 합니다."

2004년 7월 통상교섭본부장*이 된 이후에도 여전히 고민스러웠다. 동시다발적으로 FTA 협상을 진행하려면 대통령의 확고한 지지가 필요했다. 개

---

* 통상교섭본부장은 장관(Minister 또는 Trade Minister)급으로, '본부장' 혹은 '장관'이라고 불린다.

방이란 기존 기득권자들에게 편리했던 틀을 깨는 과정이 반드시 수반되기 마련이다. 그러므로 개방으로 인해 타격이 예상되는 업계들의 기득권을 지키려는 여론몰이가 거세질 것에 대비해 최고 통수권자의 확실하고 소신 있는 결단이 필요했다. 그러나 그때만 해도 미국과 조율 중이던 현안들, 시시각각 첨예화되는 북핵 문제, 곤두박질치는 경제 상황 등 여러 굵직한 현안들이 산재해 있었다. FTA는 우선순위에 끼지도 못했다. 나는 대통령의 결단을 기다리고 있었다. 나중에 안 사실이지만 노 대통령은 개방에 대한 확고한 철학을 이미 갖고 있었다. 대원군이 시대 흐름을 잘못 읽고 척화론을 추진함으로써 조선의 국력이 약해진 데 반해, 일본은 개혁·개방이라는 기회를 살려 국력을 신장하고 대동아 패권 장악의 포부를 지닐 만큼 강국이 되었다는 역사적 교훈을 숙지하고 있었다. "개방한다고 해서 성공한다는 보장은 없지만, 개방을 하지 않으면 선진국으로 갈 수 없다"고 지적한 것이다.

2004년 8월 30일과 11월 6일, 노 대통령이 주재하는 대외경제위원회에서 FTA 추진 전략과 전망에 대해 보고했다. 대외경제위원회란 업계를 대표하는 전경련회장, 대한상공회의소장, 무역협회장, 여러 국책연구소장들이 대통령께 대외경제에 관련하여 자문하는 회의다. 나는 한국이 상당 기간 FTA 없이 지낸 세계통상계의 외톨이임을 지적했다. WTO 체제는 우리의 선택 사항이 아니라 우리에게 강요된 환경으로서 우리가 주도적 목소리를 내는 데 한계가 있는 반면, FTA 체제는 우리가 선택권을 갖고 스스로 개척해 나가야 하는 정책 사항인데 그동안 손을 놓고 있었음을 강조했다. 당시 세계적으로 193개의 FTA가 발효 중이며, 2005년에는 전 세계 교역량의 51.2%가 FTA 체결국 사이에 이루어질 전망이었다.

2004년 8월 미국, EU, 멕시코, 칠레 등은 FTA 체결국과의 수출교역 비중이 전체의 35~86%에 달했으나, 칠레와만 FTA를 타결한 한국은 미미한 수준밖에 되지 않았다. FTA는 협상 당사자가 아닌 제3국에 대한 차별이 본질이기 때문에, 참여하지 않으면 상대적으로 불리해진다. 무정책은 현상 유지는커녕 손실과 고립을 초래할 것이 뻔했다. 다급할 수밖에 없었다. 앞서 예시한 바, 일본과 멕시코의 FTA 타결로 멕시코 시장에서 우리 상품에만 25% 이상의 관세가 부과되면, 25.8억 달러 규모의 대멕시코 무역흑자가 2004년 이후에는 둔화될 수 있다는 것이 업계의 우려였다. 향후 2년 내 FTA 추진에 상당한 진척이 없을 경우, 한국은 교역국가로서 또 투자 상대 국가로서 경쟁력을 상실할 위험에 처해 있었다. 2006년 5월 지방선거와 2007년 12월 대선이 예정된 정치 일정에 비추어, 2006년 상반기까지의 2년이 우리에게 열린 기회의 창이라고 보고를 드렸다.

북한 주민들이 선호하는 직장, 개성공단

개성공단은 김대중 정부의 햇볕정책 구현으로 완성된 남북한 합작 경제특구였다. 원래 개성은 한국전쟁 때 서울로 침공해 들어온 북한 탱크의 주요 거점이었는데 지금은 북한의 주요 기지로 사용되고 있었다. 개성공단 출범이 늦어진 이유도 북측 군부대의 강한 반발을 김정일 위원장이 무마하는 과정에서 시간이 필요했기 때문이다. 개성 지역에 있던 주요 군사시설을 후방으로 배치한 것은 군사분계선MDL이 10km 북쪽으로 이동한 효과가 있다. 이는 불의의 사태에 우리 측 인명과 재산 피해를 최소화하는 역할도 하게 된다. 그만큼 전쟁 발발 시 피해를 줄이고 국가 신용도에 도움이 되는 것이 개성공단이다.

북한으로서도 큰 실험을 해볼 만하다는 결단을 해야 했다. 옛 공산국가들이 개혁·개방을 하게 된 것은 시장경제가 소개되고 그 장점을 인정하면서부터다. 북한도 국제사회의 일원으로 거듭나려면 중국, 베트남처럼 시장경제를 도입해야 할 것이다.

개성공단은 북한 주민들이 가장 취업하고 싶어 하는 곳인데, 여기에는 몇 가지 이유가 있다. 우선 2006년 기준 월 57.5달러*의 고임금이다. 이 금액 중에서 7.5달러는 사회보험료로 내고, 근로자들은 사회문화 시책비 15달러를 제외한 35달러를 실수령액으로 받는데 달러가 아닌 배급표와 북한 원화로 받는다. 두 번째 매력 포인트는 우리 기업들이 제공하는 점심과 간식이다. 나는 개성공단을 세 번 방문했는데 매번 변화를 느낄 수 있었다. 처음보다 마지막에 갔을 때 확연히 근로자들의 얼굴에 윤기가 흘렀다. 이외에도 겨울에 뜨거운 물로 샤워할 수 있는 시설과 여성 근로자들에게 제공되는 산부인과 시설은 단연 인기가 좋았다.

남측 기업인들에게 노동생산성은 어떤지 물어봤더니, 6개월이 지나면 남측 근로자의 60~80%, 중국 근로자의 80~120%로 증가한다고 했다. 동구권의 저임금을 보고 그곳에 투자한 한국 기업들이 고민에 빠져 철수할 생각을 하는 이유 중 하나가, 저임금이긴 하지만 노동생산성이 많이 떨어

* 개성공단 북한 근로자의 임금은 2007년 71달러, 2008년 74달러, 2009년 80달러로 매년 오르고 있다.

지고 언어와 문화가 다른 데서 오는 어려움이 크기 때문이다. 따라서 한국말이 통하고 노동생산성이 80% 이상이면, 개성공단은 한국 기업뿐 아니라 외국 기업들에게도 매력적인 투자처가 아닐 수 없다. 2004년 기준으로 월 최저임금을 비교해 보면 개성공단은 50달러, 중국은 베이징 기준 65.84달러, 한국은 446.74달러이기 때문에, 개성공단은 충분히 경쟁력과 투자가치가 있는 지역이었다. 게다가 개성공단의 평당 분양가는 한국과 중국보다 더 저렴했다.

구소련을 비롯한 동구권은 외부 압력으로 변화되지 않았다. 자본주의가 유입되면서 내부적으로 개혁·개방이 이루어져 단계적으로 민주화되었다. 이런 맥락에서 전쟁을 방지하고 평화통일을 이루기 위해서도 개성공단 같은 프로젝트가 동시다발적인 FTA에 포함되어야 한다고 판단했다. 나는 조정관 시절 통상교섭본부 간부들과 개성공단 제조상품의 한국 원산지 부여와 관련해 대책회의를 했다. 내가 먼저 말문을 열었다.

"개성공단을 우리가 체결하는 모든 FTA에 포함하면 좋겠습니다. 어떻게들 생각합니까?"

"조정관님, 그래서는 안 된다고 생각합니다."

"왜요?"

"만약 싱가포르나 EFTA, 아세안과의 FTA에서 개성공단을 포함하면, 이후 FTA의 성공 실패여부를 재는 잣대는 개성공단의 포함 여부가 될 것입니다. 협상전략 차원에서 보면 개성공단을 얻기 위해 우리에게 실질적으로 중요한 내용을 상대방에게 양보하게 될 수 있습니다. 개성공단을 포함시키라는 외부 압력도 강해질 것이며, 그렇게 되면 우리는 실익을 포기하고 명분만 챙기게 될 것입니다. 역사를 보면 우리는 실익보다 명분을 더 중시해서 손해 본 적이 많습니다. 만약 미국과의 FTA에서 개성공단을 인정받지 못하면 협상 실패로 평가될 것입니다. 개성공단으로 인한 경제 효과도 그리 크지 않습니다."

틀린 말이 아니었다. 그러나 한국 국민은 통일을 지향한다는 차원에서, 한반도 전역을 국익의 보고로 활용할 목적으로 모든 FTA에 개성공단을 포함시키면 FTA에 대한 공감대와 지지를 확산시킬 수 있을 거라 생각했다.

"그러면 협상을 잘해서 명분과 실리 둘 다 얻으면 되잖습니까. 협상전략상 개성공단을 요구해서 상대방이 그것을 받아들이지 않으면 우리도 그에 상응하는 만큼 덜 양보하면 되지 않습니까? 우리는 통일을 지향하는 국가인데 상대방이 개성공단을 인정하지 않는다는 것은 곧 한반도 통일을 지지하지 않는다는 뜻이므로 협상 상대국도 거절하기가 그리 쉽지 않을 것입니다. 지역마다 다르지만 지금 중국의 월 평균 임금을 100달러라 하면 북한은 50달러인데, 북한 근로자들이 중국 근로자들보다 생산성이 좋다고 들었습니다. 지난 10년 동안 약 2만 개 한국 기업이 301억 달러를 중국에 투자했는데, 그중 절반 정도가 흑자를 내고 나머지 절반은 적자 또는 현상유지라고 주중 대사관에서 보고받은 적이 있습니다. 또 중국은 환경기준을 강화하고 근로자 복지비용을 기업 부담으로 돌리고 있어, 거래 비용이 증가하고 있습니다. 우리 기업들은 대안이 될 만한 투자처가 필요합니다. 개성공단이 이상적인 대체 투자지역인 이유는 서울에서 60km밖에 안 되는 거리에 있고, 중국보다 인건비가 저렴하며, 같은 언어를 사용한다는 장점 때문입니다. 게다가 개성공단에 투자되는 자금은 통일 비용의 일부로 간주될 수 있습니다."

"실질적으로 개성공단에서 수출하는 양은 미미하나 개성공단을 꼭 관철시켜야 한다는 국내 압력도 있을 텐데요. 그러면 링에 한 손이 묶인 채로 상대방과 복싱하는 경우와 같지 않겠습니까."

"정치적인 고려도 해야 합니다. 북한도 변해야 합니다. 동구권이 외부 압력이나 군사적 조치로 변화된 것이 아닙니다. 인간의 기본 욕구는 어디 가나 다 똑같습니다. 인간의 기본 욕구를 법이나 체제로 통제할 수는 없는 것입니다. 최종 결정은 제가 합니다. 개성공단을 FTA에 포함시킬 겁니다. 그리고 개성공단을 방문할 수 있게 통일부에 협조 부탁하세요."

'메이드 인 개성'

2004년 2차 대외경제위원회의가 끝나고 일주일 후, 대통령을 모시고 11월 13일부터 23일까지 10박 11일간 칠레에서 열린 APEC 정상회담에 참석했다. 대통령 해외 순방 시 일반적으로 외교부장관과 통상교섭본부장이 수행한다. 정상회담 과정에서 해외 무역과 관련한 최근 이슈들이 논의되기 때문이다. 장관과 청와대 수석들은 대통령과 조찬을 함께하며 그날의 일을 간략히 보고한다.

"본부장은 보고할 게 뭐가 있습니까?"

"대통령께서 인수위 시절부터 걱정하신 하이닉스 반도체와 조선 분쟁에서 우리가 WTO에서 승소했습니다."

"분쟁 내용이 정확히 뭐였죠?"

"외환위기 때 공적자금으로 대출받은 금액이 불법보조금으로 간주되어 미국과 EU가 상계관세를 부과한다는 내용이었습니다. WTO 패널은 불법보조금이 아니라며 우리 쪽 손을 들어 줬습니다. 불법보조금으로 판정되었다면 높은 상계관세가 부과되어 우리 주요 품목들의 수출이 중단되는 사태가 일어났을 것입니다."

"거 잘됐네요. 통상교섭본부가 올린 개가네요."

승소 결과와 통상교섭본부의 성과에 대해 대통령은 만족감을 표했다. 이외에도 정상회담 동안 싱가포르와 FTA를 타결할 계획임을 말씀드렸다.

"싱가포르와 FTA를 해요?"

"네, 그렇습니다. 그러나 싱가포르 FTA의 특징은 쌀은 제외한다는 것입니다."

"FTA에서 쌀같이 민감한 품목을 뺄 수 있다는 것, 전에도 언급했지요?"

"예, 민감 품목을 제외할 수 있습니다. 예를 들면 한-칠레 FTA의 경우, 민감한 농산물, 특히 사과와 배는 제외했습니다. 대신 상대방은 냉장고와 세탁기를 제외했습니다."

"그렇군요."

"한 가지 더 어려운 이슈가 남아 있습니다. 개성공단 품목을 한국산으로 인정받을 예정입니다."

"개성공단? 무슨 이슈죠?"

"개성공단에 투자한 우리 기업들의 상품을 한국산으로 원산지 인정을 받게 해 FTA 체결 상대국에 무관세로 수출하는 것입니다. 즉 우리 기업들은 임금이 저렴한 개성공단에서 만든 상품을 FTA 내에서 무관세로 수출할 수 있게 되는 것입니다. 만약 북한산으로 인정되면 상대국으로부터 높은 관세가 적용됩니다. 한마디로 개성공단 품목의 수출 판로를 열어 주는 것입니다."

"FTA에서 그런 것도 다룹니까? 개성공단 인정받으면 거 참 좋겠네."

그러나 칠레 APEC 정상회담 때는 싱가포르와 FTA 타결을 이뤄 내지 못했다. 여섯 개에 이르는 주요 쟁점을 두 통상장관이 합의해 타결하기에는 너무 버거웠다. 우리 측 실무자들은 통상장관급에 협상 테이블을 넘겼을 경우 3~4개 과제를 초과하면 안 된다는 사실을 깨달았다. 값진 교훈을 얻은 셈이다.

2004년 11월 23일 귀국하여 닷새 후인 28일부터 30일까지 아세안+3 정상회담 참가를 위해 또다시 라오스까지 대통령을 수행했다. 여기서 나는 한-싱가포르 FTA 과제에서 실무자 수준에서 해결하지 못한 3개 과제를 림흥경 싱가포르 통상산업부장관과 협상하여 타결했다. 그 타결 내용에는 개성공단 상품의 한국 원산지 인정 건이 포함되었다. 〈문화일보〉 기자는 이 내용을 전화로 확인한 후 당일 2면에 "메이드 인 개성 한국산 인정!"이라는 제목으로 큼지막한 기사를 실었다. 노 대통령이 리셴룽 싱가포르 총리를 기다리는 동안 이 사실을 보고했다.

"대통령님, 칠레에서 타결하지 못한 싱가포르와의 FTA를 오전에 끝냈습니다. 개성공단 인정 받아냈습니다. 오늘 석간 〈문화일보〉에 이런 제목의 기사가 떴습니다. 보시죠."

담당 과장이 신속히 공수해 준 해당 기사를 본 대통령은 매우 흡족해 했다.

노 대통령의 결단

나는 11월 30일 귀국 직후부터 3차 대외경제위원회의에서 FTA 추진 현황 및 전망에 대해 노 대통령과 위원들, 관련 장관들에게 보고할 내용을 준비하여 12월 16일 직접 보고했다. FTA 추진은 국내 산업계의 미래 시장을 여는 중장기적인 환경을 만들어 가는 정책이다. 그러므로 단기적으로 혜택을 체감하기는 어려운 반면 민간 산업 부분에서는 구체적인 피해가 발생하기 때문에 국내에서는 항상 인기가 없는 정책이었다. 해당 산업에서는 즉각 불평이 나오고 여론을 만들어 거세게 저항하지만 혜택을 받는 산업의 종사자들은 입을 다물고 있게 마련이기 때문이다. 그러나 1인당 국민소득 3만 달러 시대, 평화와 번영의 동북아시대 실현, 글로벌 스탠더드에 부합된 경제 체제 구축, 지속적인 고부가 일자리 창출 등과 같은 미래 경제정책 목표를 달성하는 데 필수 요건이므로 국가 백년대계를 판가름하는 참여정부의 역사적 과제로 추진해야 할 정책이라고 역설했다. 당장 인기 없는 정책을 추진하기 위해서는 장기적 비전을 가진 정치적 리더십이 필요하다는 점을 강조했고, FTA에 대한 대통령의 강한 확신이 필요함을 주장했다.

내용 면에서는 2003년 8월에 제시한 FTA 로드맵과 유사하게, 정부의 FTA 정책이 지향하는 종착역은 미국, EU 등 거대 선진 경제권이 되어야 한다고 강조했다. 그리고 아직 FTA 추진을 위한 국내 여건이 성숙되지 않았으므로 캐나다와 EFTA같이 교두보가 될 수 있는 국가를 우선 협상 대상국으로 선정해 외곽부터 추진할 것을 제안했고, 국내 공감대를 조성하고 확대해 나가는 노력이 절실하다고 말했다. 노 대통령은 그날 보고를 모두 들은 후 이렇게 말했다.

"FTA는 더 이상 늦출 수 없는 과제이며, 이젠 수동적인 자세보다 능동적으로 추진해야 할 단계에 왔습니다. 우리나라 경제가 다시 한 번 향상되어야 할 단계에 이른 것입니다. FTA에 잘 대응하려면 철저하게 준비를 갖추고 치밀한 접근을 해야 합니다. FTA를 추진하는 명분과 논리에 대해서는 더 적극적인 제시가 필요하며, 우리 경제구조가 대외 지향적으로 되어야 한다는 점을 부각해야 합니다. 우리 경제 전략에는 국내 측면과 대외 측면이 있는데, 대외전략을 중시하며 더욱 적극적이고 능동적인 정책으로 강화해야 할 단계에 왔다는 점을 국민들에게 적극 홍보해야 한다는 말입니다.

제조업 분야의 취약 산업의 경우 FTA가 아니더라도 이미 벼랑에 몰려 있고, 외국인 노동자를 40만 명씩이나 고용해 가며 지탱하고 있습니다. 이러한 취약 산업이 FTA를 반대할 만한 명분이 되는지 구체적으로 조사할 필요가 있겠습니다.

농수산물과 서비스 부문은 피해가 있다고만 할 것이 아니라 개방으로 영향 받는 부분이 전체 GDP 중 얼마를 차지하는지, 또 해당 산업 종사자 비중은 어떻게 구체적으로 파악해서 국내 보완책을 실행해 나가야 하는지 검토해야 합니다. 이러한 부분이 차지하는 비중이 크지 않으면, 우리 경제 전체 차원에서 끌고 나갈 수 있다고 생각합니다. 하지만 쌀은 예외적인 경우로 유예가 필요하겠습니다.

스크린쿼터는 산업정책적 측면보다 이념적 측면이 강해지고 있으며 이에 따른 저항도 거세지고 있는데, 이는 정부가 의지를 갖고 단호하게 원칙을 밝혀 나가야 할 것입니다. 마치 스크린쿼터 유지를 주장하는 사람들만 애국자이고 정부는 애국심이 없는 것처럼 비치는 것은 문제가 있다고 생각합니다.

교육 부문은 민족혼, 역사의식, 가치의식과 관계되는 중·고등학교 교육은 공교육 중심으로 유지해야겠지만, 대학 교육의 경우는 닫아 놓고서는 세계 최고가 될 수 없기 때문에 가치 영역과 경쟁 영역을 구분해서 접근해야 한다는 생각입니다.

서비스산업 개방은 경제 운용에 걸림돌이 되지 않게 해야 하며, 경우에 따라서는 높은 수준의 개방을 추진해야겠습니다. 중소기업 대책, 특히 부품소재산업과 관련하여 유럽의 기술을 체계적으로 분석해 대일 의존관계를 극복할 수 있는지 연구가 필요합니다."

노 대통령은 잠시 깊은 생각에 잠기더니 다시 말문을 열었다.

"그동안 우리나라는 수출과 개방을 통해 성장했고, 외국인투자의 중요성을 인식하여 글로벌 스탠더드를 수용함으로써 규범 체계를 정비해 왔습니다. 또한 물류산업을 육성하기 위해 동북아 중심의 노력을 하고 있고, 풍부한 고학력 인력자원을 바탕으로 제조업 비중의 감소와 지식 기반 경제에 대비하기 위해 금융산업을 적극 성장시키고 있습니다.

나는 칠레 APEC 정상회담과 미국 방문, 아세안+3 정상회담을 거치면서, 상품 수출 외에 자원 개발 및 투자, 해외 인프라 투자, 플랜트 수출, IT 인프라 수출까지 경제활동 영역이 확대되고 있음을 관측할 수 있었습니다.

따라서 FTA 정책을 큰 틀에서 능동적으로 할 필요가 있고, 실무 작업을 통해 검토해야겠습니다."

노 대통령은 시장원칙에 기초한 생각과 확고한 입장을 밝혔다. FTA와 개방에 관한 논지는 동시다발적 FTA를 추진하기 위한 대통령 리더십의 표출이었다. 훗날 유엔대사 임기를 마치고 봉하마을로 갔을 때 대통령은 "솔직히 대통령, 이해찬 총리가 괴팍한 사람들이었기 때문에 한미 FTA 협상 출범이 가능했죠"라고 평했다. 두 분 모두 어렵다고 해서 일을 미루는 법이 없고, 어려워도 해야 할 일은 도전을 받아들이고 당당히 맞설 줄 아는 사람들이었다. 노 대통령은 이해찬 총리에게 FTA와 관련해 지속적으로 의견을 물었다. 2004년 6월 30일 총리 임명을 받은 이해찬 총리는 "엄청난 비난과 저항이 있을 것이고 상당한 어려움을 겪겠지만, 우리 경제를 향상시키고 경쟁력을 갖추어 나라가 한 단계 업그레이드되기 위해 피하진 못할 것 같다"고 했다 한다. 지금 생각해도 그 두 분이 있었기에 나도 모든 것을 거침없이 추진할 수 있었다. 휘둘리고 눈치 보고는 할 수 없는 일을 해낸 것이다.

철학도 없고 전략도 없다?

EU는 우리와 FTA를 안 하겠다는 의사를 확고하게 표명했고, 2003년 9월 캔쿤 각료회의가 결렬되면서 미국도 한국의 통상 분야가 시대에 뒤처진다고 간주해 우리를 진정한 FTA 상대국으로 인정하지 않았다. 그 와중에 일본-멕시코 간 FTA는 2004년 9월 체결되었다.

나는 미국, EU, 아세안의 경우 외곽을 자극하는 접근이 최선이라 판단했다. 동쪽으로는 미국과 FTA 논의를 시작하기 전에 곡물·쇠고기 등 한국에 대한 수출품목이 미국과 겹치는 캐나다와 먼저 FTA를 출범시키기로 작정했다. 캐나다 상품들에 부과되는 관세, 특히 우루과이라운드 양허율인 56.1%에 달하는 농산물에 대한 관세를 철폐 또는 인하할 경우, 캐나다 제품은 미국보다 훨씬 유리한 조건으로 수출되어 한국 시장에서 미국 상품을 대체하는 효과가 나타날 것이다. 그럴 경우 미국이 자국의 일곱 번째 교역 상대인 한국을 캐나다에 쉽게 빼앗기지 않으려 할 것이란 점이 쉽게 예상되었다. 특히 농산물 업계를 대표하는 미 의원들이 절대 가만히 있을 리 없었다.

서쪽으로는 EU에 가입하지 않은 EFTA와 높은 수준의 FTA를 단기간에 체결하여 EU 측에 우리의 능력과 의지를 보여 주는 전략을 세웠다. 우리가 EU의 근접한 뒷마당에서 놀고 있으면 EU로서는 불편하여 가만히 보고만 있을 수는 없을 것이라고 예측했다.

남쪽으로는 교두보 확보 차원에서 싱가포르와 FTA를 출범시키기로 했다. 우리의 다섯 번째 교역상대인 아세안과는 2004년 기준으로 무역흑자가 16.4억 달러였는데, 교역량과 무역흑자가 EU보다 더 빠른 속도로 늘고 있었다. 특히 통신, 건설, 서비스 분야를 감안하면, 관세철폐 시 약 100억 달러의 무역흑자를 거둘 가능성이 있는 역동적인 시장이었다. 아세안과의 FTA에서 염두에 두어야 할 점은 시장선점 효과였다. 우리가 일본이나 중국보다 FTA 협상을 늦게 시작했지만 이 두 나라보다 더 빨리 협상을 끝내야 했다. 아울러 새로운 경제 대국으로 떠오르는 인도와도 최소한 FTA 공동연구를 시작해야 한다는 결론을 내렸다. 이른바 남방 정책이었다.

마지막으로 북쪽의 러시아는 아직 WTO에 가입하지 않아 FTA 협상을 시작할 수 있는 입장이 아니었다. 1991년 러시아에 30억 달러 차관을 합의했을 때 4억 7,000만 달러어치를 한국산 전자 제품으로 제공한 일이 있다. 그때의 4억 7,000만 달러가 러시아인들에게 미친 광고 효과는 현재 가치로는 그 금액의 몇 배에 이를 것이다. 따라서 러시아와도 미리 공동연구를 진행시키기로 했다. 이러한 동시다발적 FTA 추진 전략이 수면 위로 모습을 드러내기 시작하면, 우리의 최대 무역 시장임에도 농수산물 문제로 협상을 주저해 온 중국과도 FTA를 논의할 수 있고, 일본과도 유리한 입장에서 FTA 협상을 진행할 수 있다고 판단했다.

이러한 전략이 본격적으로 탄력을 받게 된 것은 통상교섭본부장이 되면서부터다. 다행스럽게도 조정관으로 있던 15개월 동안 미래 한국의 무역정책에 관한 계획을 수립하는 한편 외교부 내부 업무를 파악할 수 있었고, 국회, 총리실, 타 부처 장관들과 관계를 정립하는 법을 배울 수 있었다. 통상 부처는 통상은 잘해야 본전이고 못하면 무능하다는 낙인이 찍히기 때문에, 현상유지에만 급급한 실정이었고 굳이 나서서 일을 만들 여건이 못되었다. 특히 다자 무역협상과 달리 FTA는 자발적으로 맺는 협상이기 때문에 반드시 추진할 필요는 없는데 무엇 때문에 국내정치상 민감한 이슈를 가지고 자신이 지금껏 쌓아 온 경력에 흠집을 내가며 사서 고생을 하겠는가! 나는 몸을 사릴 이유가 없었다.

세간에서는 나에 대해 45세 젊은 나이에 통상외교의 수장이 되었다면서 떠들었지만, 솔직히 나는 국익에 관한 비전을 실현할 수 있는 기회가 하늘로부터 주어졌다는 점에 의미를 두었다. 그러나 그간 불철주야 전력

투구하여 세계통상전략의 로드맵을 작성하고서도 선불리 공개할 수 없었던 관계로, FTA 추진 초기에는 EFTA나 남미공동시장MERCOSUR 같은 변방 국가만 두드린다며 철학도 없고 전략도 없다는 전문가들의 비난이 만만치 않았다.

2장

동시다발적 FTA
캐나다, 미국, EU, 멕시코, 아세안, 뉴질랜드와의 FTA 출범

1896년 고종은 집무실을 러시아 공사관으로 옮긴다. 그 유명한 아관파천이다. 고종은 러시아 황제 니콜라이 2세에게 보낸 친서에 쓴 바대로 "일본의 불법적인 행위를 꾸짖고 나라의 독립을 침해하지 못하게"• 하기 위해 눈물로 호소했다. 그러나 고종이 러시아 공사관에 머무는 동안 러시아와 일본은 조선을 분할하는 비밀 협상에 합의했다. 국제관계는 냉혹하리만큼 비정하며, 호소한다고 약자의 사정을 봐주지 않는다.

조정관 시절 나는 수없이 생각한 결과, 동시다발적인 FTA 추진 전략의 첫 단추로 교두보 마련 차원에서 캐나다와 FTA를 출범시켜야 한다고 생각했다. 먼저 멕시코에게 FTA 협상을 다시 사정해 보자는 의견도 있었지만 그러고 싶지 않았다. 협상의 생리상, 먼저 FTA를 요구하거나 사정하는

• 강준만, 《한국 근대사 산책 3》, 인물과사상사, 2007, 98쪽.

측이 더 많이 양보하게 되기 때문이다. 대한민국 각료로서 굴욕적인 태도를 취하고 싶지 않았다.

캐나다는 북미 시장에서 좋은 거점이 될 수 있는 나라였다. 고민은 '어떻게 캐나다를 끌어들이냐'는 것이었다. 우리 통상전략에 캐나다가 포함되어 있다고 해서 그 나라가 우리에게 관심을 보인다는 보장은 없었다. 어찌 되었든 얘기를 해봐야 의중 탐색이 가능할 텐데, 문제는 행정 절차에서 불거졌다. 궁리 끝에 조정관(차관보) 시절 APEC 회의에서 자주 만나 친해진 데이비드 멀로니 캐나다 외교통상부 아·태 차관보와 이야기해 보는 게 좋겠다는 생각이 들었다. 배짱이 맞는 사이고, 설득이 되면 캐나다 정부를 움직이는 데 적임일 듯싶었다. 그러나 공식적으로 접촉하면 상대방도 처신이 조심스러울 수밖에 없을 것 같아 뉴욕을 방문하는 길인데 가까운 거리니 괜찮으면 캐나다 수도인 오타와에서 밥이나 한 끼 먹자고 이메일로 가볍게 제안했다. 물론 뉴욕행은 핑계였다.

며칠 후 방문을 환영한다는 답장이 왔기에 보고를 올린 뒤 다녀오겠다고 했더니, 내가 그런 문제를 논할 자격이 있느냐며 주변에서 문제를 제기했다. 정부 차원에서 캐나다와 FTA 협상에 관해 어떠한 논의도 없는데 아무리 비공식 회동이라지만 일개 조정관이 무슨 자격으로 그런 문제를 거론할 수 있느냐는 것이었다. 물론 "캐나다와 무슨 FTA를 해?" 하는 반응도 있었다.

나는 아직도 이런 문제 제기에 익숙지 못하다. 행정 논리로는 이런 주장이 타당하겠지만 캐나다 의중도 모르면서, 대외경제장관회의에서 캐나다와 FTA를 추진하자는 건의를 어떻게 할 수 있겠는가? 또 정작 우리 내부

절차를 거쳐 승낙을 받고 캐나다 측에 물어봤는데 그쪽 반응이 차가우면 당초 기안한 장본인은 뭐가 되는 건가? 어찌 보면 닭이 먼저냐 달걀이 먼저냐의 논쟁이겠지만, 하룻밤을 더 생각해도 내 결론은 다녀와야겠다는 것이었다. 다음 날, 막무가내로 떠나겠다고 하니 마지못해 응낙하던 본부장 모습이 아직도 눈에 선하다. 오랜 공직 생활을 거치신 그분 눈에는 천방지축으로 날뛰는 내가 하룻강아지 모습으로 비쳤을 수도 있다.

내부 지지도 받지 못하는 일을 추진하러 가는 비행 시간 내내 심적으로 매우 불편했다. 멀로니 차관보와 에드워즈 차관을 오타와에서 만나 참여정부 개방정책에 대해 간단히 설명했다.

"노 대통령은 우리 사회가 글로벌 스탠더드를 받아들여 경쟁력을 향상시켜야 한다는 확고한 생각을 가지고 있습니다. 선진 시스템을 갖춘 국가와 FTA를 체결해 우리 시스템을 업그레이드해야 한다고 생각하십니다. 과거 캐나다와의 긴밀한 관계를 감안할 때, FTA를 체결하면 상당한 시너지 효과가 나올 거라고 믿습니다. 캐나다 쪽에서는 어떻게 생각하는지 궁금합니다."

에드워즈 차관은 이렇게 답했다.

"멀로니 차관보는 첫 근무를 서울에서 했고, 나는 주한 대사, 주일 대사로 근무했습니다. 그렇지 않아도 우리는 싱가포르와의 FTA가 실패로 끝난 뒤 아시아 국가와 FTA를 체결할 필요를 느끼고 있었습니다. 흥미로운 점은 일주일 전에 일본 측이 FTA를 하자고 제안했다는 사실입니다. 그러나 우리는 중국과의 FTA를 생각하고 있기 때문에 협상을 못 한다고 답했습니다. 그런데 일주일 뒤 김 차관보께서 FTA를 제안한 것입니다. 저는 한국에 대해 아주 긍정적으로 평가합니다. 대한민국 국민들은 매우 근면할 뿐만 아니라 동전 위에서 재주넘기를 할 수 있을 만큼 실력이 출중하다는 것을 잘 알고 있습니다. 2주 후 제가 FTA 담당 차관보와 서울을 방문할 때 결정하도록 합시다."

회의가 끝난 후 밖으로 나와 안도의 숨을 내쉬었다. 다시 말하지만, 동북아 3국은 국제사회에서 언제든지 서로 경쟁국임을 잊어서는 안 된다. 잠시라도 넋 놓고 있다가는 한발 늦었을 시장이다. 캐나다의 찬 공기가 식은 땀을 식혀 주었다. 캐나다 측이 일본이나 중국과 먼저 FTA를 출범시켰다면, 멕시코가 그랬듯이 한국과 FTA 협상을 하려 하지 않았을 것이다. 2주 후 서울에서 캐나다 측 차관보와 나는 FTA 출범을 위한 사전 준비를 하기로 합의했다. 캐나다와 FTA를 추진하기로 한 것은 시의적절했고, 그때는 몰랐지만 미국, EU, 아세안, 인도, 멕시코 등과의 동시다발적 FTA의 물길을 열어 주었다.

미국과의 첫 접촉

회의 참석차 출장을 떠나기 전날 밤 9시경, 롯데호텔에서 미국 무역대표부 직원을 조용히 만났다. 서로 잘 모르는 사이였는데 상대방은 나에 대해 궁금해했다. WTO에서 나와 같이 근무했던 변호사가 워싱턴의 한 로펌에서 일하고 있어 그 변호사에게서 나에 대한 정보를 들었다고 했다.

"좋은 소식은 그가 미국에서 교육받은 변호사라는 점이고, 나쁜 소식은 그가 미국에서 교육받은 변호사라는 점이다."

한편으로는 미국 사정을 이해해 말이 잘 통할 수 있지만, 또 한편으로는 미국의 장단점을 속속들이 알면서 그것을 공세적으로 이용할 줄 알기 때문에 상당히 골치 아플 수 있는 존재라는 메시지였다. APEC 다자협상과 양자 간 문제에 대해 가볍게 얘기를 나누다가 그가 먼저 질문을 던졌다.

"앞으로 한국 통상정책은 어떤 방향으로 갈 예정입니까?"

나는 이 질문의 의도를 정확히 파악하고 있었다. 예전처럼 방어적으로 나가다가 막판에 고위급에 압력을 넣으면 양보하는 우리 협상 스타일을 미국 무역대표부는 너무나 잘 알고 있었다.

"예전과 큰 변화는 없을 겁니다. 우리는 개방·개혁을 하기 어려운 나라이기 때문에 원대한 계획은 없습니다. 우리는 과거 다자통상의 가장 큰 수혜자이기 때문에 DDA 협상을 중요시하고, 가장 큰 교역 대상국인 중국과 좋은 관계를 유지할 계획입니다."

"양자 계획은 없나요?"

"아, FTA 말이죠? 별로 큰 계획은 없습니다. 협상이 타결된 칠레 FTA나 국회에서 비준시키고, 우리 농업 분야에 영향을 안 미치는 싱가포르 FTA 정도만 생각하고 있습니다. 일본과는 지금 FTA 협상이 진행 중입니다."

"내일 아침 일찍 출장을 가셔야 하는데 이렇게 늦은 시간에 한국 통상정책에 대해 말해 줘서 고맙습니다. 언제 워싱턴에서 한번 만났으면 좋겠는데요."

"아 참, 이건 뭐 별건 아닌데 곧 캐나다와 FTA 협상하기로 합의 봤습니다. 곧 발표가 나올 겁니다."

상대방 얼굴이 하얘졌다. 그러고는 당황한 목소리로 말했다.

"왜 우리한테 먼저 제안하지 않았죠!"

난 차분하게 대답했다.

"저는 미국에서 초등학교 때부터 공부하고, 미국 뉴욕 주 변호사 자격증을 땄으며, 워싱턴에서 나오는 모든 뉴스와 통상 관련 서류를 읽는 사람입니다. 제가 분석해 본 결과 미국은 한국 시장에 관심이 없는 걸로 결론을 낸 겁니다. 따라서 북미 시장은 캐나다 정도, 그리고 우리의 주요 교역국가인 중국과 아세안에 집중할 예정입니다. 일본과의 FTA 협상은 노 대통령께서 빠른 시일 내에, 길어도 2년 안에 끝내라고 지시했습니다."

그는 더 흥분된 목소리로 말했다.

"그건 사실이 아닙니다! 한국은 우리의 일곱 번째 시장이기 때문에 매우 중요하게 생각하고 있습니다."

"글쎄요, 저는 뉴스와 서류들에서 그런 인상을 못 받았는데……."

"당장 제 상관인 죌릭 무역대표께 보고해야겠어요."

"그렇게 하시죠. 나도 내 직속상관인 본부장께 이 대화 내용을 보고하겠습니다."

외교관은 자국의 국제적 위치가 크든 작든 모든 업무에 국가적 자긍심을 가지고 임해야 한다. 불필요한 언급이지만 직원 개인의 자질로 인해 국민 모두에 대한 굴욕적인 인상을 남기지 않도록 해야 한다. 그해 10월 23일 본부장 자격으로 워싱턴에서 미 통상장관인 죌릭 대표를 만났다. 그는 성격이 급하며 상당한 전문지식을 갖추고 모든 통상 이슈를 예리하게 꿰뚫고 있었다. 명민하고 생각도 깊은 반면 무능한 사람은 꺼리는 유형이었다. 예전에 DDA 각료회의에서 얌전한 일본 여자 장관이 일본 입장을 본부 지침에 따라 한 줄 한 줄 조심스럽게 읽자, 쥘릭 대표가 중간에 벌컥 화를 내면서 장관들이 협상하러 왔지 본부 지침 읽으러 왔느냐며 질타한 적도 있다. 성격도 강하고 직설적이며 완벽한 논리로 상대방을 압도하는 변호사 체질이었다. 미국 사회에서 인정받으려면 대가 약하면 안 된다. 특히 통상 분야에서는 그렇다. 상대방이 공세적으로 나올 때 그 이상의 강도로 받아쳐야만 상대방도 인정한다. 대등한 관계만이 대화가 가능한 것이다. 그와 나눈 첫 대화는 다음과 같았다.

"한국은 무역장벽이 너무 높고 통상 분야에 방해 요소가 큰 것 같습니다. 예를 들어 통신 분야에서 어떻게 정부가 와이파이WiFi나 와이브로 WiBro 같은 무선인터넷 표준을 기업에 강요하는지 이해가 안 갑니다."

"우리는 땅덩어리가 인디애나 주밖에 안 됩니다. 이런 작은 나라에서 'CDMA'(코드분할 다중접속방식)와 'GSM'(유럽형 이동통신방식)을 모두 허용할 경우, 서로 통화도 안 되고 데이터 통신을 주고받을 수도 없습니다. 그러니 당연히 효율성을 위해 기준이 하나여야 됩니다. 게다가 미국은 그렇게 말할 자격이 없습니다. 미국도 90년대 초반에 HDTV 기준을 미 행정부가 선정해서 기업들에게 그 표준을 맞추도록 강요하지 않았습니까?"

"미국 자동차 업계가 한국에 수출을 못 하게 막는 여러 가지 장벽이 있는 것 같습니다. 최근에는 자동차 번호판을 정사각형에서 직사각형 모양으로 바꾸도록 건설교통부가 규정을 개정했는데, 이렇게 되면 미국 자동차 메이커들이 한국에 수출하기 위해 생산라인을 개조해야 하며 그 비용이 상당히 듭니다. 어떻게 그런 정책을 세웁니까?"

"그게 왜 미국 자동차 수입을 막기 위한 거라고 생각하는지 도저히 이해가 안 갑니다. 우리 건설교통부는 미관상 그런 번호판이 더 좋다고 보아 그렇게 판단한 겁니다. 나도 제네바에 살 때 유럽 차들이 직사각형 번호판 단 것이 멋있게 보였습니다. 미국 자동차 업계가 더 노력하면 한국 시장에서 더 잘 팔 수 있을 텐데, 노력 부족이라고 생각합니다. 예를 들자면 한국에서는 상석이 뒷좌석이기 때문에 뒤에서 모든 것을 컨트롤할 수 있게 해놓았습니다. 그러나 미국 자동차 뒷좌석은 각도가 90도여서 앉기 불편하고, 사실상 아이들과 강아지들을 위해 만들어 놓은 것 같습니다. 그리고 미국 자동차 업계의 한국 시장 점유율이 낮은 게 아닙니다. GM이 대우 자동차를 인수함으로써 한국 시장 점유율이 10%에 근접하고 있지 않습니까? GM은 한국에서 자동차 60만 대를 수출하기도 합니다. 크라이슬러사는 독일 다임러벤츠에 인수되었는데, 한국에서 BMW 다음으로 잘 팔리는 차가 벤츠입니다. 무역장벽 때문에 한국 자동차 시장에 진출하지 못한다는 얘기에 대해서는 동의하지 못합니다."

첫 만남이자 기 싸움에서 서로에게 강한 인상을 남겼다. FTA에 대해 언급은 있었지만 심도 있는 논의는 하지 못했다.

2004년 11월 대통령을 모시고 APEC 정상회의에 참석했을 때, 칠레의 수도 산티아고에서 죌릭 대표가 만나자고 요청해 왔다. 무슨 말이 나올지 예측하기 힘들었다. 오후 3시에 만나기로 했는데 3시 45분이 되어도 회의 장소에 나타나지 않았다. 우리 담당 국장이 "본부장님, 45분이나 기다렸는데 예의가 아닌 것 같습니다. 그냥 가시죠"라고 건의했다. 때로 아래 직원은 조직의 장이 어떻게 처신하는지 보려고 시험하는 경우가 있다. 따라서 그 제안을 받아들이면 안 되는 때가 언제인지 아는 게 중요하다. 그때가 바로 그런 경우였다. 나는 기다려서 그를 만났다.

"워싱턴에서 만난 뒤 생각을 해봤는데, 두 나라 간에 FTA 협상을 한다는 아이디어는 좋은 것 같습니다. 그러나 과거에 워낙 복잡한 통상 이슈들이 많았기 때문에 6개월 동안 사전 예비협의를 하는 게 어떻겠습니까?"

"글쎄, 공동연구는 해봤지만 예비협의는 해본 적이 없어서 모르겠네요. 예비협의는 무슨 목적으로 하는 거죠?"

잘 모르는 이슈는 꼭 다시 물어야 한다. 아는 척하고 짐작하는 것은 금물이다.

"6개월 동안 양국의 제도를 파악하고 어떤 어려운 이슈가 있는지 미리 검토해 놓으면 FTA 협상에 도움이 되지 않겠습니까? 외환위기 때 한국이 아쉬워서 미국에 먼저 투자협정*을 요구했는데 스크린쿼터 문제 때문에 무산되지 않았습니까? 이런 어려운 이슈들을 사전에 파악하는 게 도움이 될 거라 믿습니다."

미국 측이 대한민국에게 먼저 FTA를 제안하는 순간이었다.

"좋습니다. 그럼 일단 사전 예비협의를 시작하죠. 6개월 동안 회의는 세 번 정도 할 수 있으리라 생각합니다."

몬테크리스토 계략이 성공하다, 한-EU FTA 출범

프랑스 출신의 라미 EU 집행위원장이 WTO 사무총장으로 가면서

• 양자투자협정(BIT, Bilateral Investment Treaty). 국가 간 투자활동에 규제를 없애는 협정.

2004년 10월, 그 후임으로 영국 정치인 출신인 피터 만델슨이 부임했다. 만델슨 통상 집행위원은 옥스퍼드 졸업생이고 역사에 해박한 사람이다. 또 상당히 지적이면서 열정도 있었다. 2004년 11월 만델슨과 첫 회의에서 나는 이런 질문을 받았다.

"EU로서는 DDA 다자협상이 중요한데 앞으로 어떻게 진전될 것 같습니까?"

"낙관적으로 볼 수 없습니다."

"왜 그렇죠?"

"두 가지 이유가 있습니다. 첫째는 공산품, 농수산물, 서비스 분야에서 WTO 회원국들의 요구 사항과 양보 가능 정도를 먼저 파악한 다음에 공식을 만들어야 하는데 접근 방법이 거꾸로 가고 있습니다. 관세인하에 대한 공식을 만들어 놓고 여기에 150개 회원국들의 요구 사항을 억지로 맞추려니까 합의가 거의 불가능합니다. 둘째는 우루과이 협상 결과마저도 소화를 못 시킨 개도국들이 신라운드에 들어갈 준비가 안 돼 있습니다."

"……직설적으로 말해 줘서 감사합니다. EU는 다자협상에 더 무게를 두기 때문에 더욱 노력하고자 합니다. 한국의 많은 협조를 부탁합니다. 한국의 통상정책은 어떤 방향으로 나아갈 계획입니까?"

"한국에서 대통령이 되려면 세 가지 이슈에 확고한 입장을 가지고 있어야 합니다. 첫째는 미국 정책, 둘째는 북한 정책, 셋째는 개방정책입니다. 노 대통령은 우리가 선진국 문턱까지 와 있는데 개혁·개방을 해야 선진국이 될 수 있다는 확고한 소신이 있습니다. 저는 참여정부 통상장관으로서 개방정책을 진두지휘하고 있습니다. 위원님도 잘 아시겠지만 어떤 사회에서든 개방을 자발적으로 하기가 매우 어렵습니다. 무역의존도가 높은 우리로서는 교역국가들과 관세·비관세 무역장벽을 철폐하면서 교역량과 투자를 늘리는 방법밖에 없습니다. 양자 FTA로 개방을 추진하려고 합니다. 현재 계획대로라면 칠레 FTA를 조속히 비준하고 싱가포르 협상을 최대한 신속히 끝낸 뒤 캐나다, 아세안 10개국, EFTA 4개국과 협상에 들어갈 예정입니다. 이외에 일본, 중국, 미국과도 언젠가는 FTA를 해야겠죠."

나를 유심히 보면서 그가 말했다.

"한 단계 더 발전하기 위해 자기 살을 깎는 길을 택했군요."

"EU는 다자협상에만 집중하고 양자 FTA에는 아직도 관심이 없는 게 맞습니까?"

"네, 당분간은 그럴 예정입니다."

일을 성사시키는 것은 사람들의 몫이다. 사람의 감정과 필요는 백인이든 흑인이든 몽골족이든 다 똑같다. 2005년 12월 홍콩 DDA 각료회의 타결을 위해 150명의 통상장관이 모였다. 그중 스물다섯 명의 통상장관들이 합의를 도출하기 위해 오후 4~5시부터 다음 날 아침 8시까지 5일 동안 회의를 계속했다. 회의에서 가장 중요한 이슈는 EU의 농업보조금을 2012년까지 얼마만큼 감축시키느냐였다. 좀더 구체적으로 말하면, 농업보조금으로 EU 농산물이 세계 시장에서 저렴한 가격에 판매되자 아프리카 국가들이 자국 농산물을 수출하지 못하게 되어 피해를 본다며 강하게 불만을 토로한 것이다. 우리가 캔쿤 다자협상에서 희생양이 되었듯이 각료회의가 큰 진전 없이 끝나면 꼭 '비난 게임blame game'에 들어가게 된다.

모든 통상장관들이 홍콩 각료회의에서 진전이 없자 부당하게 그 책임을 EU 장관인 만델슨에게 뒤집어씌웠다. 다른 나라들도 거의 양보하지 않았으면서 농업보조금 규모가 가장 크다는 이유로 모든 책임을 전가한 것이다. 그가 2012년까지 농업보조금을 상당량 축소한다고 약속한 것은 많이 양보한 것이었다. 그러나 다른 회원국들은 이것을 양보로 여기지 않고 EU가 어차피 계획했던 감축으로 간주했다. 마지막 날 150개 회원국이 모인 전체회의에서 나는 일곱 번째 발언을 맡았다. 모든 장관들은 만델슨 EU 집행위원을 간접적으로 비판하고 라미 WTO 사무총장을 비롯한 사무국 직원들에게 수고했다는 말을 했는데, 나는 그런 의례적인 얘기는 하지 않았다. 대신 이렇게 말했다.

"마지막으로 만델슨 집행위원장에게 경의를 표합니다. 그는 어려운 협상 과정에서 지도자답게 용기를 발휘하며 양보할 것은 하면서 건설적인 협상을 진행했습니다. 제가 봤을 때는 그야말로 지도자다웠습니다."

양보를 너무 많이 했다고 27명의 EU 통상장관들에게 깨지고 있던 만델슨 위원으로서는 원군이 절대적으로 필요했을 터였다. 그를 특히 강도 높게 비판한 현 프랑스 경제장관 크리스틴 라가르드와 내가 친한 사이였기 때문에 만델슨에게 더 큰 도움이 되었다. 만델슨 위원이 진심으로 고맙게 생각해 그때부터 우리는 언제든지 부담 없이 통화할 수 있는 사이가 되었다. 이때 쌓은 신뢰와 친분으로 그는 회원국이 아닌 관계로 자신이 참가할 수 없는 APEC 회의에서 나를 통해 EU 입장을 전달해 줄 것을 부탁했다. 미-EU 간 입장을 조율하는 역할을 한국이 맡아 우리 위상을 높일 수 있었음은 물론이다.

2006년 10월 만델슨의 보좌관이 브뤼셀에 있는 우리 대표부를 통해 김해용 보좌관에게 이상한 메시지를 보내 왔다. 마닐라에서 개최되는 아세안 경제장관회의에서 한 시간 반 동안 만나고 싶다는 요청이었다. 통상장관들은 바쁜 일정 때문에 보통 30분 만나는 것이 관례이고 길어야 한 시간 정도로 회의시간에 제한을 둔다. 그런데 한 시간 반을 요구했다는 것이다. 마닐라로 간 나는 아세안 장관 열 명을 오전 10시부터 오후 6시까지 일대일로 만나 한-아세안 FTA에서 개성공단을 인정하도록 설득시키는 회의를 가졌다. 만델슨 집행위원을 만날 즈음에는 입에서 단내가 나고 있었다.

"뭣 때문에 마닐라까지 오셨죠?"

"김 장관께 중대한 제의를 하기 위해 왔습니다. EU도 다자협상에만 의존할 수 없게 되었습니다. 지금 한국과 미국은 FTA를 거의 체결하는 단계까지 갔는데, EU 입장에서는 그것을 지켜만 보고 있을 수 없습니다. EU도 한국과 FTA 협상을 시작했으면 합니다."

그 순간 2003년 7월, 자존심이 상하면서 오기가 발동되었던 기억이 떠올랐다. 내가 FTA를 거론했을 때 EU 부집행위원장한테서 FTA 신입생과는 협상을 못 하겠다는 말을 듣고 씁쓸하게 브뤼셀을 떠난 그 기억 말이다. 그런데 상황이 바뀌어 EU가 먼저 FTA를 추진하자고 요청해 온 것이다. FTA를 하나도 체결하지 못한 국가에서 FTA 중심 국가, FTA 강국으로 짧은 시간에 변신한 것이다! 난 이렇게 대답했다.

"못 합니다. 저는 지금 약혼녀가 있습니다. 어떻게 약혼녀를 버리고 다른 상대를 구할 수 있겠습니까?"

"EU가 한국에게 두 번째로 큰 교역국가이고 또 최대 투자국인데 신중하게 고려해 주시죠."

"지금 우리는 미국과 한참 어려운 협상을 하고 있고, 그 외에도 동시다발적으로 캐나다, 아세안, 인도와도 협상 중이라 인력이 부족해서라도 못합니다. 이해해 주시죠."

"······아쉽습니다. 혹시 사전 예비협의라도 할 수 없을까요?"

사전 예비협의마저 거절할 경우 EU와의 FTA 협상 출범이 불가능해질 수도 있음을 감안해야 했다.

"사전 예비협의 정도는 할 수 있습니다. 그러나 기간은 길게 잡고 싶지 않습니다. 내년 1월까지만 예비협의를 하고 2월쯤이면 우리가 여유가 생기니 그때 협상을 출범시키는 쪽으로 가닥을 잡읍시다."

"아, 그거 아주 좋은 제안입니다. 감사합니다."

예비협상을 끝마친 이후 나와 만델슨 위원은 2007년 5월 6일 서울에서 열린 기자회견에서 한-EU FTA를 출범시켰다.

80%짜리 FTA

일본과 FTA를 타결한 멕시코는 한국과 협상할 의사가 없었다. 멕시코는 중남미 지역에서 중요한 시장이다. 2004년 25.8억 달러였던 대멕시코 무역흑자는 2007년 65억 달러로 늘어났다. 멕시코는 자국과 FTA를 체결한 국가에 저관세나 관세철폐를 적용했지만, FTA를 체결하지 않은 국가에 대해서는 탄력관세를 적용해 고관세를 부과했다. 그뿐 아니라 멕시코 국영업체가 발주하는 플랜트 수주 역시 FTA를 체결하지 않은 국가는 입찰조차 못하게 했다. 나는 외교부 통상담당 간부회의를 소집했다.

"현재 대멕시코 무역흑자가 중남미 무역흑자의 약 절반에 이르는데, 멕시코가 일본과 FTA를 체결함으로써 일본 제품에 대한 관세가 철폐되고 우리 주요 수출품목에는 17% 정도나 되는 고관세가 부과되면 우리는 멕시코 시장에서 설 자리가 없어집니다. 무슨 대책이 있습니까?"

FTA 담당과장이 답했다.

"멕시코에 가서 사정하면 그들 마음이 바뀌지 않겠습니까?"

"사정하게 되면 우리가 벗어 줘야 할 것이 너무 많아집니다. 특히 멕시코는 농산물 시장 개방을 일본의 개방 수준보다 더 높게 요구할 겁니다. 칠레산 농산물이 전 세계 농업 교역량의 겨우 1% 정도밖에 차지하지 않는데도 첫 FTA를 '농업 강국'과 했다고 우리가 얼마나 비판을 받았습니까? 멕시코는 과일, 쇠고기 분야에서 강하게 개방을 요구할 것입니다. 그러면서도 자기네 공산품 분야는 제한적으로 개방하려 들 겁니다."

나는 멕시코에 먼저 FTA 협상을 제안하는 것에 반대했다. 대신 캐나다, 미국과 FTA를 체결하면 멕시코는 제 발로 찾아와 우리에게 협상을 요청할 것이라고 계산했다. 노 대통령도 과거 멕시코와 협상할 기회를 놓친 것을 안타깝게 생각했고, 특히 우리 상품이 일본 상품에 비해 가격경쟁력이 떨어진 것을 크게 염려했다. 그래서인지 2005년 9월 8일 중남미 국빈 방문 때 멕시코에 들르기로 결정했다. 당시 김영주 정책수석은 나에게 멕시코는 FTA 때문에 가는 거니까 잘되도록 노력해 달라고 부탁했다. 멕시코는 이미 방문 목적을 파악해 이 기회를 최대한 활용하고자 계획을 세워 놓은 것 같았다. 나는 FTA를 논의하기 위해 주한 멕시코 대사를 불렀다.

"이번 국빈 방문 때 한-멕시코 FTA 협상을 출범시키면 좋겠습니다. 대사께서 본부에 우리 뜻을 잘 전해 주시기 바랍니다."

"멕시코는 FTA를 제일 많이 맺은 국가 중 하나로서 솔직히 우리 기업들이 피로감을 꽤나 느끼고 있습니다. 그래서 공산품 제조에 강한 한국과의 FTA를 강하게 반대하고 있습니다. 하지만 현대·기아 자동차가 멕시코에 투자하면 마음이 바뀔 수도 있습니다. 한국 정부에서 자동차 회사 투자를 약속해 주시죠. 현재 모든 자동차 메이커들이 멕시코에 투자했는데, 현대와 기아만 하지 않은 상태입니다. 멕시코에 투자하면 북미자유무역협정NAFTA으로 인해 북미 시장에 무관세로 수출도 할 수 있습니다."

어처구니없는 제안이었다.

"정부가 기업에 이래라 저래라 할 수는 없습니다. 투자에 관한 결정은 기업이 알아서 내리는 것이지 정부가 나서서 지시하는 것은 시장원칙에 위배되는 행위입니다. 대사께서는 한국을 아직도 1960년대 수준으로 생각하는 것 같습니다."

"자동차 공장 투자 약속이 없으면 FTA 협상 출범은 곤란할 것 같습니다."

멕시코는 무리한 요구를 하고 있었다.

"그런 조건이라면 멕시코와의 FTA는 필요 없습니다. 우리도 멕시코와 FTA 안 하렵니다. 대사께서는 대통령 순방 때문에 한국 관료들이 무리수를 둬서라도 성사시킬 것으로 믿는 것 같은데 참여정부는 다릅니다. 안타까운 것은 지금까지 국제무대에서 멕시코와 협조가 잘됐는데 앞으로는 안 되겠군요. 오늘 대사께서 말씀하신 거, 청와대에 그대로 보고하겠습니다. 와주셔서 감사합니다."

"아, 저는 한국과의 관계가 매우 중요하다고 생각합니다만……."

"글쎄, 그것은 대사님 생각이고 본부에서는 그렇게 생각하지 않는 것 아닙니까. 저는 멕시코와 FTA를 안 하기로 마음을 굳게 먹었습니다. 다시는 대사님께 FTA를 거론하지 않겠습니다."

상대국은 무리수를 두는 우리의 약점을 알고 있었다. 외교부 관료는 내게 현대, 기아에 잘 얘기해서 FTA가 출범할 수 있도록 하는 것이 또한 관례라고 얘기했다. 그러나 나는 굴욕적인 협상은 추호도 하고 싶지 않았다. 즉시 김영주 정책수석에게 전화를 걸었다.

"수석님, 방금 멕시코 대사와 이야기했는데, 현대와 기아 자동차가 투자해야 FTA를 출범시킬 수 있다는 조건을 내세웠습니다. 그래서 저는 수용 못 하니 멕시코와 FTA 안 하겠다고 얘기해 보냈습니다. 이번 멕시코 순방 때 FTA 출범 못 합니다."

"어, 멕시코에 FTA 때문에 가시는데 안 된다니, 어떻게 하지?"

"하지만 그런 조건으로는 안 됩니다. 대통령님께 사실대로 보고드릴 수밖에 없죠."

"그래, 알았어. 내가 대통령님께 보고드리지."

김영주 정책수석은 나중에 산업자원부(현 지식경제부)장관이 되었는데 가장 유능한 관료 중 한 명이었다. 매우 합리적이며, 늘 사심 없이 일이 목적한 바대로 가도록 주도해 갔다. 대인관계도 좋고 사소한 것도 대충 넘어가는 법이 없었다. 한미 FTA가 성공적으로 체결될 수 있도록 계속해서 여러모로 도와주었다. 멕시코로 출발하기 48시간 전 멕시코 대사에게서 전화를 받았다. 그는 다급한 어조로 자신을 만나 줄 것을 요청했다.

"본국으로부터 받은 메시지를 전하려 합니다. 멕시코는 한국과 완전한 FTA를 체결할 수는 없지만, 몇 가지 시장 부문에서 선택적으로 자유무역화하는 'SECA'(Strategic Economic Cooperation Agreement, 전략적 경제 협력)는 가능하다는 입장입니다. 한국이 이 제안을 받아들일 수 있겠습니까?"

"경우에 따라서요. SECA가 향후 완전한 FTA로 전환될 수 있는 겁니까?"

"네, 나중에 양국이 그럴 필요를 느끼면 가능한 일입니다."

나는 그를 믿지 않았다. 멕시코가 낮은 수준의 시장자유화 양허안을 제출할 거라 생각했고, 한국에는 오렌지주스나 돼지고기 같은 멕시코의 주요 수출품에 대해 높은 수준의 양보를 요구할 거라고 예상했다. 하지만 아무것도 안 하는 것보다 SECA라도 추진하는 것이 현명한 선택이라고 판단했다.

"그러한 이해 기반을 전제한다면 한국은 그 제안을 받아들일 수 있습니다."

이틀 후면 멕시코와 코스타리카로 떠나야 하는 상황에서, 나는 멕시코와 FTA가 아닌 SECA를 추진하기로 한 사실을 대통령께 보고할 기회가 없었다.

해외 순방길에 오른 대통령 전용기 안에서의 에피소드다. 이륙하고 한 시간이 지나면 대통령은 장관들을 한자리로 불러 모으는데, 그 직전 한 시간 동안 장관들은 각자 두꺼운 파일첩을 열고 마치 고시를 앞둔 학생처럼 공부한다. 노 대통령은 늘 세부 사항들을 파악하고 통계수치 같은 날카롭고 세세한 질문을 던지기 때문에 장관들은 논리적이어야 할 뿐 아니라 정확한 수치까지 파악하고 있어야 했다. 노 대통령은 멕시코와 남미 국가 순방에 대한 생각을 짧게 이야기한 뒤 질문을 던지기 시작했다. 나는 대통령 바로 오른쪽에 앉아 있었다.

"멕시코와 FTA 협의 진행상황은 어떻습니까? FTA 협상, 출범할 수 없는 겁니까?"

"주한 멕시코 대사와 논의해 봤는데, 멕시코가 SECA 협상을 할 의향이 있다고 했습니다."

"SECA가 뭐예요?"

노 대통령은 어렵고 복잡한 개념을 가슴에 와 닿게 표현한 말을 좋아했다. 게다가 집중하기 쉽지 않은 해발 수천 미터 상공의 기내에서 그 누구도 장황하고 복잡한 설명을 듣고 싶어 하지 않을 것이다.

"쉽게 설명드리자면 SECA는 80%짜리 FTA입니다. 그러나 SECA에 우리 주요 수출품목이 포함되어 관세가 인하 또는 철폐되면, 멕시코와 FTA를 체결한 나라들의 상품에 맞서 멕시코 시장에서 경쟁력을 갖출 수 있습니다."

커피를 나르던 승무원이 시야를 가리고 있었기 때문에, 노 대통령은 나를 쳐다보기 위해 완전히 몸을 돌려 오른쪽 측면에 기대어 앉았다. 이 주제에 신경을 많이 쓰고 있다는 뜻이다.

"아주 잘되었네요. 참 다행입니다. 걱정 많이 하고 있었습니다만. 며칠 전까지만 해도 멕시코가 FTA를 하지 않겠다는 보고를 받았는데 어떻게 SECA를 하도록 설득했지요?"

"멕시코는 FTA 협상 출범에 대한 보상으로 현대와 기아 자동차의 대멕시코 투자를 유도해 주길 원했습니다. 저는 터무니없다고 답변하며, 대가를 바라는 요구는 친구 간에 있을 수 없는 일이라 지적했습니다. 이어 한국은 더 이상 멕시코와 FTA를 협상할 의향이 없다고 했고, 이후 다자 분야에서 어떠한 형태의 협조도 없을 거라 못 박았습니다."

"김 본부장이 상당한 엄포를 놨구만, 잘했어요."

노 대통령은 그제야 안도하고 진전된 사안들을 기쁘게 받아들였다. 멕시코를 떠나 코스타리카 산호세의 한 호텔에 도착하자마자 동행한 장관들을 모두 불러 오찬을 함께했는데, 그때에도 처음 꺼낸 말이 "멕시코와 SECA하기로 한 것 참 잘됐어요"였다. 우리가 멕시코와 SECA 협정을 맺을 수 있었던 이유는 멕시코와의 논의에 아무런 진전이 없어도 된다며 노 대통령이 넓은 재량권을 줘 배수진을 칠 수 있었기 때문이다. 우리가 만약 좌절하는 모습을 노출하거나 국빈 방문 시 멕시코와 FTA 협상을 반드시 출범시켜야 한다고 했다면, 한국은 굴욕적인 조항을 수용해야 했을 것이다. '조건이 맞지 않으면 안 한다! 국익에 배치되면 안 해도 된다!'는 식의 노 대통령의 접근이 한미 FTA를 비롯한 다른 FTA의 성공적인 체결을 가능케 했다.

2006년, 우리는 멕시코와 SECA 협상에 돌입했다. 나는 김한수 국장을 수석대표로 지명했다. 서로 양허안을 교환하면서 우리의 의심이 적중했음을 확인할 수 있었다. 한국은 전체 96.4%의 수입량 중 96.2%를 자유화하겠다고 명시한 반면, 멕시코는 전체 66.8%의 수입량 중 23.9%에 불과한 상품만 자유화하겠다고 나선 것이다. 한데 그 66.8% 중 55%는 이미 면세 품목이었기 때문에 실질적인 자유화는 13.8%밖에 되지 않았다. 또 한국은 쇠고기, 돼지고기, 꿀, 인삼, 고등어, 참깨 등 민감한 품목에 대해 즉시 관세철폐를 요구한 반면, 멕시코는 자동차와 철강 및 타이어 분야는 자유화하지 않겠다는 뜻을 분명히 했다. 한편 멕시코는 일본 상품들에 대해서 전년도 판매액 기준으로 일제 자동차 전체 수입량의 5%에 면세를 부여하는 것을 포함해 전체 수입량의 94.3%를 자유화했기 때문에 우리는 멕시코의 제안을 받아들일 수 없었다. 이런 분위기에서 협상을 진행할 의향이 전혀 없었기에 김한수 국장에게 더 좋은 제안이 없는 이상 협상을 그만두라고 지시했다.

아무 진전 없이 1년 반이 지났다. 2007년 4월 2일, 우리가 미국과 FTA 협상을 성공적으로 마무리한 시점이었다. 속으로 '이쯤 되면 멕시코가 FTA 하자고 나올 텐데'라고 생각하고 있었다. 아니나 다를까, 같은 해 6월 베트남에서 열린 APEC 회의 참석 중 멕시코 외무장관 대리가 만남을 제의했다.

"김 장관! 미국과 FTA 협상 타결을 축하합니다. 어땠습니까?"

"어려운 순간들이 많았어요. 당신도 미국과 협상해 봐서 잘 알지 않습니까?"

"캐나다와의 FTA 협상은 어떻습니까?"

"우리가 생각한 만큼의 속도는 나고 있지 않지만, 곧 마무리할 참입니다."

"김 장관, 우리 양국 간의 SECA를 FTA로 격상시켜 줄 수 있겠습니까? 저희는 북미의 버려진 외톨이가 되고 싶지 않습니다. 모든 투자가 멕시코를 제외한 채 미국과 캐나다로 집중되는 모습을 보고 싶지 않습니다."

"당신이 그 사안에 관심이 있다면, 난 당신 제안에 찬성합니다. 그러나 그것은 멕시코 시장을 완전히 개방하겠다는 의지가 전제되어야 가능합니다. 당신네들 제안을 바꿀 의지가 있습니까?"

"그렇습니다. 그래서 완전한 FTA를 제안하는 겁니다."

"그간 거의 아무런 진전이 없었으니 양국 수석대표를 교체할 것을 제안합니다."

멕시코 수석대표는 일이 되든 말든 자리만 지키는 전형적인 관료형이었기 때문에 협상에 적합하지 않다고 판단했다.

"그 제안도 한번 고려해 보겠습니다. 한국은 이번 연말이면 얼마나 많은 나라와 FTA를 체결하는 겁니까?"

"45개 국가와 FTA 협상을 타결했거나 타결이 임박해 있습니다. 이 모든 과정이 2년 걸렸습니다."

"참 놀랍군요. 우리는 44개 국가와 FTA를 체결하는 데 꼬박 15년이나 걸렸는데 말입니다."

"사람들은 한국을 가리켜 '다이내믹 코리아'라고 하죠. 하지만 저는 '다이너마이트 코리아'라고 부르는 게 더 정확하다고 생각합니다."

"한 가지만 더 말씀드릴게요, 김 장관. 당신 임기 내에 우리 양국이 FTA를 타결할 수 있을까요?"

그것은 미국의 조언에 따른 것임이 분명했다. 미국 무역대표부는 다른 국가들에게 김현종 통상장관은 결과를 중시하는 사람이기 때문에 그의 임기 중에 FTA 협상을 마무리 지으라는 정보를 자주 흘렸다.

"나는 이번 연말까지밖에 시간이 없습니다. 노력해 볼 수는 있습니다."

2007년 8월 8일, 우리는 멕시코와 FTA 협상을 시작했음을 공식적으로 발표했다.

발사, 준비 그리고 조준

아세안은 우리에게 다섯 번째 규모의 교역상대이지만 교역 증가율은 가장 높았다. 이런 증가율이 지속된다면 수년 안에 EU보다 더 큰 시장이 될 터였다. 2004년 기준으로 무역흑자가 16.4억 달러이지만 플랜트, 건설, 통신과 서비스 교역까지 포함하면 무역흑자는 훨씬 많아진다. 특히 우리에겐 베트남 시장이 매력적이다. 인구 약 8,100만 명 중에서 65%가 35세 미만이고 경제성장률은 2004년 7.7%, 2005년 8.5%에 이른다. 베트남 사람들은 우리처럼 몸에 몽고반점이 있고, 교육열이 높다는 점도 우리와 같다. 베트남 국민들은 생산성도 높고 열의도 있으며 무엇이든 해낼 수 있다는 집념이 강했다. 그들의 눈에는 꼭 성공하겠다는 의지가 보인다. 젊은 부부나 4인 가족이 오토바이를 타고 하노이 밤거리를 지날 때면 그들 흰옷의 물결이 참으로 인상적이다.

노무현 대통령이 베트남에 투자한 한국 공장에 찾아간 적이 있었다. 그곳에서 일하는 여성 근로자들에게 얼마나 고생이 많으냐며, "당신들이 버는 돈을 고향에 보내 가족 먹여 살리고 동생들 교육시키느라 하루 12시간씩 힘들게 일하고 있다는 것을 안다"고 했을 때, 공장이 눈물바다가 되었다. 1964년 독일 방문 시 육영수 여사가 간호사들과 담화하면서 위로하자 간호사들이 육영수 여사 한복을 잡고 '어머니'라고 외치며 눈물을 흘렸다는 이야기가 생각났다.* 베트남은 많은 전쟁을 치렀는데, 20세기에 이르러 단 한 번도 진 적이 없다. 베트남 외에도 미얀마는 자원이 풍부한 나라이고, 태국, 인도네시아, 말레이시아, 필리핀 시장 역시 잠재력이 큰 시장이다.

중국은 그런 아세안과 이미 FTA를 타결했고, 일본은 협상을 출범시켜 이미 상당한 진전을 보았다. 나는 본부장이 되자마자 아세안 시장을 공략했다. 조사해 보니 아세안 시장에서 우리 무역흑자는 60억 달러 늘고 서비스 분야까지 포함하면 무역흑자가 곧 100억 달러에 이를 것으로 예상되었다.

아세안 10개국과의 첫 장관회의는 2004년 9월 자카르타에서 열렸다. 회의장에는 10개 주최국 장관들과 실무자들이 배석한다. 한·중·일 중에서 신임 장관이 오면 그 장관의 능력을 테스트하기 위해 어렵고 까다로운 질문을 한다는 것을 들은 적이 있다. 의장국인 라오스 장관이 몹시 긴장하고 있던 나를 환영하며 회의를 시작했다.

"아세안+3 회의에 한국의 신임 통상장관이 오신 것을 환영합니다. 일본, 중국과 달리 이 회의는 아세안과 한국 간 첫 통상장관회의입니다. 좋은 결과가 많이 나오길 기대합니다."

"이렇게 따뜻하게 환영해 주시니 감사합니다. 저는 아세안 국가들과 긴

• 홍하상, 《주식회사 대한민국 CEO 박정희》, 국일미디어, 2005, 70쪽.

밀한 관계를 유지하고 싶습니다. 전 세계에서 가장 성장률이 높고 역동적인 지역에서 잘 협조하여 EU 같은 공동체를 만드는 데 최선을 다하고 싶습니다. 말레이시아의 라피다 장관께서는 통상장관 경력이 17년이고, 다른 분들도 다들 제 인생 선배시며 경력도 더 많으십니다. 장관직에 오른 지 한 달밖에 안 된 저를 잘 지도해 주시길 부탁드립니다."

나중에 림흥경 싱가포르 장관에게 들었는데, 일본, 중국과는 달리 젊은 장관의 겸손한 첫인사에 모두 좋은 인상을 받았다고 했다. 라오스 장관이 FTA 출범과 관련해 질문했다.

"아세안과 FTA를 출범시키겠다는 한국 측 결정을 환영합니다. 아시다시피 우리가 또 하나 결정해야 할 것은 관세철폐 시점입니다. 중국과는 2010년, 일본과는 2012년으로 정한 바 있습니다. 한국은 중국과 일본보다 FTA 협상을 더 늦게 시작했으므로 그 시점을 2014년으로 수락할 수 있겠습니까?"

"아세안 국가 장관님들, 죄송하지만 2014년을 수락할 수 없습니다."

"……."

그들은 서로 얼굴을 바라보면서 당황스러워했다. 역시 한국은 개방을 꺼리는 국가구나 하는 표정이었다.

"그러면…… 2015년이나 2016년은 가능하겠습니까?"

"다 안 됩니다. 2009년으로 하겠습니다. 우리는 일본이나 중국보다 작은 나라이기 때문에 더 빨리 움직여야 합니다. 시장 선점 효과의 중요성도 잘 알고 있습니다. 중국보다 4년, 일본보다 2년 뒤늦게 아세안 시장에 진출하면 우리 기업들은 경쟁력을 상실합니다. 관세철폐 시점을 늦어도 2009년으로 해주십시오. 원하신다면 2008년도 가능합니다."

장관들의 표정이 당황스럽다에서 황당하다로 바뀌었다. 의장국 장관이 자기들끼리 내부 협의를 할 필요가 있으므로 30분간 휴식 시간을 갖자고 제안했다. 회의를 속개했을 때 라오스 장관은 다음처럼 발표했다.

"김 장관님, 관세철폐 시점을 2008년으로 할 수는 없습니다. 아세안 10개국 사이의 내부 관세철폐 시점을 2008년으로 잡았기 때문입니다. 그러나 김 장관님이 말한 2009년 안은 참으로 신선한 제안입니다. 한국의 신임 통상장관이 이렇게 적극적으로 나오리라고는 전혀 예측을 못 했습니다. 우리 아세안 국가들은 김 장관님의 2009년 제안을 받아들이기로 결정했습니다."

"협상 기간은 어느 정도로 생각하고 있습니까? 저는 1년을 넘지 않으면 좋겠습니다."

"최대한 빨리 협상을 끝내는 쪽으로 우리도 노력하겠습니다."

2009년으로 합의 본 것에 대해 놀란 사람들은 세 부류였다. 먼저 아세안 장관들과 실무직원들이 높이 평가했다. 아세안 측보다 더 놀란 국가는 일본이었다. 나중에 2009년 관세철폐 소식이 전해지자 일본 실무자들은 우리 직원들에게 "참 대단합니다. 일본 시스템에서는 절대로 한 사람이 결정해서 방향을 바꿀 수 없는데 당신네 통상장관이 그렇게 하는 걸 보니 참 부럽습니다"라고 말했다. 그러나 아세안이나 일본보다 더 놀란 사람들은 다름 아닌 같이 간 우리 직원들이었다. 그중 한 명이 물었다.

"본부장님, 대외경제장관회의에서 허락을 받고 지금 그렇게 발표한 겁니까?"

"그런 지시 못 받았습니다."

"그럼 어떻게 하시려구요?"

"인생 살다 보면 항상 'Ready, Aim, Fire'(준비-조준-발사) 할 수가 없습니다. 어떤 때는 'Ready, Fire, Aim'도 해야 하고 더 급할 때는 'Fire, Ready, Aim'도 할 수 있어야 합니다. 걱정 마세요. 내가 책임지고 알아서 할 테니."

귀국해서 당시 이헌재 부총리를 찾아가 상황 설명을 했다. 부총리는 잘했다고 간단히 말씀하시면서 계속 그렇게 적극적으로 일하라고 격려했다. 이헌재 부총리는 보스 기질이 강하면서 스케일도 큰 분이다. 결과적으로 우리는 중국, 일본보다 아세안 시장에서 FTA 혜택을 가장 먼저 누릴 수 있게 되었다.

통일 이후의 식량기지, 뉴질랜드

"김 본부장, 많은 국가들과 FTA를 하는데 왜 뉴질랜드하고는 FTA를 안 합니까? 뉴질랜드 헬렌 클라크 총리가 FTA를 하자고 강하게 요구하고 있는데 안 하는 무슨 이유가 있습니까?"

대통령이 물었다.

"뉴질랜드와는 FTA를 하긴 할 겁니다. 그러나 중요한 조건이 있습니다. 우리 농업이민 10만 명을 받으라는 전제조건을 뉴질랜드 측에 던져 놓았습니다."

"왜 그런 조건을 요구했습니까?"

"대통령님, 우리는 식량 자급률이 27%밖에 안 됩니다. 농림부에 의하면 사료를 포함해도 약 32%밖에 안 됩니다. 내부검토를 해보니 전 세계 식량은 부족하진 않지만 비싸서 구입을 못 하는 경우도 발생할 수 있습니다. 그리고 통일을 대비하여 우리는 북한을 먹여 살릴 수 있는 식량기지가 필요합니다. 뉴질랜드 농지를 약 2조 원어치 인수하여 농업이민자에게 장기 임대해 주고 우리는 거기서 나오는 양고기, 소고기, 키위 등을 구매해 먹고, 필요할 땐 북한 동포에게도 제공할 수 있어야 합니다. 실업률도 높고 40·50대에 명예퇴직한 사람들한테는 제2의 커리어를 추진할 수 있는 좋은 기회가 될 수 있습니다. 1970년대 아르헨티나 농지를 구매한 것과는 달리 뉴질랜드는 선진국이고 영미권이기 때문에 교육열이 높은 우리나라 사람들은 자식들을 영어로 교육시켜 미국이나 영국으로 유학 보낼 수 있는 매력적인 기회로 여길 수 있습니다."

"중장기 플랜으로 검토해 볼 만한 가치가 있군요. 구체적인 계획을 세워 작성해 보세요."

한국이 칠레와 FTA를 비준하고 캐나다, 미국과 FTA를 협상하자 뉴질랜드와 호주는 매우 다급해졌다. 칠레에서 나오는 키위, 연어, 와인 그리고 캐나다와 미국산 쇠고기, 양고기의 관세인하 또는 철폐로 뉴질랜드와 호주산 상품들이 한국 시장에서 설 땅이 없어질 것임을 절박하게 느끼고 있었기 때문이다. 당시 뉴질랜드 대사가 여러 차례 면담 요청을 했으나 나는 계속 거절했다. 나중에 만나게 된 뉴질랜드 대사는 FTA에 내가 긍정적인 반응을 보이지 않자 정치적 문제로 삼을 수도 있다며 압박을 해왔다. 나는 무반응으로 대응했다. 나름대로 생각이 있었다.

뉴질랜드는 동구권에서 대규모 이민자를 받을 국가적 계획을 가지고 있었다. 나는 그 틈에 식량기지 확보 차원에서 10만 명의 우리 농업 이민을 보내고 싶었던 것이다. 부동산 개발업자를 통해 뉴질랜드 농지 값을 알아보니 뉴질랜드는 일본, 중국 돈이 호주만큼 투자되지 않아서 비교적 저렴했다. 정부가 대규모 단위로 농지를 구입하여 영미권이자 선진국인 뉴질랜드로 농업이민을 보내면 식량기지 확보라는 목표를 달성할 가능성이 충분히 있다고 보았다. 특히 각료 입장으로서 갑자기 통일되었을 경우 북한을 어떻게 먹여 살릴 것인지 우려하지 않을 수 없었다. 다만 우리가 농업이민을 가는 데 한 가지 작지 않은 문제가 있었다. 뉴질랜드 정부에서 이민 신청자 서류를 검토할 때 영어 숙달 정도를 요구하는 것이었다. 이 제도를 도입하자 한국의 뉴질랜드 이민 수가 급격히 감소했다. 2007년 APEC 각료회의에서 뉴질랜드 차관보가 FTA 가능성에 대해 물어봤을 때 나는 다음과 같이 대답했다.

"두 나라 간의 자유무역을 할 경우 경제효과가 미미하기 때문에 FTA 출범 가능성은 매우 낮게 봅니다. 그러나 만약 뉴질랜드 측이 FTA를 추진할 수 있는 여건을 만들면 한국 측에서 고려해 볼 수 있지 않겠습니까?"

"구체적으로 무슨 말씀이신지요?"

"뉴질랜드는 한국이 투자를 많이 해주면 좋겠다고 여러 차례 말해 왔습니다. 우리는 식량 자급률이 27%밖에 안 되기 때문에 여건만 되면 뉴질랜드 농업 분야에 투자할 수도 있으리라고 생각합니다. 물론 농업이민도 보내야겠죠. 저는 10만 명 정도면 어떨까 생각하고 있습니다."

"10만 명이나요?"

"내가 10만 명을 불러야 당신들이 3만 명 정도 받아 주지 않겠습니까? 그러나 문제는 뉴질랜드가 최근에 와서 영어 숙달을 요구하기 때문에 한국 사람이 이민 가기가 상당히 어려워졌습니다. 한국 사람에 관한 한 이 요건을 철회해야 합니다. 그럴 경우 뉴질랜드와의 FTA를 신중히 추진할 수 있겠습니다. 그러니 제가 지금 말씀드린 내용을 고위층에 전달해 주시기 바랍니다."

나는 공을 뉴질랜드 측에 확실히 넘겨 놓았다. 한미 FTA가 끝나고 EU와의 FTA를 출범시킨 후 북한·뉴질랜드와 FTA를 추진할 계획을 갖고 있었다. 그러나 아쉽게도 유엔대사로 발령을 받아 이 계획을 실현시키지 못한 채 통상교섭본부장 자리를 떠나야 했다.

2부 한미 FTA 협상 과정

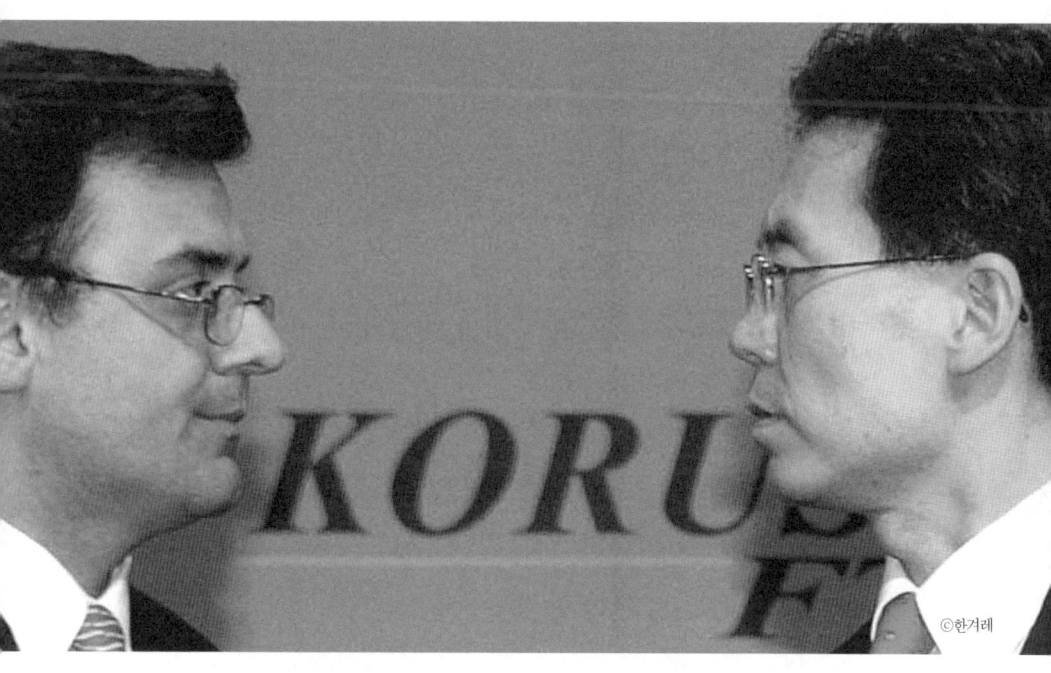

2007년 3월 26일부터 4월 2일까지 서울 하얏트호텔에서
카란 바티아 USTR 부대표와 한미 FTA 마지막 일주일 협상을 하였다.

2006년 7월 1일 스크린쿼터 사수 결의대회에서 참가자들이 화형식을 하고 있다.
노무현 대통령 조형물은 경찰에게 뺏겨 자리가 비어 있다.

1장

숨 가빴던 출범 과정
"정치적 부담은 크지만 결단 내고 갑시다!"

동시다발적 FTA 전략은 착실히 추진되고 있었다. 우선 EFTA 4개국과 2005년 1월 1차 협상 출범 후 6개월 만인 7월에 협상을 타결했다. 높은 수준의 FTA를 불과 6개월 만에 끝마친 점에 EU는 놀라움을 표명했다. 아세안 10개국과의 협상도 2005년 2월 인도네시아 자카르타에서 1차 협상을 출범한 후 순조롭게 진행되었으며 2006년 4월 23일 타결되었다. 캐나다와는 2005년 7월 28일 1차 협상을 시작했다.

2007년 6월 30일로 예정된 TPA* 종료 시점을 감안할 때 한미 FTA 협상을 늦어도 2006년 초에는 시작해야 한다고 생각했다. 그러기 위해서는

• Trade Promotion Authority. 무역협상권한, 무역촉진권한을 의미하는 TPA는 국제협상을 효율적으로 체결하기 위해 의회가 대통령에게 광범한 무역협상 권한을 위임하는 것으로, 이 경우 미국 의회는 행정부가 체결한 무역 협정을 수정할 수 없고 일정 기한 내에 찬반 결정만을 하게 된다.

협상을 출범시키라는 대통령의 지시가 있어야 하므로 2005년 9월 멕시코 순방 때 이 사실을 말씀드렸던 것이다. 멕시코 일정은 순조로웠다. 순방 목적인 한-멕시코 FTA는 낮은 수준으로 추진하기로 양국 대통령이 합의했고, 노 대통령은 만족해했다. 나는 윤태영 부속실장에게 대통령 면담을 신청했다. 무슨 용건이냐는 물음에 한미 FTA 출범에 대해 말씀드리려 한다고 답했다. 윤 실장은 시간을 잡은 뒤 다른 업무로 출타 중이던 김영주 정책수석에게 즉시 연락해 주었다. 김현종 본부장이 한미 FTA 출범에 대해 대통령께 말씀드릴 예정이니 김영주 수석도 배석하라는 요구를 전하기 위함이었다.

대통령이 묵는 호텔 스위트룸에서 노 대통령, 김영주 수석, 윤태영 부속실장과 회의를 했다. 나는 한미 FTA의 경제적 효과와 전략적 차원에서 미국과의 FTA 추진이 중요함을 설명했다.

"미국과는 기회가 왔을 때 해야 합니다."

"정치적 부담은 크지만 결단 내고 갑시다! 쇠고기, 스크린쿼터, 자동차 배출가스 기준, 이 세 가지 통상 문제는 한시적인 것이지만 FTA는 지금 하지 않으면 놓칩니다. 대원군 시절의 병인양요, 신미양요 등의 역사를 보면 결국 우리가 힘이 약해서 일본에게 나라를 내주었는데, 식민지 전쟁과 같은 경제 전쟁이 이미 시장에서 일어나고 있습니다. 본부장은 미국에 가서 '대통령이 결심하겠다. 그 방향으로 가겠다'고 전하기 바랍니다. 대외경제위원회에 올려서 한미 FTA 추진하기 바랍니다."

나는 대통령의 답에 놀랐다.

"출범 발표 시기는 11월 중순에 열리는 APEC 정상회담 때가 적당한 것 같습니다."

"발표 시기와 관련해서는 공공기관 이전 특별법, 부동산 관련 법안, 제반 중요 법안들의 국회 통과 일정들이 있으니 APEC 정상회담 때 발표하지 말고 연말에 발표하세요."

"대통령님. 스크린쿼터, 쇠고기 수입, 자동차 배출가스 기준, 의약품에 대해 어느 정도 진전이 있어야 출범이 가능할 것 같습니다."

"그 이유가 무엇입니까?"

"1998년 외환위기 때 외국인투자를 유치하기 위해 우리가 먼저 미국에 투자협정을 맺자고 요구했습니다. 미국이 이에 응했는데 우리가 스크린쿼터 146일을 73일로 줄이지 못해 타결되지 못했습니다. 투자 부분은 FTA의 한 장章이 될 텐데 이 문제로 한미 FTA가 타결되지 못할 경우 두 동맹국에 악영향을 미칠까 우려됩니다. 따라서 미국 측에서는 정치적으로 민감한 이런 이슈를 7년이나 지난 지금 풀었으면 할 겁니다."

"왜 73일이죠?"

"BIT 협상 때 김대중 대통령 당시의 관련자들이 미국 측에 제시한 숫자입니다."

"자동차 배출가스 기준 대안은 미국 자동차에 대해서만 적용되는 겁니까?"

"자동차 번호판 문제와 비슷한 방법으로 1만 대를 기준으로 적용해서 문제를 해결하면 될 것 같습니다. 자동차는 현재 미국에 85만 대를 수출하고 3,990대를 수입하여 100억 달러 정도의 흑자를 보고 있기 때문에 작은 통상 분쟁으로 우리의 실익이 훼손되지 않는 방향을 추구해야 합니다."

"그래요. 한미 FTA 추진하는 겁니다. 대외 협상은 김 본부장이 맡고 대내 협상은 김영주 수석이 지휘해 주세요."

대통령 스위트룸을 나오면서 김영주 수석이 진담 반 농담 반으로 말했다.

"김 본부장, 하여튼 큰일 벌였어!"

10여 분 후 김경수 비서관에게 전화가 왔다. 노 대통령은 나와 김영주 수석, 정우성 외교보좌관과 식사를 하자고 했다. 그리고 그 자리에서 이렇게 말했다.

"원래 혼자 결정하는 일이 없는데 오늘 김현종 본부장으로부터 한미 FTA에 대해 보고를 받고 혼자 결정했습니다. 1년 넘게 지속적으로 경제 분석, 스크린쿼터와 쇠고기 등에 대한 보고들을 받으며 그 중요성을 잘 알고 있었기 때문입니다. 한미 FTA를 하기 위해서는 네 가지 차원에서 국민을 설득해야 합니다. 첫째, 한미 FTA는 크게 봤을 때 전체적으로 이익이라는 점을 강조해야 합니다. 농산물은 수입 전환효과가 있어서 피해가 그리 크지 않을 것임을 잘 설명해야 합니다. 둘째, 필요에 의해 한일 FTA를 시작했는데 시작하고 보니 한미 FTA가 훨씬 더 유리하다는 점을 잘 설명해야 합니다. 셋째, 한미 FTA는 우리 경제의 마지막 승부수입니다. 선진국으로 진출할 수 있는 도전이고 세계 시장에서 큰 도전을 해야 선진국이 될 수 있다는 점을 설명해야 합니다. 성공이 확실히 보이는 승부수이며 도약의 계기입니다. 본격적으로 도전적 메시지를 주고 국민을 분기시켜야 합니다. '한번 해볼까' 하는 느낌을 국민에게 주어야 합니다. 넷째, 경제적으로 위험 요소가 크지 않은 점입니다. 전문가인 본부장이 경제적으로는 위험 요소가 크지 않다고 언급했지만 정치적으로는 부담이 큽니다. 김 본부장이 전문가로서 쐐기를 박은 것인데, 정치적으로 부담이 큼에도 대통령이 한미 FTA를 하는 것입니다. 귀국하면 자동차 배출가스 기준 관련하여 환경부장관을 부르겠고, 환경 NGO도 내가 설득할 것입니다. 이런 기회는 항상 오는 것이 아닙니다. 잘해 봅시다!"

하늘은 스스로 돕는 자를 돕는다

멕시코를 떠나 코스타리카에 들렀다가 유엔 정상회의에 참석 예정인 대통령을 수행하고 뉴욕에 가게 되었다. 행사가 끝난 뒤 대통령과 함께 서울로 귀국하지 않고 워싱턴에 들러 한미 FTA 출범에 관한 협의를 하겠다고 말씀드리고 잔류했다.

9월 방문의 가장 큰 성과는 상원의 거물인 맥스 보커스 재무위 간사를 만나 지지 약속을 받은 것이다. 그는 뜻을 같이하는 동료 상원의원들과 공동 명의로 부시 대통령에게 한미 FTA 협상 출범을 촉구하는 서한을 보내달라는 나의 요청을 흔쾌히 받아들이기까지 했다. 내가 의회를 설득하는 과정에서 큰 비중을 둔 대상은 상·하원의 수석 전문위원들과 핵심 보좌관들이다. 이들은 젊고 야심에 찬 엘리트들로, 소속 정당이 집권할 경우 곧바로 행정부 차관보로 진입하는 사실상의 실세들이다. 미 업계나 로비스트의 접촉 창구도 실제 이들이 담당하고 있다고 한다. 나는 의전 관례를 무시하고 이들을 별도로 만나거나 식사를 같이 하면서 개별 설득에 나섰다. 역시 실무에 강한 인물들이라 농산물 중심의 민감한 현안 내용과 1년 남짓의 짧은 협상 기간 동안 과연 타결이 가능할지에 대해 예리한 질문을 쏟아 냈다. 최대한 성의를 갖고 이들을 설득해 나갔다. 미 의원들과 회의를 마칠 즈음 포트만 무역대표부 대표에게서 전화가 왔다.

"김 본부장이 이번에 매우 효과적인 만남을 가졌던 것 같습니다. 미 의원들이 다 내가 잘 아는 친구들인데, 본부장이 설득력 있고 논리적이어서 한미 FTA 출범에 대해 미 의회에서 공감대가 생긴 것 같습니다. 본부장의 노력에 대단히 감사합니다."

"이런 결과를 내려면 로비스트에게 수백만 달러를 지불해야 한다고 들었는데, 내가 당신에게 청구서를 보내도 되겠습니까?"

포트만 대표는 웃으면서 다음에 저녁을 사겠다고 한 뒤 신중한 목소리로 말했다.

"내일(9월 20일) 한국 시간으로 저녁 8시 45분에 부시 대통령과 노 대통령 간 북핵 관련 통화가 예정되어 있는데, 노 대통령이 한미 FTA에 관한 확고한 의지를 언급해 주시면 큰 도움이 되겠습니다."

이것은 미 행정부가 나를 시험하는 것이었다. 한미 FTA에 대한 대통령의 의지, 본부장에 대한 대통령의 신뢰도, 그리고 짧은 시간 내에 대통령께 접근할 수 있는지를 시험해 보려는 것이었다. 긴장감이 느껴졌다. 만약 이것을 성사시키지 못해 미국 측이 이제까지의 한국 입장이 기껏해야 통상장관 수준에서 논의되는 정도였다고 해석하면, FTA 추진 논의가 원점으로 돌아가게 될 운명이었다. 연말까지 시간이 얼마 남지 않았음을 감안할 때 이는 사실상 한미 FTA에 종언을 고하는 셈이었다. 사실 몹시 불쾌

했지만 국민 모두의 실익이 좌초될 수는 없었다. 즉시 정우성 외교보좌관에게 전화했다.

"정 보좌관님, 방금 포트만 대표에게 전화를 받았는데 내일 예정되어 있는 부시 대통령과의 통화 때 한미 FTA 관련 내용을 언급해 달라고 합니다. 대통령께 보고드려서 부시 대통령께 한 말씀 언급해 달라고 부탁해 주십시오."

"지금 대통령님과 조찬을 하고 있는데, 바로 말씀드리겠습니다."

내용을 전달받은 노 대통령은 통화의 주제가 북핵인 만큼 전혀 다른 사안인 한미 FTA에 대해서는 언급하고 싶어 하지 않았다. 정무, 안보 관련사항이 끼어들면 한미 FTA 협상에 불리해질까 우려했던 것이다. 그러나 정우성 보좌관은 "본부장이 얼마나 급하면 저한테까지 전화를 했겠습니까? 통화 끝머리에 한번 언급하시는 게 좋을 것 같습니다"라고 거듭 말했고, 대통령은 이를 수락했다.

부시 대통령과의 통화에서 노 대통령은 현재 통상교섭본부장이 미국에서 FTA를 협의하고 있는데, 한미 FTA가 조속히 체결되도록 협의가 순조롭게 진행되기를 바라고 있다고 했고, 부시 대통령은 논의가 진행되고 있는 점에 대해 기쁘게 생각하며 매우 어려운 현안들을 해결하기 위해서는 정상 간의 지도력이 요구된다고 답했다.

하늘이 도왔다. 만약 멕시코에서 노 대통령께 한미 FTA를 언급하지 않았더라면, 이 같은 정상 간 FTA 논의는 이루어질 수 없었을 것이다. 또 노 대통령이 멕시코 순방 때 한미 FTA를 출범시키기로 결정하지 않았다면, 정우성 외교보좌관이 대통령께 한미 FTA를 언급해 줄 것을 요청할 수 없었을 것이다. 돌이켜 생각하면 멕시코에서의 대통령 독대는 절묘한 타이밍에 이루어진 것이었다. 대통령의 명확한 의중을 몰랐다면 미국 측이 아무리 요청해 왔더라도 내가 청와대에 긴급히 전화를 걸어서 FTA 협상에 대한 우리 측 입장을 부시 대통령께 분명히 밝혀야 한다고 건의까지는 할 수 없었을 것이다.

미국 측의 대답

미국 측은 대담하게도 조건부로 FTA를 추진하자고 제안했다. 주요 현안에서 진전이 없으면 행정부가 결심해도 의회의 동의를 확보하기가 어렵다는 것이 그 이유였는데, 사실 새삼스러운 얘기는 아니었다. 포트만은 구체적으로 쇠고기 수입 재개, 스크린쿼터 축소, 자동차 배출가스 기준 및 의약품경제성평가 계획의 잠정 유보 등 네 가지 현안을 제시했다. 앞의 세 가지 이슈는 진작부터 국장급 분기별 통상 현안 점검회의에서 논의되어 온 익숙한 이슈였다. 하지만 의약품 문제는 처음 듣는 사안이라서 무엇을 말하는 것인지 묻자, 자신들도 제약 업계로부터 들었지만 정확한 실상은 모른다고 했다. 그러면서 우리 정부가 의약품에 대한 새로운 경제성 평가를 기획하고 있다는데 결국 약가藥價에 영향을 미치는 것이 아닌가 신경을 쓰고 있으며, 제약 업계가 막강한 로비력을 동원해 미국 내에서 불필요한 문제를 일으키지 않도록 협상 출범 이전까지는 현상 변동이 없었으면 한다는 내용이었다. 귀국 후 확인한 결과, 정부 차원의 구체적인 계획이 서 있는 것은 아니고 연구 용역 단계에 불과한 상황이라 최소 반 년 이내에 어떤 구체적 조치가 나올 가능성은 없었다. 결국 이슈는 세 가지였다.

나는 우리 정부가 FTA 협상 출범 여부와 무관하게 주요 현안을 해결하기 위해 꾸준히 노력해 왔음을 설명했다. 이어 전문가 협의가 계속되고 있는 쇠고기 문제의 경우 8월 말 미국 측이 제공한 추가 자료를 현재 검토 중이며 과학적 안정성이 확인될 경우에만 가축방역협의회를 개최할 수 있다는 선에서 대응했다. 자동차 배출가스 기준 문제는 이미 2003년 12월에 공포된 후 시행을 바로 앞두고 있는 상황으로, 내외국산 차별 없이 공평하게 적용되는 기준인 만큼 미국 측이 요구하는 대로 미국산에만 예외를 인정해 줄 수는 없다고 못 박은 후, 추가 유예기간 부여가 가능할지 검토 중이라고 답변했다. 스크린쿼터 감축 문제에 대해서는 사안의 의미를 충분히 인식하고 있다는 점을 강조했다. 그리고 협상 출범 대외 발표는 미국 측이 제시한 일정보다 더 미뤄질 수밖에 없을 것임을 내비쳤다. 현안 타결 방안에 대해 국내에서 좀더 논의할 시간이 필요하고, 정부 내에서 구체적으로 준비하는 데도 시간이 빠듯하단 생각이 들었기 때문이다.

포트만은 내 답변이 의외라는 듯 다소 실망감을 표했다. 그동안 협상을 출범시키자고 하더니 막상 하자고 하니까 한발 빼는 것처럼 느껴진 모양이다. 그는 별도 단독 대담을 가진 자리에서 이왕 하자고 마음먹은 바에야 협상 기간이 절대적으로 부족해질까 봐 걱정스럽다며 자신이 어제 고위급 협의에서 25개국 중 한국을 선택해야 한다고 주장했는데 발표가 지연되면 입장이 난처해진다는 말까지 했다. 듣기로는 그 회의에서 죌릭 국무부 부장관도 우리와의 FTA 협상 출범을 강력하게 지지했다고 한다.

노 대통령의 최종 점검

공은 우리 손에 넘어와 있었다. 귀국 보고를 들은 대통령은 2005년 10월 8일 이해찬 총리와 경제부총리를 비롯하여 한미 FTA와 관련된 각료들과 함께 간담회를 주재하고 의견을 들었다. 노 대통령은 한미 FTA를 큰 틀에서 논의해 줬으면 좋겠다고 했다. 미국이라는 큰 시장을 통해 세계 시장을 얻을 건가 말 건가, 한미 FTA 할 건가 안 할 건가에 대한 최종 결론을 요구한 것이다.

"내락은 했지만 한 번 더 짚어 보고 싶은 것입니다. 지금 안 한다고 해서 외교적으로 큰 문제는 아니지 않겠습니까? 한미 FTA를 안 할 것 같으면 오늘 이 테이블이 마지막입니다."

대통령은 참석자들 중 한 명에게 의견을 밝혀 달라면서 회의를 시작했다. 말을 받은 각료는 "한미 FTA에 찬성하며 적극적으로 추진할 필요가 있습니다. 그러나 미국이 왜 한국과 FTA를 하려고 하는지, 동기가 무엇인지 명료하게 파악해야 합니다"라며 말문을 열었다. 노 대통령도 이 점은 궁금했던 것이다. 나는 이렇게 말을 받았다.

"미국 의회는 세 가지를 고려했습니다. 첫째, NAFTA 이후 큰 국가와 FTA를 한 적이 없으므로 대규모 경제국가와 FTA를 추진할 필요가 있다고 판단한 것입니다. 둘째, 미국은 중남미 국가들과 FTA를 추진하는 과정에서 일자리가 이전되는 것에 대한 고민이 있었는데, 한국과는 그러한 문제가 없습니다. 셋째, 한국은 캐나다와 이미 두 차례 협상을 끝냈습니다. 캐나다와 FTA를 체결함으로써 캐나다 상품이 무관세로 우리 시장에 들어오게 될 경우, 미국 상품들은 경쟁력을 상실하기 때문에 미국의 일곱 번째 대규모 교역 시장을 상실하는 결과를 불러일으킵니다. 미국은 이것을 고려했을 것입니다."

노 대통령은 큰 틀에서 토론해 줄 것을 요청했지만 각 부처 장관들은 한미 FTA 출범에 대한 그간의 불편한 감정을 토로했다. 박홍수 농림부장관은 농산물에 대한 관세가 철폐되면 파괴력이 클 것이기 때문에 한미 FTA 진행 전에 대책을 세워야 한다고 했다. 식량 안보도 고려해야 함을 지적하고 개방으로 인해 축산업, 특히 쇠고기 분야에 미치는 타격을 우려했다. 나는 협상 결과가 나오기 전에 농업 분야의 피해를 계량화하는 것은 쉽지 않은 일이라는 점과, 쇠고기 소비자들이 수입육과 한우를 구분하고 있다는 점을 지적했다. 또 대외경제정책연구원이나 농촌경제연구원의 연구 결과에 따르면 호주산 쇠고기가 국내 수입쇠고기 시장에서 2004년 56.3%의 점유율을 차지하고 있으나 한미 FTA가 타결되면 미국산으로 수입 대체효과가 발생할 것이라고 답변했다. 이해찬 총리는 논쟁은 하지 말라며 나와 농림부장관의 발언을 중단시켰다.

환경부장관은 "죄송하나 배출가스 문제를 말씀드리고자 합니다. 자동차는 우리가 100억 불, 80만 대 수출하고, 1억 불, 4천 대 수입합니다. 우리의 경우 대기 환경 자체가 OECD 국가 중 최하위이며, 그 주범이 자동차입니다. 중국의 환경오염이 제주도까지 영향을 미치고 있고 이에 환경부가 10개년 계획을 수립한 바 있습니다. 2002~2003년 2년 동안 수입사, 이해관계자와 대화를 하였으며 2003년 말 합의했고 2006년부터 배출가스 기준을 강화키로 했습니다. 많은 자동차 회사가 설비투자 및 기술개발 준비를 완료한 상태입니다. 그런데 올해 들어와서 미국 회사들이 유예를 요구하고 있습니다. 그래서 왜 이제 와서 유예를 요청하느냐고 물었더니 10월 5일에 주한 미 대사관 참사관이 방문하여 실수를 인정했습니다. 미국과 예외를 인정하면 EU, 일본, 국내 기업에 대해 역차별하는 것입니다"라고 발언했다.

노 대통령은 "미국 예외 인정하면 다른 나라들이 소송을 하나?"라고 질문했다. 경제부총리는 "미국에 대해서만 봐주자는 것이 아니고 1만 대 이하 소규모 판매 제작자들에 대해 유예해 주자는 것입니다. 미 업계는 잘못을 인정하고 있습니다"라고 답하였다. 노 대통령은 심기가 불편한 듯한 표정으로 말했다.

"내가 다 읽어 보았습니다. 지금 환경부장관 이야기는 인내심을 갖고 듣고 있습니다. 억지다 이거지요."

환경부장관은 "미 3사에 물어보았더니 크라이슬러, 포드는 하겠다고 하며, GM만 못 하겠다는 것입니다"라고 말했다. 내가 "미국도 알고 있는데 한번 봐달라는 것입니다"라고 설명하자 경제부총리도 "알고 있다는 건 아니고 잘못됐는데 한번 봐달라는 것입니다"라고 덧붙였다. 환경부장관은 "무엇을 봐줄 건지 물어봤더니 대한對韓 차량 수출이 40%정도 줄어든다고 해서 산출근거를 요청하였습니다"라고 답했다.

노 대통령은 유심히 듣고 다음과 같이 언급했다.

"봐달라고 하는 것인데…… 논리상 안 되는 것인데 대통령이 FTA 하려고 봐줬다 그러면 무슨 말들을 하겠습니까. 이것은 원칙의 문제이지 내용상의 문제는 아닌 것으로 봅니다. 그렇게 정리합시다. 미국이 실무상 놓친 것인지, 한국 정부가 기세등등해서 그냥 합의한 것인지……. 미국은 총량

제로 하고 우리는 대당 하는 것이지요. 예를 들면, 2년 내내 배출가스 뿜어 대면 어느 정도 악화되는지 대통령에게 자료를 내보이면 어쩔 수가 없는데……. 원칙의 문제이며 자존심의 문제이지 실질적인 결과 문제는 아닙니다. 다만 국민들에게 솔직하게 설명해야 합니다. 3만 대면 안 되는데 4천 대 정도밖에 안 들어오지 않습니까. 그 문제는 그렇게 갑시다. 장관이 입장이 난처한 것은 아냐, 대통령이 그리하면 어쩔 수 없는 것입니다."

환경부장관은 또다시 "미국 측에 산출근거를 요청하였습니다. EU쪽 반발도 예상됩니다"라고 덧붙였다. 노 대통령은 "이제부터는 국무위원으로서 말해 주기 바랍니다"라고 주문했다.

문화부장관은 "FTA는 해야 합니다. 그러나 수습을 어떻게 할 것인지 각오하고 있습니다. 결단을 하시면 정기국회 끝나고 예산안 통과된 뒤 일주일 정도 기간에 수습해야 할 것으로 생각합니다"라고 발언했다. 이어 경제수석의 설명이 이어졌다.

"한미 FTA는 참여정부의 업적이 될 것입니다. 그러나 우리 제조업은 개방되어 있지만 농업, 서비스 등은 그렇지 않습니다. 쟁점에서 보듯이 미국의 자세가 터프할 것입니다. 투자지분 확대 등 나중에 전선이 확대될 것입니다. 전선이 확대될 때 전 국무위원이 똘똘 뭉쳐야 합니다. 한미 FTA에 대해 잘 정리되어 있지 않으면 내년에 큰 어려움이 예상됩니다. 우리 제도가 선진화되면 투명성이 제고되고 경제가 발전할 것이나, 단기간은 큰 곤란을 겪을 것입니다. 이러한 발전적인 계기가 잘 정리되어야 합니다."

노 대통령은 질문을 던졌다.

"안 하자는 것은 아닙니까?"

이에 대해 경제수석은 "해야죠. 좋은 기회입니다"라고 답변했다. 이어서 경제부총리의 말이 이어졌다.

"첫째, 한미는 안보 면에서 가까웠는데 이제 경제적으로도 가까워져야 겠습니다. 둘째, 한미 FTA의 영향에 대해서는 경제정책수석과 동일 의견입니다. 우리 품목의 관세가 거의 제로화될 것이며, 투자도 완전자유화될 것입니다. IMF 직후의 각오로 전 국무위원이 단결해야 합니다. 2003년 대통령께서 왜 소규모 국가인 칠레와 하느냐 하셨는데, 전적으로 동감합니다. 미국과의 FTA는 지지 세력이 분명히 있습니다. 미국에게 쌀은 안 된다고 분명히 하였으며, 나머지는 전부 자유화가 예상됩니다. 한미 FTA가 되면 참여정부의 큰 업적이 될 것입니다."

나는 대통령께 다시 말씀드렸다.

"우리의 목표인 3만 불 시대를 위하여 한미 FTA를 추진하는 것이며, 경제 시스템을 자유화해 선진국이 되기 위한 승부수입니다. 그러나 시스템을 미국화하자는 것도 아닙니다. 미국의 단점도 잘 알고 있습니다. 협상 과정에서 반영하겠습니다."

아울러 자유무역으로 물가상승이 억제되고 소비자 구매력이 증가하는 것이 중요하다고 덧붙였다. 이에 노 대통령은 이렇게 이야기했다.

"정부 재정이 줄고 소비자에게 혜택이 돌아간다는 말이죠? 다만 농업 부문이 가장 큰 문제입니다. 보는 관점이 충돌하고 있습니다. 쌀은 안 됩니다. 쌀 개방하면 FTA 못 합니다. 국내 농산물이 위축되는 것이 문제입니다. 자료에 따르면 대체효과가 있다고 하는데, 관세가 철폐되면 전체적으로 가격 차이가 발생합니다. 과연 그 가격 차이가 국내산을 흔들 정도인지 더 연구해야 합니다."

농림부장관이 "미국 쇠고기가 우리 돼지고기와 경쟁하고 있습니다. 광우병으로 쇠고기가 안 들어오니 돼지고기 소비가 늘었습니다. 연계된 것입니다"라고 발언하자, 노 대통령은 한미 FTA를 출범시키겠다는 본인의 의지가 잘못 해석될까 봐 다음과 같이 강조했다.

"FTA 합니다! 농업 때문에 못 하겠다가 아닙니다. 시간문제이지 경쟁을 피할 수는 없습니다. 그러나 아무리 경쟁해도 경쟁할 수 있는 비율은 일정 범위에 불과합니다. 중국과도 언젠가는 FTA를 한다고 전제하고 준비해야 합니다. 쌀은 사활의 문제이므로 버텨 나가고 나머지는 개방하는데, 틈새시장을 개척해 농업의 새로운 분야를 개발해야 합니다. 이는 농업경제가 아니라 농촌경제의 문제입니다. 경쟁에서 뒤처진 농민들은 정부가 복지 차원에서 접근해야 합니다."

대통령은 회의 결론을 마무리하고 다른 과제들을 한 번씩 되짚으며 회의를 종결했다.

"FTA 하도록 합시다. 이는 거역할 수 없는 대세입니다. 우리는 미지의 세계로 갑니다. 거친 경쟁이 존재하는 불확실한 환경에서 성공해 왔던 자신감을 가지고 하시기 바랍니다."

그리고 대국민 설득 홍보를 준비하라고 지시했다.

모 아니면 도

주요 현안 타결을 위한 국내 협의는 이해찬 총리 주도로 이루어졌다. 이 총리에 대한 세간의 평가는 사람에 따라 차이가 있지만, 한미 FTA 협상 출범은 그의 리더십에 힘입은 바 크다고 분명히 말할 수 있다. 오랜 의정 생활에 따른 풍부한 지식과 남다른 경륜, 전체를 꿰뚫어 보는 통찰력이 비상하고 아무리 어려운 결정도 미루는 법이 없었다. 이해찬 총리는 부처 간 갈등 조정 능력이 탁월했다. 대통령의 신뢰를 받았고, 이를 모든 각료들이 잘 알고 있었다. 총리 주재 회의를 통하여 모든 부처들이 어떤 일을 하고 있는지 파악하고 있었고, 이는 갈등 해소에 큰 도움이 되었다.

새로운 약가산정제도 도입유예 문제는 별다른 논의가 필요 없었다. 문화부장관은 전체 국익 차원에서 연말 정기국회 종료 후 현행 쿼터를 절반으로 축소하는 영화진흥법시행령 개정안을 입법예고하는 데 동의하면서도 영화계 지원을 위한 특단의 대책을 강력히 요구하여 관철시켰다. 쇠고기 문제는 30개월령 미만, 뼈 포함 쇠고기 수입 재개라는 미국 측 요구는 그대로 받아들일 수 없다는 게 우리 생각이었다. 핵심 과제는 뼈는 제거되어야 한다는 데 있었다. 박홍수 장관은 미국 쇠고기 수입을 재개하되 30개월령 미만에 뼈를 제외한 것으로 제한해 달라는 입장을 전화로 알려 왔다.

"본부장, 미국 쇠고기는 수입을 재개하되 갈비뼈는 뺐으면 좋겠어."

"뼈 붙은 고기 중 갈비 비중이 얼마나 되는데?"

"8억 5,000만 달러 중 6억 달러어치가 뼈 붙은 갈비야. 뼈만 제거되면 축산업을 설득하는 데 큰 도움이 될 것 같아."

박홍수 장관은 큰 흐름을 잘 파악하고 매우 성실한 사람이었다. 우리 둘은 공무원 출신도 아니고, 여러 배경도 다르지만 오랜 친구처럼 대화하는 사이였다. 농림부는 일단 20개월령 미만에 뼈 제거를 협상 포지션으로 미국 측에 전달하고 협상을 진행해 나가면서 최대 30개월로 올린다는 복안을 제시했으나 내 생각은 달랐다.

"이번 협상은 '모 아니면 도all or nothing, take it or leave it' 식으로 배수진을 치면서 진행하려고 하는데, 우리가 줄 수 있는 최대치를 테이블에 올려놓고 이것을 받든지 아니면 다 깨는 식으로 협상하려고 해."

박홍수 장관은 미심쩍은 얼굴로 말했다.

"30개월로 시작해서 그거 못 지키면 어떻게 하려구!"

"박 장관, 내가 30개월령 미만, 뼈 제거 받아 낼게. 만약 못 받으면 미국과 FTA 협상 안 할게. 내가 약속한다. 일단 농림부가 30개월령 미만, 뼈 제거라는 목표를 세웠으면 협상전략과 전술은 통상 협상가에게 그냥 맡겨."

"야, 이 문둥아. 시키는 대로 좀 해라."

"걱정 마라. 내가 알아서 할 테니까."

전화를 끊고 난 뒤 통상교섭본부 직원이 내게 물었다.

"왜 그런 위험부담을 안고 가세요? 그거 못 얻으면 진짜…… 한미 FTA 출범 안 시킬 겁니까?"

"걱정 마세요. 미국에서 받을 겁니다. 우리는 스크린쿼터를 미국이 요구한 73일로 감축했습니다. 미국 측은 스크린쿼터 73일로 깨끗하게 해결된 데 만족한 상태입니다. 그렇기 때문에 30개월령 미만, 뼈 제거 요구를 미국이 받지 않는다면 그쪽이 바보입니다. 만에 하나 이런 합리적인 안을 미국 측이 받아들이지 않는다면, 나중에 우리가 이와 유사한 합리적 제시를 해도 그쪽에서 받지 않을 겁니다. 그때 깨지느니 차라리 지금 깨지는 게 낫습니다."

"이건 우리의 최종안입니다"

자동차 배출가스 기준 문제는 2년 동안 1만 대 이하 소규모 판매 제작자들에 대해 추가 유예를 해주는 것으로 결론이 났다. 당초 미국 측 요구에는 훨씬 못 미치는 타협안이지만 우리로서는 최대한 성의를 표시한 것이었다. 이미 2년 전에 공포해서 그들도 알고 있는 법령의 시행을 유예하는 것이었으니까. 가뜩이나 교역 불균형을 주장하는 미 자동차 업계의 입을 막으려면 이 정도 선심은 어쩔 수 없는 일이었다.

미국 측과의 교섭은 나와 포트만 대표가 직접 나섰으며 각자 자기 베이스캠프와 가까이 있어야 한다는 차원에서 전화 협상 형식으로 진행했다. 2006년 1월 3일 첫 번째 협상에서 나는 스크린쿼터와 쇠고기 수입 조건에 관한 우리 입장을 요약 정리했다. 자동차 배출가스 기준과 의약품 문제는 이미 타결된 터였고 스크린쿼터 축소 문제에서도 미국은 우리 방침을 크게 환영하는 입장이었기 때문에 협상은 쇠고기 문제를 중심으로 진행되었다. 스크린쿼터 축소 방침을 외교 채널을 통하지 않고 굳이 포트만과의 통화에서 밝힌 것은 우리 측 파이를 키우려는 협상전략에서였다. 더욱 놓쳐 버리기 아깝다는 생각이 들게 만들어야 우리 요구가 보다 쉽게 받아들여질 것이기 때문이었다.

"한국 입장을 말씀드리겠습니다. 일본과 달리 보편적인 기준으로서 30개월 미만은 받아들이겠지만, 뼈는 제거해야 합니다."

"한국이 20개월 미만부터 주장할 줄 알았는데 뜻밖이군요."

"분명히 얘기하겠는데, 이건 우리의 최종안입니다. 더 이상 양보는 없습니다. 잘 생각해서 결정하시기 바랍니다."

통화가 끝난 후 버시바우 주한 미국대사를 불러 우리 측 제안이 최종안임을 다시 한 번 강조하면서 미국 측의 긍정적인 회신을 촉구했다. 2006년 1월 6일 두 번째 전화 협상 때는 포트만의 목소리가 훨씬 경직되어 있었다.

"김 장관, 저번 통화 때 뼈 포함의 중요성을 잘 몰라서 말을 못 꺼냈는데, 우리 업계는 LA갈비 수출이 실현되어야 한다는 입장이기 때문에 반드시 뼈를 포함해 주었으면 합니다."

"내가 틀림없이 얘기했죠! 30개월령 미만, 뼈 제거는 우리의 최종 입장입니다. 더 이상의 양보는 불가능합니다. 내가 지금 허세 부리고 있는 게 아닙니다. 당신이 만약 이런 식으로 협상할 것 같았으면 나도 20개월 미만부터 시작했겠죠."

"나중에 협상 시작한 후 그때라도 뼈를 포함시킬 수는 없겠습니까?"

"그 제안은 받을 수 없습니다. 내가 뼈를 포함시키면 농림부에서 '거봐, 뭐라 그랬어!' 하고 비아냥거릴 텐데, 그렇게 어리석은 교섭은 있을 수가 없습니다. 내가 통상장관 자리를 떠나도 협상하기 더 수월한 후임 장관이 온다는 보장은 없습니다."

배수진을 쳤다. 통상장관 자리를 걸고 추가 양보는 절대로 없음을 명백히 한 것이다.

"미국만 국내 문제가 있는 게 아닙니다. 우리도 정치적으로 민감한 이슈들입니다. 스크린쿼터 문제를 해결하면서 쇠고기 문제도 해결하려는 우리 정부의 의지를 평가해 주어야 합니다. 뼈를 제거한 고기도 마케팅을 잘하면 충분히 팔 수 있습니다. 많은 한국 사람들이 미국에 있는 우래옥 식당의 뼈 없는 갈비를 즐겨 먹습니다."

"뼈가 포함이 안 되면 한미 FTA 출범이 어려운데요."

"최대한 노력했는데 할 수 없죠. 그럼 한미 FTA 협상 출범은 하지 않는 것으로 알겠습니다. 오늘 전화 통화 유익했습니다. 주말 잘 보내세요."

"잠깐만요······. 혹시 저에게 24시간의 여유를 줄 수 있겠습니까?"

"그렇게 하시죠."

그 순간 한미 FTA 협상 출범이 실패할 수도 있다고 생각했다. 뼈 포함은 우리가 수용할 수 없는 조건이었기 때문이다. 미 축산업계를 설득하는 게 쉽지 않음을 알고 있었다. 나는 남은 24시간 동안이라도 최선을 다해야 했다. 버시바우 대사에게 전화를 걸어 지금 당장 보자고 한 뒤 한미 FTA 협상을 미국 측이 더 큰 시각에서 보아 줄 것을 요구했다. 미 무역대표부는 조직 성격상 시야를 좁혀 업계 이익만 보는 경향이 있기 때문이다. 아울러 이번 협상이 실패하면 앞으로 상당 기간 미 축산업계의 한국 수출 길이 막히게 될 거라 엄포를 놓았고, WTO에 제소할 경우 내가 WTO 전문 변호사임을 상기해야 될 것임을 부연했다. 어떻게 보면 채찍과 당근을 모두 쓴 셈이다. 버시바우 대사를 보내고 다시 죌릭 국무부 부장관에게 전화를 걸었다. 협상 현황을 간단히 설명한 뒤 한미 FTA의 국제정치적 전략적 의미를 잘 새겨야 할 것이며, 쇠고기 문제에 관한 한 추가 양보는 불가능함을 다시 한 번 강조했다. 자타가 공인하는 전략가이자 미 행정부 실세인 죌릭의 개입을 요청한 것이다.

1월 7일 토요일 아침, 포트만과 세 번째 통화를 했다.

"김 장관, 버시바우와 죌릭 부장관을 통한 메시지 잘 받았습니다. 지난 24시간 동안 우리 업계에 몹시 시달리긴 했지만 결국 미 정부는 당신이 제시한 조건을 수용하기로 했습니다."

후일 들은 바로는 그 24시간 동안 포트만 대표의 협상력과 문제 해결 능력이 빛을 발했다고 한다.

"감사합니다. 난 어젯밤에 잠을 좀 설쳤는데, 현 시점에서 한미 FTA 협상 출범을 포기할 마음의 준비를 했었습니다. 당신의 노력에 감사합니다."

FTA 협상 출범이 사실상 확정되는 순간이었다. 포트만 무역대표는 7선 하원의원 출신이었고 합리적이고 신사적인 사람으로서 상대국이 수용할 수 있는 타협안을 제시하는 능력이 탁월했다. 그는 2010년 11월 중간선거에서 오하이오 주 상원의원으로 당선되었다. 미국을 이끄는 차세대 리더로 부상할 것을 의심하지 않는다.

이날 전화 회담에서 큰 가닥을 잡은 쇠고기 협상은 1월 9일부터 13일까지 서울에서 개최된 기술협의를 통해 '수입 위생조건'이라는 문서로 합의되는데, 당시 실무진 간에 별다른 이견 없이 합의한 단어 하나가 훗날 협상 막바지에 양국 간 최대 통상 현안으로 떠오르게 된다. 다름 아닌 뼛조각 문제다. 양국 협상 결과 '뼈를 제거한 골격근육'만을 수입한다는 데 합의했고 이를 문서화하면서 'deboned'(뼈를 제거한)라는 단어를 썼는데, 미국 측은 이를 뼈 자체는 안 되지만 살코기를 뼈와 분리하는 작업 중에 실제로 조금 들어가게 되는 뼛조각bone chips은 소매상에서 고기를 팔거나 가정에서 요리할 때 자연스레 떼어 버려지는 것이므로 문제가 안 되는 것으로 인식했다. 반면 우리 측은 단 한 개의 뼛조각도 있어서는 안 되는 것으로 해석한 데 따른 해프닝이었다. 당시 실무협상에서 좀더 철저히 서로의 용어 사용에 이견이 있음을 인지하고 어떤 식으로든 분명히 결론을 냈으면 뒷날 우여곡절이 없었을 거라는 생각을 지금도 지울 길 없지만, 1년이 지나 실제 미국 쇠고기 수입이 시도될 때까지 누구도 깨닫지 못한 불씨였다.

국내 절차, 시간과의 싸움

협상 출범에 관해 미국과 원칙적 합의가 이루어진 만큼 이제 남은 것은 국내 절차였다. 좀더 구체적으로 말하면 스크린쿼터 축소 방침 공식 발표와 FTA 체결 절차 규정에 근거한 공청회 개최가 핵심이었다. 일반적으로는 그냥 놔두어도 흘러갈 사안이지만 문제는 시간과의 싸움이었다. 2007년 6월에 만료되는 미 행정부의 TPA 시한상 2007년 3월까지는 협상을 마쳐야 하기 때문에 충분한 논의를 위해서는 하루라도 빨리 협상을 출범시켜야 했다.

스크린쿼터 축소 방침은 이미 정부 내에서 결정된 사안인 만큼 발표 시점만이 문제였으나 여러 가지 정치적 고려로 날짜를 잡기가 쉽지 않았다. 당초 연말 국회가 끝나는 대로 발표한다는 데 공감대가 형성되어 있었으나, 연말 국회가 해를 넘기며 계속 꼬여 가고 있었다. 논란 끝에 1월 중순경 대통령의 신년 기자회견이 예정되어 있음을 감안해 1월 26일로 정했으나, 1월 28일부터 30일까지 설날 연휴이니 2월로 넘기자는 주장이 제기되었다. 설 민심도 중요하지만 정말 이대로 가다가 언제 출범이 가능할지 걱정됐다. 나는 급히 총리실로 달려가 이해찬 총리에게 상황이 긴급함을 호소했고, 결국 총리의 결단에 따라 1월 26일로 발표일을 확정했다.

이제 누가 어떻게 발표하느냐가 다시 도마에 올랐다. 문화부장관이 소관 부처의 장이기는 하나 다른 사람에게 뜨거운 감자를 맡으라 하기도 뭐해서 마땅한 적임자가 없으면 총대를 메겠노라고 자청했지만, 그건 모양새가 좋지 않다는 정문수 경제보좌관의 의견으로 결국 대외경제장관회의 결정 사항을 경제부총리가 발표하는 형식으로 정리되었다. 그리고 다음 날 문화부장관이 4,000억 원 규모의 한국영화발전기금을 조성한다는 국내 대책을 발표하기로 했다.

예상은 했지만 스크린쿼터 축소에 대한 영화계 반발은 거셌다. 인기 영화배우, 감독들이 대거 참여해 2월 4일부터 7월 3일까지 계속된 1인 시위는 언론에 힘입어 큰 관심을 끌었다. 하지만 2005년 12월 개봉한 한국영화 〈왕의 남자〉가 이준기 신드롬과 함께 1,200만이 넘는 관객을 동원하는 대박을 터뜨리고, 2006년 하반기에는 봉준호 감독의 〈괴물〉이 이를 능가하는 1,300만 관객 동원을 기록하면서 스크린쿼터를 사수해야 한다는 논리가 일반 대중에게 지지를 받지 못했다. 여기에 인기 스타들이 농민 집회에서 큰절을 해가며 '피 흘리며 싸운 농민들에게 스크린쿼터를 사수하지 못했음을 사죄'하는 모습이 고액 출연료에 고급 차를 몰고 다니는 모습과 겹쳐지면서 여론은 묘하게 흘러갔다. 아무래도 인기 스타와 농민과의 연대 투쟁이 부자연스러워 보여 국민들에게 설득력이 떨어진 듯했다.

그러나 끝까지 정부가 힘겨워했던 것은 공청회 문제였다. 공청회 자체야 절차에 따라 얼마든지 정정당당하게 개최해도 하등 문제될 것이 없으나,

역시 이것도 시간에 쫓기는 게 문제였다. 당시 양국의 자국 내 사정을 감안하면 협상 출범을 선언하는 시기로 2월 초가 최적이었고, 향후 비준 과정에서 미 의회의 지지 확보를 고려해 워싱턴에서 출범을 선언한다는 데도 서로 이견이 없었다. 2월 초를 유력하게 검토한 이유는 협상 출범을 가급적 빨리 선언하고자 하는 목적 외에도 1월 31일 부시 대통령의 연두교서State of the Union Address 시점을 적극 활용하려는 의도에서였다. 1월 말은 원래 미 의회가 휴회하는 시기이나, 연두교서 청취를 위해 양당 중진 의원들이 잠시 모인다. 그때 협상 출범을 선언하는 것이 의회 지지 확보에 절대 유리하다는 것이 오랜 의정경험이 있는 미국 대표의 제안이었다. 결국 실현되지는 못했지만 우리로서는 내친 김에 부시 대통령이 연두교서에서 한미 FTA를 언급해 주었으면 하는 바람도 있었다. 여하튼 이런저런 사정을 고려할 때 서울 시간으로 2월 3일 금요일이 최적이라는 게 정부의 판단이었다.

그러나 우리 측의 신년 대통령 특별연설로 일이 꼬였다. 당초 1월 초에 있다던 신년 기자회견이 대통령의 제반 일정 때문에 자꾸 미뤄지더니 마침내는 신년 특별연설로 바뀌면서 날짜도 1월 18일로 재조정되었다. 공청회를 개최하려면 14일 전에 사전 공고를 해야 하는데, 신년 특별연설에서 노 대통령이 한미 FTA 추진을 먼저 언급한 후 관련 절차를 시작한다는 것이 정부 계획이었기에 연설 다음 날인 19일에 공고가 나가도 공청회는 2월 2일에야 열 수 있다는 결론이었다.

고민이 깊을 수밖에 없었다. 관계법에 따르면 2월 2일 공청회가 개최된 이후 공청회 결과를 보고받고 대외경제장관회의에서 최종 결정을 내려야 하는 게 순서인데, 공청회 다음 날인 2월 3일에 미국 워싱턴에서 공식 출범 선언을 하게 되면 비록 시간적인 순서는 지켰다 할지라도 누가 봐도 무리한 시간이고 공청회는 형식적인 절차였음이 두고두고 정당성 시비에 꼬투리가 될 것은 불 보듯 뻔했기 때문이다. 더구나 출범 선언을 위해 나는 미리 출국해야 할 테니 '짜고 치는 고스톱'이라는 비난을 받아도 할 말이 없게 될 노릇이었다.

그럼에도 불구하고 고민은 오래할 수 없었다. 누군가는 결단을 내려야 했고, 그 결단은 훗날 역사적 책임을 질 각오가 필요했다. 나는 한미 FTA가 우리 경제와 제도를 한 단계 더 도약시킬, 놓쳐서는 안 될 기회라는 확신이 있었다. 양국 간에 앞으로 있을 실제 '협상'에 조금이라도 시간적 여유를 확보하기 위해서도 이 급박하고 무리한 절차에 대해 전적으로 내가 총대를 메는 것이 불가피하다고 결론 내렸다.

2월 2일 오전 10시에 개최된 공청회 결과는 예상대로였다. 이미 협상 출범 소문을 접한 농민단체의 단상 점거로 세 차례나 정회를 거듭한 끝에 중단된 것이다. 그러나 이어서 정부는 오후 3시 대외경제장관회의를 열고 결과 보고를 들은 후, 한미 FTA 협상 추진을 공식 의결했다. 드디어 시작된 것이다. 한 외교통상부 간부가 말했다.

"엉뚱하다 싶은 인사로 어느 날 한 사람이 들어와 미친놈처럼 세계지도를 들여다보며 끙끙대더니 한미 FTA가 진짜 출범하대요."

그간 내가 들은 최고의 찬사였다.

한국 사람들은 정직하지 못하니까?

서울 시간은 워싱턴보다 14시간 빠르다. 한국 시간 2006년 2월 3일 금요일 새벽, 미국 시간 2월 2일 오후 3시 미 상원의사당에서 포트만 대표와 나는 맥스 보커스 상원의원, 빌 토마스 하원 세입위원회 위원장 등 정계와 업계 주요 인사들이 참석한 가운데 드디어 한미 FTA 협상 출범을 선언하게 된다. 서울은 아직 새벽이기 때문에 아침 10시 협상수석대표로 임명된 김종훈 본부대사가 기자회견을 열어 협상 출범을 공식 발표하도록 지시하였다. 그런데 한미 FTA 협상을 출범시키기 직전에 미 행정부 고위급 관리로부터 뜻밖의 말을 들었다.

"오늘 아침 일본 대사관 직원이 날 찾아와서 한미 FTA에 대한 이야기를 나누었습니다."

"어떤 내용이었습니까?"

"한국과 FTA를 하지 말라고 그러더군요."

"무슨 이유로요?"

"한국 사람들은 믿을 수 없는 사람들이고 정직하지 않기 때문이라는군요. 또 말하길 미국 정부는 지금 한국 통상장관을 높이 평가하는 것 같은데 그 사람은 나중에 약속을 지키지 않고 미국을 실망시킬 거라고 지적하더군요."

그 순간 일본이라는 나라가 우리에게 어떤 존재인지 다시 한 번 생각하게 되었다. 가츠라-태프트 밀약 체결 후 100년이 지났는데도 일본의 생각은 변하지 않았다. 나중에 한미 FTA 협상이 타결된 후 워싱턴 주재 일본 대사관은 한미 FTA를 적극 지지한다고 공식 발표했다. '한반도 통일도 속으로는 반대하면서 막상 되고 나면 지지한다고 발표하겠구나' 하는 생각이 들었다. 세계 두 번째 경제 대국 일본이 한미 FTA 출범을 공식적으로 발표하는 날에 그렇게까지 할 필요가 있었을까? 웃어넘겨 버릴 수 있는 이야기지만 늘 염두에 두어야 할 사안이다.

2006년 2월 3일 로버트 포트만 USTR 대표와 한미 FTA 협상 개시를 발표하고 있다.

2장

1~7차 협상 과정
죽고자 하면 산다

    2006년 2월 3일 한미 FTA 협상 출범 발표 이후 수석대표와 모든 분과장에게 그동안 미국이 체결한 FTA 서류들의 문구와 단어들을 비교·검토하는 차트를 만들라고 지시했다. 협상에서 가장 중요한 지침 중 하나가 상대방을 알고 논리적으로 공략해야 원하는 결과를 얻을 수 있다는 것이다. 내가 부당하고 비합리적인 전례를 싫어하는 것과는 별개로, 협상테이블에서 효과적으로 쓸 수 있는 전술 중 하나가 과거에 그렇게 했기 때문에 이번에도 그럴 수 있어야 한다는 점을 내세우는 방법이다.

    한미 FTA 협상의 가장 중요한 목적 중 하나는 공산품 및 농수산물 관련 관세인하·철폐이기 때문에 미국이 과거에 상품양허 협상을 어떤 방식으로 했는지 검토하는 작업은 중요했다. 공산품의 경우 미국은 모든 품목에 대해 관세철폐를 추구하되, 품목의 특성과 상대국가의 교역 구조를 감안하여 장기철폐품목(5~18년에 걸쳐 관세를 철폐하는 품목), 저율관세할당물량

(TRQ, 관세를 철폐하지 않거나 소폭 인하하는 경우 상대국에게만 특정 물량 수입을 보장하는 제도) 등으로 분류하며 다양한 양허 전략을 구사했다. 미국이 칠레, 모로코와 FTA 협상을 할 때 미국의 즉시철폐 비율은 각각 77.6%와 79.5%였는데, 이는 TRQ 적용 품목 기준이 높기 때문이었다. 미국은 자국의 민감한 분야, 특히 신발, 모자, 의류, 핸드백, 유제품, 자기 식기, 픽업트럭에 대해서는 8~10년 장기철폐품목으로 분류해서 보호했다. 수산의 경우도 마찬가지였다. 미국은 칠레, 중미, 싱가포르 FTA에서는 다랑어를, 모로코와 싱가포르 FTA에서는 정어리를 장기철폐품목으로 분류하면서 자국 산업을 보호했다. 또 농업 강국인 호주와의 FTA 협상에서는 183개의 농산물을 대상에서 제외했고, 민감한 농산물에 대해서는 18년이라는 장기철폐 기한을 두었다. 즉시철폐 비율은 19.6%에 지나지 않았다. 이외에도 쇠고기, 낙농제품, 땅콩, 담배, 설탕 등에 대해서는 TRQ와 세이프가드(긴급수입제한조치)를 도입했다. 세이프가드란 수입이 갑자기 늘어 국내산업에 심각한 피해가 있을 경우 수입국이 수입량을 조정하거나 수입을 중단할 수 있는 조치다.

미국과 FTA를 체결한 상대국들의 양허안을 보면 공산품에 대해서는 100% 양허를 기본 원칙으로 하고, 수산물에 대해서는 장기철폐로 분류하여 자국의 민감 품목을 보호했다. 농산물의 경우 TRQ 장기철폐와 농산물 세이프가드를 도입해 민감 품목을 보호한 국가들이 있었다. 양허 협상을 할 때는 관세 즉시철폐 외에도 단기, 중장기 철폐 기간을 마련해야 한다. 즉 특정 상품을 즉시철폐할 것인지 아니면 2년에서 3년 또는 5년, 10년, 10년 이상에 걸쳐서 철폐할 것인지 잘 설정해야 한다. 우리는 미국과의 FTA에서 즉시철폐, 3년, 5년, 10년 이상 철폐로 분류해서 민감 품목을 보호하는 전략에 빈틈이 있어서는 안 되었다.

  나는 양허표 외에도 우리 협상 초안문을 작성하라고 지시했다. 미국 월가의 변호사 사무실에서 M&A 변호사로 활동하던 시절 얻은 한 가지 교훈은, 상대방이 준 초안을 갖고 협상을 하면 불리한 결과가 나올 수밖에 없다는 것이다. 변호사 시절 나는 상대방이 초안을 제공하면 그 초안을 무시하고 내 초안을 작성해서 상대방에게 주었다. 이번에도 예외는 아니었다. 미국은 자신들이 제공한 텍스트를 토대로 중동, 중남미 국가들과 단 두 번의 협상으로 FTA 협상을 타결한 경험이 있기 때문에 상대국이 초안을 제공한다는 사실에 거부감을 표시했다. FTA 협상에서 승부의 반은 초안 작업에서 이루어지는데, 나는 이 단계에서 양보할 생각이 전혀 없었다.

협상팀이야 홍보팀이야?

  1차 협상을 하기도 전에 불길한 조짐이 보였다. 국내에서는 부동산정책, 연금제도 개혁, 중장기 조세개혁 등 굵직한 경제 현안들 때문에 어려운 상황이었고, 정치권에서는 여당이 5월 31일 지방선거에서 대패함으로써 인기 없는 한미 FTA에 어두운 그림자가 드리워졌다.

  우리가 한미 FTA에서 얻을 수 있는 것 중 하나가 자동차에 대한 관세철폐였다. 미국도 이를 자동차 수출 증대의 기회로 삼고 우리의 비관세 무역장벽을 제거해야 한다는 입장이었다. 설상가상으로 중부지방국세청이 자동차 구입 시 부가가치세를 내지 않은 소비자들을 조사하겠다고 밝혔다. 중부지방국세청은 수입 자동차 소유자나 국산 자동차 소유자를 차별하지 않고 조사하겠다고 했으나, 1990년대 초 국산품 사용하기 운동의 일환으로 국세청이 외제차 소유자들을 대상으로 세무조사를 벌인 사례로 보았을 때 또다시 외제차 단속을 벌이는 것으로 보일 수밖에 없었다. 미국 측은 강한 불만을 표시하며 협상 전에 이런 일이 일어난 것을 언짢아했다.

우리 협상가들은 6월 5일부터 9일까지 열릴 1차 협상을 준비하느라 무척 바빴다. 협상 전략·전술에 집중해도 시간이 부족한 상황에 한미 FTA에 대한 회의론이 점차 확산되었다. 나라 사랑하는 마음에서 많은 국민들이 염려하는 것은 당연한 일이다. 이런 비판과 우려의 목소리는 나로 하여금 더 겸허하고 신중한 자세를 취하게 했다. 그러나 안타까운 일은, 정확하지 않은 정보들이 국민들에게 전해진다는 것이었다. 사실과 다른 보도나 기사가 나올 때마다 해명하는 부담은 고스란히 우리 협상팀의 몫이었다. 협상을 진두지휘하는 나로서는 답답한 심정이었다. 이런 감정이 쌓였던지 국회에서 답변할 때 내가 협상팀장인지 홍보팀장인지 구분을 못 하겠다고 발언했는데 그 장면이 YTN "돌발영상"에 잡혔다. 이 방송을 본 권양숙 여사가 대통령께 협상팀의 어려움에 대한 사정을 이야기했고, 여사의 조언이 있는데다 한미 FTA를 둘러싼 계속되는 왜곡보도에 철저하게 대처하기 위해 노 대통령이 한미 FTA 홍보를 전담하는 기획단을 만들라는 지시를 했다고 전해 들었다.

1차 협상 첫날인 6월 5일 하루 전에 한미 FTA와 관련한 부정적인 보도가 또 나왔다. 보도 내용은 1994년 미국과 NAFTA를 체결한 이후 멕시코의 경제 상황이 더 나빠졌다는 것이다. 물론 이것은 사실이 아니었다. 그러나 언론 입장에서는 국가적 재앙을 방지하기 위해 최악의 상황도 가정하며 정부의 독단을 견제하는 것이 본연의 역할이다. 공격하는 사람 입장에서 비판하기는 쉬우나 방어하는 입장에서는 열 배 이상의 노력이 필요하다. 나중에 우리 직원 한 명이 한미 FTA 반대론자들과 식사하면서 들은 얘기를 들려주었는데, 이런 식으로 협상에 집중하지 못하게 하면서 실수를 유도하는 것이 반대 진영의 전술 중 하나라고 했다.

정말 멕시코 경제가 NAFTA 체결 이후 악영향을 받았을까? NAFTA 체결 전 멕시코의 대미 무역흑자는 연평균 1억 달러밖에 되지 않았다. 그러나 체결 이후 12년 동안 무역흑자는 연평균 253억 달러가 되었다. 보도 내용과 달리 멕시코는 NAFTA 발효 후 5년간(1994~1998) 연평균 3.0%, 10년간(1994~2004) 연평균 3.3%의 건실한 GDP 성장을 기록했으며, NAFTA를 계기로 중남미 제1위의 해외직접투자 유치국으로 부상했다.

나는 "반쪽짜리 사실" 보도가 방어하기 어려웠다. 예를 들어, 멕시코가 NAFTA 체결 이후 주식인 옥수수마저 수입해야 했다는 보도는 반쪽짜리 사실이다. 멕시코가 수입하는 옥수수에는 노란 옥수수와 흰 옥수수가 있는데, 노란 옥수수 수입이 급증한 것은 사실이다. 그러나 그 이유는 미국에서 쇠고기와 돼지고기에 적용되던 고관세가 철폐되자 멕시코산 쇠고기와 돼지고기의 대미 수출이 급증하여 사료로 쓰는 노란 옥수수를 미국에서 수입해야 했기 때문이다. 정확한 보도를 하려면 멕시코산 쇠고기와 돼지고기 수출량이 급증했기 때문에 사료로 쓰이는 노란 옥수수 수입이 불가피했다고 보도해야 했다. 그러나 그 부분은 빠져 있었다. 반면 그들의 주식인 토티야를 만드는 데 쓰이는 흰 옥수수 수입 증가는 미미했다. 토티야 값이 NAFTA로 인해 4배나 증가했다는 보도도 있었는데, 가격이 오른 것은 사실이지만 NAFTA 때문이 아니라 멕시코 정부가 보조금을 중단했기 때문이다. 당시 주미 멕시코 대사관의 마르케스 경제공사에 따르면 "NAFTA를 통해 200만 개의 일자리가 생기고 수출 관련 기업의 노동자 소득이 60% 증가했다"며 NAFTA로 득보다 실이 많다는 주장을 일축했다. 멕시코의 사회안전망이 NAFTA 체결로 악화되었다는 보도도 사실이 아니다. 멕시코의 열악한 사회보장제도는 후진적 재정 체계와 개혁 의지 부족에 따른 결과이기 때문이다. 멕시코의 GDP 대비 세금 징수율은 세계 최저 수준으로, 2000년 기준 개도국 평균 18%에도 훨씬 못 미치는 10.5%라는 사실이 이를 뒷받침한다.

해당 보도에서 또 한 가지 잘못된 점은 1994년의 멕시코 상황을 2005년의 한국과 비교한 것이다. 어떻게 이 같은 비교가 가능하단 말인가! 멕시코 수출의 대미 의존도는 1994년 NAFTA 체결 때 85%라는 매우 높은 수준(2005년은 86%)이었으나, 2005년 한국의 대미 의존도는 14.5%에 불과하다. 경제 발전 수준도 달라 1인당 GDP의 경우 멕시코는 1994년 4,700달러인 반면 2005년 한국은 16,300달러에 달한다.

또 "한국 정부가 이미 의약품 시장을 내주기로 했다는 의혹이 계속 제기"된다는 보도도 있었다. 협상 결과를 보면 알겠지만 의약품 분야에서는 내준 것이 거의 없다. 이 보도는 "의약품 등 FTA 쟁점에 대한 미국의 우려를 적절한 방법으로 해결할 것을 보장했다고 적시되어" 있다고 전했다. 이것을 부각하기 위해 국회 한미 FTA 특위에서도 "Trade Minister Kim assured us"(한국 통상장관이 우리에게 확인해줬다)라는 편지 내용이 있는데 'assured'가 무슨 뜻이냐고 물었다. 이것은 문장 전체가 아닌 반쪽짜리 문장만 가지고 의도적으로 곤경에 빠뜨리려는 질문이었다. 나는 즉시 그 문구만 읽지 말고 문장 전체를 읽어 보라고 답했다. 그 문장은 "Trade Minister Kim assured us that Korea would address these issues"인데, 미국이 관심을 두는 쟁점에 대해 한국이 검토하겠다는 뜻이다. 즉 미국이 관심을 갖는 쟁점은 우리도 관심을 갖겠지만 검토 이후 결정은 한국이 판단해서 하겠고 미국의 요구가 어떻든 판단과 결정은 우리에게 유익이 되도록 알아서 하겠다는 것이다. 그럼에도 한미 FTA 반대론자들은 미국이 관심을 갖고 있는 모든 과제를 내가 미국에게 유리하도록 해결하겠다고 보장한 것처럼 날조했다. 나는 대한민국 공무원이 되어서 국익을 희생시키면서 협상을 진두지휘하지 않았다. 무차별적인 비판은 대한민국의 국익을 위해 일하는 일꾼들의 소신을 위축시킬 수 있다.

국내 반대론도 강했지만, 북한도 거들었다. 북한이 뜬금없이 FTA를 반대한다는 이야기도 있었다.* 기사에 의하면, 약자가 강자와 붙으면 질 수밖에 없는데 왜 한미 FTA를 하는지 이해가 안 간다는 것이었다. 그런데 이 이야기를 보도한 기자는 북한 측 인사들에게 한국의 여성 바둑계 얘기를 예로 들며 반박했다고 한다. 한국에서 활동하는 루이나이웨이라는 중국 여성의 이야기인데, 그녀는 1990년 중국을 떠나 일본에서 활동하려고 문을 두드렸으나 일본인들의 반대로 한국으로 오게 되었다. 그리고 실력을 쌓아 한국 여성 바둑계를 휩쓸었다. 이창호 9단과 조훈현 9단에게도 이겼다. 이때부터 한국의 젊은 여성들은 더욱 열심히 실력을 키우기 시

* "[경제기자블로그] 여자바둑과 월마트 … 평양에서 FTA를 말하다", 〈중앙일보〉 2006. 6. 1.

작했으며 2008년 18세였던 조혜연 씨가 루이나이웨이를 이겨 여류국수를 차지했다. 그 이후에는 21세 박지은 씨가 조혜연 씨를 이기고 세계여성 챔피언이 되었다. 기자는 북한 사람들에게 당신들은 늘 우리 민족이 우수하다고 강조하는데, 이 사례를 보면 정말 그러함을 확인할 수 있다고 말했다. 따라서 미국이 강국이지만 맞붙으면 몇 년 후 충분히 이길 수 있다는 것을 설명하고, 북한도 두려워 말고 활짝 문을 열라고 주문하면서 기사를 마무리했다.

우리 민족은 우수한 민족이다. 규제를 풀고 자유를 주면 경쟁에서 지지 않고 무엇이든 해낼 수 있는 잠재력이 있다. 영국 작가 이사벨라 버드 비숍은 1894년 조선에 와서 관찰한 바 조선인들은 가망이 없지만 당시 연해주에 자리 잡은 한국인들은 우수하고 훌륭하다고 평가했는데, 그 원인을 정부의 지도력에서 찾았다. 그녀의 통찰력에 동의한다. 정부와 기업들이 국민과 직원에게 실력을 발휘할 수 있는 기회를 제공하고 그들이 희망에 찬 삶을 살 수 있도록 국가 공동체와 기업 공동체를 운영할 때, 개인도 공동체도 미래가 있다.

한미와 한-EU FTA의 대조되는 시위대 숫자

내가 국내 반대자들의 의중을 관찰하면서 한 가지 알게 된 것은 그들이 FTA로 인한 개방 자체보다 미국과의 우호 관계에 반대한다는 점이었다. 대한민국 통상의 수장으로 이 부분에 동의할 수 없었다. 대한민국은 전 세계 누구와도 실익을 따져 통상 협상을 해야 한다. 어떤 국가에도 굴욕적인 양보를 하지 않으려면 더 철저히 준비하고 실력을 갖추어 협상에 임해야 하는 것이 최대 관건이다. 우리 협상단은 1차 협상을 위해 워싱턴으로 날아갔다. 그 규모가 200명이 넘었고 동행한 기자들도 40~50명에 달했다. 미국 정부는 깜짝 놀랐다. 앞서 출범한 태국과의 FTA처럼 많아 봐야 40~50명을 예상하고 있었는데 이런 대규모 협상단이 워싱턴을 점령하리라고는 상상도 못한 것이다.

미국은 나라는 부자이지만 정부는 그렇지 못하다. 예산이 늘 부족하여 협상 장소를 추가로 임대할 엄두를 못 냈다. 그래서 19개의 분과들이 여러 빌딩으로 흩어져 협상을 진행하는 고충이 있었다. 우리 협상가들 중에는 여러 분과의 협상에 들어가는 이들이 있었기 때문이다. 무역대표부 건물에 우리 협상가들이 들어가기 위해 줄을 서서 보안 점검을 받게 되자 줄이 바깥까지 이어졌다. 미국이 9·11 사태 이후 보안에 신경을 많이 쓴다는 사실은 알고 있었지만 출입하기 위해 늘어선 줄을 우리 언론은 굴욕적이라고 표현했다. 나는 그 장면을 TV에서 보고 주미 대사관에 지시해서 다시는 우리 협상단을 바깥에 줄 세우는 일이 없도록 하라는 강경한 메시지를 전했다. 밖에 서 있는 원정 시위대들은 우리 협상단에게 "매국노", "협상단이 개구멍으로 들어간다"는 표현들을 써가며 온갖 욕설을 퍼부었다.

그들의 비난이 과연 합당한 것일까? 하얏트호텔에서 열린 한미 FTA 마지막 라운드 때의 시위 규모는 7,500명, 호텔을 포위한 경찰 병력은 3,000명이었던 반면, 한-EU FTA 1차 협상 때의 시위대는 한미 FTA와는 비교도 안 될 만큼 소수였고 경찰 병력은 100여 명이었다. 개방 정도는 한-EU FTA가 한미 FTA보다 크다. 그렇다면 시위대도 더 많아야 했지만 실제로는 그렇지 않았다.

2007년 5월 12일 중국 배가 우리 화물선을 침몰시켜 한국인 선원 7명, 외국인 선원 9명이 실종됐을 때도 중국 대사관 앞에서 대규모 시위를 했다는 보도는 없었다. 그 배가 미국 배였다면 결과가 어땠을까? 분유를 비롯한 식품에 멜라민을 섞어 갓난아기들을 사망하게 만든 상품을 수출하는 행위, 불법 조업을 막으려 한 우리 해경을 삽으로 후려쳐 사망하게 한 행위, 베이징 올림픽 성화 봉송 때 우리 경찰에 폭행을 가한 행위 등에 대해서도 우리 국민은 중국에 일관성 있게 분노를 느끼며 항의를 표해야 한다.

2009년, 비자카드는 한국만을 대상으로 해외에서 카드 사용 시 수수료를 1%에서 1.2%로 올리려다 외부 반발로 무산되었다. 한마디로 비자카드는 우리 국민을 우습게 보고 무시한 것이다. 이때 우리 국민은 비자카드를 계속 사용할 것인지 심각하게 고민해 봐야 한다. 국민들의 일관된 반응이 뒷받침되지 않는 외교정책은 무의미하기 때문이다.

우리 통상 협상가들은 반미, 친미의 이념이나 명분을 넘어서 실익에 집중해야 했다. 1차 협상은 미국 측의 준비 부족과 미국 내부의 이견으로 아무런 진전이 없었다. 이에 반해 우리 측의 준비는 숫자만으로도 저들을 당황케 했고 준비도 그들이 예상한 것과는 차원이 달랐다. 일단 기선을 잡은 것이다.

민감했던 의약품 문제

의약품 문제는 2006년 6월 7일 공식 협상 개시 이전에 관련 분과를 설치하느냐 하지 않느냐는 차원에서 부각되었다. 한미 FTA 협상에는 19개 분과가 있었는데, 내 목표는 수산물을 WTO 협상에서처럼 공산품목에 포함시키고, 미국 측의 자동차와 의약품 분과에 맞서 무역구제 분과를 설치하는 것이었다. 우리의 민감품목인 명태, 고등어, 민어, 넙치를 공산품과 같이 협상하여 보호하려는 전략이었다. 미국 측이 요구하는 의약품과 자동차 분과를 거저 설치해 줄 수 없었기에 미국이 가장 민감해하고 아킬레스건으로 여기는 반덤핑 상계관세 문제를 논의하기 위해 무역구제 분과 설치를 강력하게 요구했다. 무역구제 분과가 설치되지 않는 이상 자동차와 의약품 분과는 허용할 수 없다고 분명한 입장을 전했다. 여기서 시작된 의약품과 무역구제 문제 간의 태생적인 연관성은 협상이 끝날 때까지 이어졌다.

다음 사례는 의약품 문제의 민감성을 보여 준다. 2006년 3월 10일, 20일, 27일자 신문에 한미 간 의약품 실무그룹이 설치, 운용된 사실을 비판하고 주한 미국대사관 관계자가 압력을 행사했다는 내용의 기사가 실렸다. 사실 의약품 실무그룹은 우리 정부가 미국 기업들을 상대로 우리 정책을 직접 설명하고 그들의 애로사항을 청취함으로써 사소한 문제가 큰 통상 마찰로 비화되는 것을 방지하려는 취지로 만든 것인데, 마치 우리 정부가 미국의 압력에 모든 것을 양보한 듯한 인상을 줌으로써 한미 FTA에 대한 비판의 강도를 더 높이는 계기가 되었다.

첫 위기가 드러난 것은 2006년 4월 7일이었다. 한미 FTA 협상 출범의 충격이 가라앉고 정부 각 부처가 힘을 모아 잘 협상해 보자며 파이팅 정신이 충만하던 때였다. 그런데 갑자기 보건복지부가 우리나라 건강보험 의약품 상환제도를 대대적으로 변경하는 약제비 적정화 방안을 4월 중 발표한 후 5월에 의견을 수렴하여 가급적 빠른 시일 내에 시행에 들어갈 거라고 보고했다. 한미 FTA가 체결되면 새로운 약가제도를 시행하기 어렵기 때문에 최대한 서두르겠다고 덧붙였다. 나는 그제야 협상 전에 미국이 이른바 4대 현안 중 하나로 새로운 약가제도 도입 자제를 요구한 이유가 있었구나 하는 생각이 들었다. 퍼즐 조각이 비로소 맞추어진 느낌이었다.

약제비는 의약 분업 직전인 2000년 1조 2,000억 원으로 건강보험 총 진료비의 9.2%이던 것이 2005년 7조 2,000억 원으로 총 진료비 대비 21.2%까지 증가했다. 약제비 적정화 방안은 이러한 약제비율 증가를 방지하기 위해 과거에는 특별한 문제가 없는 한 의약품을 건강보험 상환 대상으로 인정했는데(네거티브 방식) 앞으로는 그 의약품에 관한 비용 대비 효과에 대한 경제성을 인정받아야만 건강보험에서 상환해 주는 제도(포지티브 방식)로 전환하는 것이다. 예를 들면, 전에는 감기에 걸리면 의사가 처방해 줄 수 있는 급여 대상의 약이 20가지 정도였다면, 새로운 제도하에서는 5가지 정도만 인정하는 것이다. 500곳이 넘는 국내 제약회사들의 반발은 거셌다.* 지금까지 문제가 없는 한 급여 대상에 등재되어 온 약들이 새로운 포지티브 방식의 제도 아래서 경제성을 이유로 등재되지 않음으로써 도태당할 수 있기 때문이다. 새로운 제도에서는 1만 개 이하의 의약품

---

* 2004년 말 식약청에 등록된 의약품 생산업체는 714개였으며, 이 중 2004년 생산실적이 있는 기업은 553개, 완제의약품을 생산하는 업체는 214개였다.

들만 건강보험 급여 대상이 될 수 있기 때문에 국내 기업에는 비상이 걸렸다. 신약을 개발하는 다국적 제약회사들의 반발도 강했다. 경제성만 따지면 효과는 더 좋지만 값이 비싼 다국적 기업의 의약품은 건강보험 급여 대상에서 제외되기 때문이다.

또 이전까지는 국내외 제약회사 대표가 직접 참여하고 의약품 전문가들로 구성된 '약제 전문 평가위원회'라는 기구에서 상환 가격을 결정했는데, 앞으로는 국민건강보험공단이 제약회사와 직접 협상해서 상환 가격을 결정하겠다는 방침을 세웠다. 합의가 이루어지지 않을 경우 보건복지부장관의 직권으로 급여 목록에 등재하고 가격을 결정한다는 내용도 포함되었다.

이러한 약가제도 변경은 새로 임명된 유시민 장관이 강하게 추진했다. 예상대로 미국의 반발은 강경했고 다각적이었다. FTA 공식협상이 한 달도 남지 않은 시점에서 제약회사에 불리한 방향으로 약가제도를 변경하는 것은 축구경기 도중 골대를 움직이는 것과 같다며 우리에게 진정 FTA 협상의 의지가 있는지 의심스럽다는 입장을 전해 왔다. 아무런 사전 통보나 업계와 협의 없이 전격적으로 준비되었다는 절차적 투명성 문제도 제기했다.

나는 어느 나라든지 건강보험제도를 지속 가능하게 운영하려면 비용을 줄이는 것이 당연하다고 설명하면서 이것은 우리나라의 주권행사적 사항이라는 사실에 분명하게 선을 그었다. 그리고 4대 현안에서 의약품에 대한 미국의 요구는 협상 출범 이전까지 새로운 약가제도를 도입하지 않기로 한 것이었음을 상기시켰다. 미국은 한국 내에서 이른바 4대 선결조건을 둘러싸고 문제가 불거진 상황에서 우리 측을 압박해 봤자 아무런 효과가 없을 것임을 잘 알고 있었고, 협상 출범 이전에 자신들의 요구를 더 분명하게 못 박아 놓지 못한 사실에 발만 동동 구를 뿐이었다. 5월에 들어서자 미국의 반발은 위험수위를 넘었고 포트만 대표가 5월 1일자로 공식 항의 서한을 내게 보내 왔다. 포트만 대표는 항의 서한을 보내는 것을 마지막으로 미 무역대표에서 물러나 예산처장관으로 자리를 옮기게 되었다. 그는 무역대표로서의 마지막 업무로 항의 서한을 보낸 것을 미안해했다.

통상 책임자의 숙명은 다중인격자가 되는 것이라는 생각을 가끔 한다. 상대국 앞에서는 우리 정부의 공식 입장을 강경하게 대변하면서도 국내에서는 상대 입장을 감안해 해결책을 찾아야 한다. 나는 미국 측에 프랑스, 호주, 스위스, 캐나다와 같은 선진국가도 도입하는 포지티브 방식을 왜 우리나라는 도입하지 말라는 것인지 반문하고, 정당한 국내 정책에 무리하게 왈가왈부하는 것은 반미 감정을 부추길 수 있으므로 한미 FTA를 반대하는 이들에게 좋은 빌미를 제공할 뿐이라는 사실을 주지시켰다. 그리고 포지티브 방식은 효과를 중요시하기 때문에 다국적 제약회사들의 약품들이 오히려 유리할 수 있다는 점을 강조했다.

개성과 추진력이 강하고 정치적 영향력이 큰 유시민 장관과 부딪치는 일은 다른 장관들도 반가워할 리 없겠지만, 통상정책을 통해 우리의 살 길을 도모하고자 하는 입장에서는 누구와도 거침없이 의견을 조율하는 열린 자세가 필요하다. 나는 새로운 약가제도가 비관세장벽이 되지 않고 국내외 제약회사 간 차별적이지 않다면 최소 60일의 충분한 의견 수렴 기간을 준 뒤 추진하겠다는 다짐을 보건복지부로부터 받았다. 그러나 새로운 약가제도 사항을 FTA 차원에서 논의하느냐 하지 않느냐는 유 장관과 의견이 좁혀지지 않았고, 이 문제는 당분간 미해결 상태로 두면서 미국과의 협상에서도 모호성을 유지했다. 이번에도 건설적 모호성이라는 전형적인 협상 기술을 활용한 것인데, 문제가 해결된 것은 아니므로 차후 불거질 가능성은 여전했다. 우여곡절 끝에 2006년 5월 3일 복지부는 약제비 적정화 방안을 발표했다.

회의장을 박차고 나간 미국

2차 협상은 2006년 7월 10일부터 14일까지 서울 신라호텔에서 열렸다. 2차 협상의 특징은 웬디 커틀러와 김종훈 수석대표가 의약품 분과의 협상을 개시한 것이다. 두 수석대표는 의약품 분과장들에게 건설적인 협상을 하라고 지시하며 회의장을 나왔다. 분과장들이 앉자마자 미국 측은 복지부가 조만간 새로운 약제비 적정화 방안에 대해 입법예고를 할 것이라고 들었는데 언제쯤 예정하고 있는지 물어 왔다. 우리는 솔직하게 다음 주라고 대답했다. 그러자 미국 측은 다들 회의장에서 나가 버렸다. 입법예고란 우리 행정 관행을 봤을 때 사실상 정책제안이 기정사실화되는 것이다. 미국은 한국이 의약품에 대해 협상할 의향이 없다는 의심을 갖게 되었다. 이 문제가 감정적으로 발전한 이유는 1차 협상 이전에 약제비 적정화 방안을 발표해서 김을 새게 하더니 2차 협상 도중 입법예고해 미국 입장에서는 오른쪽 뺨과 왼쪽 뺨을 잇달아 맞은 셈이 되었기 때문이다.

협상 중에 자리를 박차고 나가는 것은 강경수인데, 이런 수단을 쓸 때는 조심해야 한다. 상대방이 더 강한 수를 둘 수 있기 때문이다. 미국 측은 의약품 분과에서 퇴장한 것도 모자라 의약품 작업반과 연계되어 생긴 무역구제 분과 및 서비스 분과 협상마저 중단하며 퇴장했다. 나는 보고받자마자 우리 측 수석대표와 분과장들에게 미국 측이 중요시하는 자동차 분과와 상품, 환경, 노동 분과 협상을 중단하고 퇴장하라고 지시했다. 이렇게 강수를 둘 수 있었던 것은 한미 FTA가 우리에게 실失이 되면 언제든지 때려치울 수 있다는 각오로 협상에 임했기 때문이다. 한미 FTA 협상처럼 중대한 협상 도중에 한 가지 이슈로 여러 분과 협상이 잇달아 중단된 사례는 이례적인 일이었다. 서울에서 진행된 최초의 협상이라서 이 문제에 대한 관심은 뜨거웠다. 따라서 협상단의 입장은 어려웠다.

　미국이 왜 우리나라 건강보험제도를 빌미로 FTA 협상을 중단했는지 많은 사람들이 의아해했다. 이것을 기회로 삼은 한미 FTA 반대론자들은 우리나라 의료보험 제도가 붕괴될 거라며 목소리를 높였고, "감기약 하나에 10만 원 이상 지불해야 할 것"이라며 피부에 와 닿는 과장된 표현으로 공세를 폈다. 한미 FTA가 체결되더라도 전 국민을 대상으로 하는 의료보험 제도는 변하는 것이 없다. 그러나 이런 사실이 아닌 비판은 확대재생산되었고, 이로 인해 약제비 적정화 방안을 이행하는 것은 애국적이고, 미국에 조금이라도 양보하는 것은 매국적인 것으로 여기는 분위기로 흘러갔다. 이러한 상황에서 복지부는 7월 21일 예정대로 입법예고를 시행했다.

전기·가스·수도 서비스 개방은 관심 없다

　이른바 한미 FTA '전문가들'은 한미 FTA 체결로 서비스산업이 개방될 경우 국민의 생활과 직결되는 전기·가스·수도 서비스가 민영화될 것이므로 요금 인상이 불가피하며, 아울러 기초 의료비가 급상승하는 암울한 상황이 도래한다고 한목소리로 말했다. 특히 초·중등교육 시장을 개방하면 교육부에서 정하는 교육과정을 무시한 국적 불명의 외국계 초·중·고등학교가 허용되어 우리 공교육이 무너질 것이라고 주장했다. 한미 FTA 저지 국민운동본부는 2006년 4월 26일 〈경향신문〉에 기고한 "한미 FTA의 암울한 미래"라는 글을 통해, 한미 FTA 추진 시 교육 개방에 따른 등록금 급증, 의료 개방에 따른 공보험 폐지 및 의료비 급증, 공공요금 인상 등의 폐해가 예상된다며 이에 따라 국민들에게 "광범위한 고통"이 따를 것이라고 주장했다. 한미 FTA를 반대한 한 인사는 4월 11일 '한미 FTA와 한반도의 미래 구상' 토론회에서 "(협정이 이뤄지면) 의료 서비스 개방으로 가난한 사람들은 의료 혜택을 더 못 받게 될 것"이라고 주장하기도 했다.

 그러나 정부는 한미 FTA 협상 때 공공서비스에 대한 미국 측 요구 사항이 없거나 미미할 것임을 알고 있었다. 어떻게 이런 '낙관적인' 판단을 할 수 있었을까? 답은 과거 사례에 있었다. 분석 결과 공공서비스는 미국 측의 주된 관심 분야가 아니라는 점을 확인할 수 있었다. 이러한 사실을 토대로 정부는 기회 있을 때마다 초·중등교육과 의료 등 사회 공공 제도는 협상 대상에서 제외될 것이며 전기·가스·수도 등 여타 공공서비스도 공공성이 훼손되지 않는 범위 내에서 논의될 것이므로 협상이 타결되어도 현재와 크게 달라지지 않을 것이라고 말했지만 한미 FTA 반대론자들은 믿으려 하지 않았다. 오히려 전국교직원노동조합(전교조)은 한미 FTA에 대한 공세를 강화했다. 전교조는 초·중등교육 시장이 개방 대상에서 제외되더라도 고등교육 시장이 개방되면 필연적으로 영리법인을 허용할 것이므로 결국 등록금 상승으로 이어져, 소수 특권층만이 고등교육의 혜택을 누리고 학교는 돈벌이 수단으로 전락하는 한편 공교육은 붕괴될 것이라고 홍보했다. 나아가 미국인 교사가 한국 학생들을 가르치게 됨에 따라 교육의 대외의존도가 심화된다는 점을 주장하기도 했다.

과연 이들이 주장하는 일들이 벌어질까? 절대 아니다. 웬디 커틀러 수석대표는 "미국은 교육 및 의료 분야와 관련하여 한국의 현행 제도(기존 시스템)의 변경을 요하는 개방은 요청하지 않을 것임"을 표명해 우리 정부가 그간 주장해 온 사항이 틀리지 않았음을 확인시켜 주었다. 이후 정부는 교육 및 의료 분야에서 현행 제도의 변경이 없을 거라고 지속적으로 홍보했으나 이에 대한 문제 제기가 끊이지 않았다. 이해하기 힘든 상황이었다. 나는 웬디 커틀러에게 교육 및 의료 분야에 관해 변경을 요구하지 않겠다는 미국의 입장을 공식적으로 발표해 줄 것을 부탁했고, 그녀는 이를 수락했다. 국민이 정부의 발표를 믿지 못하니 외국 통상대표가 그들의 요구 내용을 공식 발표하게 한 것이다.

한편, 정부는 협상 기간 내내 공공서비스와 관련한 대국민 약속을 염두에 두고 일을 진행했는데, 궁극적으로 전기·가스·수도 등에 대해 현재 외국인투자가 허용되는 부분(한국전력 및 가스공사에 일정 수준의 지분 투자)을 제외하고는 모든 요소를 포괄 유보사항인 'Annex Ⅱ'에 포함하기로 관철시켰다. 미국 측은 전력 및 가스 시장에서 보다 많은 사업 기회를 제공할 것을 요구하기도 했으나 대표단은 일언지하에 거절하고 기존 입장을 지켰다.

결론적으로 반대론자들이 제시한 서비스 분야에서의 암울한 시나리오는 어느 것 하나 한미 FTA 협상에 반영되지 않았다. 처음부터 끼어들 여지도 없었던 내용이지만 국민이 직접 협상을 한 셈이다.

유시민 장관과의 회담

2차 협상은 양측 대표단이 협상장에서 퇴장하는 바람에 진전을 이루지 못했다. 시위가 크게 벌어졌고 전국의 전투경찰 대부분이 시위대를 저지하기 위해 투입되었다. 한미 FTA를 반대하는 측에서는 우리 직원을 통해 나에게 고맙다는 말을 전해 왔다. 1987년 6월 민주화 투쟁 이후 그 세력들이 뭉칠 수 있는 기회가 없었는데 한미 FTA가 그 기회를 마련해 주었다는 것이다.

"매국노", "제2의 한일합방", "이완용", "미국의 51번째 주" 같은 비난을 받으면서도 사명감을 잃지 않으려 애썼던 우리 직원들의 사기가 대규모 시위로 많이 떨어졌다. 이런 상황에서 조직의 장이 조금이라도 흔들리는 모습을 보이면 그 조직은 일순간에 와해된다. 평소 나는 외교부 직원들에게 배려의 말을 아꼈다. 대신 인사 차원에서 승진 또는 해외 발령은 확실하게 보장해 주었다. 그러나 이번만큼은 예외적으로 직원들을 다 불러서, 상황이 어렵지만 역사를 만드는 것은 쉽지 않은 일이니 절대로 포기해서는 안 된다며 격려했다.

미국의 2대 대통령인 존 애덤스에 관한 TV 프로그램을 시청한 적이 있는데, 통념과 달리 미국이 영국으로부터 독립할 무렵 내부 반대가 심했다. 다시 말하면 어떤 큰일을 할 때 반대는 늘 있기 마련이라는 뜻이다. 나는 미국에 의약품 관련, 우리 보건복지부가 추진하는 포지티브 제도를 수용하는 것이 유일한 해결책이라고 강조했고, 이 약제비 적정화 방안의 핵심을 미국이 수용하면 세부 사항들은 FTA 협상 틀 안에서 논의해야 한다고 복지부를 설득했다. 의약품 문제가 가장 뜨거운 이슈라는 것을 인식한 권오규 경제부총리는 7월 중순 취임하자마자 나와 유시민 장관을 집무실로 불러 3자 회담을 주최했다. 나는 약제비 적정화 방안의 핵심을 지켜 가며 한미 FTA의 파행도 막는 것이 최선이라고 설명하면서 이를 위해 약제비 적정화 방안의 세부 사항들을 어떻게 다뤄야 하는지 거듭 설명했다. 약제비 적정화 방안의 핵심은 포지티브 방식과 건강보험공단의 협상을 통한 약가 결정이기 때문에 이 두 가지 원칙을 관철시키면서 FTA 협상에서 구체적인 실현 계획을 마련하는 유연한 접근을 할 필요가 있음을 강조했다. 유 장관은 FTA 협상 틀에서 협상할 수 없다고 입장을 밝혔다. 나 또한 권오규 부총리와 유 장관에게 내 의견을 확실히 밝혔다.

"약제비 적정화 방안의 세부 사항들을 FTA의 틀 내에서 협상하지 않으면 한미 FTA가 깨지는 것인데, 좋습니다. 약제비 적정화 방안이 그렇게 중요한 정책이라고 하니 그 결과를 수용하겠습니다. 그럼 이제 할 것은 두 가지가 남았습니다. 첫째, 우선 빨리 대통령께 한미 FTA 협상이 의약품으로 인해 결렬되었다는 사실을 보고드려야 합니다. 둘째, 그 이후 결렬된 사실에 대해 납득할 수 있도록 대국민 발표를 해야 합니다."

그러고서 회의실을 빠져나왔다. 과천에서 광화문으로 차를 타고 가면서, 최선을 다했지만 국내 정책상 약제비 적정화 방안이 그토록 중요하니 결과를 받아들일 수밖에 없다고 생각했다. 하지만 '이전에도 마음만 먹으면 충분히 추진할 수 있던 정책을 왜 하필 이 시점에서 반드시 시행해야 한다고 하는가'라는 의문이 머릿속에서 떠나지 않았다. 광화문 청사에 도착하기 전에 권오규 부총리에게 전화가 왔다.

"김 본부장, 복지부장관에게 방금 전화가 왔네. 포지티브 방식과 건강보험공단이 약가를 결정한다는 원칙이 지켜진다는 전제하에서 다른 세부 정책들은 FTA 틀 내에서 협상할 수 있다고 하네."

다행이었다. 유 장관도 노 대통령이 강한 의지를 갖고 추진한 한미 FTA를 깨기는 부담스러웠던 것이다. 나는 미국 측에 약제비 적정화 방안의 구체적인 내용을 FTA 협상 맥락에서 논의하겠다는 입장을 전했다. 미국도 의약품 때문에 FTA를 결렬시킬 수는 없는 입장임을 나는 인지하고 있었다. 태국과의 FTA 협상이 태국 내 에이즈 환자들의 반대 시위로 결렬된 마당에 미국도 적잖은 부담을 가질 수밖에 없었다. 고가 의약품 문제는 자국 내에서도 뜨거운 이슈였다. 더불어 나는 의약품 및 의료기기 관련 기준의 상호인정 문제 등 우리 측 관심 사항을 추가한다고 전했다. 양측은 8월 11일 서한을 교환하여 이러한 상호 양해를 확인하고 8월 22, 23일 싱가포르에서 의약품 분과 협상만 별도로 개최하기로 합의했다. 석 달 동안 끌어온 의약품 문제가 잠정적으로나마 봉합된 것이다.

의약품 분과장은 보건복지부에서 한약 분과를 담당해 온 국장이었다. 유 장관은 약제비 적정화 방안의 전문가들에게 별도로 자문을 받아 왔다. 통상 협상가들을 신뢰하지 못해서인지 복지부의 통상 전문가들을 선별적으로 투입시켰다.

이틀 동안 아무런 진전이 없었다는 보고를 받았다. 그 이유를 묻자 미국 측이 일단 포지티브 방식과 건강보험공단의 약가 결정 방식을 수락했으면 그 큰 원칙에 관련된 세부 사항을 요구해 와야 하는데 미국 업계가 전혀 준비가 되어 있지 않아서 그렇다는 설명이었다. 한미 FTA 협상 쟁점들이 한두 가지가 아니기 때문에 의약품만 마냥 붙들고 있을 수 없는 상황인데, 마침 아세안+3 통상장관회의가 쿠알라룸푸르에서 개최되어 8월 24일 슈워브 대표와 만나기로 했다.

나는 수전 슈워브 대표에게 의도적으로 싫은 소리를 했다. 한미 FTA가 성공적으로 타결되기에는 협상 속도가 기대에 미치지 못한다는 우려를 전했다. 미국이 포지티브 방식에 대한 구체적인 입장을 빨리 내놓지 않을 경우 약제비 적정화 방안 세부시행 사항들을 강행할 수밖에 없다고 으름장을 놓았다. 미국 측이 구체적인 세부 이슈에 대한 요구를 제시할 수 없었던 것은 무역대표부의 고위급은 물론 분과장마저도 포지티브 방식을 이해하지 못했기 때문인 것 같았다.

내전에서 피가 더 흐르다

3차 협상은 9월 6일부터 9일까지 미국 시애틀에서 진행되었다. FTA란 자유무역을 지향하는 협상으로, 상품에 대한 관세를 철폐하는 것이 가시적으로는 가장 중요하다. 나는 우리 협상단에 높은 수준의 상품 자유화를 지시했다. 내 전략은 미국보다 높은 수준의 상품 자유화를 성취한다는 명목적 우위를 점하면서, 결국에는 강국 미국이 우리보다 수치상 더 많은 양보를 하게 만들 생각이었다. 또한 1차 오퍼를 낮게 잡았다가 나중에 끌어올리려면 어려운 절차를 거칠 수밖에 없었다. 국회에서 구체적인 수치를 매번 공개해야 했으니 어느 부처가 매국노 소리를 들어가면서 개방 수준을 높이려 하겠는가? 우리가 수입도 수출도 하지 않는 고래 고기마저도 관련 부처가 양허하지 않으려 했던 사실이 그때의 얼어붙은 분위기를 잘 말해 준다. 통상교섭본부 직원들은 관계부처를 독려해 가며 우리로서는 유례가 없는 높은 수준의 1차 오퍼를 만들어 미국과 교환했다. 우리는 즉시 철폐 비율이 80.1%인 반면 미국은 63.3%밖에 되지 않았고, 3년, 5년, 10년에 걸쳐 철폐되는 품목 비율은 우리가 18%, 미국은 35.2%였다.

타 부처의 반응이 즉각적으로 나왔다. 그들의 비판 수위는 미국이 우리를 비판하는 것보다 더 강했다. 외부와의 전쟁보다 내전에서 피가 더 많이 흐른다는 사실을 다시 절감했다. 한미 FTA에 관한 한 대통령, 총리를 필두로 하여 외교통상부의 주도로 진행되었는데, 과거에 경제통상 분야 협상을 외교통상부가 이끈 적이 없었기 때문에 그동안 주변에서 불만이 쌓였던 것이다. 이런 사례를 여러 곳에서 볼 수 있는데, 그중 하나가 과장급 실무자들이 여러 차례 통상교섭본부 직원들에게 "저런 식으로 나가면 김현종 본부장 곧 잘릴 수도 있다"는 말을 했다는 것이다. 우연이었을까? 한미 FTA 협상을 지휘하는 본부장을 교체해야 한다는 구원투수론 기사가 실렸다.

산업자원부의 비판 수위는 필요 이상으로 높았다. 외교통상부가 판단 착오를 했고 개방 비율이 유사해질 때까지 상품 분과는 협상에 임해서는 안 된다고까지 했다. 다른 부처도 산자부의 의견을 지지했다. 그러나 이 양허안을 자세히 보면 전략적인 차원에서 우리에게 전혀 불리한 안이 아니다. 미결정된undefined 품목이 우리는 1.5%인 반면 미국은 26.1%인데, 여기에 속하는 상품 대부분이 승용차와 자동차 부품들이었다. 미국은 우리의 주요 수출품목인 승용차와 자동차 부품들을 마지막 카드로 쓰기 위해 미결정으로 분류해 놓은 것이다. 이 품목들이 대부분 즉시철폐로 옮겨지면 미국의 즉시철폐율은 우리의 80.1%보다 더 높은 87%까지 올라간다. 미국은 우리의 주요 수출품목인 승용차와 자동차 부품에 대해 자국이 즉시 아니면 3년 내 관세를 철폐하지 않으면 한미 FTA 타결이 불가능함을 알고 있었다. 이 같은 사실에도 불구하고 전략적인 차원보다 명분 쌓기 위주의 단기 차원에서 우리 측 양허안을 검토하고 이의를 제기하는 진짜 이유는 무엇일까?

내가 산자부처럼 공산품에만 집중할 수 없었던 것은 민감한 농수산물 때문이었다. 우리는 165개 미결정 품목에 민감한 수산물을 넣어 놨는데, 미국 측 개방률이 우리보다 낮다고 밀어붙이면 미결정 품목 모두를 즉시 또는 3년, 5년, 10년 철폐로 옮기자고 요구할 수 있으나, 사실 이것은 우리에게 현실적으로 가능한 안이 아니었다.

국회에서도 정부가 협상을 잘못 주도해 가고 있다며 몇몇 국회의원들을 중심으로 강한 비판이 일었다. 언론에서조차 이런 숫자를 보고 굴욕적이라고 비난하자 미국 측이 개방 비율을 유사하게 맞추어야 한다는 여론이 분위기를 주도했다. 나는 할 수 없이 카란 바티아 무역대표부 부대표와 커틀러 협상 수석대표에게 3년, 5년, 10년 철폐로 분류된 미국 측 품목들 중 1,000개에 이르는 품목들을 즉시철폐로 옮기지 않으면 협상 진행이 어렵다고 전했다. 상품 1,000개를 즉시철폐로 옮기게 되면 한국의 즉시철폐율이 80%, 미국의 즉시철폐율이 77%가 되고 3년, 5년, 10년의 철폐율은 우리 측 18%, 미국 측 21%가 된다.

내 예상이 맞았다. 단기적으로 봤을 때는 이러한 접근방법이 유리할지 모르지만 그 시점부터 미국은 우리 논리를 들이대면서 유사한 수준의 개방률을 요구하며 협상을 진행했다. 결국에는 미국의 즉시철폐와 3년 이내 철폐 품목 비율이 94%에 이르게 되는데, 마지막 날 협상 타결을 선언하기 30분 전 미국 측은 80%대에 이른 우리의 개방률을 미국 측이 제시한 94%로 똑같이 올리라고 요구했다. 원래 계획대로였으면 반대로 우리가 막판에 더 많은 것을 요구할 수 있었다. 다행히 미국은 과거 FTA 협상에서 보여 왔던 '되갚기tit for tat' 식으로 상품 양허안 협상을 하지 않았지만, 유사한 수준의 양허 개방률을 제시해야 한다는 우리의 논리를 그대로 적용하며 역공해 온 것이다. 때때로 전술은 드러내 보이지 않아야 실익이 있다.

협상이 타결된 뒤 미국 관료는 미국이 상품 양허안에서 한국보다 더 개방할 생각이 있었음을 확인해 주었다. 다만 한국 측이 3차 협상 때 같은 수준의 개방률을 주장함으로써 미국도 협상전략을 바꾸었다고 지적했다. 이 경험은 반드시 새겨야 한다. 특히 관계부처들이 국제통상의 전략·전술에 이해가 없어서 벌어지는 내부적인 분열은 절대 금물이다.

3차 협상이 진행된 시애틀은 1999년 WTO 각료회의가 열린 곳이다. 협상 장소로 일류 시설인 시애틀 컨벤션센터가 예정되어 있었는데, 시애틀

경찰은 그곳이 시위대를 막기에 너무 취약한 장소라고 판단했다. 출입구가 많고 접근하기가 쉬워서였다. 미국 측은 결국 산업박물관 건물을 협상장으로 임시 개조해 사용하기로 했다. 그곳은 보안 차원에서는 적합했으나 내부 시설이 빈약하고 외관상 창고 같았다. 내막을 알지 못하는 우리 기자들은 한국에서 협상할 때는 국내 최고의 호텔을 이용했는데 미국에서는 쓰러져 가는 창고에서 한다고 지적하면서, 한국 정부가 협상 내용뿐만 아니라 협상 진행을 위한 부가적인 조건들에서까지 저자세로 일관한다며 꼬집었다.

예상대로 시애틀에도 원정 시위대가 왔다. 2005년 12월 홍콩에서 열린 DDA 각료협상 때 우리 원정 시위대는 폭력적인 불법 시위를 벌이며 대나무 막대를 들고 홍콩 경찰을 위협하며 공격하기도 했는데, 시애틀에서는 몇몇 사람이 통제선을 넘기는 했지만 대부분은 미국 법을 준수하며 침범해선 안 되는 경찰 통제선을 잘 지키는 듯했다. 협상장을 오가며 대한민국의 통상 규모를 어떻게 해서든 조금 더 내실 있게 키워 보려고 뭇 욕을 먹으면서 일하는 우리 정부 직원들을 비하하는 이들 모습에서 나는 과연 애국과 매국을 나누는 기준이 무엇인지 정말 궁금해졌다.

부시 대통령에게 던진 농담

2005년 한국이 APEC 주최국이었을 때다. APEC 회의 장소는 부산이었고, 11월 중순경 경주에서 노 대통령 내외, 부시 대통령 내외, 반기문 외교부장관, 라이스 국무부장관, 버시바우 대사, 이태식 대사, 해들리 외교안보회의NSC 보좌관과 오찬을 함께하게 되었다. 부시 대통령은 성격이 활발하고 누구에게나 호감을 느끼게 하는 지도자로 보였다. 원탁에 앉은 후 노 대통령과 몇 마디 인사를 나누더니 내게 질문을 던졌다.

"통상장관은 미국에서 고등학교 어디 다녔습니까?"

부시 대통령의 스타일을 미리 파악했기 때문에 농담으로 이렇게 답했다.

"대통령님이 졸업한 필립스 앤도버보다 더 좋은 매사추세츠 소재 사립학교를 졸업했습니다."

부시 대통령은 크게 웃으면서 우리 대통령께 말했다.

"당신 통상장관이 숙제를 확실히 해왔네요."

뒤에서 동시통역을 들은 노 대통령이 날 보고 말했다.

"김 본부장 진짜 좋은 고등학교 나왔나 봐."

나는 통역하는 외교부 직원에게 노 대통령께 대답의 의미를 제대로 설명하라고 말했다. 계속되는 부시 대통령의 질문에 나는 노 대통령의 양해를 구한 뒤 영어로 대화를 나눴다. 사실 부시 대통령이 졸업한 고등학교는 미국 최고의 명문고다. 그보다 더 좋은 학교가 없기 때문에 그렇게 맞받아 친 것이다. 나중에 들은 얘긴데 부시 대통령이 수전 슈워브 대표에게 이렇게 말했다고 한다.

"그 한국 통상장관이 우리보다 영어를 잘하던데. 그 친구가 장관으로 있을 때 한미 FTA를 타결하는 게 좋겠군요."

대통령이 희망사항으로 언급했을지도 모르는 일을 모든 나라 각료들은 지시로 알고 귀담아 듣는다. 정확한 내용 파악은 물론 어떤 틀에서 이행해야 하는지 잘 구상하기 위해서다. 미국 국무위원들도 예외가 아닐 것이다. 아무리 지나가는 코멘트지만 한미 FTA를 조속히 타결하고 싶어 하는 부시 대통령의 뜻이 슈워브 대표에게는 부담이 되었을 것이다.

　DDA 다자 무역협상은 깨지기 직전이고, 미-태국 그리고 우리보다 한 달 후에 출범한 미-말레이시아 FTA는 깨졌기 때문에 부시 대통령 2기의 통상 어젠더 중 남아 있는 것은 사실상 한미 FTA밖에 없었다. 이것마저 깨지면 통상 담당자인 슈워브 대표의 입장이 상당히 난처해지겠지만 우리에게는 유리한 조건이 될 것이라 짐작되었다.

부시 대통령한테 내 말을 보고하시죠

　협상에서는 가시적인 결과가 필요하고, 수비만 하는 전략·전술은 목적 달성에 효과적인 방법이 아니며 얻는 것보다 더 많이 잃을 수 있다. 최선의 공격이 최선의 방어다. 문제는 실탄이 없다는 것이었다. 직접 미국을 맞받아칠 수 있는 품목이 절실하게 필요했는데 고심 끝에 찾아낸 것이 미국이 가장 민감하게 여기는 반덤핑 법이었다.

　쉽게 말해 덤핑이란 특정 물품을 한국에서 100원에 파는데 미국에서는 그보다 저렴하게 90원에 파는 것이다. 흔히 시장점유율을 확보하기 위해 상대 시장에 저렴한 값에 수출하는 경우가 있는데, 이로 인해 대상국의 산업에 피해가 있을 경우 덤핑 방지 관세를 부과함으로써 낮은 가격의 수출을 방지하는 제도다. 우리가 협상에서 미국이 민감하게 여기는 반덤핑 제도 관련 이슈를 제기할 때에는 미국이 양보할 수 있는 사안을 찾아 요구해야 한다. 또 중요한 것은 한미 FTA는 양자 협상이기 때문에 다른 국가들을 제외하고 한국만 혜택을 받을 수 있는 사안을 찾아내야 한다. 지나치게 받아들이기 어렵거나 비현실적인 요구를 하면 오히려 역효과가 날 수 있고 그 무리수 때문에 논의 자체가 불가능해진다.

　미국의 반덤핑 제도와 관련해 여러 이슈들이 있었는데, 나는 그중에서 비합산조치를 요구했다. 일단 반덤핑 혐의가 성립되면 덤핑 방지 관세를 부과하기 전 혐의 사실을 확인하는 과정을 거친다. 지목된 품목, 예를 들어 그것이 반도체면 자국 반도체 업계가 실질적 피해를 입었는지 파악한다. 만약 덤핑이 사실임에도 실질적인 피해가 없다면 반덤핑 관세를 부과할 수 없다. 그런데 이 실질적 피해를 확인하는 과정에서 특히 고려해야 할 사항이 있다. 바로 수입 증가율이다. 즉 수입 증가로 미국 공장들이 문을 닫았는지, 실업자가 몇 명 생겼는지 조사해서 따지는 것이다. 어떤 상품이든 미국이 한국에서 수입한 양만 따져 보면 수입 증가 때문에 피해가 있다고 보기 어렵다. 아니 거의 불가능하다. 그러나 문제는 이런 경우 반도체면 모든 국가로부터 수입한 반도체 양을 합산하는 데 있다. 즉 중국, 대만, 일본, 독일 등 전 세계에서 미국에 수입되는 반도체를 합산하면 틀림없이 미국 내 반도체 생산자에게 실질적 피해를 주었다는 혐의가 나오게 된다. 그러므로 비합산조치를 요구한 이유는 한국산 상품이 다른 국가의 제품들과 합산되지 않게 하여 산업 피해가 없다는 판정 결과를 얻기 위해서였다. 산업 피해가 없다는 판정이 나오면 반덤핑 관세는 부과할 수 없게 되는 것이다.

　미국에게 민감한 것을 요구할 때는 논리도 중요하지만 현실성이 있어야 한다. 선례가 있었다. 미국은 이스라엘과 FTA를 체결한 몇 년 후인 1970년대 초, 반덤핑 혐의 성립 조건으로 비합산조치를 인정해 주었다. 두 번째 선례는 카리브해 국가들과 체결한 FTA 협정이다. 이들을 근거로 우리에게도 비합산조치를 적용하라고 수전 슈워브에게 요구했고, 압박 수위를 점

층적이고 다각적으로 더해 갔다.

우리 협상단이 시애틀에서 3차 협상을 하는 동안 나는 대통령 공식 수행원으로 핀란드 헬싱키를 거쳐 워싱턴에 가게 되었고 워싱턴에서 양국 대통령의 오찬에 참석했다. 두 정상이 여러 의제에 대해 대화를 나누던 중 한미 FTA 협상은 잘되고 있는지 부시 대통령이 슈워브 대표에게 물었다. 그는 이렇게 대답했다.

"잘되어 가고 있습니다. 높은 수준의 FTA를 체결해 양국에 상호 이익이 되는 결과를 얻기 위해 노력하고 있습니다."

부시 대통령은 내가 경주에서 던진 농담 때문에 나를 기억하고 있었는데 할 말이 없는지 내게도 물었다. 나는 우선 노 대통령께 역시 "영어로 말해도 되겠습니까?"라고 물은 후, 일반적인 코멘트와 달리 구체적으로 두 가지에 대해 말했다.

"협상은 잘 진행되고 있습니다. 그러나 이 기회에 부시 대통령님께 두 가지 이슈에 대해 양해를 구했으면 합니다. 첫째는 반덤핑 관련 비합산조치를 한미 FTA에서 부여했으면 좋겠습니다. 그 이유는 현재 추세로는 미국이 중국 상품들에 반덤핑 관세를 많이 부과할 텐데, 한국 상품들이 그런 중국 상품들과 합산되길 바라지 않기 때문입니다. 특히 우리는 시장경제지위MES•이고 중국은 WTO 가입 때 시장경제지위를 받지 못한 경제

• Market Economy Status. 정부의 간섭 없이 시장에서 원자재 가격이나 임금, 환율, 제품가격 등이 결정된다고 인정하는 것. MES로 인정받지 못하면 반덤핑 제소를 받았을 때 제3국의 가격을 기준으로 덤핑 여부가 판정되는 불이익을 당한다.

권입니다.

둘째로 쌀의 초민감성을 이해해 주셨으면 좋겠습니다. 쌀은 우리 국민 정서의 가장 깊은 곳을 건드리는 상품이기 때문에 우리가 한미 FTA에서 양허할 수 없습니다. 쌀을 미국에 양보하면 정치적으로 곤란합니다."

정상급 간 만남의 자리에서 좀 직설적으로 말했다는 느낌은 들었지만 미국 대통령을 자주 만날 수 있는 것도 아니고, 우리 입장을 알릴 수 있는 기회를 놓치고 싶지 않았다. 나는 미국 대통령에게 미국 무역대표가 보고하지 않을 구체적인 내용을 설명한 것이다.

비합산조치의 중요성을 2006년 11월 14일부터 20일까지 베트남 하노이에서 개최된 APEC 정상회의에서 슈워브 대표에게 강조했다.

"우리가 1986년부터 지금까지 반덤핑 혐의로 피해 본 금액이 350억 달러 정도 됩니다. 우리 경제 규모에서는 대단히 큰 금액입니다. 억울한 것은, 지목된 품목을 중국과 합산해서 미국 내 산업에 끼친 실질적 피해를 조사하면 당연히 혐의가 있다는 판결이 나올 수밖에 없다는 점입니다. 중국과 한국의 주력 수출품목 100개를 비교하면 상위 30개가 똑같습니다. 10년 후면 이 수치가 60개로 늘어날 것입니다. 현재 추세로는 미국을 상대로 2,000억 달러 흑자를 내는 중국과 우리가 합산되어 덤핑 관세를 맞을 게 분명합니다. 처음에는 일본과 합산하더니 이제는 중국입니다. 분명히 밝히는바, 우리는 중국과 합산되고 싶지 않습니다. 누가 손해날 것이 뻔한 FTA를 하겠습니까? 우리에게 이득이 없습니다."

이렇게 얘기했더니 미국 측은 "이런 '공부벌레 같은wonkish'" 하는 반응을 보였다. 이 표현은 정책만 공부한 공부벌레들이 다른 사람들이 생각지도 못한 뜻밖의 이슈 하나를 들고 나와 주장할 때 쓴다. 그래서 모든 면에서 정책에 신경을 많이 쓰는 클린턴 대통령을 두고 'policy wonk'라고들 했던 것이다.

"이런 사소한, 정책적인 이슈 때문에 FTA를 정말 깰 겁니까?"

"나는 깹니다. 나는 모가지가 두 개 있는 사람입니다. 자리를 지키려고 일하는 사람이 아닙니다. 빨리 결정하는 게 좋을 겁니다. 우린 바로 EU와 캐나다와도 협상해야 합니다. 미국과 깨지면 빨리 자리를 옮겨야 합니다."

"당신의 이 같은 행동이 믿기지 않는군요."

"믿지 않아도 좋습니다. 분명한 건 내가 정말 그럴 수 있다는 사실입니다."

"불공정합니다. 한국은 농산물에 대해서는 하나도 해결해 주지 않지 않습니까?"

"농산물 말입니까! 지금 쇠고기 얘기를 하는 게 아니겠지요? 미국 쇠고기는 말도 하지 마세요. 자꾸 광우병 소가 나오기 때문에 그러는 것 아닙니까. 당신들이 유럽처럼 검사를 많이 하든지, 우리에게 안전한 수준의 위생을 증명하면 될 일을 왜 자꾸 피합니까? 크릭스톤Creekstone 쇠고기사가 자기네 쇠고기를 100% 검역하겠다는데 이런 방침을 미 정부가 막기 때문에 못 하고 있잖습니까? 왜 못 하게 하는 겁니까? 다른 대형업체들이 100% 검역 비용 때문에 부담되니까 미 농림부에 압력을 행사하는 거 아닌가요? 또 미국이 우리에게 수출하는 쇠고기 96%가 보통 18~22개월짜리고 많아도 26개월짜리인데, 무슨 이유로 계속 30개월이 지난 소까지 받으라는 겁니까? 당신이 지금 30개월을 요구하는 이유가 몬태나 주 쇠고기 때문 아닙니까? 그 소들만 30개월이거나 그 이상이기 때문이죠? 몬태나 주 상원의원이 재무위원회 의장이라서, 당신이 그 사람을 상대할 자신이 없기 때문에 지금 이것을 무리하게 주장하는 것 아닙니까! 당신네 조직이 어떻게 돌아가는지 내가 좀 알지요. 오히려 좀더 용기 있게 국내 인사들을 설득해야 할 일은 하지 않고, 문제의 책임을 나에게 전가하는 것은 곤란합니다. 더 솔직히 이야기해 보죠. 미국 USTR 입장은 한미 FTA보다 TPA 연장에 주목적이 있는 것 아닙니까? TPA를 더 연장해서 USTR의 힘을 유지하는 데 목적이 있기 때문에 한미 FTA에 소극적인 자세로 임하는 것 아닙니까? 반덤핑 분야도 그렇고 우리 주요 수출품목에 대해서도 적극적으로 대처하지 않는 이유가, 최대한 미국을 방어하여 얻을 것은 다 얻고 우리에게 줄 건 안 주는 결과를 미 의회에 갖고 가서 국회의원들이 TPA를 연장시켜 줄 것을 기대하기 때문이 아닙니까? 결국 한미 FTA를 한국과의 통상 증대보다는 미 의회에 잘 보이기 위한 희생 제물로 쓰려는 것 아닙니까?"

"아, 그건 아닙니다."

"그게 아니면 좋겠습니다."

속으로는 믿지 않았지만, 어쨌든 저들의 속내를 내가 알고 있다는 것을 밝혔다.

"나는 당신들이 이스라엘과 카리브해 국가들에게 준 비합산조치를 우리에게도 주지 않으면, 우리와 FTA 협상을 할 생각이 없는 줄로 알고 깰 수밖에 없습니다."

"그렇게 극단적으로 하지 말고, 최대한 협상을 해서 합의가 이루어지지 않으면 그 시점에서 협상을 동결한 뒤 우리 후임자들에게 넘기는 게 어떻겠습니까?"

"내가 한일 FTA를 중단시킨 것을 당신도 분명히 봤을 겁니다. 내가 또 그렇게 하지 않을 거란 생각일랑 일찍 접는 게 좋을 겁니다."

"내일 밤 10시에 다시 만날 수 있겠습니까?"

"그렇게 하죠."

다음 날 밤 슈워브 대표를 만나기 전에 양국 대통령 정상회담이 이루어져 배석했다. 부시 대통령이 미국 측 각료들을 노 대통령께 소개한 뒤 노 대통령도 한국 각료들을 소개했다. 부시 대통령과 악수하면서 인사를 나누었는데, 그 순간 그가 내게 말했다.

"수전과 한미 FTA 협상하는 것을 진심으로 감사드립니다."

그날 밤 10시, 수전 슈워브 대표와 나는 또다시 회의를 가졌다.

"수전, 생각해 봤는데 어제보다 내 생각이 더 단호합니다. 비합산조치를 인정해 주지 않으면 나는 FTA 안 합니다. 아니, 안 해야 됩니다. 그리고 어제 당신이 후임자 얘기를 했는데, 대통령께선 날 적임자라며 이 일을 맡기셨기 때문에 후임자는 없습니다. 그러니까 정권 말기까지 내 후임이 있을 거라고는 상상도 하지 마시길 바랍니다. 한번 솔직히 생각해 보십시오. 내 후임이 나보다 더 유연하고 융통성 있게 개방을 이끌 거라고 믿습니까?"

이렇게까지 얘기하니 답을 못 했다. 그래서 덧붙였다.

"부시 대통령께 내가 한 이야기를 보고하는 것이 지금 당신의 의무인 것 같군요."

슈워브 대표는 질린 표정이었다. 협상 때마다 어떤 때는 논리적으로 치고 어떤 때는 감정적으로 나오는 등 예측 불능의 반응을 보이니, '대체 어떻게 저런 인간과 협상을 할지' 그녀에게는 내가 부담스러웠다는 후문이다.

노 대통령과의 만찬

노 대통령은 협상단에 힘을 실어 주는 차원에서 큰 방향은 지시했지만 세부적인 지시는 삼갔다. 후방에 있는 지휘관이 야전사령관에게 구체적인 전술까지 지시하는 건 바람직하지 않음을 잘 알았던 것이다. 어느 날, 대통령께서 부부동반으로 만찬을 같이 하자고 제안해서 청와대로 갔다. 선선한 초가을이었다.

"어서 와요. 오늘은 부담 없이 식사나 같이 하고 싶어서 불렀습니다. 앉으시죠."

우리 부부는 초대해 주셔서 감사하다고 대통령 내외께 인사하고는 자리에 앉았다. 요리가 나오고 함께 음식을 들던 중 대통령이 질문을 던졌다.

"한미 FTA 협상은 잘돼 가요?"

"예, 몇 가지 문제점은 있으나 극복 못 할 상황들은 아닙니다."

"농산물 때문에 그렇습니까?"

"농산물이 민감한 건 사실입니다. 그러나 쌀은 양보 안 할 예정입니다."

"무슨 전략이 있어요?"

"미국이 민감해하는 조선업 개방을 레버리지로 사용하여 쌀 시장을 방어할 예정입니다."

나는 대통령께 한미 FTA 진행 상황을 간략하게 설명했지만, 사실 내 마음은 벌써 한-EU FTA에 가 있었다. 한미 FTA가 타결이 돼도 비준이 안 되면 의미가 없다. 미국에 비준을 압박할 요소가 필요했는데 그것이 바로 한-EU FTA였다. 한미 FTA가 타결되면 한국 시장을 미국에 다 뺏기게 되는 EU가 가만히 있을 리가 없다. 두 번째로 큰 교역국가인 EU와의 FTA를 통해 경제적 혜택도 얻고, 한미 FTA 비준 촉진 용도로도 쓰는, 일석이조의 효과를 노리는 것이다. 나는 노 대통령 앞에서는 항상 솔직했다.

"대통령님, 저는 지금 한-EU FTA를 출범시킬 생각을 하고 있습니다."

"아니, EU하고도 FTA 하려고요?"

미국과도 끝나지 않은 상태에서 EU와 FTA를 출범시키겠다는 말에 노 대통령은 조금 놀란 표정을 지었다.

"예, 한미 FTA가 타결돼도 미 의회가 비준하려면 시간이 걸릴 것입니다. 그 사이에 한-EU FTA를 체결하면 한국 시장 점유율을 뺏기지 않기 위해서라도 미국이 조속히 비준하게 될 겁니다."

"그렇군요…… 잘 생각해서 결정하세요."

"예, 시기는 잘 봐서 EU와 추진하겠습니다."

대통령은 웃으면서 말했다.

"나는 동서화합 대통령이 되고 싶은데 김 본부장 때문에 FTA 대통령이 되겠어."

한-EU FTA가 출범하자 미국 정부 고위 관료가 말하길, 다른 FTA는 다 괜찮지만 EU와는 FTA를 하지 말아 달라고 사정했다. 나는 두 번째로 큰 교역국가인 EU와 FTA를 해야 하는 상황을 웃으며 설명했는데 주목할 만한 상황은 2010년 10월 6일, 드디어 한-EU FTA가 체결되는 날 오바마 대통령과 미 의회가 한미 FTA를 조속히 비준해야 된다고 주장한 것이다. 그날, 일본 아사히신문 기자는 EU 바르소 집행위원장에게 왜 아시아의 첫 FTA 상대국으로 한국을 선정했는지 질문을 던졌다. 이에 대해 바르소 집행위원장은 FTA를 타결할 의지와 양보할 준비가 서로 되어 있었기 때문이라고 간단히 답변했다.

개성공단

개성공단은 순수하게 경제적인 차원에서만 보면 그리 중요하지 않다. 개성공단에서 생산되는 제품들의 규모나 가치가 미미했기 때문이다. 하지만 개성공단 이슈는 통일을 염원하는 우리 국민들에게 특별한 실험이며 따라서 협상에서 우선순위를 지닌다. 또 진보 진영이 한미 FTA 협상을 지지할 수 있는 근거도 제공했다. 이 논쟁 이면에는 미국이 개성공단 이슈를 우리가 만족할 만한 수준으로 인정해 주지 않으면 한미 FTA 논의 자체가 폐기될 수 있는 가능성이 있었다.

미국은 개성공단의 정치적 중요성을 잘 알고 있었지만 미국 내 신보수주의자들인 네오콘은 북한이 핵 시설을 불능화하지 않는 한 어떤 형태의 이익도 부여할 수 없다며 격렬히 반대했다. 북핵 문제를 다루는 6자 회담이 진행 중인 상황에서 미국은 개성공단을 인정함으로써 훗날 북한에게 약점이 될 만한 것을 만들고 싶어 하지 않았다.

많은 사람들은 미국이 개성공단 제품을 한국산 원산지로 인정해 주지 않을 거라고 믿었다. 이런 시각은 미국의 독립기념일인 2006년 7월 4일 벌어진 북한의 대규모 미사일 실험으로 더욱 확산되었다. 이 사건으로 서울에서 열릴 2차 협상에서 개성공단의 인정을 얻어 낼 가능성이 더욱 희박해졌다. 나는 뒤이을 정치적 난관을 헤쳐 나가기로 결심하고, 개성공단 이슈를 적당한 시점에 제기할 수 있도록 기회를 보고 있었다. 몇 달이 지나 북한 미사일 실험의 여파가 사그라질 때쯤 4차 협상을 시작하려 했고, 이때가 적당한 시점이라 판단했다. 그런데 북한도 한미 FTA가 결렬됐으면 했는지 4차 협상을 2주 앞둔 2006년 10월 9일, 핵실험을 감행했다. 미사일 발사와 핵실험은 차원이 다르다. 이 사건은 한미 FTA 협상을 반대하는 네오콘들의 주장에 날개를 달아 주었다. 나는 개성공단 이슈가 눈앞에서 물거품이 되어 감을 느꼈다. 전략을 바꾸지 않는다면 개성공단 이슈를 지켜 낼 수 없는 상황이었다.

'바다이야기'와 선더버드사

4차 협상을 준비할 무렵 '바다이야기' 도박 사건이 터졌다. 도박에 대한 우리 국민의 도덕적 경각심을 이용하려던 것인지는 모르겠지만, 한미 양측이 도박 서비스를 개방하지 않겠다고 합의하였음에도 한미 FTA 반대론자들은 미국 기업이 제2, 제3의 바다이야기 같은 사태를 불러 일으켜도 한국 정부는 손 놓고 있을 것이 뻔하다는 식으로 한미 FTA 저지 이유에 '바다이야기'를 끌어 들였다. 이 주장을 뒷받침하기 위해 선더버드 게이밍 Thunderbird Gaming사와 멕시코 정부가 벌인 소송 사건이 인용되었다. 선더버드사는 2000년 멕시코 내 영업장 운영 허가를 요청하면서 "영업장 기계가 슬롯머신같이 확률에 의해 게임 결과가 좌우되는 것이 아니라 개인의 기술과 능력에 따라 수익을 올릴 수 있도록 고안되었다"고 했다. 그러나 이후 멕시코 정부는 기계들이 이 회사의 주장과 달리 운과 확률로 작동됨을 확인하고 폐쇄 명령을 내렸다. 이에 선더버드사는 이 조치를 NAFTA 위배라고 주장하며 멕시코 정부를 제소했다.

이번에도 역시 한미 FTA 반대론자들은 제시한 자료에서 가장 중요한 판정 요지를 인용하지 않았다. 판정 내용을 보면 이 회사가 제기한 제소가 기각되었음은 물론이고 멕시코 정부 조치를 수용으로 간주할 수 없기 때문에 보상이 불필요하다고 판정했다. 한미 FTA를 반대할 수 있다. 그러나 이런 식으로 국민을 오도해서는 안 된다.

정부는 도박 및 베팅 분야가 양허 대상이 되어서는 안 된다는 입장을 관계부처회의를 통해 일찌감치 확정하고, 모든 형태의 도박 및 베팅을 포함하는 광범위하고 포괄적인 유보안을 작성하여 미국 측에 전달했다. 정부가 작성한 이 유보안은 온라인 형태의 도박 및 베팅도 포함하고 있어 '더 이상 유보할 것이 없는' 안이었다. 따라서 '바다이야기'와 같이 겉포장은 게임이지만 실질적으로는 도박 및 베팅인 경우도 당연히 포함되는 것이었다. 이러한 우리 입장 및 유보안에 대해 미국 측은 협상 때 별다른 문제를 제기하지 않았고, 우리 측 안대로 협상을 진행하다가 결국 도박 및 베팅 관련 산업 전체를 한미 FTA 적용 대상에서 아예 배제하기로 합의하고 이를 별도의 서한을 통해 확인해 두었다.

4차 협상은 2006년 10월 23일부터 27일까지 제주 신라호텔에서 진행되었다. 1만 명 정도의 경찰 병력이 제주도에 배치되었는데, 고려 시대에 여

몽 연합군이 삼별초를 치기 위해 제주도로 건너간 이후 가장 큰 규모였다. 수만 명의 시위대가 제주공항에서 신라호텔까지 줄이어 시위를 벌였다. 4차 협상에서도 19개 분과 협상이 진행되었지만 진전이 없었다. 농업, 자동차, 통신, 지적재산권, 서비스를 비롯해 다른 분야에서도 서로의 제도만 설명하는 수준이었다.

11월 20일 APEC 각료회의와 정상회의를 마친 후 5차 협상 준비에 들어갔다. 수석대표와 분과장들에게 네 가지를 주문했다. 첫째는 무역구제 분과에서 비합산조치는 반드시 미국이 양보해야 한다는 점을 강조해야 한다고 지시했다. 나 역시 같은 기간에 워싱턴에 가서 비합산조치를 얻어 내기 위해 미국 업계와 의회를 설득할 예정이었다. 틀림없이 미국은 우리 측 논리를 반박하기 위해, 이스라엘과 카리브해 국가들은 소규모 경제여서 비합산조치를 인정할 수 있었고 한국은 세계 11위 경제 대국이기 때문에 불가능하다는 입장을 취할 것이라 예상했다. 이에 대한 반박 논리는 한국의 대규모 경제로 인해 미국이 얻을 수 있는 혜택이 그만큼 많기 때문에 비합산조치를 양보해야 할 이유도 더 크다는 것이었다. 둘째, 중국의 대미 수출량이 많은 상황에서 대미 무역흑자가 2,000억 달러를 초과하면서 틀림없이 앞으로 반덤핑을 크게 맞게 될 텐데, 우리로서는 중국과 함께 엮일 이유가 전혀 없다는 논리였다. 덤핑 판정 시 계산 방식을 한국에만 달리 적용할 수 없고 모든 국가에 동일하게 적용해야 한다. 이와 달리 비합산조치는 양자적인 차원에서 그 혜택을 특정 국가에만 부여할 수 있는 장점이 있었다. 셋째, 우리는 1980년부터 현재까지 반덤핑으로 인해 350억 달러 정도의 무역 타격을 입었는데 FTA를 체결한 상대국이 이런 피해를 입어서는 안 된다는 점을 강조했다. 끝으로 비합산조치에 진전이 없으면 다른 분야에서도 진전이 있을 수 없다는 사실을 강조할 것을 지시했다.

미국 민주당의 상·하원 장악

2006년 11월 7일 미국의 중간선거 결과 오랫동안 소수파에 머물러 있던 민주당이 상·하원을 모두 장악하게 되었다. 헌법상 통상 권한이 의회에 있는 미국에서 다수당의 교체는 미국 통상정책의 근간이 바뀜을 의미한다. 노조가 주요 지지기반인 민주당은 전통적으로 FTA에 반대해 왔다. 의약품 문제도 공화당과 다른 입장을 보여 왔다. 지나치게 높은 의약품 가격은 민주당 주요 지지 계층에게 불리하게 작용하기 때문이다. 그런데 오랜 소수당 생활로 절치부심하던 민주당은 상·하원을 장악하자마자 의회가 100시간 내에 처리해야 할 주요 정책 과제를 다루면서 65세 이상 노인을 대상으로 하는 미 연방정부의 의료보호 제도인 '메디케어'에 약가 협상을 도입하여 의약품 가격 인하를 추진하겠다고 공약했다. 이 제도는 우리 정부가 약제비 적정화 방안으로 추진하던 건강보험공단과의 약가 협상을 통한 신약 가격 결정과 유사한 것이었다. 우리가 의약품 협상에서 좀더 잘 방어할 수 있는 분위기가 형성됨을 감지할 수 있었다.

반면, 의약품과 태생적으로 연결되어 있는 무역구제 분과에서 다루는 반덤핑 관련 비합산조치 같은 이슈는 협상이 어려워졌음을 시사했다. 하필이면 두 이슈의 협상 시한도 비슷했다. 미 TPA상 정해진 시한에 따라 반덤핑 제도의 변경을 초래하는 사항은 2006년 말까지 의회에 통보해야 했다. 의약품 문제의 경우 우리 정부가 약제비 적정화 방안의 연내 시행을 공약했기 때문에 미국과의 협상을 2006년 말까지는 어떻게든 매듭지어야 했다.

미국은 의약품 협상에서 약제비 적정화 방안 관련 협상을 불과 이틀 앞둔 11월 10일 처음으로 그들의 요구사항을 제시했다. 핵심 사항은 신약에 대해 최저가격을 보장해 달라는 것이었다. 물론 수용할 수 없는 요구였다. 미국 측은 어느 정도로 최저가격 수준을 보장하라는 것인지 구체적으로 요구하지 않은 채 미 제약협회 의견을 참고하라며 관련 서류를 우리 측에 건넸다. 미국 측 서류에 따르면 우리나라 약가의 1.5배가 넘는 가격이 최저가격으로 기재되어 있었다. 이 수준으로는 협상 자체가 불가능했다. 게다가 협상 48시간 전에 이런 안을 던져 놓고 최종 합의를 요구하는 것은 전형적인 압박 전술이었다.

흥미로운 것은 미국 TPA상 미 행정부는 미 의약품에 대한 참조 가격을 FTA 협의 문안에 포함시킬 수 없다는 점이다. 미국이 요구하는 최저가격은 일종의 참조 가격일 뿐이고, 구체적인 최저가격을 제시하면서 요구할 수 없기 때문에, 한국이 스스로 참고 최저가격을 수용해 주기를 실질적으로 기다린 것이다! 즉 미국 협상 실무자들은 미국 법의 한계 밖의 요구를 한국 측 협상 실무자들에게 한 것이다. 미국 측의 이런 제도적 한계와 중간선거 이후 초래된 미국 내 분위기 변화를 충분히 활용해야 한다는 생각이 들었다. 그래서 분명한 최저가격을 구체적으로 제시하라고 미 정부를 압박했다.

표현의 자유는 중요하지만

나와 우리 협상가들이 미국의 정치 변화에 따른 FTA 전략·전술을 날 밤을 새워 가며 씨름하고 있는 시간에도 우리 정부의 통상정책은 연일 의심의 도마 위에서 난도질되고 있었다. 한미 FTA 협상 과정에서 정부가 잘못하고 있다는 보도가 마른 산에 불 번지듯 국민들에게 계속 확산되었다. 9월 9일 3차 협상이 끝나자 "깨어진 약속, 캐나다 FTA"가 방송되었고, 10월 27일 4차 협상이 끝나고 일주일 후에는 "얼굴 없는 공포, 광우병"이 방송되었다. 5차 협상이 진행되기 전 〈쌈〉이란 프로그램이 미국과 FTA를 체결한 캐나다 경제의 부작용에 대해 보도했다. NAFTA가 멕시코에 미친 영향에 대해 정부가 효과적으로 반박했기 때문인지 관심이 캐나다로 바뀌었다.

컬럼비아 로스쿨을 다닐 때 가장 흥미로운 과목이 헌법이었다. 헌법 중에서도 특히 표현과 언론의 자유에 대한 미 대법원 판결을 읽고 분석하는 데 심취했다. 그 당시 내가 헌법을 해석하는 관점은 미국 대법원 진보파를 대표하는 워렌 대법원장과 브레넌, 더글라스 대법관의 관점과 유사했다. 민주화와 개인의 인권이 보호되기 위해서는 언론의 자유가 지켜져야 한다고 늘 생각해 왔다. 헌법이 보장하는 표현의 자유 원칙하에 보호받을 수 있다고 선언한 미 대법원의 명판결문들을 인상 깊게 읽었다. 그럼에도 정보를 언론에 의존하는 국민들에게 정확한 내용을 제공하는 것이 언론의 표현의 자유만큼 중요하다고 생각한다. 앞서 언급했듯이 어떤 이슈를 다룬 보도가 왜곡되면 그것을 바로잡는 데 몇 배 이상의 시간과 노력이 든다.

유감스럽게도 〈쌈〉은 왜곡된 사실을 보도했다. 이 프로그램을 접하면 미국과 FTA를 체결한 캐나다가 큰 피해를 입었다는 인상을 받게 된다. 보도에는 NAFTA 체결 후 캐나다의 알짜 기업이 미국으로 팔려 나가고 있다는 내용이 있다. 그러나 이것은 사실이 아니다. 프로그램에서 언급된 허밍버드사는 미국 회사가 아닌 캐나다 회사가 인수했고, 페어몬트호텔 체인은 사우디 알와리드 왕자가 인수했으며, ID바이오메디컬사는 영국 제약회사인 글락소스미스클라인사가 인수했다. 또한 캐나다와 미국 간 기업 인수 합병 통계를 보면, 캐나다의 미국 기업 인수가 미국의 캐나다 기업 인수보다 건수와 금액 면에서 월등히 앞서는 것이 드러난다. 2002~2006년 상반기까지 캐나다의 미국 기업 인수는 753건, 1,053억 달러(약 105조 원)로, 같은 기간 미국의 캐나다 기업 인수 규모인 230건, 759억 달러(약 73조 원)보다 건수로는 3.3배, 금액으로는 1.4배가 더 많다. 특히 2003년과 2004년에는 캐나다의 인수 규모가 연평균 300억 달러(약 30조 원)를 넘어, 미국의 캐나다 기업 인수 규모의 두 배를 초과한다. 따라서 NAFTA 이후 캐나다 기업이 일방적으로 미국 자본에 넘어갔다는 보도는 사실의 일면만 부각한 것이다. 미국의 캐나다 기업 인수뿐 아니라 캐나다의 미국 기업 인수가 캐나다 경제에 어떤 영향을 미쳤는지도 살펴본 후 균형적인 시각에서 종합적 판단을 내렸어야 했다.

〈쌈〉은 다음과 같이 주장했다. 캐나다가 미국과 FTA를 체결한 후 경제성장률이 높아졌다고 정부가 홍보하면서 미국과 처음 FTA(캐나다-미국 FTA)가 체결된 1989년이 아닌 NAFTA(1994년)를 기준으로 하여 성장률이 상대적으로 낮았던 기간(1989~1993년)을 고의로 누락했다는 것이다. 그러나 사실이 아니다. 정부의 2006년 9월 19일자 보도자료와 한미 FTA 체결지원위원회가 발간한 《한미 FTA, 궁금하십니까》에 보면 1989~1993년의 기간이 틀림없이 포함되어 있다. 그럼에도 〈쌈〉은 1989~1993년을 의도적으로 빼놓았다고 주장했다.

캐나다는 미국과 FTA를 체결한 이후 대미 시장점유율이 18%(1989년)에서 17%(2005년)로 떨어졌다. 하지만 캐나다의 대미 시장점유율이 1989년 전체 2위에서 일본, 독일 등 경쟁국을 제치고 2005년 1위로 올라선 점을 감안하면 미국과 FTA 체결 이후 대미 시장경쟁력은 오히려 높아진 것으로 판단된다. '세계의 공장'인 중국의 점유율이 13%p 증가함에 따라 일본을 비롯한 여타 국가의 점유율이 크게 감소한 점을 감안할 때 캐나다의 점유율이 1%p밖에 감소하지 않은 것은 FTA 체결 이후 캐나다의 대미 수출 시장에서 경쟁국들에 비해 효과적으로 자국의 이익을 방어했다고 볼 수 있다. 그러므로 캐나다는 FTA 체결 이후 경쟁 수출국들에 비해 대미 시장점유율이 크게 증가한 것이다. 참고로 중국의 대미 시장점유율은 1.8%(1989년)에서 14.6%(2005년)로 약 13%p 증가하고, 같은 기간 일본의 대미 시장점유율은 19.8%에서 8.2%로 10%p 이상 감소했다.

해발 2,000미터에서 시작된 5차 협상

5차 협상은 2006년 12월 4일부터 8일까지 몬태나 주 소재 빅스카이 리조트에서 열렸다. 맥스 보커스 상원의원 겸 재무위원장의 강력한 요구로 그곳에서 협상하게 되었는데, 그때가 가장 추울 때였다. 200명 이상의 대표단이 움직이는데 그곳까지 가는 비행기가 많지 않아 시애틀, 덴버, 미니아폴리스, 솔트레이크시티에서 20~30명 정원의 비행기를 이용해야 했다. 보잉 747을 임대할 생각도 했지만 그 근방에 747은커녕 그보다 작은 비행기조차도 착륙할 수 있는 공항이 없어 전세기를 띄울 수 없었다. 우리 협상단은 햇반, 통조림 김치, 깻잎, 컵라면 등을 잔뜩 싸들고 몬태나로 향했다.

여러 도시들을 경유해 몬태나에 있는 보스만 공항에 도착하니 밤 10시였다. 그날 밤은 눈이 많이 내렸다. 꽁꽁 얼어붙는 영하의 날씨에 버스를 타고 한 시간 동안 가야 해발 2,000미터가 넘는 빅스카이 리조트에 도착할 수 있었다. 그곳은 대관령처럼 경사가 심하고 길이 꼬불꼬불하여 길이 꺾이는 부분마다 십자가가 세워져 있었다. 절벽에서 떨어져 사람이 사망한 지점이었다. 미리 답사를 다녀온 시애틀 김용호 부총영사는 길이 위험하니 공항에서 렌터카를 빌려서 혼자 운전해 가는 것은 꿈도 꾸지 말라고 내게 신신당부했다. 아닌 게 아니라 고지대라서 어지럽고 밤에 잠을 잘 못 이루는 협상가들이 적지 않게 있었다.

협상이 시작되자 무역구제 분과에서는 내가 지시한 대로 네 가지 논리를 들어 비합산조치를 내놓으라고 강하게 압박했다. 미 행정부는 미국 TPA상 협상 종료 90일 전까지 협상 내용 보고서를 제출해야 한다. 미국 TPA가 2007년 6월 30일 종료되기 때문에 거기서 90일을 빼면 3월 29일이다. 반덤핑 관련 법을 수정하려면 그 시점에서 90일 전, 즉 12월 말에 미 의회에 보고서를 제출해야 한다. 따라서 미 행정부가 한미 FTA 협상에서 비합산조치를 양보할 의사가 있다면, 어떤 방식으로 법을 수정해서 양보할 것인지 보고서를 작성해 크리스마스 휴가 이전에 미 의회에 제출해야 하는 것이다. 그렇게 할 의사가 있는지 우리가 물어쳤지만 미국 측은 무응답이었다. 우리 협상단은 무역구제 분과 회의장에서 퇴장해 버렸다. 미국의 성의 없는 태도에 실망한 까닭이다. 더 나아가 미국이 관심을 두는 의약품, 자동차 분과 협상을 중단시켰다. 빅스카이에서 유일하게 진전이 있었던 분야는 상품 분과인데, 미국 측이 미결정 분류에 있는 상품들을 즉시 또는 3년, 5년, 10년 안에 관세를 철폐하겠다는 쪽으로 올림으로써 양측의 자유화 비율이 꽤 비슷하게 되었지만, 전체적으로는 힘들인 만큼의 진전은 없었다.

5차 협상이 진행되는 동안 나는 2006년 12월 2일부터 10일까지 미 행정부, 의회, 업계 주요 인사들을 만나 한미 FTA 협상이 진전이 없음에 대한 우려를 표명하고 반덤핑 관련 비합산조치를 얻고자 그들을 설득하기 위해 워싱턴에 갈 계획을 세웠다. 그런데 예상치 못한 일이 생겼다. 800여 개의 박스에 선적된 미국산 쇠고기가 손톱만 한 뼛조각 때문에 한국에서 통과되지 못하고 반송된 것이다. 며칠 후 도착한 약 350박스에 이르는 미국산 쇠고기도 조그마한 뼛조각 때문에 또다시 반송되었다. 미국은 예상대로 격분했다. 미 인사들은 핸드폰이 두뇌에 피해를 줄 우려가 있다는 근거로, 또는 한국산 자동차 수만 대 중 한 대에 흠이 났다는 이유로 해당 수입 품목 전량을 반송한 것과 비슷한 경우라며 나에게 강한 불만을 표했다. 일반적인 관행은 전량 검역 조사할 경우 적발된 해당 박스만 폐기 또는 반송 처리하고, 표본조사를 통한 검역에서 하자가 있으면 전량을 반송하는 것이다. 우리가 엑스레이를 찍어 가면서 뼛조각 하나를 찾았다는 근거로 전량을 반송하니 미국 측은 격앙될 수밖에 없었다. 이런 상황에서 통상교섭본부 간부들은 워싱턴에 가지 말라고 말렸다. 그러나 상황이 상황인 만큼 나는 워싱턴에 가기로 했다.

워싱턴에서 만난 미 업계 관계자들은 NAFTA 이후 대규모 경제력을 가진 주요 교역국가와의 첫 FTA라서 그런지 조기타결을 기대하고 있었다. 나는 미국 제조협회, 상공회의소, 그리고 여러 개별 기업들 앞에서 미국 측의 소극적인 협상 태도를 강하게 비판했다. 중동과 중남미의 작은 나라들과만 FTA를 체결하다 보니 협상 실무자들이 충분히 양보할 수 있을 분야에서조차 양보할 줄을 모른다고 토로했다. 우리 주요 수출품목을 비롯해 우리의 관심 사항인 서비스 분야를 미국 측이 개방해야 한다고 강조했고, 특히 반덤핑 분야에서 한국에게 비합산조치를 적용해야 한다는 점을 빠뜨리지 않고 지적했다.

뜻밖에도 반응들이 있었다. 높은 FTA 수준을 달성하기 위해 상품 분야의 관세철폐는 물론, 서비스 분야에서도 과감한 개방을 해야 한다며 특히 미 업계가 찬성했다. 반덤핑 관련 비합산조치에 대해 미 의회와 업계 주요 인사들은, 쉽지 않겠지만 나의 요구가 합리적인 듯하다고 말했다. 농수산물에 대해서는 쌀 제외는 물론 그 외에도 우리 민감성에 비추어 지나친 요구로 한미 FTA를 깨서는 안 된다는 의견을 미 업계도 알게 하여 행정부에 전해지도록 했다.

그런데 워싱턴을 떠나기 이틀 전 서울에서 전화가 온 것이다. 미국산 쇠고기의 3차 선적분도 소량의 뼛조각 때문에 통과되지 못해 폐기 또는 반송해야 한다는 소식인 것이었다. 양측 간 불신이 더 깊어졌다. 나는 조한스 미 농림부장관(현재 미 연방 상원의원)과 통화했다. 그에게 쇠고기 수입 위생 조건 합의서에 있는 "뼈를 제외한 골격 근육"이라는 정의는 통뼈뿐만 아니라 뼛조각도 포함해서 해석할 수밖에 없다는 사실을 설명했다. 똑같은 수입 위생조건에 합의한 대만과 홍콩도 뼛조각이 발견되자 반송한 사례가 있기 때문이라는 점을 지적했다. 조한스 장관은 유감을 표하면서도 수입 위생조건에 대해 미국 측이 협상을 잘하지 못했음을 인지하고 있었다.

내 머리에 총을 겨눈 겁니다

카를로스 구티에레스 미 상무부장관은 어렸을 때 쿠바에서 피난 와 미 켈로그사에 입사해 말단 직원에서 사장으로까지 승진한 노력파 인재로서 존경할 만한 인물이었다. 워싱턴에서도 몇 차례 만나 대화를 나누었고 우리 둘은 좋은 관계를 유지해 왔다. 구티에레스 장관은 앉자마자 물었다.

"몬태나 회담 결과를 들었는데 반덤핑 문제가 한국 측에 왜 그렇게 중요한 겁니까?"

"국가 간 교역에서 가장 중요한 원칙 중 하나가 예측성입니다. 우리는 FTA 체결에 따른 관세철폐와 인하로 생긴 이익이 반덤핑 또는 상계관세 조치로 반감되는 것을 원치 않습니다. 우리 업계는 1980년대 사진앨범에 대한 반덤핑 조치 이후 끊임없이 반덤핑과 상계관세 조치에 시달려 왔고 이 때문에 국내에서 매우 민감한 과제가 되어 있습니다. 또한 반덤핑 관련 비합산조치는 우리와 중국을 구분하는 면에서도 중요합니다. 중국 제조업이 저가로 전 세계 시장을 휩쓸고 있는데 우리 상품이 중국 상품과 구분 없이 덤핑을 맞아서는 안 됩니다. 우리 측 제안은 매우 합리적이며 미국 측 입장에서도 큰 부담이 되지 않을 것입니다. 덤핑 관세를 계산하는 방법 같이 모든 국가에 적용되는 민감한 현안들은 제외하고, 양자협상의 상대국에게만 줄 수 있는 요소를 선정한 것입니다."

"김 본부장께서 아마도 가장 민감하고 어려운 과제를 미국에 요구한 것 같습니다."

"비합산조치는 이스라엘과 카리브해 국가들에게 이미 적용된 바 있습니다. 어려운 과제 같지만 우리 입장에서 의약품, 자동차, 세제稅制 같은 요소들은 반덤핑보다 더 어렵습니다. 우리 국회에서 한미 FTA를 통해 한국이 얻을 수 있는 이익이 무엇인지 계속 의문을 제기하는 상황에서 무역구제 같은 가시적인 결과가 있어야 합니다."

"우리가 반덤핑에 관해 협상하지 않겠다는 것이 아니고 이런 이슈들이 어렵다는 것을 우리 장관께서 지적하시는 겁니다"라고 라빈 미 상무부 차관이 말했다.

나는 다음과 같이 반박했다.

"미국은 전략적으로 계산해 볼 필요가 있습니다. 중국은 이미 한국에게 미국을 넘어서는 교역 상대국이 되었고, 현재 한국은 중국과 일본이라는 두 거인 사이에 끼어 있는 상황입니다. 한미 FTA는 미국이나 한국에게 필요 없을지도 모릅니다. 없어도 아마 잘 먹고 잘 살 것입니다. 그러나 양국 모두 원하고 있습니다. 따라서 한미 FTA를 타결하기 위해서는 주고받는 게 있어야 하는데, 내가 필요한 것은 반덤핑 분야의 과제들입니다. 중국과는 FTA 예비협상을 시작하기로 합의했고 EU와도 곧 협상을 출범시킬 것입니다. 그러나 어디까지나 미국은 한국에게 매우 중요한 파트너이며, 제 시간의 90%를 한미 FTA에 할애하고 있습니다."

"한미 FTA는 현재 미국 정부에게도 매우 중요한 사안이며 정치적, 전략적으로도 그렇다고 생각합니다. 한미 FTA가 일본, 중국과의 관계에서 지니는 상징적 의미도 잘 이해하고 있습니다. 한미 FTA는 중국이나 일본이 갖고 있지 않은 것, 즉 세계에서 가장 큰 미국 시장에 대한 직접적인 접근을 한국에 제공하는 것입니다. 지금까지의 김 장관의 리더십을 높이 평가하고 있으며 본부장께서 받고 있는 압력도 이해합니다. 그러나 지금 김 장관은 내 머리에 총을 겨누고 있습니다."

"만약 내가 덤핑 관세를 계산하는 방법을 문제 삼았다면 머리에 총을 겨눈 것이라고 인정할 수 있겠으나 지금 상황은 그렇지 않습니다. 미국도 마찬가지로 저에게 어려운 요구를 하고 있습니다. 역사를 만들기 위해서는 리더십과 비전이 필요합니다. 이 시점에서는 구티에레스 장관님의 지혜가 필요합니다."

"지킬 수 없는 약속은 할 수 없으나, TPA 기한 종료 전에 처리해야 할 가장 중요한 일이라고 생각합니다."

배석한 버시바우 대사는 "무역구제 분야에서 진전이 있으면 자동차와 의약품에서도 진전이 있어야 한다"고 거들었다. 버시바우 대사는 매우 유능한 직업 외교관이었고 한미 FTA를 성사시키기 위해 노력을 아끼지 않았다.

"자동차 관련해서도 이번 방미 기간에 많은 인사들과 만나 봤는데, 문제가 좀 있습니다. 미 자동차 업계의 정의는 '빅3'(미국의 3대 자동차 메이커)를 의미하는 것이지, 미국 내에 있는 일본 및 유럽계 공장은 포함하지 않는다는 말을 들었습니다. 이런 뜻을 어떻게 반영할지 우려됩니다."

라빈 상무 차관은 "미 의회에서 미국과 일본 간 반도체 협상 결과와 같은 수치 목표를 제시할 것을 요구하고 있다"고 했다.

나는 "우리가 지금 추구하는 것은 자유무역 협정이지 관리무역managed trade*이 아닙니다"라고 응수했다.

구티에레스 장관은 "내 머리에 겨눈 총에 총알이 없기를 바랍니다. 단순히 위협용이길 바랍니다"라고 언급했다.

"단순한 위협용이 아닙니다. 실제로 강력히 요구하고 있는 것입니다. 편하시다면 그 총을 물총이라고 생각하십시오."

날 바보 취급 하지 마세요!

이태식 주미 대사도 미 무역대표부에 반덤핑 관련 문제의 중요성을 수차례 강조했다. 미 무역대표부가 의회에 제출한 12월 27일자 보고서는 반덤핑 상계관세와 관련해 매우 기술적으로 작성되었기 때문에 변호사의 눈으로도 자세히 여러 번 읽어야 제대로 파악할 수 있었다. 결론은 미 행정부가 반덤핑 상계관세에 대해 실질적인 내용을 수정하지 않겠다는 보고서였다. 그러나 바티아 무역대표부 부대표는 우리 대사관을 통해 반덤핑에 대

* 정부가 수출입 총액, 무역 내용, 결제 방식 따위를 직접 관리하고 통제하는 무역.

해 계속 협상할 수 있다는 얘기라고 설명했다. 그 메시지를 전한 우리 주미 대사관에 나는 이렇게 답했다.

"웃기는 소리입니다. 단어와 문장을 하나하나 분석해서 읽어 보면 미 행정부는 반덤핑 상계관세에 관해 내용을 수정하지 않겠다는 것입니다. USTR는 미 의회에 겁을 먹고 있어서 아무것도 하지 못한다는 사실을 확인해 준 것입니다. 6월 30일 종료되는 TPA 기한 연장에 더 관심이 있어서 이 목적을 위해 한미 FTA를 이용하고 있는 것뿐입니다. 상당히 실망스럽다고 전하세요."

나는 버시바우 대사를 바로 내 접견실로 오게 했다. 미 의회 보고서는 반덤핑 상계관세 분야에서 미국 측이 움직일 의사가 없음을 확인해 주었고, 이로써 협상이 후퇴 기로에 접어든 것이며, 특히 법적 불확실 후퇴라고 평가한다고 전했다. 무역대표부는 법률 개정을 하지 않고도 협상이 가능하다고 법적 분석을 하지만 나는 이에 동의하지 않음을 분명히 했고, 오히려 무역대표부가 사실상 법률 개정이 필요 없다는 내용을 미 의회에 전달함으로써 반덤핑 관련 과제 협상은 불가능해진 것으로 생각한다고 했다.

버시바우 대사가 말했다.

"지금까지 제시한 사안이 아니라 새로운 이슈에 대해서는 법률 개정이 필요해도 협상할 수 있다는 의미입니다."

"버시바우 대사! 날 바보 취급하지 마세요! 나도 미국 뉴욕 주 변호사 출신입니다! 당신이 방금 얘기한 분석은 거짓입니다! 혹시 내가 해석을 잘못했는가 싶어 워싱턴 소재 미국 변호사, 그것도 당신 같은 백인 변호사에게 물어봤는데 내 해석이 맞다고 했습니다! 대사가 지금 나에게 설명한 것은 법률을 개정할 수 있다는 여지를 남겨 두면서 나를 끌어들여 협상을 재개한 다음 막바지에 형편없는 타결안을 수용하게 하려는 의도로 파악됩니다. 지금까지 미국과 FTA를 체결한 국가들은 섬유 수출을 위해 미국이 던진 안을 다 수용했지만 한국도 수용할 거라고 생각한다면 큰 오산입니다. 당신이 바티아 부대표와 통화하고 실제 보고서 문안을 읽은 후라면 나는 실망을 금할 수 없습니다. 차라리 통화를 하지 않고 보고서를 읽었다면 사기 쳤다는 생각도 안 하죠. USTR는 용기도 없고 무기력증에 빠져 있는 것으로 보이며, 의회 보고서의 정치적 의미는 명백히 법 개정이 필요한 사안에 대해서는 명백히 협상하지 않겠다는 뜻입니다."

"제 생각은……."

"난 대사 생각은 관심 없습니다! 이런 보고서가 제출된 이상 이 시점부터는 정상적인 협상 진행이 불가능합니다. 6차 협상도 할 필요 없어요! 이런 상황에 6차 협상은 무의미하다고 생각합니다. 협상할 생각이 있다면 기대 수준을 재조정해야 하는 고위급회의가 필요합니다. 나는 언제 어디서든 만날 용의가 있습니다. 그러나 반덤핑은 우리에게 중요한 과제이기 때문에 이에 상응하는 만큼 미국 측이 요구하는 것을 협상에서 제외할 것입니다. 만약 미국 측이 이것을 수용할 수 없다면 협상은 끝입니다."

필사즉생 필생즉사

나는 고위급회의를 한국과 미국의 중간 지점인 하와이에서 하자고 제안했다. 그곳에서 바티아 부대표와 이틀간 협의했다. 미국 측에서 슈워브 대표가 아니라 바티아 부대표를 보낸 사실로 미루어 과연 미국이 한미

FTA를 타결할 의사가 있는지 의심스러웠다. 이전에 하노이에서 슈워브 대표를 몰아쳤을 때처럼 한미 FTA를 TPA 기한 연장 수단으로 삼은 것이라는 생각을 굳히게 되었다. 한미 FTA의 중요성을 감안할 때 나는 회의 대표로 나 대신 다른 사람을 보낼 수 없었는데 미 무역대표부는 부대표를 보낸 것이다. 무슨 생각으로 그랬는지는 모르겠지만, 이순신 장군이 말한 '필사즉생 필생즉사必死則生 必生則死' 즉 죽으려고 하면 살 것이요 살려고 하면 죽을 것이라는 말이 떠올랐다.

하와이에 간 목적은 한미 FTA에서 기대 수준을 재조정함으로써 좀더 낮은 수준의 FTA를 체결하는 데 있었다. 물론 미국 측이 우리가 원하는 높은 수준의 FTA를 체결할 수 없으면서도 낮은 수준의 FTA 체결에 부정적인 입장을 보이리라는 사실을 나는 알고 있었다. 내가 중요하게 여긴 반덤핑 분야에서 미국 측이 협상을 결렬시킬 수 있는 원인을 제공했기 때문에 바티아 부대표와 웬디 커틀러 수석대표는 부담이 컸을 것이다. 나중에 한미 FTA 협상이 모두 마무리된 후 웬디는 내게 하와이 회의가 가장 곤혹스러웠고 괴로웠다고 말했다. 당시 내가 한미 FTA를 깰 수도 있고 깨려는 의도가 있었다는 것을 알게 됨으로써 USTR 입장에서는 매우 당황스러웠다는 것이었다. 회의장에서 본 바티아 부대표와 웬디의 얼굴은 굳어 있었다. 내 표정 역시 그들에겐 험악한 인상으로 비쳤을 것이다.

내가 먼저 말문을 열었다.

"1차에서 5차 협상까지 아무 진전이 없고, 반덤핑 관련 비합산조치에 대해 USTR가 미 의회에 제출한 보고서도 매우 실망스럽습니다. 내가 봤을 때는 USTR가 미 의회를 상대하는 데 너무 겁을 먹는 것 같습니다. 지금 당신들은 TPA를 갱신하기 위해 어떠한 위험부담도 감당할 의향이 없는 것 같습니다. 마치 낙엽 하나 떨어지는 것에 벌벌 떠는 꼴입니다. 우리의 관심 품목인 승용차와 자동차 부품을 미분류에서 즉시철폐 항목으로 옮기라는 우리의 요구에 대해서도 꿈쩍 않고 있습니다. 물론 일종의 카드로 그것을 마지막에 내놓으려는 당신들 전략은 짐작이 갑니다. 그러나 협상이라는 것은 주고받는 게 있어야 하며 선의good faith의 원칙 아래 진행되어야 합니다. 미국은 우리의 관심사인 섬유 분야에서도 1,493개 품목 중 고작 19.4%만 즉시철폐하고 60%에 이르는 961개 품목에 대해서는 미분류를 고수하고 있습니다. 반면에 지적재산권, 통신, 농업, 의약품에 대해서는 우리에게 개방을 요구하기만 합니다. 그 와중에 반덤핑에 대해서도 미국 측은 양보하지 못한다는 입장을 취했습니다. 자, 이쯤이면 협상 깨자는 거죠? 당신네들 TPA 갱신을 위해 한미 FTA 협상을 질질 끌고 있는 것 같은데 난 당신들 노리개가 되긴 싫으니 오늘 여기서 명확하게 결정해 주시죠. 오늘 이 자리에서 결판을 냅시다."

"반덤핑 관련해서 12월 27일에 말씀 드렸듯이 법 개정 사안을 포함해 무역구제 문제를 계속 협상할 수 있습니다. 우리는 이 분야에서 진지하게 협상할 의지가 있음을 거듭 확인드립니다."

"부대표, 왜 당신과 USTR 대표의 말이 그렇게도 다릅니까? 2007년 1월 5일 우리 외교부장관이 슈워브 대표와 만났는데 한 번도 아니고 두 번이나 '할 수 없다I don't think we can do that'고 했고, 내가 미 의회 관계자에게 들었는데 한국이 비합산조치를 요구하는 것은 한미 FTA 협상을 중단하려는 전략exit strategy이라고 당신이 언급했다면서요? 나는 미국 측 협상

의지에 상당한 의구심을 품고 있습니다."

"나는 그렇게 말한 사실이 없고, 여전히 반덤핑 분야에서 의미 있는 협상negotiate meaningfully이 가능하다는 입장입니다."

나는 부대표가 이렇게 말할 것을 예상하고 대비해 왔다. 진심으로 반덤핑 분야에서 의미 있는 협상을 하고자 하는지 아니면 꼼수를 부리는 것인지 테스트해 볼 기회였다.

"당신 말대로라면 비합산조치에 대한 우리 측 수정안을 내가 작성해 왔으니 이것을 받으면 되겠네요. 이것은 비합산 관련해서 한국을 이스라엘 및 카리브해 국가와 동일하게 대우하겠다고 공표하는 것입니다. 지금까지 한 번도 이런 제안은 없었기 때문에 새로운 아이디어이며 반덤핑 법을 개정하지 않아도 됩니다. 그럼 이것은 할 수 있는 거죠?"

바티아 부대표는 내가 작성한 문구를 유심히 보더니 말했다.

"이 제안도 받아들일 수 없습니다."

"그렇다면 법을 개정하면서 의미 있는 협상을 할 수 있다는 당신 말은 사실이 아니지 않습니까?"

"반덤핑은 우리에게 민감한 분야입니다."

"우리는 민감한 분야가 더 많습니다. 그럼에도 우리는 선의를 갖고 협상하고 있는데 당신들은 뭐하자는 겁니까?"

"……."

"협상 때려치웁시다. 어떻게 미국이라는 초강대국이 이런 새가슴 접근을 하는지 나는 이해가 안 됩니다. 협상이 깨지면 난 우리 언론에 발표할 때 '미국이 비합산조치를 양보하지 않았기 때문에 깨졌다'라고 말할 것임을 명심하세요. 우리 잘못으로 깨진 게 절대 아닙니다."

"협상을 깨기 전에 모든 방법을 동원했는지, 다른 방법은 없는지 검토해 봐야 하지 않겠습니까?"

"하나 방법이 있습니다. 이렇게 되면 당신들의 기대치를 상당히 낮춰야 합니다."

"구체적으로……."

"의약품 분야에서 최저가격을 포함, 우린 아무것도 양보할 수 없습니다. 민주당이 장악한 당신네 의회도 미국에서 의약품이 비싸다는 점을 감안해 제도를 고쳐야 한다는 주장을 했습니다. 그 외에도 자동차, 농수산물, 투자, 지적재산권 분야에서 기대 수준을 낮춰야만 협상이 타결될 수 있습니다. 농수산물 분야에서는 관세철폐, 인하 제외는 물론이고 15년 이상의 관세철폐기간, 농산물 세이프가드가 포함되어야 하고, 투자 분야에서는 수용 관련 예외가 더 많이 인정되어야 하며, 통신 분야에서는 정부가 표준을 설정할 수 있다는 것을 인정해야 합니다."

"이렇게 많은 분야를 제외한 낮은 수준의 FTA가 국민들에게 수용될 수 있을지 검토해 보겠습니다. 부시 대통령의 의중을 파악한 후 기대치 재조정에 대해 답변드릴 수 있을 것입니다."

예측대로 미국은 반덤핑 관련 비합산조치를 한국에게 양보하지 못하는 상황이 되었다. 즉 미국이 비합산조치를 양보하지 않는다는 명분으로, 우리가 미국 측에 많은 부분을 양보하지 않아도 되는 상황이 성립되었다. 비합산조치라는 탄알을 장전한 총을 겨누자 미국 측은 움츠러들면서 많은 분야에서 자신들의 기대치를 낮추어야 했다.

결국 미국은 약제비 적정화 방안에 대한 모든 요구를 철회했다. 대신 의약품 분야 협정문에 혁신의 가치를 적정하게 인정한다는 상징적인 문구만 포함되었다. 이는 미-호주 FTA에도 포함된 문구로, 신약의 가격을 자의적으로 책정하는 것이 아니라 경제성 평가라는 객관적인 자료를 기초로 건강보험공단과 제약회사 간 직접 협상을 통해 결정하는 것으로, 우리 정부로서는 부담이 없는 문구였다. 농업 분야에서는 결과적으로 쌀은 물론 다른 민감 품목도 제외시켰고, 장기간 관세철폐와 농산물 세이프가드를 얻어 냈다. 수산 분야의 민감 품목인 명태, 고등어, 넙치도 장기간 철폐를 얻었다.

협상가는 본능적으로 기회가 생기면 상대방에게 양보를 많이 받아 내고 자국의 양허는 최소화하려는 DNA가 있다. 비합산조치를 양보하지 않은 미국 측에게 더 큰 양보를 받아 내려고 계획하고 있었는데, 예상치 못한 사건이 발생했다.

내부의 적 I

우리는 한미 FTA 특위에 협상 진행상황을 매주 보고해야 했다. 보고 내용 중 하나는 반덤핑 관련 비합산조치를 최선을 다해 얻으려 노력하겠지만 만약 미국 측이 비합산조치를 양보하지 않을 경우 우리는 그것을 근거 삼아 상대방의 기대 수준을 낮춘다는 전략이었다. 문제는 그 후 이 내용이 외부에 유출됨으로써 USTR가 매일 번역하여 확인하는 우리 일간지들에 도배되었다는 것이다. 적군에게 우리 비밀이 유출된 것이다. 우리는 분노했고 또 배신감을 느꼈다. 한미 FTA를 지지하든 반대하든 국가 기밀을 누출한 것 자체가 형사처벌 대상이라고 생각했다.

우리는 어떤 경로로 누가 이런 전략을 유출했는지 국정원과 검찰에 수사를 의뢰했다. 그러나 오히려 우리 협상팀이 한미 FTA 특위에 전략을 보고했다는 이유로 비판을 받았다.

웬디 커틀러 무역대표보는 자기 상대방인 김종훈 수석대표에게 그런 황당한 일을 당해서 얼마나 고통스럽겠느냐며 배려의 이메일을 보내왔다. 내부의 적 때문에 전략이 유출된 뒤 상대방에게 동정받는 것보다 더 수치스러운 일은 없다. 미국 측은 "만약 미국에서 이런 협상전략이 누출된다면 정말 피해가 클 것이다. 한국의 국익을 위해 노력하는 김 대표와 협상팀에게 매우 안된 일이다"라고 말하면서 미국으로서는 "좋은 일"이라고 언급했다. 커틀러 수석대표는 문서 유출 사건에 대해 질문이 나오자 기다렸다는 듯이 미리 써 온 메모를 꺼내 들고 "협상전략이 유출된 데 매우 유감스럽다. 나도 그런 입장이 되고 싶지 않다. 이번 사건은 전반적인 협상 과정에 도움이 되지 않는다고 생각한다"면서도 "이 문건은 한국의 협상 유연성과 협상 가능성을 보여 주는 것"이라고 말했다. 쉽게 말하면 그들이 생각하기에 우리의 강경책이 공포탄이란 해석이 맞았다는 뜻이다. 우리 측 협상 고위 관계자는 "비공개 문건이 …… 이렇게 공개되면 어떻게 협상을 하라는 것이냐"며 분노했고, 한미 FTA 체결 지원위는 이에 대해 "국운을 건 협상에서 비공개 전략을 낱낱이 공개하는 것은 우리 협상단을 무장해제시키는 것과 같다"라고 발표했다. 그러나 우리는 항상 프로답게 행동해야 한다. 나를 비롯하여 다른 직원들은 기사가 사실이 아닌 오보였으며, 우리는 비합산조치를 꼭 얻어야 한다는 원래 입장을 강조했다. 실은 꼭 얻어 내고 싶었다. 2009년 6월 12일, 대법원은 비밀문건을 유출한 국회의원 보좌관에게 징역 9월을 선고한 원심을 확정했다.

불빛이 안 보인다

하와이에서 열린 이틀간의 협상은 참 힘든 일정이었다. 지금 생각해 보면 높은 수준의 FTA를 체결하는 것보다 미국 측이 반덤핑 관련 비합산조치를 양보하지 않음으로써 국내정치 사정상 민감한 과제들을 미국 측에 양보하지 않는 것이 당시 시대 흐름에 맞았던 것 같다. 하와이에서 2007년 1월 7일부터 10일까지 머문 후 귀국하자마자 15일부터 19일까지 열리는 6차 협상 준비에 들어갔다. 반덤핑 관련 비합산조치를 미국 측이 양보할 수 없다는 입장이 밝혀진 이상 나는 무역구제 분과 협상을 열 필요가 없다고 판단했다. 무역구제 분과와 연계된 의약품, 자동차 분과도 열지 말라고 지시했고, 농수산물 분야에서 개방 수준을 대폭 하향 조정했으며, 장기 철폐 기간의 중요성을 우리 협상가들에게 강조했다.

1월 10일부터 15일까지 5박 6일간 필리핀 세부에서 열리는 정상회담에 대통령을 배석하여 동행할 예정이어서 나는 분과별 보고를 받고 6차 협상 대응 방향을 지시했다. 상품 분과에서는 즉시철폐 비율을 높여야 하지만 민감한 수산물은 장기철폐를 관철해야 함을 이혜민 국장에게 지시했다. 농업 분과에서는 쌀 제외는 물론 쇠고기, 오렌지 등 핵심 민감 품목은 보수적 입장으로 대응하고, 농산물 세이프가드는 품목별 협의를 통해 진행하라고 지시했다. 섬유 분과는 관세 조기철폐와 미국의 수입 원산지 제한 기준의 예외를 확보하고, 미국 측이 요구하는 섬유 세이프가드는 검토

중이라는 입장을 견지하라고 지시했다. 미국이 우려하는 섬유 우회 수출에 대해서는 미국 측 관심 사항에 대한 세부 내용을 하나하나 협의하라고 지시했고, 투자 분야에서는 투자자에 대한 간접수용 조치에 대해 정부의 정당한 규제 범위를 확대해 부동산정책, 세법정책 등을 포함시키라고 했다. 서비스 분야에서는 통신 분야의 기술 선택에 대한 자율성과 관련해 정부가 정당한 이유로 표준을 설정할 수 있는 우리 입장을 지키고, 외국인이 기간基幹 통신사업에 투자할 수 있는 지분을 현행 수준인 49%로 유지하라고 지시를 내렸다.

기업들의 의무

하루는 보좌관이 화장품 업계와 협회 간부들이 방문하고 싶어 한다는 말을 전해 왔다. 한미 FTA와 관련해 의견을 전하고 싶은 것이리라 예상했다. 나는 공무원으로서 업계에 종사하는 분들의 견해를 듣는 것은 중요하다고 생각하여 요청이 있으면 언제든 만났다.

그날 오신 분들은 4% 관세가 철폐되면 화장품 업계에 타격이 클 거라는 점을 강조했다. 특히 기본 제품인 비누, 샴푸 등에 영향을 미칠 것을 우려하여 관세 조기철폐 반대를 주장했다. 협회 간부가 대기업 간부에게 물었다.

"관세가 철폐되면 어떻게 되죠?"

"우리는 도태됩니다."

도태된다는 답을 듣는 순간 나는 실망을 금할 수 없었다. 1970년대 외제 상품들에 고관세를 부과해 수입을 통제함으로써 국민들이 그 대기업의 비누, 치약, 샴푸를 구입한 것이지 외제 상품보다 질이 좋아서 구입한 것이 아니다. 일종의 '국민 보조금'을 준 셈이었다. 이렇게 성장한 대기업은 경쟁력을 키워 더욱 좋은 제품을 저렴하게 소비자에게 제공할 의무가 있다. 세계적인 경쟁력을 키워 자국민 피부와 치아, 머리카락 등에 더 좋은 제품들을 제공할 책임이 있는 것이다. 그런 대기업의 간부가 30년이 지난 오늘날 "관세철폐되면 도태된다"고 하는 것은 국민을 배신하는 일이다.

진전이 없는 농산물 협상

농산물은 우리에게도 민감한 분야이며 미국에게는 최대 관심 분야라서 타협을 이루기 힘들 거라 예측은 했지만 8차 협상을 앞두고도 아무런 진전이 없었다. 양측 모두 대립 상태였고 어떤 품목에 대해서도 합의가 이루어지지 않았다. 쇠고기에 대해 우리는 장기 관세철폐 기간을 주장한 반면, 미국 측은 40%의 고관세는 5년 내에 철폐되어야 하고 한국 주장대로 장기철폐로 갈 경우 무관세 수입쿼터(수입할당제도, Import Quota, IQ)가 제공되어야 한다는 입장을 취했다. 미국 측은 쇠고기 외에도 자국의 관심 품목에 대해 5년 이상의 관세철폐가 관철될 경우 무관세 쿼터 제공은 필수라는 강한 입장을 견지했다. 나로서는 받아들일 수 없는 제안이었다. 돼지고기(관세 22.5~25%), 닭고기(관세 18~20%)에도 우리는 장기 관세철폐를 주장한 반면 미국 측은 5년 철폐를 요구했다. 우리는 돼지고기 삼겹살과 닭다리는 국내 공급이 절대 부족하여 수입하고 있는데 미국 측은 이 두 가지 품목의 단기 철폐를 강조한 것이다. 우리는 장기철폐 기간뿐만 아니라 돼지고기, 닭고기에 대해서는 긴급 수입 증가 시 농업 세이프가드를 가동할 수 있도록 우리 입장을 고수했다.

감자 수입이 증가할 경우 국내산, 특히 강원도 지역 감자 가격이 폭락할 우려가 있었다. 식용 감자는 현행 관세 304% 유지를 주장하는 우리 측과 관세철폐 및 무관세 수입쿼터를 요구하는 미국 측 입장이 대립되었다. 대두大豆에 대해서는 양측이 가공용과 식용으로 HS코드˙를 분리하는 사안에 합의를 봤으나, 우리는 현행 관세 487% 유지를 고수한 반면 미국은 철폐를 요구했다. 천연 꿀에 부과되는 234%의 관세와 탈지·전지분유 176%의 관세에 대해서는 현행 관세를 유지하는 방침에는 합의가 이루어졌으나 수입쿼터 양에 대해서는 극도로 대립되었다. 무관세 수입쿼터로 미국 측은 2003~2005년 대미 수입 실적의 5~120배를 요구한 것이다. 우리는 무관세 수입쿼터는 과거 수입 실적에 근거해야 한다는 논리로 반박했다. 사과, 포도, 감귤 등의 민감성을 감안하여 수확기의 보호 수준을 비수확기보다 강화하는 방안으로 계절관세를 도입하려는 시도가 원활히 이루어지지 않고 있었다. 수확기 기간을 우리는 품목별로 확보하고 싶은 반면 미국 측은 1~2개월로 한정하자고 주장했다. 비수확기 때 부과되는 관세에 대해 우리는 장기철폐를 주장했고 미국 측은 단기철폐를 요구했다. 수확기 기간에 우리는 현행 관세를 유지해야 한다는 입장이었지만 미국 측은 이것을 받아들일 수 없다고 반박했다. 이런 자세한 이슈들이 결국 마지막 일주일을 남겨 두고 장관에게까지 올라오게 된다. 실무자 선에서 해결되어

• Harmonized Commodity Description and Coding System. 대외무역거래가 되는 상품(전기, 가스 포함)을 총괄적으로 분류한 품목 코드.

야 할 이슈들이 장관급까지 올라오면 무리가 따르게 된다. 장관들이 해결해야 할 이슈는 서너 개면 족하기 때문이다.

3장

마지막 일주일
남산의 적벽대전

3월 24일, 집에서 짐을 싸기 시작했다. 앞으로 일주일 동안 다뤄야 할 농수산물 관세철폐부터 지적재산권에 이르는 과제들이 머리를 스쳐 갔다. 거의 모든 과제들이 장관 선까지 올라와 심적 부담이 클 수밖에 없었다. 이렇게 많은 민감한 과제들을 일주일 안에 합의한다는 것은 매우 어렵고 부담스러운 일이었다. 인간의 힘으로 성사되는 것이 아니라 국운이 따라야만 타결이 가능하다는 생각이 들었다. 하늘의 도움이 필요했다. 국무위원들에게 출정 보고를 하는데 해결되지 않은 수많은 과제들도 부담스러웠지만 이해찬 총리의 언급으로 책임감이란 견장까지 올려져 어깨가 더 무거워졌다.

"김 본부장, 한미 FTA는 꼭 타결되어야 합니다. 정치 스케줄상 한미 FTA가 1번 타자입니다. 그다음 6자 회담에서 미국과 북한의 양자 대화가 이루어질 것이고, 그 후 남북 정상회담이 있을 것입니다. 다음 단계로 4개국 간 평화정상회담을 해야 합니다. 미국과의 관계가 확고해야 합니다."

김병준 실장도 같은 맥락이었다.

"김 본부장, 한미 FTA는 꼭 성사되어야 합니다. 성사시키는 것도 중요하지만 우리에게 유리한 조건이어야 합니다."

나도 대한민국의 한 국민으로서, 그리고 통상 분야의 수장으로서 절대로 허용할 수 없는 선이 있었다. 그 선을 지키면서 국민이 수용할 수 있는 결과를 도출해야 했다. 일주일 동안 하얏트호텔에서 머물 계획으로 짐을 싸서 밖으로 나가니 경찰들과 경호 차량들이 기다리고 있었다. 협상 장소인 하얏트호텔은 경찰 병력 3,000여 명이 3중으로 방어막을 치고 에워싸고 있었다.

마지막 협상은 서울에서

8차 협상은 3월 8일부터 12일까지 서울 하얏트호텔에서 열렸다. 미국의 협상 특징 중 하나는 마지막 협상을 관례처럼 예외 없이 워싱턴에서 개최한다는 것이다. 미국-콜롬비아 FTA의 경우 우리베 콜롬비아 대통령이 워싱턴으로 날아가 미국 무역대표도 아닌 부대표와 최종 협상을 했다.

그러나 나는 마지막 협상을 서울에서 개최해야 하는 이유와 그 중요성을 잘 알고 있었다. 협상을 타결하기 위해 관련 장관들과 즉각 연락해야 하며 필요하면 국가 최종 결정권자인 대통령과도 즉시 대화할 수 있어야 했다. 또 지난 1년 동안 과중한 일들로 지쳐 있는 우리 직원들이 미국에 가서 협상하게 되면 시차 극복 등의 악조건에 시달릴 수 있다는 우려도 있었다. 조금이라도 맑은 정신으로 협상에 임하게 하고 싶었다. 더 중요한 것은 상징성이었다. 아무리 좋은 결과라도 미국에서 발표한다면 서울에서 발표하는 것만큼의 효과가 없을 것이었다.

한미 FTA가 출범하기 전 포트만 대표로부터 "나중에 미 의회의 비준은 물론이고 미 의회 차원에서 협의할 때 순조로운 진행을 위해 출범 발표를 미국에서 해주면 큰 도움이 되겠습니다"라는 요청이 있었다. '만약 한미 FTA가 출범하면 마지막 협상은 서울에서다!'라는 생각이 뇌리에 스쳐 지나갔다. 그가 마지막 협상을 서울에서 할 수 있도록 명분을 제공한 것이다.

하루는 밤 12시가 다 되어서 이혜민 국장이 마지막 협상을 워싱턴에서 하게 될 것을 걱정해 내 사무실로 찾아왔다. 나는 즉시 슈워브 미 무역대표에게 전화를 걸었다. 2007년 2월 24일부터 3월 2일까지 6박 7일 동안 미국 워싱턴에서 열릴 한미통상장관회담에서 마지막 협상에 들어가기 전에 회담을 개최하자고 제안했다.

"내 경험에 비추어 봤을 때 장관급까지 여러 개 이슈들이 올라오면 협상 타결이 어렵습니다. 마지막 협상을 하기 전에 워싱턴에서 고위급 협상을 해서 진전을 이루면 도움이 될 것입니다."

"아, 그거 좋은 아이디어입니다."

"그렇게 되면 마지막 협상은 서울에서 하게 됩니다. 서울에서 해야 하는 이유는 우리 대통령께서 그때 중동 순방 중이기 때문입니다."

"아니, 그럼 최종 결정은 어떻게 하려구요?"

"그래서 대외경제장관회의를 수시로 열고 관련 부처 장관들과 직접 통화할 수 있어야 하기 때문에 서울에서 해야 합니다. 그 마지막 협상을 슈워브 대표가 서울에 와서 진두지휘해 주었으면 좋겠습니다. 지금까지는 부대표를 시켰는데 모양새를 봐서도 직접 와서 나랑 협상하시죠."

"제 일정상 가능하지 않습니다. 그 주에 의회에 보고할 것도 있고 TPA 갱신 관련 로비도 해야 합니다. 지금까지 바티아 부대표가 협상을 지휘해 왔으니 그를 보내면 안 될까요?"

"조건이 하나 있습니다. 바티아 부대표에게 협상의 전권을 위임해 주어야 합니다. 협상 도중에 '워싱턴에 확인해 봐야겠다'라는 소리를 듣고 싶지 않습니다. 옛날 미국은 NAFTA 협상 때 미국 무역대표가 베이커 재무성 장관에게 모든 것을 확인받아야 한다는 전략을 이용함으로써 캐나다와 멕시코에게 양보할 수 있는 것도 양보하지 않았습니다. 이번 서울에서는 그런 소리는 절대로 해선 안 됩니다."

"바티아 부대표가 전권을 갖고 서울로 가도록 하겠습니다."

결과적으로 마지막 협상을 서울에서 개최할 수 있게 된 것은 잘된 일이고, 바티아 부대표가 수석대표로 오는 것도 우리에게 나쁠 것이 없었다. 나는 김종훈 대사에게 분과장 몇 명을 데리고 고위급협상을 워싱턴에서 하라고 지시했다. 물론 결과는 뻔했다. 마지막 협상이 남아 있고 양측 협상가들은 조금도 양보할 수 없다는 입장이어서 전혀 진전이 없을 거라고 예측했다. 그러나 협상이 타결되든 결렬되든 서울에서 이루어져야 정부의 통상정책이 국가적 자존심과 국민의 실익을 위한 것임에 국민적 지지를 얻을 수 있을 거라고 판단했다. 나보다 연배가 위이고 머리가 희끗희끗한 노장을 워싱턴에 보낼 때는 미안한 마음이 있었지만 사감私感은 접어야 했다.

돌이켜 보면, 서울에서 마지막 협상을 했기 때문에 어려운 고비 때마다 관련 장관들과 대통령께 바로 상의할 수 있었고 결국 한미 FTA가 타결될 수 있었다. 또한 타결 후 바티아 부대표와 단상에 함께 등장하여 내가 30분 동안 협상 결과를 발표하는 장면을 우리 언론이 잘 보도해 주어서 국민들이 그 내용을 이해할 수 있었다.

포트만의 제안과 대통령의 중동 순방은 마지막 협상을 서울에서 할 수 있게 된 결정적인 기회를 제공했다. 첫 세러모니는 미국이 하고 마지막 세러모니는 우리가 챙긴 셈이다.

가짜 마감일

미 TPA 규정상 FTA는 미국 시간으로 2007년 6월 30일까지 협정문에 서명이 되어야 했다. 그러나 6월 30일이 토요일이어서 서명이 가능한 가장 늦은 날짜는 6월 29일 금요일이며, 이로부터 90일 전인 3월 31일 토요일까지 미 의회에 서명 의사를 통보해야 했다. 3월 31일이 토요일이므로 3월 30일 금요일 근무시간 종료 전까지 미 의회에 통보해야 했다.

그러나 우리 측은 과거 한미 통상 협상에서 미국 측이 빈번히 시한을 연장하여 우리 측을 압박하는 전략을 구사한 점을 감안할 때 3월 30일이 진짜 마감일일지 의심했다. 내 계산으로는 2007년 6월 30일이 토요일이지만 토요일에 서명 못할 이유가 전혀 없었고, 그렇게 되면 이로부터 90일 전인 4월 1일 밤 12시, 즉 서울 시간으로 4월 2일 오후 1시가 최종 마감시간임을 예측할 수 있었다.

그러나 어쨌든 바티아 부대표 말대로 미국 시간 3월 30일 금요일 근무

시간 종료 전, 즉 우리 시간 3월 31일 토요일 1시를 협상 시한으로 설정했다. 이때까지 협상 타결이 불투명해지자 나와 바티아 부대표는 우리 시간 4월 2일 월요일 오후 1시까지 시한을 연장하는 방안에 대해 협의했고, 협상 기한은 48시간 연장되었다.

한미 FTA 반대론자들은 TPA 마감 시한에 맞추기 위해 우리 협상가들이 미국에 끌려 다니며 졸속 협상을 한다고 비판했다. 내용에 대해 비판하면 반박이 가능하다. 그러나 절차상 하자가 있다고 주장하면 방어하기가 쉽지 않다. 그 이유는 적어도 외면상 계속 TPA 기한 내에 타결하려고 노력하는 모습을 보일 수밖에 없기 때문이다. 그러나 실리 차원에서 TPA로 인한 마감일은 역으로 우리가 미국을 압박하는 데 좋은 수단이 되었다. 앞에서 언급한 바와 같이 DDA 다자협상은 결렬 상태였고 미국은 태국, 말레이시아와의 FTA가 깨진 상태이며, 한미 FTA에 대한 부시 대통령의 요구가 있었기 때문에 오히려 TPA는 우리에게 유리하게 작용했다. 이러한 마감 시한이 없었더라면 양측 모두 계속 시간을 끌고 협상을 매듭짓지 못했을 것이다. 이렇게 외부에 공개할 수 없는 요소들을 감안해 전략을 세워가며 협상하는데 졸속 또는 굴욕 외교라며 비난하는 것은 협상팀을 가장 답답하게 만드는 일이었다. 가짜 마감일이 아니라 진짜 마감일을 파악하고 이를 염두에 둔 우리 측의 작전은 적중했다.

서울에서 치르는 홈 게임

중요한 통상 협상은 각국 장관들이 직접 협상해 마무리 짓는 것이 관례다. 그러나 불가피할 경우 장관을 대리하여 다른 사람이 수석대표 역할을 할 수 있다. 슈워브 대표가 서울에 못 오게 된 것은 물론 워싱턴에서 미 의회를 상대로 바쁜 일정이 있었기 때문이지만, 미 정부 관료들이 귀띔해 준 바에 의하면 무역대표가 나를 상대하기 꺼려했음도 이유 중 하나라는 것이다. 하노이에서 반덤핑 관련 비합산조치를 양보하지 않으면 협상을 깨겠다고 압박했을 때 쉽지 않은 상대라고 판단한 것 같다는 얘기를 들었다.

드디어 마지막 결전을 앞두고 나는 대한민국 대표 협상가들에게 말했다.

"서울에서 홈 게임을 하는 것이므로 그 이점을 충분히 살리십시오. TPA 마감일은 정확하지 않습니다. 그러니까 시간에 쫓기는 협상은 하지 마세요. 끝나고 난 다음에 추가로 더 요구해 올 가능성을 배제하지 말고요. 첫날과 이틀날은 우릴 시험하기 위해 상당히 시간을 끌 겁니다. 그렇다고 해서 성급하게 반응할 필요는 없습니다. 초조해하지 마세요. 그냥 우리 속도대로, 그쪽에서 아무것도 안 주면 우리도 아무것도 안 주는 그런 식으로 나가십시오."

이혜민 국장에게는 상품 분야에서 우리 주요 수출품목들, 특히 자동차, 디지털 TV, LCD 모니터, 금속가공기구, 컬러 TV 등에 대한 즉시 또는 조기철폐의 중요성을 강조했다. 픽업트럭의 관세가 즉시철폐되지 못할 것을 어느 정도 예측했다. 미국의 일반 자동차 관세가 2.5%인 반면 픽업트럭은 25%의 고관세였다.

"이 국장, 픽업트럭은 우리도 디자인해서 제조하고 생산하기까지 시간이 걸립니다. 김영주 장관이 업계 사람들에게 확인한 결과 5년쯤 걸린다는 겁니다. 그러니까 그것을 하한선으로 한번 생각해 보세요."

그러나 우리 민감 품목인 명태, 민어, 넙치에 대해서는 최대한의 관세철폐 기간을 얻어야 한다고 지시했고, 만약 미국이 이에 응하지 않으면 현재 알래스카 해안에서 명태잡이를 금지하는 것을 우리에게 예외적으로 허용하라고 압박할 것을 지시했다.

　통신 분과장인 남영숙 심의관의 상대 협상가는 가장 까다로운 사람이었다. 통신 분과는 중요한 이슈가 두 가지였는데, 첫째는 한국 정부가 표준을 정하지 말 것을 요구해 온 것이다. 미국은 과거에 HDTV를 만들 때 정부 차원에서 표준을 정해 놓고 모든 업체에 그 표준을 따르게 했다. 그런데 지금 와서 우리에게는 IT 분야의 표준을 시장원칙에 맡기자는 입장으로 돌변한 것이었다. 만약 IT 분야에서 우리가 정부 차원에서 표준을 정하지 못하면 일부 소비자들은 GSM을, 또 다른 소비자들은 CDMA를 쓰게 되는 현상이 벌어질 것이다. 그럴 경우 서로 전화 통화도 안 되고 데이터 공유도 어려워진다.

　둘째는 우리가 최대 49%로 제한한 통신회사의 외국인 소유 지분을 늘려 달라는 요구였다. 이에 나는 "미국의 외국인 지분 제한이 우리보다 낮은 25%밖에 안 되는데, 그럼 양국 모두 외국인 지분 한도를 51%로 늘리자"라는 논리를 내세우라고 지시했다. 남 심의관에게는 지금까지도 미안한 마음인데, 가장 까다로운 과제를 맡겨 놓고 꽤나 얻기 어려운 성과를 내라고 했기 때문이다. 결국 그는 두 과제 모두 지켜 냈다.

　이건태 국장에게는 불합리한 특허 지연의 정의를 미국이 '심사 청구 후 2년'으로 고집하는 것에 대해 우리 특허청이 요구하는 대로 3년으로 관철시키라고 지시했다.

자동차 부문에서는 김해용 국장에게 우리 업계가 사용하는 원산지 규정 방법인 직접법build up 혹은 공제법build down을 꼭 관철시켜야 함을 강조했고, 배기량을 기준으로 한 자동차 세제稅制를 다섯 가지에서 세 가지로 완화하는 것은 우리 업계도 원하는 바이므로 신축성 있게 협상에 임하라고 지시했으며, 안전 및 환경 기준도 합리적으로 검토하라고 일렀다. 그러나 세제, 안전 및 환경 기준에 대한 방안은 이혜민 국장과 검토해서 미국이 승용차와 자동차 부품에 대한 관세를 즉시철폐하는 경우에만 양보하라고 지시했다.

섬유 분야는 관세 즉시철폐 품목의 극대화와 엄격한 원산지 규정의 완화에 최대치 목표를 두고 협상에 임하라고 지시했다.

의약품 분과는 투명성 또는 절차적 공정성이 필요한 이슈들은 우리가 양보하되, 의약품 허가와 특허 간 연계 그리고 자료 독점에 대해서는 깐깐하게 나가라고 지시했다.

서비스 분과는 미국 측이 3차 협상에서 교육, 의료 등 공공 분야 서비스의 개방을 요구하지 않겠다고 발표함으로써 어려운 상황은 아니었다. 오히려 양측 모두 서비스 분야의 시장 개방을 극대화할 생각이 없었기 때문에 비교적 수월한 분야라고 생각했다. 그리고 협상을 담당한 재경부와 외교부 과장이 터프한 베테랑급이어서 크게 걱정하지 않아도 되었다.

무역구제를 담당하는 김영재 사무관에게는 사전통지 및 협의의무와 우리 기업인들에게 유리한 현장 실사 및 덤핑조사중지제도 위주로 집중적으로 협상하라고 지시했다.

농업 분야는 쇠고기와 돼지고기, 닭고기에 대해서는 장기 관세철폐를 얻어 내는 동시에 쇠고기의 경우 세이프가드도 꼭 받아야 한다고 강조했다. 사과, 배, 포도도 우리가 취약한 분야이기 때문에 최대한 장기철폐 기간과 세이프가드를 받아야 한다고 주문했다. 쿼터는 합리적인 선에서 주긴 주되 그 대가로 예외적으로 현행 관세를 유지하거나 장기 관세철폐 기간을 받아야 한다고 지시했다.

김종훈 대표에게는 상황실CP을 지키면서 총괄하되 결정할 과제들을 나와 상의한 후 해결할 것을 주문했다. 이외에도 내가 집중해야 할 과제로 개성공단과 쌀이 있었다.

마지막으로 노무현 대통령이 "철저하게 장사꾼 논리로 협상에 임하라"고 지시한 점을 상기시키고, "만에 하나 이게 아니다 싶으면 미련 없이 깰 각오를 하라", "성사되는 방향으로 최선의 노력을 하되, 상대방의 요구가 무리하면 포기할 수 있어야 한다"고 하신 메시지를 전달했다.

진보 진영을 결집시키려는 음모론?

한미 FTA 내내 노무현 대통령이 여론으로부터 혐의를 받고 있던 내용이 바로 '진보 진영을 결집시키기 위한 음모론'이다. 미국의 과다한 요구를 이유로 한미 FTA 말미에 협상 결렬을 발표함과 동시에 진보 진영을 결집시키려 한다는 것이었다. 한미 FTA도 고의로 결렬시킴으로써, 두 여학생이 불행히도 미군 장갑차에 치여 숨진 사건에서처럼 반미 감정을 확산시켜 한미동맹 관계를 냉각시키려는 의도가 다분히 숨겨져 있을 수 있다는 논리였다. 이에 대해 노 대통령은 어떻게 국가원수가 그런 위험한 게임을 할 수 있겠느냐고 말했다. 깨기 위해 협상을 한다는 것은 한마디로 말도 안 되는

난센스인데, 이러한 음모론이 협상 기간 동안 내내 회자되었다.

　개방에 대한 노 대통령의 소신은 확고했다. 개방을 계획성 있게 하면 국제사회에서 강국으로 자리매김할 승산이 있다는 것과 무엇보다 국민의 저력에 대한 확고한 믿음이 있었다. 대한민국을 잘살게 하는 일에 반미·친미의 편 가름이 무슨 도움이 되겠는가! 노 대통령은 "내가 고의적으로 한미 FTA를 깰 것 같으면 김현종 본부장이 가만있겠나?"라는 말까지 하면서 한미 FTA에 대한 확고한 의지를 표명했다. 한덕수 위원장을 총리로 임명한 것도 한미 FTA 비준을 감안한 결정이었다. 중동 순방을 떠나기 전에 노 대통령은 이렇게 말했다.

　"김 본부장, 한미 FTA가 되면 물론 좋지만 안 돼도 내가 책임지는 거고, 돼도 내가 책임지는 거요. 본부장은 철저하게 장사꾼 논리로 협상하고, 한미동맹 관계나 정치적 요소들은 절대로 의식하지 마세요. 모든 정치적인 책임은 내가 질 겁니다."

　협상 전 격려의 말은 그간 대통령이 말한 요지로 마무리했다. 협상 내용과 성패에 따른 모든 부담을 대통령이 직접 책임지겠다고 한 이야기는 대한민국 대표 협상가들에게 마지막 일주일 동안 투혼을 불사를 수 있도록 만든 실질적인 힘이 되었다.

기선 제압이 중요한 첫 신경전

　오전에 협상이 시작되자 나와 바티아 부대표가 마주 보고 앉았다. 바티아 부대표가 먼저 말문을 열었다.

　"우리가 개성공단을 어느 정도 양보하려면 한국 측이 쌀 시장을 개방해야 된다."

나는 십분의 일 초 사이에 어떻게 하면 상대방이 절대로 받아칠 수 없게 말할지 생각해야 했다. 바티아 부대표의 이름이 카란이다.

"카란, 내 귀가 의심스럽다. 두 가지 얘기를 하겠는데, 첫째, 쌀에 대해서는 절대로 양보 없다. 만약 쌀을 처음부터 이렇게 요구한다면 지금 짐 싸서 가라. 내가 우리 국민들한테 '쌀 때문에 깨졌다' 그러면 4,800만 우리 국민 모두가 나를 칭찬할 것은 물론이고 아마 난 영웅이 될 거다. 그리고 내 입장에서는, 쌀 때문에 깨지면 고통 없는 죽음이다It's a painless death. 내가, 사실 지금 그걸 선호한다. 그게 나로선 현재 안고 있는 고통과 부담을 풀어 줄 가장 쉬운 방법이다. 네가 지금 그 길을 선택한 거다. 두 번째, 너 쌀을 그렇게 받고 싶으면 존스법Jones Act을 개정해 와라. 너 알지? 우리가 전 세계에서 조선이 넘버원이고 전 세계 시장점유율 40%다. 맘만 먹으면 90%까지도 올라갈 수 있다. 니네들의 보잉사 비행기가 세계 제일인 것처럼 우리 조선은 세계 넘버원이다. 너 만약에 쌀을 정말 얻고 싶으면 존스법 개정안을 내놓은 다음에 진지하게 이야기하자. 그러기 전에는 나는 너 다신 안 만난다!"

존스법이란 미국에서 1920년에 제정된 법으로, 미국 해안의 모든 여객선과 화물 선박은 미국에서 제조된 선박이어야 하고 소유권자도 미국 사람이어야 한다는 법이다. 미국이 미국 해안의 선박 사용을 제한하여 자국 조선업을 보호 육성하기 위해 제정한 법이다. 우리 조선 산업이 세계 시장을 더 석권할 능력이 있음에도 미국의 배타적인 법 때문에 우리 배가 미국 해안을 드나들지 못하는 것이므로 그 법을 먼저 수정하라는 얘기였다.

미 의회에서 존스법의 수정안에 대해 얼마나 강한 반대가 있었는지는 바티아가 누구보다도 잘 알고 있었다. 바티아 부대표는 교통부에서 근무하던 시절 존스법을 수정하려다 실패한 경험이 있다. 자기들이 절대로 쓸 수 없는 카드는 아예 가져오지도 않았으면서 우리가 일찌감치 제외시킨 카드를 내놓으라니 위선적이라는 생각이 들었다. 여하튼 내가 그렇게 쏘아붙이자 바티아 부대표는 그제야 상황 판단이 된 듯했다.

"그래, 이건 어려운 과제니까 나중에 얘기하자."

"아니, 나중이라는 거 없다. 이 문제에 대해서는 이걸로 끝이다No, there is no later. This is the end. Period."

이것이 우리의 첫 10분간 대화였다. 다음으로 자동차 양허안을 보니 미국이 묘하게 묶어 놓았다. 각기 서로 비슷한 품목을 놓고 흥정을 해야 하는데, 수산물을 농산물과 엮거나 자동차와 명태, 민어를 묶어서 거래하겠다는 미국의 속셈이 보였다. 명태와 민어는 우리 해역의 민감한 품목이다. 미국 측도 그걸 알고 있었다. 특히 명태는 우리 해양수산부에게는 쌀 같은 것이기 때문에 예외로 해야 한다는 주장이 강했다. 오죽했으면 부처 간 조율 때 예외는 안 된다고 당시 해수부 김성진 장관을 설득하는 과정에서 경제부처 장관들이 "명태찌개 지금 비싼데 수입해서 좀 싸게 먹읍시다"라고까지 했을까. 미국의 안은 우리가 명태와 민어에 대해 15년 내의 관세 철폐를 요구하면 미국도 우리 자동차에 대해 15년을 적용하겠다는 것이었다. 민어의 경우 버지니아 주 민어를 해마다 100만 달러어치밖에 수입하지 않았는데 100억 달러어치 이상을 수출하는 우리 자동차와 연계하는 작전을 쓴 것이다.

바티아 부대표가 말했다.

"명태·민어, 10년 줄게. 그 대신 우리 자동차 관세철폐 기간도 10년이다."

알래스카 연해에서 잡히는 명태가 아니라 알래스카 주를 통째로 줘도 욕심이 차지 않을 나에게는 말도 안 되는 소리였다.

"그럼 너 지금 자동차 관세 2.5%를 10년 걸쳐서 매년 0.25%씩 인하하겠다는 거냐?"

바티아 부대표는 표정 하나 변하지 않고 "그렇다"고 대답했다.

"카란, 다시 잘 생각해 봐라. 지금 니네들이 FTA를 타결하려고 온 건지 깨기 위해서 온 건지 난 잘 모르겠는데, 너 지금 명태, 민어를 자동차, 자동차 타이어, 픽업트럭하고 연결시킨다는 게 말 같은 소리냐! 너와 협상을 하고 나면 항상 입맛이 씁쓸하더라. 우리가 만약 이렇게 협상하면 어쩔 수 없이 깨진다. 너 잘 생각해라. 너하고 나하고 더 이상 얘기해 봤자 안 되니까 이제 분과장들에게 협상을 맡기자."

그럼 관두지!

월요일, 화요일엔 예상대로 모든 분과에서 아무 진전이 없었다. 내 추측이 맞았다. '마감일이 금요일이 아니고, 예상한 대로 우리 시간 4월 2일 월요일이겠구나' 하는 판단이 분명해지고 있었다.

상품 농산물 분과에서는 주요 과제들이 그대로 남아 있었고, 지적재산권, 섬유 원산지, 통신 분야에서도 전혀 진전이 없었다. 양측이 지난 1년 동안 해온 말만 되풀이하고 있었다. 문제는 이런 협상 상태가 수요일 밤까지 지속되었다는 것이다. 나는 우리 고문 변호사인 킹어리John Kingery에게 물었다.

"수요일 밤까지 아무 진전이 없는데 미국 측이 협상을 깰 준비가 된 건지, 대규모 협상을 매듭지을 능력이 도저히 없는 건지. 어떻게 생각해?"

킹어리 변호사는 유능한 통상변호사다. WTO 법률국에서 4년 동안 같이 근무했고, 워싱턴의 분위기가 어떻게 돌아가고 있는지 잘 파악하고 있었다.

"나도 화요일 밤까지 아무 진전이 없을 거라고 생각했어. 수요일 밤까지 이런 상태라면 결렬될 가능성이 있다고 봐야지. 그때 가서 바티아 부대표와 만나서 어떤 생각을 갖고 있는지 확인해 보는 게 좋을 것 같아."

그때 난 이미 욕심이라는 걸 하나둘씩 내려놓고 있었다. 국가에 대한 충성의 결과가 내가 그린 그림이 아닐 수도 있겠다고 진심으로 생각했다. 보기에 아무리 좋은 비전과 전략, 전술이 있어도 최종적으로는 인간의 한계가 있음을 확실히 인정했다. 내 뜻과 다른 하늘의 뜻이 이루어지는 것이다.

수요일 오후 3시경 각 분과의 상황 보고를 받았는데 역시 아무런 진전이 없었다. 수요일은 조금이나마 진행될 거라 생각했는데, 기대를 빨리 접을 수밖에 없었다. 우선 미국 측이 자동차 관세를 양보한다고 한 것이 고작 미결정에서 철폐 기간 10년으로 옮겨 놓은 것이었다. 이것은 도저히 받아들일 수 없는 안이었다. 나는 바티아 부대표에게 말했다.

"모든 분야에서 진척이 없는 이유는 미국이 자동차 관세철폐에 대해 양보하지 않고 있기 때문에 병목현상이 생겨 그런 거지. 미국 측이 승용차와 자동차 부품에서 양보하지 않는 한 이 협상은 진전이 없을 거야."

"크라우더 대사가 농업과 관련해 우리에게 보고하고 싶은 게 있다는데 들어오게 해도 될까?"

"내가 우리 분과장인 배종하 국장에게 보고받은 뒤 듣는 게 좋으니 오후에 만나도록 하지."

농산물 보고를 받아 보니 8차 협상 때와 변화가 없었다. 쇠고기는 미국이 10년, 우리가 18년을 내놓고 줄다리기를 하고 있었고 돼지고기는 미국은 5년, 우리는 적어도 10년 이상이라는 입장이었으며, 천연 꿀에 대해서는 예외 품목으로 합의를 봤지만 수입쿼터량에 합의가 이루어지지 않았고, 대두에 대해서도 양측 입장이 달랐다. 낙농품은 수치를 들어 협상할 수 있는 선까지 접근조차 못했고, 오렌지와 사과는 계절관세를 적용하는 것까지 합의를 봤지만 출하 기간과 비출하 기간을 서로 정하지 못했다.

크라우더 대사는 농업만 담당하는 60대 후반의 노장이다. 미국 남부 출신이며, 말하는 것을 들어 보면 자칫하다간 뒤통수 맞을 수도 있겠다는 느낌이 들었다. 슈워브 대표는 바티아 부대표와 크라우더 대사 두 명의 장수를 서울로 보낸 것이다. 크라우더 대사는 쇠고기 검역에 대해 아무 진전이 없다며 우려를 표명했다. 그는 쇠고기에 대해 강하게 요구했고 우리는 더 강하게 방어했다. 쇠고기는 관세와 관련된 사안이 FTA 협상 이슈이지만 검역은 FTA 의제가 아니다. 하지만 계속해서 광우병 문제가 수출입 통상에 연계되어 이슈가 되었다. 크라우더 대사가 대뜸 이 문제를 내가 직접 정치적으로 풀어 줄 것을 요청했다. 나는 그것은 내 권한 밖의 일이라고 분명히 밝혔다.

쇠고기 위생조건 검역조치는 1단계에서 8단계까지 있는데, 그중 가장 중요한 5단계에서 수입 허용 여부를 정한 다음 6단계에서 수입 위생조건을 협의해서 수입증명서를 발행한다. 수입 위생조건을 협의해야 미국 쇠고기가 안전하다는 증명서를 발급하는 것이다. 그는 이것을 언제 해줄 수 있는지 물어 왔다. 광우병에 대한 판단이 FTA 논제가 아닌 건 알지만 그 증명서가 나올 시기를 약속해 달라는 것이었다. 당연히 나는 약속할 수 없다고 못 박았다.

"안전증명서를 언제까지 발급하겠다는 약속은 못 한다. 그런 이면 거래는 자살행위다. 나는 바보가 아니다."

그러자 크라우더 대사는 한국 입장을 받아들일 수 없다며 벌컥 화를 냈다. 나도 "그럼 관두지!" 하고 책상을 치며 일어나면서 같이 있던 바티아 부대표에게 "당신네 농림부 사람들, 할 말 있으면 우리 농림부 직원들에게 직접 하라고 해. 난 더 이상 농업 관련해서 개입하지 않을 거니까!" 하고는 협상장을 박차고 나와 버렸다.

조금 있다가 바티아 부대표가 다른 과제로 좀 봐야겠으니 만나자고 요청해 왔다. 내려갔더니 회의실엔 아직도 크라우더 대사가 앉아 있었다. 협상테이블 끝 쪽에 앉아 심드렁한 표정으로 책상 위에 팔을 올려 기댄 채 관심 없다는 듯 아무 말도 않고 있었다. 농업 협상은 서로의 주장이 평행선을 달리며 도무지 진전되질 않았다. 그 장면을 지켜보던 바티아 부대표가 답답하다고 생각했는지 조심스럽게 내게 말을 걸었다.

"당신이 다시 좀 개입할 수 없겠어?"

"카란, 무슨 말을 하는 거야! 저 노인네가 바보같이 먼저 화내면서 협상 진행을 못 하게 만들었는데 내가 미쳤다고 당신네 좋은 일을 해줘!"

그러고는 내 방으로 올라와 계속 협상 내용과 전략을 검토했다. 그렇게 아무 진전 없이 수요일도 지나갔다.

협상 결렬을 준비하다

미국은 우리 주요 수출품목인 승용차와 자동차 부품의 관세철폐 기간을 5년, 픽업트럭과 타이어를 10년으로 하는 안을 제시했다.

"우리 빅3 자동차 메이커가 어려움을 겪고 있기 때문에 상당히 민감하다. 그래서 즉시 혹은 단기철폐를 수용할 수 없다. 픽업트럭은 한국이 제조하지도 않는데 뭐 때문에 그렇게 관심을 갖나? 그리고 한국 측이 명태, 민어, 넙치에 대해 10년 또는 그 이상을 요구하는 시점에서 우리도 10년으로 할 수밖에 없다."

"승용차와 자동차 부품에 대한 즉시철폐 없이는 FTA를 타결할 수 없을 것이고, 우리가 픽업트럭을 제조하고 있지는 않지만 앞으로 제조할 것이다. 더 중요한 것은 픽업트럭에 25%나 부과되는 고관세율이 인하되어야 우리가 투자를 유치할 수 있다는 거다. 예를 들어 도요타, 혼다가 픽업트럭을 미국에 수출할 때 25% 관세가 적용되는데 한미 FTA에서 25%에 달하는 관세가 인하되어야 그들이 한국에 투자할 것 아닌가. FTA는 관세철폐로 교역량을 늘리려는 목적도 있지만 투자를 유치하는 것도 상당히 중요하다. 그래서 미국도 투자 분야에서 저렇게 최선을 다하는 것이 아닌가? 우리 픽업트럭과 타이어를, 100만 달러 정도밖에 수입하지 않는 명태, 민어, 넙치에 비견하여 주장한다면 세상 사람들이 다 웃는다. 명태를 그렇게 양보하고 싶지 않으면, 현재 시행 중인 알래스카에서의 어업 금지를 풀고 미국 어업법을 고쳐 우리가 현지 법인을 설립하고 경영권을 갖는 대주주가 될 수 있게 하라. 서로가 선의를 갖고 협상에 임해야 하는데, 이런 내용을 가져온 걸 보니 미국 측 의도가 의심스럽다."

아니나 다를까, 분과장들에게 목요일 협상 결과를 보고받아 보니 금융서비스, 전자상거래 그리고 경쟁 분과에서는 조금 진전이 있었으나, 상품, 자동차, 농업, 섬유, 통신, 지적재산권, 투자, 무역구제 등의 분야에서는 전혀 진전이 없었다. 미국 시간 금요일을 협상 종료 시점으로 가정했을 때 아무리 생각해도 나흘 동안 잠도 제대로 못 잔 채 하루하고 반나절을 더 협상한다 해도 절대시간이 부족한 의제들이 남은 것이다. 그렇다면 실제로 유효한 최종 마감시간은 미국 시간 일요일 밤 12시, 우리 시간으로 월요일 오후 1시인 것이 거의 확실했다.

또 하나, '이 시점까지 왔는데 하늘이 한미 FTA를 결렬시키고 말 것인가'라고 자문해 보았다. 결렬될 경우 한미동맹 관계의 근간이 흔들릴 가능성, 한미 FTA 성사로 양국이 얻을 수 있는 이익 등을 감안할 때 양국 모두 결렬되는 것을 원하지 않는다는 점도 뚜렷이 보였다. 나의 이런 심증에 구체적인 사인이 있었다. USTR가 아닌 미 외교안보보좌관이, 노 대통령을 수행하며 카타르에 머물고 있는 백종천 외교안보실장에게 FTA에 관하여 전화했다는 것이다. 한미 FTA를 보는 미국의 시각이 경제통상 협상을 넘어 한미동맹 차원임이 확실했다. 미국 정부는 분명히 타결 의지가 있다는 뜻이었다.

하지만 실제 협상장에서는 수요일뿐 아니라 목요일마저 아무 진전이 없자 전략상 협상이 깨질 경우를 대비해 준비는 해야겠다는 생각이 들었다. 좀더 명확히 하자면, 우리가 먼저 협상을 깨야 했다. 그래서 목요일 오후 3시경 김원경 과장에게 협상 결렬 내용으로 대국민 기자회견문을 준비하라고 지시했다. 그 지시를 받아 회견문을 만들고 있는 김원경 과장의 USTR 측 상대에게서 전화가 왔다. 별 의미 없이 뭐하고 있냐는 질문에 김 과장은 망설이지 않고 답했다.

"별 일 안 해. 내 방에서 TV 보고 있어. 아, 그리고 우리 통상장관이 지시한 협상 결렬 기자회견문 작성하고 있고."

아마 이 내용은 바티아 부대표에게 즉각 전달되었을 것이다. 나는 어떤 반응이 나올지 궁금했다.

노 대통령과 부시 대통령의 통화

우리 측이 협상을 중단할 수도 있다는 압박이 상대방에게 가해진 것이다. 나는 협상을 깰 수도 있다는 의지를 확실하게 해야 했다. 카타르에 있는 대통령께 협상 과정의 현재 상황을 있는 그대로 보고하기로 했다. 그때가 한국 시간으로 목요일 저녁 8시 15분이었는데, 30분 후인 8시 45분에 노 대통령과 부시 대통령의 전화 통화가 예정되어 있었다.

"대통령님, 나흘 동안 계속 진전이 없습니다. 미국 측은 자동차에서 조금 양보하고 다른 분야는 거저먹으려 합니다. 섬유 분야의 즉시철폐율이 아직 낮고, 농업 분야에서는 쌀을 비롯한 우리의 민감 품목 개방을 계속 요구하고 있으며, 특히 쇠고기 수입 위생조건을 조속히 해결하라는 압력을 가하고 있습니다. 그러나 미국 측은 주요 공산품 개방에서 조기에 관세를 즉시철폐해야 하고, 농업에서의 과다한 요구 수준을 낮추어야 합니다. 원산지 분야에서도 현지부품 조달률을 높이면 한국산 인정을 받지 못해 관세철폐 혜택을 보지 못하게 됩니다. 통신 분야에서는 우리 정부가 기술 표준을 결정할 수 있는 권한을 양보할 수 없고, 투자 분야에서는 간접수용에 해당하지 않는 예외 분야로 환경, 보건, 안전 외에도 부동산 가격 안정화 정책과 조세도 포함되어야 합니다. 또 미국 측은 우리의 주요 수출품인 타이어와 픽업트럭을 명태, 민어, 넙치의 관세철폐 기간과 연계시키는 몰상식한 억지를 부리고 있습니다."

"김 본부장, 나한테 지금 이렇게 얘기하는 이유가 협상을 깨기 위해서입니까?"

"우리의 마지노선이 있는데 미국 측이 양보하지 않으면 깰 수도 있어야 합니다."

"부시 대통령에게 어떤 메시지를 전달했으면 좋겠어요?"

정상들 간에는 세 개 이상의 이슈를 올리면 대화가 복잡해지고 효과도 없어지기 때문에 될 수 있으면 과제 수를 최대한 줄여야 한다.

"자동차와 부품을 비롯한 우리 주요 수출 공산품과 섬유를 조금 언급하시고, 쇠고기 수입 위생조건에 대해 합리적인 차원에서 해결할 의지가 있음을 말씀하시는 게 좋겠습니다."

이제 협상 진전 여부는 두 정상에게 넘어갔다. 최고 통치권자에게 부담을 넘기는 것이 송구스럽긴 했지만 미국 측으로부터 받아 내야 할 것은 확실히 받아 내야 했다.

내가 듣기로 노 대통령을 카타르에 모시고 간 팀들은 아예 한미 FTA 협상팀이 되었다고 한다. 해들리 미 외교안보보좌관과 백종천 보좌관이 통화할 때, 협상이 답보 상태이고 시한도 얼마 안 남았으니 양국 정상이 통화하는 것이 좋겠다는 제안을 해들리 보좌관 쪽에서 먼저 했다는 것이다. 다음은 당시 현장에 있던 직원에게 들은 내용을 정리한 것이다.

  실무협의 끝에 통화 시간은 3월 29일 오후 2시 45분으로 결정되었다. 대통령은 그날 오전 10시 50분부터 오후 1시까지 카타르에 있는 라스라판 산업도시를 시찰하고 우리 근로자들과 오찬 간담회를 갖기로 되어 있었다. 라스라판에서 돌아오면 오후 2시, 약 30~40분 사이에 FTA 협상 상황 및 미 대통령과 통화 시 언급할 내용을 보고하고 숙지시켜 드려야 했다. 상황을 관리하기 위해 송민순 외교부장관이 호텔에 남기로 했다.
  대통령이 통화 때 중점을 두어야 할 사항을 정해야 했다. 서울에서는 재경부가 자동차 관세양허안의 경우 미국 측 제안 정도면 소기의 목적을 달성했으니 섬유 양허안을 더욱 높여야 한다는 점을 강조해 줄 것을 요청해 왔다. 미국 측이 섬유 시장 개방의 대가로 중국 제품의 우회 수출을 방지하기 위해 우리나라 업체에 각종 정보를 제공하라고 요구했는데, 우리 중소기업에게 적지 않은 부담이 될 것이므로 관세인하 범위를 더 넓히지 않으면 이들을 설득하기 어렵다는 것이었다. 자동차는 3년만 지나면 어차피 관세가 철폐되지만 섬유 정보 제공 의무는 시간이 지난다고 경감되는 것이 아니므로 시장 개방 범위라도 확실히 넓혀 두어야겠다는 것이다. 일리 있는 지적이었다. 그러나 지금까지 자동차를 중점적으로 말해 오다가 갑자기 초점을 섬유로 옮기면 우리 속내를 들킬 수 있었다. 통화 참고 자료는 자동차에 중점을 두어 작성되었다.

그러나 정작 통화는 우리 생각대로 전개되지 않았다. 참모들의 생각과 대통령의 생각은 그 틀이 달랐다. 대통령은 부시 대통령도 정치적으로 부담스럽게 생각하는 쇠고기 문제를 확실히 풀어 주면 나머지 문제는 관료들 선에서 풀 수 있을 거라고 판단한 듯했다. 통화의 상당 부분을 쇠고기에 할애했다.

통화가 있기 얼마 전 호텔 17층 프레지덴셜 스위트 거실에 대통령 내외분과 외교부장관, 산자부장관, 경제수석, 홍보수석, 안보정책비서관, 청와대 담당 행정관, 그리고 통역이 앉아 통화 전략을 합의했다. 오후 2시 15분 서울에 있던 통상교섭본부장이 전화로 그간의 협상상황에 대해 보고했다. 김현종 본부장은 미국 측이 자동차에서 조금 내놓고선 다른 분야는 거저 먹으려 한다며 격앙되어 있었다. 라스라판 행사에서 돌아오자마자 짧은 시간에 본부장에게 전화보고 받고 수행 각료, 수석비서관으로부터 설명을 듣는 와중에 분위기가 어수선했다. 전화벨이 울리기 직전 갑자기 대통령이 담배를 찾았다. 협상의 성패가 이번 전화 한 통에 달려 있으니 긴장이 된 듯했다. 통역이 수화기를 들어도 좋다는 신호를 보내자 담배를 연거푸 들이키고는 비벼 끄면서 전화를 받았다. 대통령이 받는 전화는 본인과 통역만이 들을 수 있다. 배석 수행원은 우리 대통령이 하는 말은 들을 수 있으나 부시 대통령의 말은 들을 수 없다. 따라서 현장에서 조언할 수 없다. 이제 대통령 혼자서 감당해야 한다.

부시 대통령은 협상 마감 시한이 얼마 남지 않았다는 점부터 강조했다. '내일 밤 자정이 마감 시한이다. 따라서 이 통화로 협상팀들이 자동차, 쇠고기, 투자, 쌀 문제 등을 해결하기 위해 협상에 더 박차를 가하게 되기를 기대한다. 미국은 쌀과 자동차 등 주요 이슈들에 대해 상당한 유연성을 보였다. 한국 측이 조금 더 유연성을 보여 주기 바란다.' 이상이 부시 대통령이 한 말이다. 그쪽 참모들은 시한을 무기로 우리의 양보를 신속히 받아 내려는 속셈이었다.

대통령은 시한 문제에 대해서는 대꾸도 하지 않고 자동차와 섬유부터 간단히 언급했다. '나는 쇠고기 문제가 직접 대화해야 할 최종 문제라고 생각했다. 그런데 이 문제 이전에 자동차, 섬유 등에서 충분한 협의가 되고 있지 않으니 안타까운 일이다. 미국이 제시한 자동차 협상안은 아직 많이 부족하다. 섬유도 70% 이상은 양보해야 한다. 미국이 조금 더 양보하면 나도 우리 대표단에게 미국의 관심 사항에 대해 좀더 유연하게 협상하도록 지시하겠다.' 대통령의 답변이었다.

대통령은 이어 쇠고기 문제를 강도 높게 제기했다. '쇠고기 수입 위생조건에 관해 국제수역기구OIE의 권고를 존중하여 합리적인 수준으로 개방할 의향이 원칙적으로 있다. 검역 조건 사전합의 확인 절차도 선의를 갖고 합리적인 기간 안에 마무리하겠다. 지난날 미국 쇠고기에서 나온 뼛조각에 대해 우리 담당 부서가 다소 무리하게 대응한 것 때문에 미국이 우리의 선의를 의심하는 것 잘 이해한다. 하지만 쇠고기 수입 문제는 합리적인 수준에서 결정되도록 내가 직접 관리하겠다.' 특유의 힘 있는 목소리로 대통령은 자신의 입장을 설득력 있게 말해 갔다. 대통령인 내가 직접 챙기겠다는데 무엇을 더 바라느냐, 그 문제는 날 믿고 다른 분야에서 좀더 양보하라는 얘기였다.

대통령은 여기서 그치지 않고 미국 측에 두 가지를 더 요청했다. '부시 대통령 당신에게 쇠고기 문제가 매우 중요하다는 것 안다. 하지만 나도 금년에 대통령 선거를 앞두고 있는 상황이다. 섣불리 양보할 수 없다. 당신 입장을 감안하여 이 문제가 합리적으로 해결될 것이라는 메시지를 내가 공개적으로 밝히겠다.' 대통령이 공표하는 것인데 미국 의회도, 쇠고기 업계도 부시 대통령에게 다른 말 못할 것 아니냐는 것이다.

대통령은 쇠고기 재수입은 일본, 대만, 홍콩 등 다른 나라들과도 비슷한 시기에 개시해 줄 것을 두 번째 사항으로 요청했다. 국제수역기구 권고에 따라 협상을 하되, 이 문제는 국민적 자존심에 비추어 매우 민감한 문제이기 때문에 다른 아시아 국가들은 가만히 있는데 우리나라만 먼저 체결할 수는 없지 않느냐고 설득했다. 끝으로 대통령은 당신과 나 둘이서 신뢰를 바탕으로 풀어 가자고 말한 후, FTA를 반드시 성사시켜야 한다는 의지를 갖고 있으며 국내적으로 수많은 갈등과 저항을 극복하면서 꿋꿋하게 노력해 왔다는 점을 강조했다. 부시 대통령은 선의와 우정에 기초하여 양국 의회가 받아들일 수 있는 결과를 도출할 수 있도록 노력하자고 말하고 전화를 끊었다.

이 내용의 핵심 포인트는 대통령이 합리적인 선에서 검토하되, 두 가지 중요한 조건을 고려하여 해결해야 된다는 것이었다. 즉 선거를 감안해야 하고 쇠고기 수입은 다른 아시아 국가들과 비슷한 시기에 풀어야 됨을 강조한 것이다. 결국 양국 정상이 큰 역할을 했다. 답보 상태인 협상은 노 대통령과 부시 대통령의 전화 통화를 통해 실마리가 풀린 것이다. 이제 다시

하얏트의 접전으로 공이 넘겨졌다.

짐 싸서 위싱턴으로 돌아가세요

다시 바티아 부대표와 회의실에 앉았다. 두 정상 간의 대화가 있었음을 둘 다 알면서도 모르는 체하는 듯한 분위기에서 내가 먼저 말문을 열었다.

"자, 목요일이다. 지금 밤 12시다. 나하고 당신하고 마감일을 의논하면서 토요일 발표를 하기 위해 금요일에 협상을 끝내기로 했지만, 지금이 목요일 밤 12시고 금요일 오늘 하루밖에 안 남았다. 이 많은 이슈를 24시간 안에 해결한다는 것은 불가능하겠지?"

"그래, 당신 말이 맞다, 불가능하다."

"그럼 이 협상, 깨지는 걸로 알고 가서 자라. 이제 더 이상 끌지 말자. 짐 싸서 위싱턴으로 돌아가라. 호텔비도 비싸고 잠도 못 자고 우리 모두 많이 피곤하다. 최선을 다했으니 그만두자."

"……"

지금 생각해 보면 두 정상 간 대화가 우리 시간으로 저녁 8시 45분에 약 30분간 이루어진 것을 감안하여 바티아 부대표는 내가 먼저 양보안을 갖고 나오기를 기대하며 나왔던 것 같다. 나는 거꾸로 바티아 부대표가 위싱턴에서 새로운 지시를 받았을 테니 전보다 더 개선된 안을 제시할 거라고 생각했다. 동상이몽이다.

대화를 마치고 밤 12시경 방으로 돌아와 며칠 만에 숙면을 취할 수 있었다. 문득 이런 생각이 떠올랐다. 적어도 헤비급과의 복싱에서 12라운드까지 갔다는 것만 해도 어디냐, 우리 국민만큼 FTA에 대해 많이 아는 국민은 없을 것이다, 지난 1년 사이에 세계화와 경쟁력에 대해 많이 깨닫게 된 것만 해도 얼마나 큰 소득인가……. 그러면서도 노 대통령과 부시 대통령의 통화로 어떤 돌파구가 마련되기를 기도하며 잠들었다. 새벽 4시, 갑자기 전화가 왔다. 바티아 부대표가 좀 만나자고 했다.

"우리는 조금 전까지 회의했고 난 더 말할 게 없다. 만나더라도 내일 아침에 만나자. 아침식사 하고 난 다음에."

"아니, 지금 급하니까, 지금 만나자."

그러고서 안을 내미는데, 3,000cc 이하 승용차는 3년, 3,000cc 초과는 5년, 타이어와 픽업트럭은 10년으로 관세철폐 시한을 제시했다.

"이게 나의 최선이자 마지막 제안이다."

"이거 때문에 나를 새벽 4시에 불렀어? 관둬!"

어찌나 화가 나던지 서류를 팍 던져 버리니까 바티아 부대표는 자기도 할 만큼 다했다며 벌떡 일어서더니 걸어 나갔다. 방으로 돌아왔는데 아닌 게 아니라, 7시 반에 또 만나자는 연락이 왔다. 못 이기는 체하고 다시 만났더니 3,000cc 이하와 3,000cc 초과 모두 3년, 타이어 10년, 픽업트럭 10년 안을 가져왔다. 나는 "좀더 인심 써야겠네!"라고 대답하면서 속으로는 '이제야 협상할 수 있겠다!' 싶었다.

바티아 부대표는 충분히 양보했다는 듯 이제 내놔라 하는 투로 말했다.

"한국이 비관세 무역장벽을 도입해서 미국 차 수출에 피해가 있을 경우 한국 자동차에 대한 관세양허 취소snapback를 할 수 있는 제도를 도입하고자 한다."

"그건 말도 안 된다. 관세철폐를 양허한 후 취소하겠다는 제도는 없다."

"미국 자동차 회사들이 지금 상황이 안 좋고 과거에 한국이 많은 비관세 장벽을 만들어서 수출을 못했기 때문에 이런 제도가 필요한 것이다."

"당신이 뭘 잘못 알고 있는 것 같은데, 미국 자동차 회사들이 한국에 수출을 못 하는 이유는 비관세 무역장벽들 때문이 아니라 노력이 부족해서다. 이 자리에서 그것을 확실하게 입증해 주겠다. 먼저, 이윤이 가장 높은 북미 시장에만 집중하고 해외 시장 개척은 안 한 거다. 그리고 M&A로 자동차산업의 패러다임이 바뀌고 유동적인 상황에 있기 때문이다. 이건 내가 만들어 낸 게 아니고 당신네 상무성이 발표한 근거다! 혹시 내 말을 못 믿을까 봐 한국 산자부가 아닌 미 상무성 보고서를 갖고 왔는데 한번 보겠나?"

바티아 부대표는 얼굴을 찌푸리면서 그 보고서를 읽어 내려가더니 이렇게 말했다.

"그래도 우리 업계는 비관세 무역장벽이 수출을 막는 이유 중 하나라고 보기 때문에 관세양허 취소 문구가 FTA에 포함되어야 한다."

나중에 들은 바로는 바티아 부대표는 이 대화 이후 워싱턴에서 온 전화를 받기 위해 회의 도중 바깥에 나갔는데 "나한테 지시만 하지 말고 도움이 좀 됐으면 좋겠어. 도움은 못 줄망정 상무성이 내 입장을 약화하는 허접한 보고서나 발표하고 있으니 협상이 제대로 되겠어!"라고 화를 내며 소리를 질렀다고 한다. 그도 꽤나 피곤하고 스트레스가 쌓일 만큼 쌓였던 것이다. 사실 바티아 부대표는 한미 FTA가 성사되도록 헌신적으로 협상을 이끈 탁월한 협상가였다. 동시에 그것이 가능했던 이유는 웬디 커틀러 무역대표보가 일을 잘 처리했기 때문이다. 웬디는 유능하고 공정한 협상가였다.

나는 이혜민 국장, 김해용 국장과 토론을 했다. 우리가 비관세 무역장벽을 설치하지 않으면 되는 것이고, 분쟁해결까지 가서 패소할 경우 그 비관세 무역장벽을 철회하면 된다는 데 의견을 모았다. 그러나 25% 고관세가 부과되는 픽업트럭 부문에 우리 기업이나 해외투자자가 투자할 경우 관세양허가 취소되면 수십 억 달러의 피해가 있을 수 있었다. 따라서 관세양허 취소는 승용차에만 적용되게 하고 자동차 부품과 픽업트럭에 대해서는 적용되지 않는 쪽으로 미국과 합의를 했다. 그리고 미국은 일정 대수에 이를 때까지는 초저배출 차량 기준 적용을 면제해 달라고 요청했다.

노 대통령께 올린 보고

3월 30일 대통령이 귀국했다. 나는 그날 오전 10시 반부터 11시 반까지 보고를 드렸다. 권오규 부총리, 송민순 외교부장관, 문재인 비서실장, 변양균 정책실장, 홍보수석, 경제보좌관, 이호철 국정상황실장, 의전비서관, 부속실장과 경제정책행정관이 배석했다. 현재까지 전반적으로 평가할 때 미국 측의 경직된 자세로 전체 협상 타결이 극히 불투명하다고 말씀드렸다. 농산물, 자동차, 섬유, 쇠고기 검역 문제, 개성공단 등 핵심 쟁점에서 상당한 이견이 있으며, 투자, 방송, 지재권, 원산지 무역구제 등 여타 분야 협상도 교착 상태라고 말씀드렸다.

"우리는 지재권 분야에서 일괄타결안을 제시했는데, 저작권 보호 기간을 50년에서 70년으로 연장하는 것을 수락했으며 미국 측은 법정 손해배상제도와 자료 보호를 수용했습니다. 지금 문제는 지재권 분야의 비위반 제소에 대해 미국이 계속 요구하고 있다는 점입니다. 농산물 분야에서 가장 문제되는 품목들의 경우, 쇠고기 관세 40%를 미국 측은 10년 내 철폐하라고 주장하는 반면 우리는 양허에서 제외하자는 입장이며, 돼지고기에 부과되는 25% 관세는 미국 측이 5년 내 철폐를 요구하는 반면 우리는 10년 이상이 필요하다는 입장입니다. 50% 관세가 부과되는 오렌지의 경우 우리는 양허 제외를 주장하고 있지만 미국 측은 이것을 수용하지 못하겠다고 반박하고 있고, 식용 대두는 489% 고관세를 유지하는 것에 합의를 봤으나 쿼터 물량은 합의를 못 봤습니다. 46~176%의 관세율을 부과하는 분유도 우리는 소량의 쿼터를 제공하겠다는 입장인 반면 미국은 막대한 쿼터를 요구하고 있습니다. 자동차에 대해서는 미국 측이 자동차세 부과안을 5단계에서 3단계로 축소할 것과 특별소비세를 단일화하고 자동차 배출가스 기준을 완화해 줄 것을 요구하고 있습니다. 현재 미국 측 양허는 승용차와 자동차 부품은 3년, 트럭과 타이어는 10년의 철폐 기간을 두고 있습니다. 그리고 자동차 관련 분쟁해결 절차에서 우리가 협정을 위반할 경우 특혜관세를 철회하는 스냅백을 추가로 요구하고 있습니다. 섬유는 현재 즉시철폐 기준이 50%에 머물러 있는데 개방 수준 개선을 집중 요구하고 있습니다. 쇠고기에 대해 미국 측은 우리가 빠른 시일 내에 수입을 재개하겠다고 보장해 주길 요구하고 있습니다."

대통령은 쇠고기는 국민 건강과 관계된 민감한 문제이기 때문에 다른 나라와 비교되는데, 일본, 대만, 홍콩 등이 전략적으로 같은 시기에 쇠고기 수입을 해야 한다고 말했다. 그래야 국민들에게 우리도 국제사회 규범을 존중해야 한다고 설명할 근거가 된다고 언급했다. 특히 "선거가 닥쳐오는데 미국이 이것을 이해해 줘야 하는데……"라며 우려를 표명하셨다.

개성공단에 대해서는 문을 닫아 버리진 말고 앞으로 논의할 수 있는 여지를 만들어 놓는 것이 좋겠다고 주문했다. 정치적 상황이 호전되면 FTA 협상팀이 다시 구체적인 협상을 할 수 있을 정도로 결과를 내달라는 주문이었다. 자동차에 대해서는 내가 관세 즉시철폐를 받아내겠다고 말씀드렸다. 끝으로 대통령은 협의를 실리적으로 잘해서 좋은 결과를 내달라고 요구했다. 그러고서 "멕시코에서 김현종 본부장이 한미 FTA 하자고 답을 내놓으라 하는 바람에 이렇게 어렵게 되지 않았나. 본부장이 다 책임져"라고 웃으며 말했다.

판을 깰 생각이 없는 미국

2007년 3월 30일 금요일, 당초의 협상 종결 시한을 하루 앞두고 하얏트 호텔에 있던 양국의 협상 담당자들, 기자들, 그리고 카란 바티아와 나조차도 이 협상이 성공할지 실패할지 도저히 점칠 수 없는 상황이었다. 아니, 오히려 회의론에 더 많은 무게가 실려 있었다. 극한의 대립 국면에 처하게 된 저녁 무렵에는 분과 협상대표들 대부분이 속수무책으로 나만 쳐다보고 있었다. 농업만 협상이 진행되고 있었는데, 국내적인 민감성 때문에 일곱 차례의 전체 협상과 두 차례의 고위급 협상을 했음에도 쇠고기, 오렌지, 낙농품, 과일류 등 핵심 품목에 대해 입장을 좁히지 못하고 있었다. 협상장 밖의 기자들도 이런 상황에 촉각을 곤두세우고 있었다. 어디선가 꺼져 가는 불씨를 살리기 위한 동력을 찾아야 했다.

그런데 저녁 8시가 넘어 미국 측에서 연락이 왔다. 밤 11시 30분까지 농업에서 더 이상 진전이 없으면 협상을 결렬시키겠다는 것과 그 판단을 크라우더 대사의 결정에 맡기겠다는 것이었다. 우리에게 주어진 시간은 3시간뿐이었다. 한미 FTA가 역사 속에 묻혀 버릴 수도, 아니면 역사의 한 장이 될 수도 있는 기로에 있었다. 그렇다고 무조건 양보하는 것은 내 양심이, 국가통상 수장으로서의 자존심이 허락하질 않았다.

그 순간 미국의 최후통첩이 우리에게 결코 불리한 것이 아니라는 계산이 섰다. 미국은 우리만 코너로 몰아넣은 것이 아니라 농업의 실질적인 결정권자인 백전노장 크라우더에게도 부담을 지운 것이었다. 크라우더 대사는 절대로 이 협상을 결렬시킬 수 없었다. 그럴 경우 최대 농산물 수출국인 미국은 한국이라는 거대한 시장을 잃게 되기 때문이다. 만약 한국이 EU 및 캐나다와 FTA를 체결할 경우 미국 농산물은 경쟁우위를 상실, 협상 결렬에 대한 책임이 크라우더에게 쏠릴 수밖에 없을 것이다. 나보다 크라우더가 더 답답한 위치에 있었다. 이것이 동시다발적 FTA의 전략적 장점이었다.

내 예상은 빗나가지 않았다. 크라우더의 허둥대는 모습이 역력히 드러났다. 배종하 농림부 국장은 을지문덕 장군이 살수대첩 때 수나라 우중문 장군에게 보낸 시를 인용하며 미국 측에 경고했다.

"전쟁으로부터 얻어 간 것이 이미 많으니 만족함을 알았으면 그치기를 바라오."

그리고 더 이상 농산물에 대해 양보가 없다는 뜻을 확실히 했다. 내가 크라우더 대사와 협상이 가능했던 또 하나의 이유는 농업협상 책임자인 배종하 국장의 탁월한 전략·전술 덕분이었다. 그는 판단이 정확하고 책임을 회피하지 않는 매우 유능한 농림부 관료였다. 농업협상 실무자들도 유능했고, 이들은 배 국장을 중심으로 협상을 잘 이끌어 냈다.

농업 협상 담당자를 불러 협상장 분위기를 보고받았다. 가장 쟁점이 되는 사안은 오렌지였다. 오렌지는 우리에게도 민감한 품목이지만 미국에게도 정치·경제적으로 큰 이해가 달려 있는 품목이었다. 당시 오렌지에 대해 현행 관세 50%를 유지하는 기간을 언제부터 언제까지로 할 것인지, 그 외의 기간에 대해서는 관세를 몇 년 만에 철폐할 것인지를 두고 팽팽히 대립하고 있었다. 우리는 제주 감귤이 출하되는 시기(10월~3월)에 현행 관세를 유지하기를 희망했고, 미국은 한국의 오렌지 수입이 가장 많은 2월이나 3월에 한해 즉시철폐를 요구했다. 우리 측은 계절관세를 설정하는 것도 엄청난 양보인데 더 이상의 양보는 있을 수 없다는 강한 입장을 고수했다. 시간은 흘러가고, 우리 농업 대표단과 더 이상 대화가 어렵다고 판단한 크라우더는 직원을 통해 나를 만나게 해달라고 요청했다.

"밖에서 이야기할 수 있을까요?"

방에서 나갔더니 그가 말했다.

"당신네 협상가들 때문에 죽겠습니다. 움직이질 않아요."

"그렇습니까? 내가 볼 땐 당신들이 움직이지 않는데요."

"김 장관이 어떻게 좀 설득할 수 없겠습니까?"

"그건 당신 일이지 내 일이 아닙니다."

"그러지 말고 우리가 좋은 안을 내는데……" 하며 크라우더 대사는 절박하게 말을 이었다.

그는 미국의 오렌지 수출이 가장 많은 2~3월에 대해 현행 관세를 유지할 수 없다는 것과 그 외의 기간에 대해 즉시철폐를 제안하면서 배종하 국장을 설득해 줄 것을 요청했다. 오렌지 수입에서 2월과 3월은 많은 의미가 있다. 우리나라 제주도 감귤은 사실상 1월이면 수확이 끝나고, 2월 설 무렵까지 대부분의 물량이 소비되며, 설을 넘어가면서 신선도와 맛이 떨어져 소비가 줄어든다. 3월경은 만감류라 해서 천혜향, 한라봉과 같은 고품질, 고가의 감귤이 생산되는 시기다. 고가의 천혜향을 자주 먹을 수 없는 일반 소비자 입장에서는 초봄 국내 과일이 그리 많지 않은 시기라 오렌지에 대한 수요가 높아진다. 오렌지 수입업자들도 "감귤이 생산되는 시기에는 오렌지를 수입해도 잘 팔리지 않는다"고 한다. 그럼에도 그 기간 동안 오렌지를 소량이라도 수입해야 하는 이유는 수출업체와의 상관행상 거래를 지속하지 않으면 수입을 많이 해야 하는 2, 3월에 물량을 주지 않기 때문에 손해를 보면서도 수입을 한다는 것이었다.

결론적으로 설이 포함된 2월은 보호해야 하지만, 3월은 설사 포기하더라도 감귤 생산자들에게 큰 영향을 주지 않을 것이며 오히려 소비자에게 혜택이 돌아간다는 판단을 내리게 되었다. 직원들과 오렌지 관련 통계를 펼쳐 두고 관련 사항을 다시 점검했다. 그때 크라우더 대사가 다시 찾아왔다. 일단 미국의 입장을 수용하기 어렵다는 입장을 강하게 전했다. 이 말을 들은 거구의 크라우더 대사는 점점 더 조급해하기 시작했다. 그가 초조해질수록 나는 여유를 찾을 수 있었다.

시간은 밤 11시 30분을 향하고 있었다. 크라우더 대사는 다시 누군가와 전화 통화를 하고 미국 측 대표들과 회의를 했다. 그러고는 2월을 양보하는 대신 비수확기의 관세를 5년 안에 철폐하는 방안을 제시했다. 내가 생각한 경계선 안으로 그가 들어오고 있었던 것이다. 그러나 확답을 주지 않은 채 협상의 여지만 보여 주는 선에서 끝냈다. 크라우더 대사는 다시 농업 분과 회의장으로 들어갔고 회의는 계속되었다. 미국이 정한 시한 11시 반이 지났지만 협상은 계속되었다. 크라우더가 미국 측에 긍정적인 사인을 준 것이 분명했다. 한미 FTA의 꺼져 가던 불씨는 다시 살아나기 시작했다.

느긋한 우리 농업 협상가들

미국의 시한 설정 해프닝은 미국이 이 협상을 결렬시킬 의사가 없음을 확인시켜 주는 계기가 되었고, 우리의 입지를 더욱 강하게 해주었다. 판을 깰 생각이 없는 사람과 깰 수도 있는 사람의 게임에서는 후자가 유리하기 마련이다. 그날 우리 대표단은 오렌지의 관세철폐 기한을 5년에서 7년으로 끌어올렸고, 3월을 포기하는 대신 9월을 더 얻어 냈다. 미국의 주력 상품인 쇠고기는 협상 초기 즉시철폐에서 10년 철폐의 고지를 확보했고, 13년 철폐의 고지도 점령했으며, 더 나아가서는 15년 고지에 깃발을 꽂는 성과를 이루었다. 치즈, 콩, 사과도 우리가 원하는 방향으로 이끌어 가고 있었다. 그날 새벽 배 국장과 농업 협상 실무자들은 대외경제장관회의에서 그들에게 부여한 임무를 대부분 완수한 것이다. 협상이 타결된 지 이틀 뒤 모 신문사 시론에 그날 새벽의 이야기를 담은 글이 실렸다.

지난달 31일 오전 3시 30분 한미자유무역 협정 막판 협상이 치열하게 진행 중이던 하얏트호텔 2층. 밖에선 새벽 비가 장대처럼 쏟아지고 있었다. 농업 분과 사무관인 정혜련 서기관이 피곤에 지친 모습으로 한국팀 CP로 들어왔다. '뭘 찾는 거야?' 박스들을 뒤적거리는 정 씨에게 누군가가 물었다. '아, 예. 지금 쇠고기 관세철폐 기간을 13년까지 늘려 놨거든요. 미국 애들도 완전히 지쳐 있어서 이참에 확 밀어붙이는 중인데 배가 너무 고파서…… 혹시 먹을 것 좀 없나요?' 하지만 정 서기관은 결국 빈속으로 돌아갔다. 미리 사 둔 수백 개의 컵라면은 진작 동난 뒤였다. 그래도 한국 농업팀은 그날 새벽 할 만큼 했다. 쇠고기 관세철폐 기간을 2년 더 밀어붙여 15년으로 만들어 놓은 것이다.*

배 국장은 약간 안도하는 표정을 보였다. 그리고 실탄이 소진된 상태에서 나에게 부탁했다.

"본부장님, 쇠고기 세이프가드를 최대한 받아 주셔야 합니다."

양측 농업 협상단은 아침 8시 30분에 회의장에 다시 모였다. 협상 타결에 대한 미국의 의지를 확인한 우리 측은 지난밤의 여세를 몰아 쇠고기 18년과 세이프가드, 사과에 대해서는 25년을 강하게 요구했다. 크라우더는 협상을 그만하자는 것과 같다면서 수용할 수 없다고 했지만, 도리어 우리 협상단은 더 이상 논의할 필요가 없다고 하고 회의 개시 30분 만에 협상장을 나와 버렸다. 크라우더 대사가 나를 보며 반 농담으로 말했다.

• "[김종혁시시각각] 노 대통령과 한·미 FTA 협상단 잘했다", 〈중앙일보〉 2007. 4. 4.

"그쪽에서 달라는 사과 관세철폐 기간 25년이면 심은 사과나무가 늙어서 뽑아 버리고 다시 심을 수 있는 시간인 걸 압니까?"

"크라우더 대사, 내 생각에는 양보하는 게 좋을 겁니다. 지금 배종하 국장 뭐하고 있는지 아세요? CP에서 컴퓨터게임하고 있습니다. 우리 농림부는 한미 FTA 깨지면 좋아할 사람들이니 그걸 명심하세요. 하나 더 추가할 말이 있는데, 쇠고기는 물론 과일, 채소에 대해 장기 세이프가드가 필요합니다."

"관세철폐 기간이 쇠고기는 15년, 사과는 25년이나 되는데 또 세이프가드가 필요하다는 겁니까?"

"국내 민감성을 무시하지 못하잖습니까? 국회에서 비준이 안 되면 오늘 협상한 내용대로 미국은 우리 농산물 시장에 접근하지 못하는데 그러면 무슨 소용이 있겠어요?"

나는 크라우더 대사와 대화를 끝내고 CP로 돌아갔다. 사과와 배는 결국 관세철폐 기간을 20년으로 합의를 보았다. 그러나 소감을 말하자면 미국 농업 협상가들은 협상 기술이 대단하며 실용적이었다. 우리는 우리 뿌리가 농산물이기 때문에 당연히 준비를 많이 했지만, 미국 측도 상당한 준비를 해왔다. 미국 협상가들은 상황을 제대로 파악하며 우리가 수용할 수 있는 그럴듯한 TRQ(저율관세할당물량) 숫자를 갖고 왔다. 예를 들면 한국 치즈 소비량이 지난 3년 평균 100이라 가정했을 때 미국이 10을 수출했으니 증가율을 감안하여 다른 나라가 아닌 미국에게만 15를 줄 것을 요구하는 것이다. 그러고서 안 된다, 된다 줄다리기를 계속하는데, 미국이 제시하는 쿼터 수치를 보면 우리 농수산물 현황을 구체적이고 정확하게 파악하고 있을 뿐만 아니라 향후 예상 수치 변화도 정확하게 계산해 오는 것이었다. 게다가 우리 시장의 농산물에 대한 다른 국가들의 수출량까지도 산출하여 합리적인 숫자를 제안할 줄 알았다. 한마디로 협상의 기본인 정확한 숫자를 꿰고 있었다. 미국 농산물 협상가들이 얼마나 능숙하고 노련한 사람들인지 잘 알 수 있다. 그러나 그들은 협상 타결이라는 목적을 달성해야 하는 조급함이 있었고, 우리는 하나라도 더 받아 내고 덜 주고야 말겠다는 장사꾼의 심정이었기에 우리의 협상전술은 더 유효했다.

지난밤 크라우더 대사의 행동을 볼 때 머지않아 다시 회의하자는 제의가 올 거라는 확신이 들었다. 아닌 게 아니라 그날 밤 11시경 크라우더 대사는 배종하 국장에게 연락을 해왔다.

3,000cc 이하는 즉시철폐, 3,000cc 초과는 3년 내 철폐

그런데 그날 저녁, 그때까지의 결과가 대통령께 종합적으로 보고되어야 했기 때문에 우리 분과장들 모두 청와대로 들어갔다. 아직 주요 사안에 결론을 맺지 못한 시점에서 남산 하얏트 회의 테이블의 책임자들이 모두 자리를 비운 것이다. 한미 FTA가 타결될 경우 토요일 밤이 대통령으로서 마지막으로 점검할 수 있는 시점이었다. 평소 우리 협상가들에게 늘 힘을 실어 주었던 문재인 비서실장도 그 자리에 있었다. 그날 내게 던진 대통령과 문 실장의 질문은 보통 때보다 더 날카로웠고 세부 사안까지 일일이 챙겼다. 투자 분야에서 정부 조치가 간접수용으로 간주되었을 때 보상금액이 기대이익을 포함하는지 아닌지 물었다. 나는 기대이익은 포함되지 않는다고 대답했다. 어느새 네 시간이 지났다.

보고를 마치고 청와대를 떠날 때는 이미 늦은 밤이었다. 본부장을 비롯해 간부들이 협상장에서 한꺼번에 없어지는 예측하지 못한 상황이 벌어지자 USTR는 그 이유를 파악하기에 분주했던 것 같다. 한마디로 공황 상태에 들어간 것이다.

버시바우 대사와 NSC 직원이 어처구니없어 하면서 물었다.

"도대체 무슨 일입니까! 무슨 문제가 있는 건가요?"

"대통령께 보고하고 오는 길입니다. 당신들은 보고 안 합니까?"

"그래도 지금 마감이 곧 닥쳐오는데, 그런 식으로 없어지면 어떡합니까!"

평소에 차분한 미국 측 관료들도 내가 돌아오자 심하게 짜증을 냈다. 양측 협상가들은 일주일 내내 거의 잠을 못 잤다. 지금 생각해 보니 하얏트 호텔이 협상 장소로선 완벽했다. 2층 회의실에는 창문이 없어 밤인지 낮인지 구별되지 않았고, 그러다 보니 시간에 무감각해져 피로를 느끼지 못했다. 외부에서 오는 압력을 못 느끼고 온전히 협상에만 몰입할 수 있었다. 세상과 완전히 차단되어 바깥에서 무슨 일이 일어나는지 굳이 알려고 하기 전에는 알 수 없었다. 한미 FTA 경우도 그랬지만 다자간 협상 때는 새벽 4~5시에 주요 안건을 처리할 때가 많다. 힘이 넘칠 때는 서로 절대로 양보도 없고 타협도 없기 때문이다.

4월 1일 일요일. 승용차 관세를 즉시철폐하지 않을 경우 협상을 타결할 수 없다고 바티아 부대표를 압박했다. 이 중요성을 아는 바티아 부대표는 우리 자동차 수출의 80%를 차지하는 3,000cc 이하 승용차와 트럭, 모터 사이클, 자동차 부품의 관세를 즉시철폐하기로 합의했고, 3,000cc 초과 자동차는 3년에 걸쳐 철폐하기로 했다. 타이어 관세는 5년, 25%의 고관세를 부과하는 픽업트럭은 10년으로 합의했다. 이외에도 미국은 우리 자동차 업계가 중요시하는 자동차 원산지 계산 방법인 공제법, 직접법을 허용하기로 합의했다. 우리 자동차 업계로서는 매우 중요하고 민감한 이슈에서 값진 수확을 얻은 것이다. 양국은 일반적인 분쟁해결 절차보다 신속한 자동차 분쟁해결 절차를 수용했고, 양국 정부 조치가 한미 FTA 협정을 위반하거나 관련 이익을 무효화하고 판매 및 유통에 심각하게 영향을 미칠 경우 승용차에 한해 원래 관세, 즉 미국 측 2.5%, 우리 측 8%를 다시 부과할 수 있도록 합의했다.

자동차 외에도 반덤핑 분야에서 나는 미국 측을 세게 몰아쳤다. 바티아 부대표에게 반덤핑 분야는 나에게 중요한 과제이며 비합산조치를 미국 측이 양보할 수 있었음에도 양보하지 않았다는 것을 상기시키며 우리 기업들에게 유리한 조건들을 관철시켰다. 반덤핑 조사 신청을 접수한 경우 조사 개시 전에 상대국에게 통보할 것과 협의 절차를 의무화했다. WTO 협정에서는 통지만 하도록 규정하고 있으나 협의 절차를 의무화함으로써 우리 측에 유리한 방향으로 쟁점이 해결될 수 있는 가능성을 확보한 것이다. 더 실무적인 차원에서 반덤핑 조사가 개시되면 조사 대상 기업은 매출이 감소되는 피해가 발생한다. 따라서 미국 조사 당국의 조사가 즉각 개시되지 않도록 하는 것이 중요하다. 덤핑 혐의 결과가 나와도 우리 수출업자나 정부가 가격 또는 물량에 관한 합의를 하여 반덤핑 관세를 부과하지 않고 조사를 중지할 수 있는 제도를 마련했다.

나는 각 분과장들을 개별적으로 만나 협상 타결이 임박하니 최대한 밀어붙여 받아 낼 것을 받아 내라고, 막바지에 긴장의 끈이 풀리지 않도록 강조했다.

협상 타결입니다

계속 협상을 해도 도무지 좁혀지지 않는 부분이 있었다. 특히 섬유 분야에서 최종 제품이 FTA 체결국 내에서 생산된 원사로 직물이 짜여야 관세 혜택을 받는 원산지 조건, 곧 '얀 포워드 룰Yarn Forward Rule'을 유연하게 해둘 필요가 있었다. 미국의 품목 비율을 낮추는 작업을 마지막까지 김경환 과장이 해야 했다. 서비스 분야도 해결되지 않은 과제들이 여럿 남아 있었다. 내가 해결해야 할 개성공단 문제도 있었다. 미국 NSC에서 나온 관료에게 물었다.

"자, 개성공단 문구, 내가 당신에게 지난번에 두 가지 안을 줬는데, 어떤 걸 받으시겠습니까?"

둘 다 '개성공단은 대한민국의 원산지다'라는 것을 골자로 하고 유형만 달리한 제안이었으나 충분히 시차를 두고 물었기 때문에 이젠 둘 중 하나를 받는 것이 기정사실화된 질문이었다. 받을 수 있느냐 없느냐의 질문이 아니고 둘 중의 하나를 택하라는 것이었다. 예상대로 미국 측 직원은 두 번째 안을 수용했다.

금요일에 타결되지 않은 채 표류 중이던 농업 분야에 또 한 번의 위기가 왔다. 협상 타결 하루 전날인 일요일 오후 크라우더 대사가 최종 직무 집행 권한을 위임하고 미국행 비행기로 떠난 것이었다. 이는 더 이상 실무진 논의가 불가능함을 의미했고, 농업 협상은 또다시 중단 사태에 들어갔다. 농업에서만은 수석대표인 바티아 부대표도 어떻게 할 수 없다는 것을 잘 알고 있었다. 모든 공이 빅딜의 테이블로 올라가는 순간이었다.

  그러나 마지막 담판 전에 실무선에서 해결해야 할 숙제가 하나 더 있었다. 바로 쇠고기 세이프가드 물량이었다. 미국 측 소식통에 따르면 우리 측에서 제시한 세이프가드 물량이 너무 적어 세이프가드 자체를 거부하겠다는 것이며, 다른 농산물에 부정적인 영향을 줄 수도 있다는 것이었다. 쇠고기에 대해 쿼터 없이 15년까지 양보한 미국으로서는 세이프가드가 달갑지 않았고 그 물량 수준에 더 예민해져 있었다. 지금은 며칠 전의 오렌지와는 상황이 달랐다. 끝까지 배짱만 부리고 있을 수만은 없었다. 합리적인 수준의 물량을 제시해서 세이프가드와 지난 며칠간 이루어 놓은 결과를 유지할 것인지 아니면 적은 물량으로 협상을 원점으로 돌려놓을 것인지 선택해야 했다. 여차하면 애써 얻어 둔 쇠고기 세이프가드가 쌀이 함께 논의될 최종 빅딜에서 무산될 수 있는 상황이었다. 이는 전체 협상에 부정적인 영향을 미칠 수도 있었다. 세이프가드를 유지하면서 합리적인 물량을 제시하는 것이 가장 실리적인 선택이었다. 우리 농림부는 가능하면 낮은 수준의 세이프가드 물량을 희망했다. 물론 십분 이해하고도 남았다.

  또다시 그래프와 차트를 펴놓고 고민에 빠졌다. 2003년 12월 광우병 발병으로 미국산 쇠고기 수입이 금지되기 이전의 수입 물량을 기준으로 생각했다. 즉 27만 톤에서 시작하여 15년째에는 35만 4,000톤 수준으로 늘리는 안을 만들었다. 15년째의 35만 4,000톤은 2003년 전체 쇠고기 수입 물량 36만 4,000톤보다 적은 물량이다. 호주, 뉴질랜드산 수입 대체효과와 육류 소비 증가 추세를 감안했다. 즉 어떤 경우에도 기존 쇠고기 수입 물량을 넘지 않게 한다는 것이었다.

4월 2일 월요일. 새벽 4시쯤 농업 분야 최종 담판 시간이 다가왔다. 양측 농업분과장, 수석대표, 그리고 바티아와 내가 테이블에 앉았다. 테이블에는 그간의 논의 결과와 쇠고기 세이프가드 물량에 대한 우리 측 안이 올라왔다. 미국은 이 안에 특별히 이의를 달지 않았고, 지난 며칠 밤을 새우며 협상한 결과물이 최종 타결되었다.

협상을 준비하는 동안 국내에서 가장 많은 질문을 받은 것은 쌀이었다. 국회 농림해양수산위원들은 쌀을 지키겠다는 약속을 온 국민이 지켜보는 앞에서 하기를 원했고, 나는 그 요청에 응했다. 쌀은 우리 민족의 자존심이다. 쌀에 대한 전략은 협상 초기부터 많은 공을 들였다. 여러 가지 측면을 고려해야 했다. 쌀이 우리의 아킬레스건이라는 것을 아는 미국이 분명 이를 이용해 올 것이라는 점, 쌀을 양보하는 대신 쇠고기를 요구할 수 있다는 점, 쌀에 대한 국별 쿼터를 더 달라고 할 수도 있다는 점 등.

나는 쌀에 대한 논의의 주체를 협상대표와 나로 축소하고 다른 사람은 쌀에 대해 어떤 언급도 못 하게 했다. 그리고 협상 내내 초강경 자세로 일관하면서 협상 막판까지 가져갔다. 이렇게 함으로써 쌀과 다른 농산물이 연계되는 것을 막고 쌀을 양보하는 대신 반대급부를 제공하지 않아도 되도록 협상을 이끌었다. 마지막 순간에는 미국이 포기할 수 없는 존스법과 연계시켜 갔다. 미국 역시 쉽게 포기하지 않았다. 그러나 나의 이러한 전략은 새벽 6시경 그 열매를 맺었다. 미국은 쌀에 대한 요구를 협상테이블에서 조용히 내려놓았다.

농업이라는 큰 장벽을 넘었을 무렵, 한강에 밤새 드리워졌던 어두움이 새날의 태양이 떠오름과 동시에 물러가고 있었다.

월요일 오전을 다 쓰고 '진짜 마감 시간' 30분 전에 권오규 부총리가 있는 광화문 종합청사에 갔다. 이제 관세양허안의 관세철폐 품목 수와 비중을 양국이 유사한 수준으로 맞추는 작업이 남았다. 상품 분야에서는 철폐기간이 즉시철폐, 3년, 5년, 10년, 12년이었고, 한국에만 주는 15년이 있었다. 협상 당사자들은 마지막 순간까지 자국의 이익을 위해 하나라도 더 건지려고 줄다리기를 했다. 최종적으로 계산해 보니 상품 분야에서 즉시철폐와 3년 내 철폐하는 품목의 비율은 우리가 89%인 반면, 미국이 자동차를 양보하면서 94%에 달했다. 미국은 우리가 처음 관세양허안을 교환할 때 동등한 비중을 요구했던 것처럼 우리도 미국의 94% 개방률에 맞추라고 했다. 그래서 가능한 품목의 정부 부처 간 협조를 받고자 부총리실로 갔다. 복지부, 산자부 등에서 협조를 받고 확인을 마치니 12시 2분 전이었다. 나는 남산에서 기다리고 있는 바티아 부대표에게 전화를 걸었다.

"우리가 94% 맞추는 거 가능합니다. 협상 타결입니다 We have a deal."

그 순간 수화기 너머로 상대방 측 함성과 박수 소리가 들렸다.

"와!"

USTR도 한미 FTA 타결을 절실히 원했던 것이다.

협상이 얼마나 지긋지긋했는지

협상 타결 결과를 발표하기 위해 바티아 부대표와 오후 4시에 공동기자회견을 했다. 한국이 주최국이어서 내가 먼저 협상 내용을 약 30분 동안

대국민보고 식으로 발표했다. 바티아 부대표는 한미 FTA는 양국에 상호 이익이 될 것임을 강조하며 5분 안에 마쳤다.

내 핸드폰으로 슈워브 무역대표가 전화를 걸어 왔다.

"축하합니다. 김 본부장 노력으로 한미 FTA가 타결된 것 같습니다."

"감사합니다. 양국에게 좋은 결과이며 좋은 일입니다."

"최종적으로 주요 농산물 결과는 어떻게 나왔습니까?"

"쌀은 물론 제외했고 후지 사과와 배는 철폐 기간 20년, 쇠고기는 15년으로 합의했습니다. 쇠고기에 대해서는 15년 세이프가드도 적용할 수 있게 합의했습니다."

"아니, 쇠고기에 대해 장기철폐 기간 외에 세이프가드까지 받았어요?"

"네, 그렇습니다."

"우리 농업 수석대표가 상당히 너그러웠군요. 나 같으면 그렇게 양보 안 했을 텐데."

그 말을 듣는 순간 여러 가지 생각이 내 머리를 스쳐 갔지만 하고 싶은 말을 삼켰다. 인심을 썼다는 저들의 생각에 토를 달고 싶지 않았다. 사실 슈워브 대표도 한미 FTA 성사에 상당한 기여를 했다.

"양국에게 좋은 결과입니다. 전화 주셔서 감사합니다."

협상이 얼마나 지긋지긋했는지 미국 측 협상가들은 협상이 끝나자마자 다들 그날 밤 비행기로 미국으로 돌아갔다. 나는 한미 FTA 협상 결과를 재정리하여 분과별 결과를 청와대에서 노 대통령과 실장, 수석들께 보고했다. 보고를 들은 노무현 대통령은 흡족한 표정으로 나를 쳐다보며 말했다.

"난 본부장이 미국한테 자동차 관세율 즉시철폐를 받아 내겠다고 했을 때 못할 줄 알았어요."

"대통령님, 미국 측이 즉시철폐하지 않으면 저는 타결시키지 않을 생각이었습니다."

"실은 요번에 본부장이 기자회견 하는 걸 보고 참 인상 깊었습니다. 우리 협상가들이 정말 미국에게 징그럽게 했습니다. 생각해 보니 서울에서 마지막 협상을 한 건 참 잘한 것 같습니다."

모든 사람들이 안도의 표정을 짓고 있었다.

2007년 8월 28일 노무현 대통령이 한미 FTA 협상 관계자들과 함께 오찬장으로 들어서고 있다.

4장

미국의 신통상정책
추가협상 요구한 USTR

예상대로 USTR는 추가협상을 요구해 왔다. 2007년 4월 2일 협상 타결을 발표한 이후, 5월 10일 민주당이 장악한 미 의회는 신통상정책을 발표했다. 미 의회는 신통상정책에 따라 FTA 상대국에게 국제기준에 부합하는 노동과 환경 기준을 요구해 왔다. 노동기준은 ILO가 1998년에 선언한 다섯 가지 국제 노동기준*을 국내법 또는 관행으로 채택하고 유지해야 한다는 의무와, 환경 기준에서는 FTA 대상국들이 일곱 가지 주요 국제환경 협약**을 자국법에 채택해야 한다는 의무였다.

• * ① 결사의 자유 ② 단체교섭권 ③ 모든 형태의 강제 또는 의무 노동 철폐 ④ 아동 노동 철폐 및 가혹한 형태의 아동 노동 금지 ⑤ 고용 및 직업상의 차별 금지
•• ** ① 멸종 위기 야생 동식물 종의 국제 거래에 관한 협약 ② 오존층 파괴 물질에 관한 몬트리올 의정서 ③ 해양 오염 협약 ④ 전미열대참치위원회 설립에 관한 협약 ⑤ 습지 보존 협약 ⑥ 국제포경규제협약 ⑦ 남극해양생물자원 보존에 관한 협약

미국이 요구한 것은 1998년 ILO가 선언한 다섯 가지 기본 노동권의 원칙들을 이행하라는 것이었지 이 원칙들과 관련한 여덟 가지 ILO 협약을 채택하라는 것이 아니었다. 우리는 여덟 가지 협약 중 네 가지에만 가입했고 미국은 두 가지밖에 가입하지 않았다. 미국이 두 가지밖에 가입하지 못한 이유는 노동 시장에서 성·인종 차별이 존재하고, 민간 교도소 재소자에게 강제 근로를 시키기 때문이다. 그 외에도 ILO는 15세 미만의 아동 노동을 금지하는데, 미국 농업 분야에서는 14세도 취업이 가능하다.

미국이 노동 조항을 중시하는 데는 중남미 국가들의 노동법이 미국 노동법만큼 엄격하지 않기 때문에 발생하는 미국의 일자리 상실을 최대한 방지하겠다는 의도가 담겨 있다. 쉽게 말하면, 최근 미국과 FTA를 체결한 콜롬비아, 파나마, 페루가 노동과 환경 기준을 완화하여 노동법과 환경법을 느슨하게 집행할 경우 미국 기업들의 중남미 투자 증가로 미국 일자리가 줄어드는 것을 방지하기 위해 채택한 정책이다.

예를 들어, A국에서 만든 반도체 제조비용이 근로기준법을 지킬 경우 100이라고 할 때, 기본 노동권이 보장되지 않는 B국에서 동일한 상품을 제조할 경우 그 비용은 A국보다 더 저렴하게 들 것이다. 선진국들은 기본 노동권을 인정하지 않는 B국에서 제조된 반도체는 A국 반도체와 차별해야 한다고 주장하는데, 개도국들은 이것이 동종 상품에 대한 차별 대우이기 때문에 불법이라고 주장한다. 지금까지의 WTO 판례들을 보면 개도국의 논리가 받아들여져 왔다. 미국의 청바지 제조사인 리바이스사가 중국에서 물건을 구입하지 않는 것은 기본 노동권이 보장되지 않은 국가와 더 이상 거래하지 않기로 결정했기 때문이다. 물론 노동자의 인권을 보호한다는 목적도 있겠지만, 기본 노동권이 보장되고 사회복지제도가 발달한 국가는 그렇지 않은 국가들에 고부가가치 제조업 일자리를 빼앗기고 싶어 하지 않는다.

노조의 지지를 받는 미국 민주당으로서는 강화된 노동법과 환경법을 FTA 상대국에게 강요하는 것이 정치적으로 불가피할 수도 있다. 그러나 한국은 중남미 국가들과 달리 미국과 멀리 떨어져 있고 노동법과 환경법이 미국보다 더 엄격하여 한미 FTA로 인해 미국이 일자리를 빼앗길 가능성이 희박했다. 사실상 한국이 미국보다 1998년 ILO 노동기준을 더 잘 준수하고 있고 환경 분야에서 일곱 가지 국제협약에 모두 가입해 성실히 이행하고 있기 때문에 미국 신통상정책이 요구하는 것은 문제가 되는 사안이 아니었다.

각료보다 두 수 위인 노 대통령

추가협상을 공개적으로 가장 강하게 반대하는 각료는 나였다. 미국의 민주당은 의약품 관련 지적재산권이 너무 강화되어 복제약 시판이 어려워지면 약값이 일반 시민에게 부담이 되는 것을 감안, 개도국에는 완화된 기준을 적용하기로 했다. 내가 정서적으로 받아들이지 못한 것은, 노동과 환경 분야에서는 미국 내 고부가가치 일자리를 빼앗기지 않기 위해 한국을 개도국으로 분류하여 노동·환경 기준을 강요하면서, 의약품 분야에서는 선진국으로 분류하여 완화된 의약품 관련 지적재산권 기준을 우리에게 적용하지 않겠다고 하는 이중 잣대였다.

또 한 가지 모순은 환경 분야에서는 환경 기준 완화 금지를 요구하면서 한편으로 미국산 자동차가 한국 시장에 지속적으로 수출될 수 있도록 예외적으로 2년간 적용했던 느슨한 배출가스 기준을 그대로 적용해 달라고 요구하는 것이었다. 패권국의 부정적인 힘이 가장 강하게 느껴질 때는 논리적이지 않고 일관되지 못한 태도를 확인할 때다.

나는 미국이 제시한 안을 받아들일 수 없었다. 일방적인 요구에 굴복할 수 없었다. 또 그간의 협상가들의 초인적이고도 효과적인 협상에도 불구하고 만약 미국의 제안을 수용할 경우 협상력 부재와 졸속 처리라는 비판을 받게 될 터였다. 심지어 일각에서는 4월 2일 협상 타결 발표는 대국민 사기극이란 주장마저 나올 수 있는 상황이었다. 이런 상황을 돌파하려면 국민이 수용할 수 있는 반대급부를 미국으로부터 얻어 내야 했다. 그리고 추가협상을 마지막으로 더 이상의 협상은 없다는 확고한 약속을 받아 내야 했다. 5월 20일, 우선 노 대통령 관저에 가서 현재 상황을 설명드렸다.

"김 본부장, 미국이 추가협상을 요구해 왔는데 가장 강하게 반대하고 재협상 불가 입장을 밝힌 사람은 김 본부장입니다. 진짜 추가협상 안 할 겁니까?"

"네, 그렇습니다."

"우리가 수용하기 어려운 내용인가요?"

"그렇지는 않습니다. 노동 분야에서 우리는 ILO 선언 네 가지를 잘 준수하고 있으며 환경 분야에서는 일곱 가지 국제협약을 채택하고 비준했기 때문에 사실상 문제가 없습니다. 다만 노동·환경 분야에서는 한국을 개도국 취급하여 엄격한 기준을 적용하고 의약품·지재권 분야에서는 선진국으로 분류해서 완화된 기준을 적용하지 못하겠다는 미국 입장이 모순되기 때문에 추가협상에 임하고 싶지 않습니다. 그리고 자동차 분야에서는 미국산 자동차의 수출을 늘릴 수 있도록 당분간 우리가 가스배출 기준을 강화하는 것을 보류해 달라고 요구하면서 신통상정책에서는 환경 기준을 완화하면 안 된다고 주장하는 비합리적인 논리가 싫습니다."

이쯤이면 노 대통령이 다른 생각 말고 협상 잘 끝내라는 지시를 하리라 예상했다. 그러나 늘 각료보다 두 수 위인 노 대통령은 이렇게 말했다.

"김 본부장, 신촌 주먹이 명동 주먹과 붙어서 이기고 임대 계약을 맺었는데, 입주 안 한다고 신촌 주먹이 어디 갑니까?"

"……."

역시 수가 다른 분이었다. 노 대통령은 우리한테 불리한 협상은 언제든지 깰 수 있다는 입장을 또다시 상기시킨 것이다. 대통령은 또 다음과 같이 말했다.

"김 본부장, 나를 협상 상대로 생각하지 말고 내가 수용할 수 있는 협상 결과를 가져오세요. 반대급부를 받아 오세요. 지금까지 잘 알아서 해왔지 않습니까?"

노 대통령은 명분보다 실리를 챙기겠다는 생각을 갖고 있었다. 최고 통치권자의 지시였다.

"예, 반대급부를 받아 내겠습니다."

니네 지옥을 우리 지옥으로 만들지 마라

미국은 TPA 만료 시한인 2007년 6월 30일 전에 노동, 환경, 의약품, 지재권을 포함한 한미 FTA를 타결시키고 싶어 했다. USTR는 한국이 2007년

4월 2일 합의된 협정문에 6월 30일 서명하고 그 후 추가협상에 임하는 것을 우려했다. 그럴 경우 한미 FTA가 TPA 법적 시한 내에 타결되지 않았다는 이유로 모든 분야에 대한 재협상 요구의 빌미를 민주당이 장악한 미 의회에 줄 수도 있기 때문이었다.

"통상장관께서 들었겠지만, 민주당이 장악한 미 의회와 행정부가 5월 10일 합의하여 신통상정책을 발표했습니다. 미 의회 입장은 현재 협상 중인 모든 FTA 상대국에게 이것이 적용되어야 한다는 것입니다. 콜롬비아, 파나마, 페루는 신통상정책의 노동과 환경 기준을 수용하기로 했습니다. 한국도 수용해야 나중에 미 의회에서 비준할 수 있습니다."

"매우 일방적이네요. 내가 마지막 협상 때 밝혔지만 재협상은 불가능합니다. 나는 우리 국민에게 최종협상 결과를 발표했고 추가협상은 없을 거라고 쐐기를 박았어요. 한미 FTA 내용도 중요하지만 이미지도 중요합니다. 만약 내가 재협상에 응한다면 내용상 우리에게 아무 지장이 없어도 국민정서가 받아들일 수 없습니다. 나라가 뒤집혀요."

"한국 입장을 이해하지만 신통상정책 내용이 반영되지 않은 상태로 미 의회에 제출되면 그대로 폐기dead on arrival될 상황입니다."

"그건 당신들 내부 문제지 내 문제가 아닙니다. 그쪽 지옥을 내 지옥으로 만들지 마세요. 만약 미국이 비준을 안 하면 우리 5,000만 국민은 50년 동맹을 깨자는 뜻으로 해석할 것입니다. 잘 알아서 판단하세요."

"실은 한국이 미국산 자동차를 의무적으로 수만 대 수입하는 것을 미 의회가 요구했습니다. 우리 USTR는 그것은 절대 불가하다고 끝까지 반대했습니다. 지금 신통상정책이 요구하는 노동과 환경 기준은 한국이 수용할 수 있지 않습니까?"

"자동차에 관한 협상은 양측이 균형을 이룬 결과를 도출한 것입니다. 더 이상의 협상은 불가능합니다. 자동차를 손댈 경우 다른 분야도 추가 협상을 할 수밖에 없습니다. 예를 들어 반덤핑, 농업 분야에서 추가협상을 해야 되겠죠."

"재협상을 해도 우리가 이룬 협상 결과의 균형은 계속 유지하는 상태에서 노동·환경 기준을 수용하면 되지 않습니까."

"지금 그거 말이라고 합니까? 진짜 그게 가능하다고 생각합니까? 하나 물어봅시다. 신통상정책에 '98 ILO 선언상 다섯 가지 국제 노동기준과 관련해서 여덟 가지 국제협약이 있는데, 한국은 네 가지를 비준하고 미국은 두 가지밖에 비준하지 않았습니다. 미국이 여덟 가지 국제협약이 요구하는 기준을 따를 수 있어요?"

"우리는 그 여덟 가지 국제법을 비준하자는 것이 아니고 '98 ILO 선언 다섯 가지를 자국법에 반영하자는 것입니다."

"바티아 부대표, 그것은 내가 동의 못 합니다. 나도 미국 노동법에 대해 조금 아는데, 미국이 파업 근로자에 대한 영구 대체권을 허용하는 것은 ILO의 단결권 보호 원칙에 위배되고, 교도소 내 재소자들에게 강제 근로를 시키는 것은 ILO의 강제노동 폐지 원칙과 어긋납니다. 추가협상은 불가합니다. 추가협상을 하더라도 이번 협상이 마지막이라는 보장도 없고 미국은 또 요구할 것입니다. 차라리 4월 2일 체결한 협정을 비준하든지 말든지 미 의회에 그냥 제출하는 것이 낫습니다. 노동, 환경보다 더 심각한 문제가 있습니다."

"어떤 문제죠?"

"노동, 환경 분야에서는 우리를 개도국 취급하고 의약품 분야에서는 선진국으로 취급하는 이중 잣대가 문제입니다. 우리 대통령이 이걸 절대로 못 받아들입니다."

"다시 말씀드리지만 신통상정책이 한미 FTA에 반영되지 않으면 비준이 되지 않습니다."

"그러면 할 수 없지요."

나는 어려운 결정을 내려야 했다.

미국의 신통상정책

TPA가 만료되는 2007년 6월 30일 양측이 한미 FTA를 서명할 때 노동·환경 기준과 의약품 관련 지적재산권을 포함시키고 서명할 것인지, 아니면 4월 2일 합의한 내용만 가지고 서명한 후 신통상정책 과제들을 추가로 협의하여 한미 FTA에 포함시킬 것인지 결정해야 했다. TPA 만료 전에 노동·환경 기준과 의약품 관련 지적재산권이 한미 FTA에 반영되지 않으면 한미 FTA의 미 의회 인준은 사실상 어려울 전망이었다. 미 의회 내의 FTA 반대세력들은 TPA 만료 시까지 합의가 이뤄지지 않으면 이를 빌미로 한미 FTA 비준을 저지할 것으로 예상되었다. TPA 시한 내에 한미 FTA 협상을 완료하지 못했다는 이유로 미 의회 일각에서 자동차, 개성공단, 쌀 등을 재협상하자고 들고 나오는 상황도 벌어질 수 있다는 생각이 들었다. 이런 이유로 한국보다 먼저 FTA를 끝낸 콜롬비아, 파나마, 페루도 신통상정책을 수용했을 것이다.

한미 FTA의 성공적 타결은 국익 극대화라는 목표 아래 검토할 필요가 있었다. 협정에 서명한 이후 신통상정책 과제에 대한 별도 논의가 지속될 경우, 양국 모두 국내 재협상 요구 및 압력으로 전체 한미 FTA의 이익 균형을 해치고 양국의 비준 환경도 악화되어 한미 관계가 손상될 가능성을 배제할 수 없었다.

양국 간 이익을 위해 조속한 시일 내에 신통상정책 과제들을 포함시켜 협상을 마무리하는 것이 한미 FTA 타결에 대한 불확실성을 줄이고 불필요한 사회적 비용을 최소화할 것으로 판단됐다. 특히 노동·환경 의무 강화가 실질적으로 우리에게 큰 부담이 되지 않는 것을 감안하면, 미국의 신통상정책을 한미 FTA에 반영하고 우리에게 실제로 이익이 되는 반대급부를 받는 것이 최선이었다. 국내 민감성을 감안하여 국민을 설득할 수 있는 반대급부를 받아 내야 하고 국회에서 추가협상 결과에 대해 철저한 검증을 받을 계획을 세웠다. 지금까지는 한미 FTA를 지지하고 반대하는 토론이 있었고 시위도 많았는데, 이제부터는 한미 FTA 협상 결과를 어떻게 활용할 것인지, 피해 부분에 대한 보완책은 어떻게 마련해 나갈 것인지에 집중할 시점이라고 판단했다. 기업과 근로자, 국민 모두가 합심하여 한미 FTA의 효과를 극대화하기 위해 노력하는 길이 최선이라 생각했다.

내용상 그리고 정서적으로 민감한 이 이슈를 국내에서 설명하기가 쉽지 않았다. 이에 대한 반대급부는 최대한 유예기간을 확보하는 것이라고 생각했다. 한미 FTA 서명이 끝나면 내 계산으로는 양국에서 1년, 길면 그 이상 걸려 비준이 될 텐데, 단 1년의 예외를 받아도 국내 보완 대책을 세울 시한 2~3년을 버는 셈이었다.

한미 FTA의 서비스 교역이 효과적으로 이뤄지기 위해서는 인적 이동이 자유로워야 한다. 서비스 시장을 개방해 놓고 비자를 제공하지 않으면 서비스 협상 결과는 무의미하다. 나는 대한민국의 국민으로서 무더운 여름이나 추운 겨울 날 우리 시민들이 미 대사관에서 비자를 받기 위해 길게 늘어서 있는 것을 못마땅하게 생각해 왔다. 버시바우 대사가 한국 사람들의 불편을 덜어 주기 위해 겨울에 난방시설을 설치했다고 설명했을 때 나는 여름에는 바깥에 에어컨을 설치하라고 전한 적이 있다. 미국에 단기 여행을 가는데 비자를 받지 않고 가는 것은 편의 차원에서는 물론 선진국 간의 예우라고 볼 수 있다. 미국에 가는 한국 관광객이 늘면 우리 교포들 또한 수혜자가 된다. 무비자로 미국 입국이 가능해지자 우리 교포 사회에서는 침체된 경제에 활기를 불어 넣을 수 있는 기회라며 기대를 하고 있었다.

그래서 무비자와 관련 전문직 비자쿼터 확보를 요구하기로 결정했다. 전문직 비자쿼터란 미국에서 합법적으로 취업할 수 있는 노동 허가다. 유학생들은 F-1 학생 비자로 미국에 입국, 학업을 끝낸 이후 H-1 전문직 비자를 취득해야 취업할 수 있다. 나도 미국 유학 당시 로스쿨 졸업 후 변호사 사무실에 취직했을 때 F-1 비자를 H-1 비자로 바꾸는 것이 얼마나 번거로운지 겪어 보았다. 따라서 전문직 비자쿼터를 확보하면 우리 국민에게 미국 내 일자리를 만들어 주는 효과를 가져다준다.

그러나 전문직 비자쿼터는 미국 국내정치상 민감한 이민정책과 직결되어 있어 한미 FTA가 타결된 이후 미 상·하원 법제사법위원회와 조용히 접촉하여 진행시켜야 한다. 호주는 미국과 FTA 타결 이후 1만 1,500개의 전문직 비자쿼터를 확보했는데 이것은 정상들 간의 노력이 있어 가능했다.

노동과 환경 분야에서는 강화된 노동·환경 기준이 상호 적용된다는 점을 미국 측에 강조했고, 둘째, 노동·환경 관련 사항에 대해 분쟁해결 절차를 남용하는 것을 방지하기 위해 무역 효과가 입증될 수 있는 실질적인 경우에만 관련 사항을 분쟁절차에 회부하기를 요구했다.

만일 미국이 우리 요구를 수용하지 않으면 6월 30일 기존 합의된 협정문에만 서명하고 이후 추가 협의를 진행한다는 계획을 세웠다. 이제 워싱턴에 가서 USTR 입장을 확인하는 일만 남았다.

또다시 워싱턴으로

6월 25일부터 27일까지 2박 3일간 워싱턴 출장을 갔다. 귀국 이후 28일 청와대에 보고하고 다음 날 다시 비행기를 타야 30일에 서명할 수 있었다. 통상장관으로서 가장 힘들고 기피하는 출장은 워싱턴과 제네바 출장이다. 긴장 상태에서 조금도 쉴 수가 없고 일이 잘 풀릴 가능성보다 잘못될 확률이 높기 때문에 많은 통상장관들은 워싱턴 출장을 기피한다. 긴 비행시간 동안 자는 사람도 있고 책이나 영화를 즐기는 사람도 있다. 나는 비행기 안에서 잠을 못 자는 체질이고 착륙 즉시 회의에 참석해야 하기 때문에 비행시간 내내 서류를 들여다보았다. 워싱턴은 직항편이 있어 그나마 나은 편이다. 제네바의 경우는 12시간을 가서 2~3시간 기다렸다가 비행기를 갈아타면 밤늦게 도착하여 다음 날 아침부터 회의에 들어간다. 2~3시간 기다리는 것도 진이 빠지는데 비행기는 1~2시간 연착하고 짐이 제때 도착하지 않는 경우가 자주 있다. 그래서 양복을 입은 채 탑승하고 편한 옷을 따로 기내용 가방에 넣어 다녀야 했다.

　워싱턴에 도착하여 미 무역대표부에서 회의를 가졌다. 2층 회의실에는 내가 즐겨 마시는 '닥터 페퍼' 한 병을 항상 준비해 놓았다. 몇 시간씩 회의를 하면 갈증이 생겨 늘 한 병 넘게 비웠다. 추가협상 관련 회의도 예외는 아니었다. 슈워브 대표와 바티아 부대표는 미국 측이 제기한 추가 내용이 전체적인 협상 결과의 균형을 깨뜨리지는 않는 수준이라며 6월 30일 서명 시 반영할 것을 강력히 희망했다. 나는 그들의 설명을 경청한 후 말했다.

　"우리가 미국의 제안을 그대로 수용할 수는 없습니다. 미국 제안이 전체적인 협상 결과의 균형을 깨는 것인지 유지하는 것인지는 내가 내 입장에서 판단할 문제이지 USTR가 대신 판단해 줄 문제가 아닙니다. 솔직히 우리 내부에서는 6월 30일에 기존 합의된 협정문을 그대로 서명하고 추가협상은 그 후에 하는 것을 선호합니다."

　"그렇게 되면 의회 비준에 진짜 문제가 생깁니다. 통상장관, 간곡히 부탁하는데 추가 제안 내용을 포함해 6월 30일에 서명하도록 합시다. 한국이 노동·환경 기준을 한미 FTA에 추가하면 민주당 지도부가 한미 FTA를 지지할 거라 우리 USTR가 확신합니다."

　"민주당 지도부가 한미 FTA를 지지할 것이 확실합니까? 보장할 수 있어요?"

　"네. 민주당이 만들어 낸 신통상정책이 포함되면 틀림없이 한미 FTA를 지지할 겁니다."

　환경과 노동기준을 비롯한 신통상 과제들을 포함시키면 민주당 지도부가 한미 FTA를 지지할 거라는 말은 USTR가 이때 처음 언급한 것이었다.

"서명하기 전에 추가 제안을 모두 포함시킬 수 있는지 여부는 당신들에게 달렸습니다. 단, 내가 요구하는 조건을 모두 충족해야 합니다. 첫째, 너무도 잘 알고 있겠지만, 의약품 특허와 시판 허가 간 연계 의무는 기존 FTA 협상의 뜨거운 감자 가운데 하나입니다. 따라서 그 연계 조항은 일정 유예기간을 미국 측이 부여해야 합니다."

"기간은요?"

"3년이 필요합니다."

"3년이나요? 유예기간은 줄 수 없습니다."

"그리고 무비자 입국이 가능하도록 조치를 취하겠다는 약속과, 한미 FTA 서명 이후 미 행정부가 전문직 비자쿼터를 얻는 데 협조하겠다는 약속의 편지가 필요합니다."

"그 편지 내용은 누가 사인하는 것입니까?"

"대통령이 사인하면 제일 좋죠. 그것이 어려우면 담당 장관이 사인하면 됩니다. 노동과 환경 분쟁해결절차가 남용되는 것을 방지하기 위해 '양측은 책임 있는 교역 상대국으로서, 무역 투자 효과가 입증될 수 있는 실질적인 경우에만 노동·환경 관련 사항을 분쟁해결절차에 회부한다'라는 문구를 포함시켜야 양국에 좋습니다."

"문안 수정은 어렵습니다. 통상장관께서 미국 제도를 잘 아시겠지만 우리는 어렵게 의회와 한미 FTA 문안을 합의했습니다. 문안을 수정하려면 의회 동의를 받아야 하는데 민주당 의회가 허용 안 할 겁니다."

"'98 ILO가 선언한 5개 원칙 중 아동노동금지 원칙이 있습니다. 아동노동금지 국제기준은 근로 가능한 최저 연령을 15세로 정하는데, 미국 법은 농업 분야에서 14세 이상이 취업 가능하고 12~13세 이상이면 경노동도 할 수 있습니다. 캘리포니아와 플로리다 주에서 15세 미만의 외국인 근로자들이 저임금을 받으며 오렌지를 따는데, 이 경우 내가 미국을 제소할 수도 있겠네요?"

"그거야 할 수 있겠지만……."

"노동과 환경 기준을 가지고 분쟁해결절차에 회부한다는 것은 통상 역사상 처음 있는 일이 될 터여서 법률적 해석이 모호한 부분들이 있습니다. USTR는 지금 ILO가 선언한 다섯 가지 원칙만 국내법에 반영하고 그 다섯 가지 원칙과 관련된 여덟 가지 협약에 가입하지 않아도 된다고 말은 그럴듯하게 하지만, WTO에서 수십 개 분쟁을 다뤄 보니 어떤 원칙을 해석할 때 그와 관련 있는 법이나 협약을 참고로 인용하여 해석합니다. 따라서 위반이 있을 때마다 제소를 남용하는 것을 방지하기 위해 그 위반 자체가 무역에 미치는 영향이 있어야 한다는 것을 확실히 해놓아야 합니다. 그렇다고 해서 문제가 다 해결되는 것은 아니죠. 아동노동금지 원칙으로 내가 제소하면 15세 미만의 근로자를 고용한 이유 때문에 양국 간 무역에 영향을 미쳤다는 것을 입증해야 되겠지요. 이런 입증은 우리 신참 변호사도 쉽게 할 수 있어요. 우리가 미국 오렌지를 두 번째로 많이 수입하는 나라인데 무역에 영향을 미친다는 사실을 입증하는 것은 간단합니다. 미국 협상 스타일의 문제는 지금까지 멕시코와 중남미 국가들과 FTA를 체결하면서 그들에게 일자리를 뺏길 가능성에만 집착한 점입니다. 미국 측은 지금 중남미와 똑같은 차원에서 한국을 보고 있는데 이것은 실수입니다."

미 무역대표가 끼어들며 말했다.

"만약 한국이 노동과 환경 기준을 근거로 미국을 제소하면 한미 FTA는 파기되는 거죠. 마찬가지로 미국이 한국을 상대로 자동차를 제소할 경우 한미 FTA는 파기되겠죠."

양국이 서로 간의 마지노선을 확인하는 순간이었다. 나는 분쟁을 일으킬 수 있는 민감성과 그러한 행동이 한미 FTA에 미칠 손해를 강조하고 싶었다.

"오늘 그 말씀 대단히 중요한 포인트입니다. 당신뿐 아니라 당신 후임자도 이 점을 명심했으면 좋겠습니다."

"통상장관이 오늘 요구하는 사항들은 우리가 받아들이기엔 너무 벅찹니다. 특히 노동과 환경은 상호주의 원칙을 적용해 FTA 상대국뿐 아니라 미국에게도 의무적으로 적용됩니다."

"상호주의란 우리도 노동과 환경을 한미 FTA에 추가로 포함시키고 싶을 경우 상호주의 원칙이 되는 것입니다. 그러나 우리가 노동과 환경을 FTA에 포함시키는 것에 반대하기 때문에 상호주의가 아니란 것을 명심하세요! 왜 그렇게 논리적이지 못합니까? 나는 오늘 오후 비행기로 돌아갑니다. 도착하면 27일 저녁인데 다음 날 28일에는 대통령 재가를 받기 위해 대외장관위원회의 허가를 받아야 하고, 대통령께도 보고드려야 합니다. 30일에 서명을 하려면 나는 늦어도 29일엔 뉴욕행 비행기를 타야 됩니다. 내가 제안한 안들을 잘 고려하고 답해 주시기 바랍니다."

USTR가 내가 요구한 반대급부를 들어 주지 않으면 어려운 상황으로 접어들 수밖에 없었다. 워싱턴 덜레스 공항까지 가는 동안 머리가 복잡했다.

주미 대사관 직원 한 명이 나에게 물었다.

"회의가 만족스럽지 못하셨죠?"

"네. 조금 걱정되네요."

"공항에서 미 외교안보보좌관실에 전화를 걸어 우리 입장을 전하시죠."

서울에서 마지막 일주일 협상을 벌일 때도 진전이 없을 때 한미 관계를 큰 틀에서 보는 외교안보보좌관실이 해결의 실마리를 제공했다. 탑승하기 전에 부보좌관과 통화하여 반대급부의 중요성에 대해 설명했다. 탑승 후, 이전에도 그랬듯이 내가 과연 100%도 아니고 110%도 아닌 120%의 노력을 다했는지 스스로 끊임없이 묻고 또 물었다. 국익을 증진시켜야 할 절대적 의무가 있는 각료로서 최선을 다하지 못했다고 느낄 때는 밤잠을 못 이루며 엄청난 압박감과 자책에 시달리게 된다. 이것은 책임자로서 치러야 할 고통 중 하나였다.

간신히 탄 비행기

미국의 답은 28일 전달되었다. 환경과 노동 분쟁해결절차 남용을 방지하기 위해 무역에 미치는 영향을 입증해야 한다는 문구는 수용하겠다고 했다. 무비자 입국과 전문직 비자쿼터 서한도 제공하겠다는 내용이었다. 그러나 의약품 복제약 특허와 시판 허가 연계 의무는 1년을 유예해 주겠다고 제안했다. 나는 시간이 없으니 우선 무비자와 전문직 비자쿼터 서한을 보내라고 답변했다. 그리고 의약품 유예기간 1년은 수용할 수 없다고 받아쳤다. 바티아 부대표는 내부 절차를 거쳐 자기가 최선을 다해 얻은 결과에 대해 내가 제동을 걸자 섭섭함을 표했다. 당연하다. 이런 내용을 우선 총리실과 권오규 부총리 그리고 청와대에 보고했다.

협상 절차는 느리게 진행되었다. 서울과 워싱턴이 시차가 있고 한국과 미국 양국의 국내 절차를 거쳐야 진행된 내용을 협정문에 반영할 수 있는 사정 때문이었다. 복제약품 특허와 시판 허가 연계 의무 유예기간, 미국의 무비자 입국과 전문직 비자쿼터 관련 문구가 우리의 요구 사항을 충족하지 못하여 시간이 걸렸다. 원래 우리는 6월 29일 오전 비행기로 워싱턴에 갈 계획이었으나 진척이 더뎌 오전 비행기를 타지 못했다. 6월 29일 비행기에 탑승해야 미국에 같은 날 도착하여 다음 날 오전 서명식을 가질 수 있었다. 우리가 비행기를 타지 못한 것을 확인한 미국 대사관 실무자는 우리 실무자에게 우려를 표명했다. 그럴 수밖에 없는 것이 한미 FTA 서명식에 수백 명의 VIP를 초대한 상태에서 당사자가 나타나지 않으면 당혹스럽고 어색한 상황이 될 것이기 때문이었다.

미국이 보내 온 수정안을 검토해 보니 무비자 문안은 수용할 수 있는 수준이었다. 복제약품 특허와 시판 허가 연계 의무 유예기간을 1년 6개월로 늘렸지만 전문직 비자쿼터 서한 내용이 우리 기대에 못 미쳤다. 나는 바티아 부대표에게 다시 전화하여 우리가 요구하는 문구를 직접 전했다. 바티아 부대표는 유예기간 1년 6개월이 미국이 양보할 수 있는 최대치라고 설명했다. 물론 3년을 받으면 좋았겠지만 1년 6개월이면 나름대로 괜찮은 타협안이라고 생각했다.

협상이 이렇게 길어지자 오후에 떠나는 시카고행 비행기에도 탑승하지 못했다. 우리 실무자는 미국 대사관이 초긴장 상태로 들어갔다고 전했다.

만약 그날 뉴욕행 저녁 비행기를 타지 않으면 서명식은 열릴 수도 없고 그럴 경우 미국 TPA 만료 전에 타결하지 못했다는 이유로 비준이 어려워지는 상황이 올 수도 있었다. 나는 우리 실무자에게 지시하여 전문직 비자쿼터 관련 문구가 우리 입맛에 맞지 않으면 저녁 비행기도 안 타겠다는 메시지를 전달할 것을 지시했다. 비행기를 못 타는 상황에 대비해 이태식 대사께 내가 6월 30일 워싱턴에 못 갈 경우 이 대사께서 대신 서명하라고 말씀드렸다.

청와대에서 전화가 왔다. 진행 상황을 알고 싶어 했다. 오전 비행기를 타지 못한 사실을 청와대에서도 알고 있었다. 그러나 늘 그랬듯이 노 대통령은 추가협상을 빨리 끝내라고 독촉하지 않았다. 수정된 전문직 비자쿼터 서한 내용은 수용할 수 있는 수준이었다. 마침 오후 4시경 바티아 부대표에게 전화가 와서 추가협상 관련 문구를 처음부터 끝까지 확인한 후 대통령께 재가받기 위해 서류를 전했다. 대통령 재가를 받은 시간은 늦은 오후였고, 뉴욕행 대한항공 편이 이륙하기 직전에야 간신히 탑승했다.

서명식 날 나온 반대선언

29일 탑승한 비행기는 뉴욕 시간으로 29일 밤에 도착했다. 뉴욕에서 워싱턴까지 기차로 3시간 걸린다. 나는 30일 새벽 6시 기차를 타고 워싱턴에 9시에 도착하여 서명할 계획이었다. 워싱턴에 도착하여 기차역에서 최석영 공사를 만났다.

"본부장님, 안 좋은 소식이 있습니다."

"뭡니까?"

"민주당 지도부가 오늘 오전에 한미 FTA를 반대한다고 발표했습니다."

순간 배신감을 느꼈다. USTR는 한국이 노동과 환경 기준을 포함한 신통상정책을 수용하면 틀림없이 민주당 지도부의 지지를 받아 내겠다고 약속했는데 약속을 지키지 않은 것이다. 그리고 어떻게 멀리서 온 손님에게 이런 식으로 문전박대를 하는지 화가 치밀어 올랐다. 슈워브 대표는 빨간색 정장을 입고 웃으면서 나를 맞이했다.

"워싱턴에 오신 걸 환영합니다."

"환영하는 방식이 우리와 다르군요. 어떻게 민주당은 서명식 하는 날 한미 FTA를 반대한다는 선언을 합니까?"

"그러게 말입니다. 저도 생각조차 못한 일이 일어났습니다. 매우 유감입니다."

"오늘 발표할 때 절대로 재협상이란 없음을 명백히 하세요."

"여부가 있겠습니까? 다시는 재협상이 없는 걸로 확실하게 발표할 겁니다. 이것으로 종지부를 찍는 겁니다."

슈워브 대표는 서명식에서 '역사적인 순간'이라며 두 나라의 긴밀한 관계가 한미 FTA로 더욱 공고해질 것임을 강조했다. 약속대로 슈워브 대표는 다시는 추가협상이나 재협상이 없음을 강조했다. 나는 서명식에 참여한 참석자들에게 강한 메시지를 전달하고 싶었다.

"한국과 미국은 오늘날 경제 파트너로서 21세기의 도전에 직면해 있습니다. 우리는 민주주의, 시장원칙 그리고 기회와 자유를 함께 수호해 나갈 것입니다. 우리는 보호주의자들과 기득권자들이 전파하는 미래에 대한 두려움과 패배의식에 함께 맞서려 합니다. 이 불확실성의 시대에 한국과 미국은 도전을 두려워하지 않으며 주어진 기회를 최대로 활용하여 함께 미래를 개척해 나갈 것입니다. 과거의 방식과 가치관을 그대로 보존해야 한다는 잘못된 주장도 있습니다. 이렇게 주장하는 사람들은 잘못된 역사 안목을 가지고 과거를 평가하고 사라진 확실성을 공허하게 외칩니다. 모든 세대는 피할 수 없는 도전과 성숙하고 강인해지기 위해 고통스럽지만 반드시 거쳐야 하는 변화에 직면합니다. 우리에게는 특권이나 풍요로움이 보장돼 있지 않습니다. 각 세대는 시련과 불확실성을 극복하여 스스로 전진해야 합니다. 이것이 바로 자유무역의 본질입니다. 우리가 하고자 하는 것은 변화하는 세상 속에서 도전에 직면할 수 있도록 필요한 제도를 확립하는 것입니다. 그럼으로써 제도에 확실성을 부여하여 인간의 창의력과 노력이 풍부한 결실을 맺을 수 있도록 해야 합니다. 우리는 유익하고 생산적인 결과를 유도하는 촉매자가 되어야 하며, 분쟁 대신 경쟁으로 인한 성장을 추구해야 합니다. 이것이 바로 한미 FTA의 핵심입니다."

서명식이 끝나자 미국 측이 만찬에 초대하고 싶어 한다고 최 공사가 전했다. 나는 USTR가 약속한 바와 달리 민주당 지도부가 한미 FTA를 서명하는 날 반대선언을 한 것에 실망스러웠다. 기분 좋아야 할 만찬장에서 좋은 소리가 나올 것 같지 않아 점심도 먹지 않고 곧바로 서울 가는 비행기를 타기 위해 뉴욕으로 갔다. 뉴욕에 도착하여 해외 순방 중인 대통령께 전화를 드렸다.

"대통령님, 최종적으로 서명했습니다."

"잘했습니다. 수고했어요."

내 임무가 끝나는 순간이었다.

수전 슈워브 USTR 대표와 한미 FTA 서명식을 끝내고 악수하고 있다. 이날 2007년 6월 30일 슈워브 대표는 다시는 추가협상이나 재협상은 없다고 공개적으로 약속했다.

5장

4대 선결조건의 진실
의약품, 자동차, 쇠고기, 스크린쿼터

 2003년 FTA 로드맵을 작성할 때부터 동시다발적 FTA 정책의 궁극적 지향점은 미국이었고, 2004년 10월 죌릭 당시 미 무역대표와 협의를 통해 한미 FTA 협상 출범을 위한 전초를 마련했음에도 실제 협상을 출범시킬 수 있다고 믿는 사람들은 많지 않았다. 특히 한미 BIT 협상 실패의 아픈 기억이 생생한 통상교섭본부 내에서조차 BIT보다 10배는 어려운 FTA 협상 출범에 대해 회의적인 시각이 많았다. IMF 경제 위기라는 특수 상황에서 국민의 정부가 국정 과제로 추진한 BIT 협상도 좌초했는데, 참여정부에서 FTA 출범이 가능하다고 보기는 객관적으로도 어려웠던 것이다.

 2005년 초 3차례에 걸친 국장급 사전실무점검회의를 통해 한미 FTA 논의가 무르익어 갔지만 공식 협상 출범을 위한 길은 여전히 멀어 보였다. 미국은 공식 출범을 위해서는 의회와 업계를 설득해야 하며, 이를 위해서는 주요 통상 현안들이 먼저 해결되어야 한다는 입장이었다. 즉 자격시험을 먼저 치자는 것인데 국가의 자존심이 상하는 일이었다. 그러나 나는 명분보다 실리를 얻는 것이 중요했다. 한미 FTA의 경제적 실익은 새삼 반복할 필요도 없었고, 대한민국의 미래 경제를 한 단계 업그레이드하기 위해 어느 정도 대가를 치르고 그 이상의 결과를 얻어 내는 것은 바람직하다고 보았다.

하지만 인간은 머리보다 가슴이 앞서는 동물이다. 이른바 '4대 현안' 또는 '4대 선결조건'이란 이름으로 협상 초기 들불처럼 논란이 번졌던 논의 과정은 이랬다.

이례적인 미국의 요구

2004년 죌릭 대표와의 회동 이후 미국은 한미 FTA 협상 출범을 위해서는 주요 현안들의 해결이 중요함을 누차 강조했다. 주요 현안으로 오렌지 검역, 쇠고기 수입 재개, 스크린쿼터 축소 등을 언급했고, 한미 통상현안점검회의 같은 실무급 채널을 통해서는 지적재산권, 의약품, 통신 문제 등도 제기했다. 미국은 2005년 8월까지 이 현안들을 계속 반복해 강조했다. 우리로서는 다소 답답한 노릇이었다. 모든 통상 현안을 해결하는 것은 불가능하기 때문이기도 하고, 원칙적으로 주요 현안들을 FTA 본협상에서 다루게 될 것을 감안하면 미국의 요구는 이례적인 것이었다. 이는 다양하게 해석될 수 있다.

첫째, 미국은 한미 FTA 협상 출범에 대해선 우리보다 느긋한 입장이었다. 미국 행정부의 이른바 '한국 라인'들도 한미 FTA의 필요성을 우리와 마찬가지로 인식하고 있었지만 그 절실함의 정도는 우리와 다를 수밖에 없었다. 우리나라는 한미 FTA를 통해 세계 최대 시장을 확보하고 경제를 한 단계 도약시켜 아시아의 지역 경제통합 논의에서 주도권을 확보할 수 있는 이점이 있지만, 미국 입장에서는 한미 FTA 체결에 따른 이득이 우리만큼 최대치는 아니었다. 물론 세계 7위 교역 상대국인 한국과의 FTA 체결이 NAFTA 이후 경제적으로 가장 필요하고, 동북아시아의 지정학적 상황을 감안하여 전략적으로도 중요한 과제임은 분명한 사실이다. 그러나 미국은 기본적으로 무역의존국이 아니다. 미국의 무역적자 문제가 국내외 언론에 크게 보도되고 있지만, 사실 미국은 무역의존도가 22%에 불과한 내수강국이다. 열대 하와이부터 북극의 알래스카를 망라하는 미국 자체가 하나의 커다란 세계이므로 대부분의 미국인들은 국가 대 국가 차원의 통상 문제에 둔감하다. 1994년 NAFTA 체결 이후 미국은 중남미나 중동의 소국과 FTA 체결에 집중했고, 그마저 경제적인 이유보다 정치적인 이유로 체결된 것이었다. 사정이 이렇다 보니 미국은 협상을 출범하는 데 있어 여유로웠던 것이다.

 둘째, 같은 맥락에서의 다른 이유다. 이런 입장에서 출범하는 FTA 협상을 위해 미 행정부는 의회와 업계를 설득할 수 있는 무엇인가가 필요했다. 이는 미 행정부가 처한 독특한 자국 내 사정에 기인한다. 미국 헌법상 통상권한은 의회에 있다. 이것은 미국의 독립 초기 각 주가 독립적인 국가적 지위를 유지하던 시기에서 비롯된 것이다. 각 '주' 간의 통상과 관련한 최종 의결뿐만 아니라 외국과의 국가 간 통상 관련 최종 권한도 연방의회에 있는데, 그 권한을 무역촉진권한, 곧 TPA를 통해 대통령에게 한시적으로 양도하여 국익을 도모하게 된다. 이때 행정부는 의회의 통상권한을 집행할 뿐이며, 행정부의 통상 조직은 의회에 대하여 책임을 진다. 그래서 미국의 통상 조직이 정식 부처department가 아닌 대통령 직속의 무역대표부United States Trade Representative인 것이다. 의회에 대하여 행정부를 대표한다는 의미다. 그래서 TPA 기간 내에 미 행정부가 무역 협정을 맺으면 미 의회는 양도된 권한 안에 이루어진 일이므로 협상 결과에 대해 비준 여부만 결정할 수 있고 내용을 수정할 수 없는 반면, TPA가 없으면 의회가 협상 내용을 모두 뜯어고칠 수 있다. 500명이 넘는 미 의회 상·하원 의원들이 자신이 대표하는 지역의 관심사인 알래스카의 명태, 조지아의 땅콩, 캘리포니아의 와인, 남부 주들의 섬유, 미시간 주의 자동차 등 지역별 주요 상품에 하나하나씩 손을 대면 FTA는 절대로 불가능하고 협상은 깨지게 된다. 그래서 미국과 양자간 자유통상무역을 체결하기 위해 TPA 마감일을 맞추려고 하는 것이다. 사정이 이렇다 보니 미 행정부는 의회의 동의 없이 어떠한 통상 협상도 할 수 없다. 그러니 미국의 정치 시스템, 특히 의회는 업계의 로비를 중심으로 돌아갈 수밖에 없다. 이런 면에서 로비스트의 활동은 이해관계자가 자신의 이해를 의회를 통해 반영하는 미국식 대의제 민주주의의 한 특성으로 이해해야 한다. 그러니 미 의회의 의원들은 소속 지역구를 대표하는 업계의 로비로부터 자유로울 수 없고, 업계가 반대하는 FTA 협상 출범을 지지할 수 없다. 결국 한미 FTA 협상 출범을 위해 의회와 업계의 지지를 동시에 확보하는 것이 무엇보다 절실했다.

셋째, 과거의 망령이 현재를 지배하고 있었다. 사실은 이것이 첫 번째와 두 번째 이유의 밑바탕에 자리 잡고 있는 것인데, 1998년 출범한 한미 BIT의 좌초 경험은 양국의 정책 결정자들과 협상 담당부서에 망령처럼 드리워져 있었다. 사실상 우리가 먼저 협상 중단을 선언한 데는 여러 가지 이유가 있겠지만, 민감한 현안 특히 스크린쿼터에 대한 국론 분열을 감당할 수 없었던 것이 가장 큰 원인이었다. BIT 좌초는 그 후 7년 동안 한미 통상 관계에 부담으로 작용했다. 협상을 직접 담당했던 USTR 입장에서는 우리나라에 대한 실망감이 컸을 뿐 아니라 무엇보다 우리나라의 개방 의지를 도저히 믿을 수 없게 된 것이었다. 'FTA 협상도 BIT 협상처럼 중간에 좌초하면 어떻게 하지?'라는 의구심을 떨칠 수 없었을 것이다.

게다가 가뜩이나 정치적으로 긴장 상태에 있는 한미 관계가 과연 FTA 협상 좌초를 감당할 수 있을지 미국 외교안보팀의 문제 제기가 끊이지 않았다. 당시 미국 내에서는 한미 관계를 위기로 보았다는 방증이기도 했다. 하지만 그네들의 사정이야 그렇다 치고 우리에게 미국 시장이 아무리 필요하고 중요하다 하더라도 그들의 일방적인 요구를 그대로 수용할 수는 없었다. 미국이 제기한 현안들은 FTA 본협상에서도 큰 비중으로 논의될 수밖에 없는 문제들이었는데, 현안별로 절대로 양보해서는 안 될 기본원칙이 있다. 기본원칙이 훼손되면 협상에서도 밀릴 수밖에 없고 이를 국민들이 용납하지 않을 것이다. 아무리 FTA가 중요하다 해도 마지노선은 존재하기 때문이다. 우리는 모든 통상 현안을 사전에 해결하는 것은 불가능하다는 점을 미국 측에 확실히 전달했다.

한미 FTA 협상 출범 논의가 점차 무르익어 가고 통상교섭본부 내 일부 회의론자들이 점점 내 눈치를 보기 시작하던 2005년 9월, 워싱턴에서 열린 한미 통상장관회담에서 포트만 대표는 미 정부가 장관급 협의를 통해 네 가지 이슈만 해결되면 한미 FTA 협상을 시작해도 좋다는 결정을 내렸다고 전해 왔다. 스크린쿼터, 쇠고기 수입 재개, 자동차 배출가스 기준 및 의약품약가제도 변경 유예가 그 네 가지 이슈였다.

의약품, 양보한 것은 없다

의약품 분야는 1990년대 말 이후 자동차와 더불어 한미 통상 관계의 핵심의제 가운데 하나였으나, 미국이 요구한 경제성 평가 제도 도입유예나 약가재평가 제도 변경 유예는 새로운 이슈였다.

의약품경제성평가Pharmaco-economic Assessment는 의약품의 비용과 효과를 계량화하여 종합평가함으로써 의약품 간 가치를 비교할 수 있는 평가 기법으로, 당시 보건복지부 산하 건강보험심사평가원이 건강보험 재정을 효율적으로 운용하기 위한 합리적 의사결정 수단으로 활용하고자 연구를 진행하고 있었다. 보건복지부 설명으로는 아직 제도 도입에 대한 구체적인 계획도 없이 실무적 차원에서 검토 중인 제도였다.

약가재평가Triennial Repricing란 의약품의 건강보험 급여 상환액을 설정한 이후 여건 변화를 반영하기 위해 3년 주기로 급여 상환액을 다시 산정·조정하는 제도다. 구체적으로 해당 의약품의 선진 7개국(미국, 영국, 독일, 프랑스, 이탈리아, 스위스, 일본) 가격을 조사하여 국내 약가가 선진 7개국 의약품 평균 가격을 초과할 경우 초과 부분만큼 인하하는 방식이다. 우리나라는 2002년부터 약가재평가제를 실시해 왔는데, 보건복지부는 이처럼 절대금액을 기준으로 한 약가 변화가 선진 7개국 의약품의 상대적인 약가 변화, 즉 약가 변화율을 반영하지 못한다고 판단, 3년 동안 선진 7개국 약가 변화율만큼 해당 의약품의 국내 가격을 인하하는 것을 검토하고 있었다.

이 문제 역시 복지부 실무진에서 연구하는 초보적 단계에 있었고, 약가재평가 방식 변경 여부나 계획이 전혀 결정된 바 없었다.

따라서 이 문제는 큰 어려움 없이 해결된 것으로 여겼으며 장관급에서 깊이 있게 논의되지도 않았다. 이에 따라 보건복지부장관은 2005년 10월 8일 대통령 주재 회의 이후부터는 관계부처 장관회의에 참석하지 않았다. 이렇게 의약품 문제는 손쉽게 해결되었다. 의외의 일이었다. 의약품 문제의 민감성과 잠재적 폭발성을 잘 알고 있었기에 내심 불안했지만, 협상 출범 전까지만 약가제도를 변경하지 말아 달라고 포트만 무역대표가 분명히 이야기했고 빌리 토진Billy Tauzin 미 제약협회장도 같은 메시지를 전해 왔기 때문에 나는 스크린쿼터나 쇠고기 수입 재개같이 더 시급한 사안에 집중했다.

뒤에 자세히 다루겠지만, 나의 불안감이 현실화된 것은 그리 오래되지 않아서다. 2006년 2월 유시민 보건복지부장관이 취임하면서 복지부가 새로운 약가제도를 도입했고, 이는 FTA 전체 협상을 결렬 직전으로 몰아가는 요인이 된다. 이 과정에서 약가제도를 변경하지 않는 것이 협상 출범 전 한미 간 합의 사항이냐 아니냐를 두고 논란이 불거지기도 했지만, 당시 미국의 요구는 분명히 협상 출범 전까지 새로운 약가제도 도입을 유예해 달라는 것이었다. 다자나 양자 협상을 막론하고 협상이 일단 출범하면 협상 의제를 변경하지 않는 것이 국제적인 관례이기 때문에 이에 대해서는 논란의 여지가 있을 수밖에 없다. 그러나 이러한 논란을 차치하더라도, 분명한 점은 우리가 의약품 분과에서 양보한 것이 없다는 것이다.

자동차, 대미 주력 수출품목

자동차 문제는 배출가스 기준에 관한 것이었다. 우리 환경부는 대기 환경 정화를 위해 자동차 배출가스 기준을 계속 강화하고 있었으며, 2006년부터 기존의 저배출차량 기준을 초저배출차량(ULEV, Ultra Low Emission Vehicle) 기준으로 강화했다. 이는 캘리포니아 주의 기준을 모델로 한 것인데 실은 그보다 더 엄격한 것이다. 우리나라 기업들처럼 중·소형차들을 많이 제조하는 자동차 메이커들은 이 환경 기준을 따르는 데 문제가 없다. 하지만 가스를 많이 배출하는 대형차를 주로 수출하는 미국은 이 기준을 맞출 수 없었다. 캘리포니아에서는 소형, 중형, 대형차를 모두 합산하여 평균 배출량(FAS, Fleet Average System)을 내기 때문에 미국 자동차 메이커들이 캘리포니아 주의 엄격한 환경 기준을 통과할 수 있으나, 우리는 평균을 내지 않고 모든 차량에 단일 기준을 적용하며 엄격하게 제도를 운영하고 있었기 때문이다. 물론 우리나라의 경우 좁은 땅에 많은 인구가 밀집되어 있어 엄격한 환경 기준을 유지해야 한다. 문제는 이 이슈가 그렇지 않아도 무역역조로 불만이 가득한 미 자동차 업계에 좋은 핑곗거리를 제공한 것이다.

자동차는 우리나라의 대미 주력 수출품목이다. 반면, 미국 입장에서는 가장 큰 피해를 입고 있다고 생각하는 품목이며, 한국 시장의 폐쇄성을 상징하는 품목으로 거론된다. 2004년 기준으로 수출액이 100배 차이가 나는 이러한 상황을 콜린스Stephen Collins 미 자동차통상정책위원회ATPC 회장은 "충격적"이라고 표현하기도 했다. 게다가 2005년 미국 자동차 업계는 심각한 어려움에 봉착해 있었다. 포드와 GM은 신용등급이 하락해 재정난을 겪고 있었고, 자국 시장을 일본 자동차 메이커에 거의 다 내준 실정이었다. 이러한 때 한국이 환경 기준을 강화하는 것이 미국에게는 비관세장벽으로 인식된 것이다. 특히 미국은 캘리포니아의 평균배출량 기준을 우리나라가 절대 기준화해 적용한 것에 매우 비판적인 입장을 보였다. 미국은 우리나라가 계속 각종 비관세장벽을 만들어 외국차 수입을 억제하고 있다고 판단했다.

물론 실상은 그렇지 않았다. 우리는 비관세장벽을 세울 목적으로 환경 기준을 강화한 것이 아니다. 미국 차 수입이 저조한 것은 미국 차에 대한 한국 소비자들의 인식이 좋지 않기 때문이다. 한마디로 인기가 없었다. 미국 차는 크고 웅장하지만 연비가 좋지 않고 잔고장이 많다는 것이 일반적인 인식이다. 1998년 이후 일본 차, 유럽 차 수입은 갈수록 늘어나는데 미국 차의 판매만 제자리에 있는 것이 이를 말해 준다. 그러나 자동차 문제는 미국 내에서는 우리나라의 농산물 문제만큼이나 쉽게 정치 이슈화되는 민감한 문제였다. 디트로이트를 중심으로 한 자동차 노조는 미국 민주당의 주요 지지 세력이자, 자유무역에 반대하는 유력 의원들의 핵심 후원 세력이었다. 미 의회 의원들에게 미국 차가 인기가 없다는 것은 받아들이기 힘든 사실이었다. 그러니 한미 FTA가 아니더라도 일상적인 통상 현안 관리 차원에서 합리적인 타협책을 찾을 수밖에 없는 상황이었다. 그런 이유로 후일 미 하원 무역소위 위원장이 된 미시간 주의 민주당 의원은 자동차 문제를 빌미로 틈만 나면 한미 FTA를 좌초시키려 했다.

당초 미국은 우리나라의 초저배출량 환경 기준 자체를 완화해 줄 것을 요청했다. 우리나라의 배출가스 기준이 그대로 시행될 경우 4천 대에 불과한 미국산 수입 차량의 절반이 그 기준을 충족시키지 못할 것이라는 주장이었다. 문제는 규모의 경제에 있었다. 미국 차의 수입량이 적다 보니 한국 시장만을 대상으로 설계나 생산라인을 변경하는 것이 현실적으로 불가능했다. 한국의 미국 차 수입량이 적기 때문에 발생한 문제였다.

사정은 이러하지만 미국의 환경 기준 완화 요구를 그대로 수용할 수는 없었다. 환경부나 환경 단체에서 쉽게 용납할 수 있는 문제가 아닐뿐더러 우리나라 환경 기준을 훼손하는 것은 통상을 넘어서는 외교 원칙의 문제였다. 따라서 환경 기준 자체를 완화하는 것은 불가능하다는 입장을 미국 측에 전했다. 대신 다른 현실적 대안을 찾아볼 것을 종용했다. 그리고 2005년 초 우리나라가 소규모 판매 차량에 예외를 인정함으로써 자동차 번호판 문제를 적극적으로 해결한 사실을 상기시켰다.

자동차 교역은 한미 간 민감한 통상 이슈다. 2005년 한국은 85만 대를 수출한 반면 미국은 우리에게 3,990대를 수출했을 뿐이다. 금액으로 따지면 우리 수출액은 100억 달러이고 미국의 대한 자동차 수출액은 1억 달러였다. 미국은 한국 정부가 외제차를 소유한 사람들을 상대로 세무조사를 실시한 점과, 미국 측이 비관세장벽으로 간주하는 여러 정책에 대해 불만을 표시했다. 이런 와중에 포트만 대표가 내게 속마음을 토로했다.

"미국의 한국에 대한 자동차 수출이 3,000여 대에 불과한 상황에서 번호판 규격을 바꾸는 것은 미국 자동차 메이커들의 수출을 중단시키는 결과를 초래합니다. 정사각형 번호판을 직사각형으로 바꾸려면 제조 라인을 변경해야 하며 그만큼 또 경비를 지출해야 하는데 불과 3,000여 대를 수출하는 상황에서 비용 부담이 너무 큽니다. 이 문제를 해결할 수 있는 방안이 있었으면 합니다."

"이것은 결코 미국 자동차 메이커들을 차별하기 위한 조치가 아닙니다. 스위스나 프랑스처럼 우리 정부도 미적 차원을 고려한 정책입니다. 물론 미국 자동차 업계 입장을 이해할 수는 있습니다. 메이커의 판매대수가 5,000대 미만인 경우 정사각형을 유지할 수 있게 하는 방법이 최선인 것 같습니다."

어쨌든 우리가 강경한 입장을 고수하자 미국은 한발 물러나 미국 메이커에 한해 배출가스 기준 적용을 일정 기간 유예해 줄 것을 요청했다. 사실 정부 내에서도 외국산 차에 새로운 환경 기준을 바로 적용하기 어렵다는 지적이 있었다. 나는 2년간 배출가스 기준 적용을 유예하는 방안을 내부적으로 검토해 보겠다는 입장을 조심스럽게 전달했다. 다만 모든 기준은 국내외적으로 차별 없이 적용되어야 하므로 미국 자동차 메이커에만 적용을 유예할 수 없음을 분명히 했다. 이는 세계 무역의 룰이므로 미국도 반론을 제기하지 않았다. 결국 과거 자동차 연비 문제 처리 전례 등을 참고하여 우리나라에서 차량 1만 대 이하를 판매하는 제작·판매사에 대해 배출가스 기준 적용을 2008년까지 유예하는 방안이 절충안으로 제시되었다. 미 자동차 업계나 의회가 100% 만족할 만한 수준은 아니었지만 미 행정부가 이들을 설득할 만한 수준은 되었던 것이다. 타협의 묘미였다.

비판론자들은 '절충·타협'을 '일방적 굴욕'으로 매도하는데, 이는 단선적 사고인 것 같다. 나는 미국의 요구를 무시하는 것이 더 쉽다. '내가 할 수 없는 일이다'라고 관료로서의 한계를 내세우면 책임이 돌아올 일도 없다. 하지만 국가의 실익에는 더욱 냉정한 계산이 요구된다. 적은 양의 미국

차를 배려하지 않아서 미국에게 다른 큰 것을 내어 주어야 하는 일이 생긴다면 어떻게 할 것인가? 그것을 보복 조치로 여기고 미국을 WTO에 제소한들 결과는 재판해 봐야 아는 것이고 그동안 우리 업계가 입을 피해는 누가 책임질 것인가?

이제 문제는 국내에서 합의를 이루는 것이었다. 생각보다 환경부의 반발은 컸다. 사실 나는 미국 차의 수입량이 연간 4,000대에 불과하니 2년간 배출가스 기준 적용을 유예하더라도 우리나라 환경에 미치는 영향이 거의 없을 것이므로 환경부를 설득할 수 있으리라 생각했다. 그러나 환경부 입장은 강경했다. 새로운 배출가스 기준은 이미 2002년 이해 당사자들과 충분한 사전협의를 거쳐 제정된 것이므로 이제 와서 적용 시기를 유예할 수는 없다는 입장이었다. 미국 자동차 업계가 제도 도입 논의 당시에는 별 이견을 내놓지 않다가 이제야 문제를 제기하는 것은 미 업계의 준비 부족이라는 것이었다. 환경부의 주장은 정당하다. 미국 업계가 잘못한 것이다. 미국도 이를 인정하고 있었다. 나는 "그러니까 우리에게 '한 번만 봐달라'고 요청하는 것이 아니냐"고 설득했다. 그러나 환경부장관을 설득할 수가 없었다.

실무자 간의 이견이 장관급에서도 좁혀지지 않았다. 그렇다면 다음 수순은 뻔했다. 장관보다 높은 수준에서 이 문제를 조정하는 방법밖에 없다. 앞에서 언급했지만 2005년 10월 8일 노무현 대통령이 주재한 장관급 토론회에서 이 문제가 논의되었다. 환경부장관은 여전히 강한 반대 입장을 견지했다. 그러나 미국산 자동차가 수입량이 적어 사실상 대기 오염원이 아닌 점 등을 들어 대통령이 결단을 내린 것이다. 한미 FTA 출범을 위한 용단이었다. 환경부장관도 환경부의 수장으로서가 아닌 국무위원으로서 결국 이를 수용했다. 2005년 10월, 당시 4대 현안의 두 번째 문제가 해결되었다.

쇠고기 수입, 문제는 검역이다

세 번째 현안은 미국산 쇠고기 수입 재개였다. 이 문제는 4대 현안 중 가장 해결하기 힘들었던 현안이다. 이는 스크린쿼터 축소와는 본질적으로 다른 성격의 이슈임에도 같이 취급되는 경향이 있다. 쇠고기 수입 재개 문제는 기본적으로 과학과 검역의 문제이지 시장 개방의 문제가 아니다. 시장 개방은 이미 1995년 우루과이라운드 협상에서 이뤄졌고, 2003년까지 미국 쇠고기는 매년 20만 톤, 8억 달러어치가 수입되어 우리 밥상에 올랐다. 그런데 2003년 12월 미국에서 캐나다산 광우병 소가 발견되면서 수입이 금지되었고, 이는 검역상 안전성을 이유로 행해진 조치이므로 광우병 위험성이 제거되면 미국산 쇠고기가 언제든 다시 수입되는 것이 당연한 수순이었다. 물론 전제 조건은 미국산 쇠고기의 안전성이 과학적으로 입증되어야 한다는 것이다. 아무리 미국의 압력이 거세다 해도 안전성이 과학적으로 증명되지 않으면 수입하고 싶어도 수입할 수 없기 때문이다. 그렇기 때문에 정부는 2004년 이래 "쇠고기 수입 재개는 정치가 아닌 과학이 결정할 문제"라는 입장을 미국에 거듭 강조해 왔다.

국제적인 대세는 미국산 쇠고기 수입 재개 쪽으로 쏠리고 있었다. 2004년 12월 일본이 미국산 쇠고기 수입 재개에 합의한 것을 비롯하여 미국산 쇠고기 수입을 금지했던 대부분의 국가들이 수입을 재개하고 있었다. 그리고 국제수역기구는 '30개월 미만, 뼈 없는 살코기'의 자유로운 교역을 권고하고 있었다. 국제수역기구의 권고가 강제적인 것은 아니나, 우리나라는 WTO 회원국으로서 동식물검역협정SPS에 따라 국제기준을 준수할 의무가 있다.

사실 2005년 초 미국산 쇠고기 수입이 재개되기 직전이었다. 우리나라는 2004년 말부터 미국산 쇠고기 수입 재개 문제를 검토하여, 2005년 초 광우병 실태 조사를 위해 전문가를 미국에 파견하고 세 차례에 걸쳐 한미 광우병전문가회의를 개최, 미국산 쇠고기 수입 재개를 위한 제반 조치를 마련하고 있었다. 그러나 2005년 6월 미국에서 두 번째 광우병 소가 발견되어 모든 일정이 연기될 수밖에 없었다. 이 소가 1998년 미국이 사료 규제조치feed ban를 취한 이후 태어난 소라면 미국 내 검역 시스템에 여전히 문제가 있는 것이므로, 쇠고기 수입 재개 자체를 전면 재검토해야 했기 때문이다.

광우병 발병 이전에 일본과 멕시코에 이어 세 번째로 큰 쇠고기 수출 대상국이던 우리나라에 수출이 재개되기 직전 다시 문제가 생기자 미국 정책 결정자들과 목축업자들은 매우 초조해졌다. 미국은 2005년 중반부터 각종 통상 채널을 통해 쇠고기 수입 재개를 강하게 요청했다. 우리는 이는 과학의 문제라는 원칙을 계속 고수하였고 따라서 검역 문제가 해결되면 미국산 쇠고기 수입을 재개하는 방향으로 전반적인 분위기가 흘러가고 있었다.

1986년 영국에서 처음 발병하여 90년대 전 세계를 휩쓸던 광우병 공포도 각국의 적극적인 규제 조치로 잦아들었고, 광우병 위험 인자가 집중된 특정위험물질을 제거하면 안전하다는 것이 여러 연구를 통해 입증되고 있었다. 3억 명의 미국인이 매일 먹고 200만 명의 재미 동포와 100만 명의 한국인 관광객, 유학생이 먹는 미국산 쇠고기를 계속 수입을 금지할 명분도 없었다. 그뿐만 아니라 일반 소비자들을 위해서도 미국산 쇠고기 수입을 재개할 필요가 있었다. 우리나라에서는 통상을 생산자 중심으로 바라보는 시각이 많아 종종 국내 생산자가 얼마나 이익을 보고 피해를 보느냐를 기준으로 통상 문제를 평가한다. 그러나 통상은 기본적으로 다수의 일반 소비자를 위한 것이다. 보호무역의 가장 큰 피해자는 일반 소비자들이다. 2003년 12월 미국산 쇠고기 수입이 금지된 이후 쇠고기 값이 폭등해 2005년 말 우리는 세계에서 가장 비싼 쇠고기 값을 지불하는 국민이 되었고, 이에 동반하여 돼지고기 값도 폭등했다.

한편 호주산 쇠고기 수입이 급증하면서 국내 수입 쇠고기 시장을 사실상 독점해 호주산 쇠고기 가격도 상당 수준으로 올라가 있었다. 따라서 안전성만 전제된다면 미국산 쇠고기가 수입되는 것이 일반 소비자들에게 득이 될 것임은 분명했다. 자유무역의 가장 큰 수혜자 역시 일반 소비자들이기 때문이다. 그러나 다수의 일반 소비자들은 침묵하고 있었다. 진정으로 소비자의 권익을 대변하는 목소리는 거의 없었다.

물론 농축산업의 특수성은 당연히 인정되어야 한다. 미국산 쇠고기가 수입되어 국내 한우업자들이 모두 망하는 일이 있어서는 결코 안 된다. 농축산물이 단순한 상품 이상의 가치를 지니고 있음은 우리나라가 WTO에서 늘 부르짖는 바이지만, 미국산 쇠고기 수입이 금지되었음에도 한우 소비는 크게 늘지 않았고 그 자리를 호주산 쇠고기가 대체했다. 한우와 수입 쇠고기의 가격 차이가 워낙 커서 사실상 시장이 분리되어 있었다. 일반 소비자들의 인식도 마찬가지다. 따라서 미국산 쇠고기가 다시 들어오면 그 피해는 호주나 뉴질랜드산 수입 쇠고기에 돌아가지, 우리 한우농가가 피해대상은 아니었다.

쇠고기 수입 재개를 직접 담당하는 농림부는 매우 조심스러웠다. 쌀 협상 비준이 국회에 계류 중이므로 더욱 그러했다. 박홍수 농림부장관은 여러 차례에 걸쳐 국내적인 어려움을 호소했다. 나는 미국산 쇠고기의 안전성에 대해 왈가왈부할 수 있는 입장이 아니었지만, 농림부의 쇠고기 수입 재개 절차가 부당하게 지연되어 위장된 무역 제한 조치로 미국에 비치지 않도록 노력하고 있었다. 그러나 농림부의 어려운 입장을 마냥 무시할 수는 없었다. 국내정치적인 문제를 조심스럽게 관리하지 않으면 통상 문제로 번지게 되기 때문이다. 10월 8일 대통령이 주재한 장관급토론회에서 미국산 쇠고기 수입 재개를 위한 기술적인 절차는 그대로 진행시키고, 그 결과 미국산 쇠고기의 안전성이 확보될 경우 쇠고기 수입 재개 발표는 쌀 협상 비준이 완료된 후에 한다는 기본 입장이 정해졌다.

2005년 정기 국회는 여느 때와 다름없이 여야 간 대결로 표류했고, 쌀 협상 비준도 10월 말에야 이뤄졌다. 이 과정에서 미국산 쇠고기를 수입한다면 그 구체적인 기준을 어떻게 설정하느냐가 문제가 되었다. 미국산 쇠고기 수입 재개를 검토하기 시작한 순간부터 내 머릿속에는 국제수역기구의 권고 기준인 '30개월령 미만, 뼈 제거'가 박혀 있었다. 그러나 미국은 '30개월령 미만, 뼈 포함'을 요청했다. LA갈비 등 과거 미국산 쇠고기 수출의 3분의 2가량 차지하던 뼈 있는 부위를 포기할 수 없었던 것이다. 미국의 요구는 수용하기 어려웠다. 일본이 '20개월령 미만, 뼈 포함' 조건으로 미국산 쇠고기 수입 재개에 합의했지만 쇠고기 전수全數 검사를 실시하는 일본과 우리나라는 사정이 달랐다. 농림부의 생각은 더 강경했다. 물론 농림부의 마지노선은 '30개월령 미만, 뼈 제거'로 내 생각과 동일했지만 접근 방식이 달랐다. 나는 쇠고기 수입 재개 조건을 놓고 거래를 하면 '쇠고기 수입 재개는 과학의 문제'라는 우리 기본 입장이 훼손된다고 생각했다. 그래서 국제수역기구가 권고한 기준대로 미국에 수입 재개 의사를 전하고, 미국이 싫다면 한미 FTA 논의도 없던 것으로 하는 것이 옳다고 봤다. 농림부는 안전하게 단계적 접근 방식을 선호했지만, 총리 주재 장관급회의 후 박홍수 장관은 결국 내 입장에 동의해 주었다.

2006년 1월 포트만 대표와 전화 협상을 거쳐 마침내 우리의 조건을 수용하도록 했다. 이로써 한미 FTA 협상 출범을 위한 세 번째 현안에 대한 논의도 마무리된 셈이다.

스크린쿼터, 명분이 아니라 실리

스크린쿼터 문제는 4대 현안 중 핵심이었다. 스크린쿼터란 국내 영화업계를 보호하기 위해 365일 중 146일은 영화관에서 의무적으로 한국영화를 상영해야 하는 제도다. 1998년 한미 투자협정이 좌초된 가장 큰 원인이 스크린쿼터 때문이라는 것은 부인하기 어려웠다. 협상 출범 준비과정에서 봤을 때 스크린쿼터 문제는 한미 FTA 협상을 좌초시킬 수 있는 1순위 후보 중 하나였다. 따라서 어떤 형식으로든 이 문제를 미리 해결하지 않으면 한미 FTA 협상을 출범시키기 어려웠고, 출범시킨다 하더라도 협상 성공을 장담하기 힘들었다.

차가운 머리로 생각하면 해답이 뻔한 문제인데 해결이 어려운 이유는 역시 정치적 민감성 때문이다. 어느 나라건 스타 파워는 막강하다. 관객과 함께 웃고 우는 스타의 한마디는 수많은 사람들을 움직인다. 영화인들이 거리로 나설 경우 민심이 경도될 가능성이 컸다. 그렇기 때문에 정부는 신중에 신중을 기해 이 문제를 검토했다. 1998년 이후 계속해서 한미 간 최대 통상 현안이 되어 온 스크린쿼터 문제가 해결되지 못한 것은 그만큼 정부가 신중했기 때문이다. 나 역시도 스크린쿼터 문제를 넘어서 한국과 외국의 영화산업에 대해 개인적으로 자료를 챙겨 가며 폭넓게 꼼꼼히 공부하고, 또 고민했다. 냉정하게 평가해 보니 146일의 스크린쿼터를 축소하는 것은 맞는 방향이란 생각이 들었다.

당시 한국영화 시장점유율은 2002년 48.3%를 제외하면 2001년부터 꾸준히 50%를 초과하여 2006년에는 60%를 넘어섰고 관람객 수도 연간 8,400만 명에 달하는 등 비약적으로 성장해 있었다. 외화 수입쿼터제를 실시하는 중국을 제외하면 자국 내 시장점유율은 미국(95%), 인도(95%)에 이어 세계 3위 수준이었다. 한국영화의 평균 상영일은 2006년 기준 187일로 스크린쿼터가 요구하는 146일을 훨씬 초과하는 수준이므로 스크린쿼터는 사실상 실효성이 없는 상태였다. 2006년 2월 인터넷 포털 '다음'의 여론조사 결과 73.22%가 스크린쿼터 축소에 찬성했고, '네이버' 여론조사 결과 응답자의 60.44%가 스크린쿼터 축소가 우리 영화산업에 미치는 영향이 없을 거라고 답변했다.

스크린쿼터 축소와 관련하여 1999년 1월과 2000년 12월 국회에서 "한국영화 시장점유율이 40%가 될 때까지 현행 스크린쿼터 제도를 유지한다"는 내용의 '스크린쿼터 유지 촉구 결의안'이 채택되었다. 동시에 문화산업 촉진 차원에서 영화업계에 1999년부터 2004년까지 1,500억 원을 제공했다.

한미 FTA 출범을 위해 스크린쿼터를 146일에서 73일로 축소하면서 정부는 5년간 4,000억 원의 지원을 포함한 실질적인 영화산업 진흥대책을 발표했다. 4,000억 원이라는 예산은 절대로 적은 금액이 아니다. 참고로 4,000억 원 중 영화산업에 지원한 국고 2,000억 원은 2004년 소년소녀 가장 지원 예산액인 39.5억 원의 50배 수준이다.

사실 한국영화는 같은 문화를 공유하는 한국 시장에서 유리할 수밖에 없다. 영화를 좋아하는 나도 〈쉬리〉로 시작해 우리나라 영화를 즐겨 봐왔다. 〈황산벌〉에서 재미있게 본 장면은, 신라군이 쳐들어오는 상황에서 백제의 임금이 "계백아, 니가 거시기해야 되겠다"라고 지시하자 계백 장군이 "거시기하려면 머시기해야겠구먼유!"라고 답하며 자리를 뜨는 장면이었다. '거시기' '머시기'라는 표현이 수십 번 나오는데 영어는 물론 세계 어느 언어로도 이것을 표현할 수 없을 것이고, 그 고유한 뜻 역시 어느 언어로도 담을 수 없을 것이다. 우리에게만 정서적으로 와 닿는 표현이기 때문에 한국 관객들에게 어필할 수밖에 없는 것이다.

반대로 미국에서 인기 있는 에디 머피의 영화에는 미국 슬럼가에서 사용하는 표현들이 많아서 그 뜻을 정확히 옮겨 전달하기가 어려운 부분이 많다. 이런 영화들은 국내에서 흥행할 수가 없다. 이에 대해 한 전문가는 "우리 정서(사고, 관습)를 바탕으로 우리말로 제작되는 한국영화는 미국

영화가 가질 수 없는 2%를 갖고 있는바, 흥행은 결국 사람을 움직일 수 있는 2%의 차이가 좌우한다"라고 말하며 한국영화의 우위를 설명한 적이 있다.

우리 영화가 할리우드 영화보다 국내에서 더 인기가 많은 또 하나의 이유는 한국인의 '빨리빨리' DNA 덕분이다. 한국인은 기질상 속도가 빠른 한국영화를 선호한다. 할리우드 영화는 두 시간 동안 약 1,000컷을 상영하는 반면, 우리 영화들은 같은 시간 동안 약 1,200~1,400컷을 상영한다. 그래서 〈태극기 휘날리며〉를 보면 외국영화보다 진행이 상당히 빠르다는 것을 느낄 수 있다. 외국영화는 이 같은 한국영화의 속도를 따라가지 못한다. 1998년 일본에 영화 시장을 개방한 후 일본영화가 한국에서 성공을 거두지 못하는 이유도 기술적으로 뛰어나긴 하지만 내용이 정적이고 이야기 전개가 느리기 때문이다.

아이러니한 것은, 관객들이 우리 영화에 매력을 느끼기 시작한 때가 88올림픽 이후 할리우드 영화들이 대규모로 유입되기 시작한 시점이라는 것이다. 당시 수천 편의 할리우드 영화들이 비디오테이프로 수입되면서 주목할 만한 일이 벌어졌다. 할리우드 영화는 모두 재미있다는 신화가 깨진 것이다. 그때부터 한국 관객들은 한국영화로 선회하기 시작했다.

스크린쿼터와 한국영화 시장점유율 증가는 큰 상관관계가 없다. 한국영화는 1985년 34.2%의 시장점유율을 차지했는데, 그해 스크린쿼터가 121일에서 146일로 늘어났음에도 시장점유율이 지속적으로 하락하여 1993년에는 15.9%까지 하락했다. 스크린쿼터가 국내 영화산업을 보호,

촉진한다는 주장이 사실이라면 스크린쿼터가 강화되면서 시장점유율도 증가했어야 한다. 스크린쿼터는 사실상 극장 스크린이 하나밖에 없을 때 국내 영화 보호 차원에서 효과가 있을 수 있었겠지만, 요즘은 멀티플렉스가 주류이기 때문에 스크린쿼터 효과가 크지 않다. 스크린 수는 2001년 818개에서 2006년 1,847개로 꾸준히 증가해 왔다. 2006년 2월 문화부장관이 극장주 등 관계자들을 면담했을 때, 극장 측은 스크린쿼터를 축소해도 한국영화를 연간 150일 정도 상영하게 될 것이라고 언급했다. 그만큼 한국영화는 경쟁력을 갖추게 된 것이다.

스크린쿼터가 보호하고자 하는 한국영화에 대한 정의가 모호한 면도 문제였다. 우리나라 헌법 3조는 우리 영토를 '한반도와 부속도서로 한다'고 규정, 북한 땅을 우리 영토의 일부로 간주한다. 그러므로 북한영화도 한국영화로 인정하여 스크린쿼터를 적용해야 하지만, 2002년 수입된 북한영화 〈불가사리〉는 한국영화로 인정받았음에도 스크린쿼터 혜택을 받지 못했다. 영화 및 비디오물 진흥에 관한 법률은 한국영화를 '국내에 주된 사업소를 둔 자(법인 포함)가 제작한 영화 또는 공동제작 영화 중 영화의 예술적, 기술적 특성이 한국영화의 인정 기준에 적합한 영화'로 정의하고 있다. 그러다 보니 국내 영화 제작사가 외국배우와 스태프를 동원하여 외국어로 영화를 만들어도 한국영화가 되는 문제점이 드러났다. 이에 따라 100% 홍콩 자본이 투자되었으나 국내 영화사가 제작한 〈내 여자친구를 소개합니다〉는 한국영화로, 한국 자본이 참여했으나 중국 영화사가 제작한 〈무극〉은 중국영화로 분류되었다.

스크린쿼터 축소 반대에 앞장선 어느 영화인은 이렇게 말했다.

"한국영화는 합병증을 앓고 있다. 투자, 제작, 흥행…… 모두 깊은 늪에 빠졌다. 지난해 과잉 공급된 작품 수가 시장을 더욱 어렵게 했다. 질보다 양으로 승부했다. '이 정도면 되겠지' 하는 자만이 스스로 발목을 잡은 꼴이다."•

"가요계는 쿼터 같은 보호막 없이도 잘 버텨 왔다"는 가수 신중현 씨의 말처럼 스크린쿼터와 같은 보호막이 없던 음반 시장은 경쟁을 통해 성장해 왔다. 2006년 국내 음반 시장의 한국가요 점유율은 80% 이상이며, 음반 판매순위 1위부터 49위까지가 모두 한국 음반이었다. 어디 음반뿐이겠는가!

이러한 객관적인 상황들은 스크린쿼터 축소의 필요성을 역설하고 있었지만 문제 해결은 결코 쉽지 않았다. 한미 BIT 협상을 거치면서 스크린쿼터 문제는 실익이 아닌 명분의 문제가 되어 있었다. 미국에 대항해 한국 문화를 수호하는 제도의 상징이 되어 버린 것이다. 물론 개방에 대한 거부감은 그동안 보호받은 산업부문에서 나올 수 있는 당연하고 보편적인 반응이지만, 특히 우리 영화계는 이러한 정서가 강했다. 1988년 외국 배급사 직배 허용 당시 신촌의 한 극장에 뱀이 투입되고 방화가 발생하기도 했으며, 1998년 이후 일본영화 수입 당시에도 영화인들은 한국영화가 고사한다며 강력히 반대했다.

그러나 결과는 어땠는가? 개방을 계기로 한국영화는 더욱 발전했다. 영화 배급 시장은 우리 배급사들이 장악하고 있으며, 일본영화는 대부분 맥

• "한국영화 '3대 덫' 실태와 해법은", 〈중앙일보〉 2007. 5. 5.

을 못 춘 반면 오히려 한국영화가 한류에 힘입어 일본 시장에서 약진했다. 미국 영화업계도 한국에서 미국영화 점유율이 떨어지는 것이 스크린쿼터 때문이 아님을 잘 알고 있었다. 그러나 스크린쿼터 문제는 해결해야 할 과제였다.

다소 억울했던 정부 입장

나는 대통령께 스크린쿼터 일수를 73일로 축소할 것을 건의했다. 참여정부가 역대 어느 정권 못지않게 정권 창출 과정에서부터 영화계와 밀접한 관계를 유지했기에 쉬운 문제는 아니었다. 73일은 한미 BIT 협상 때 우리가 미국에 마지막으로 제안하고 미국도 잠정적으로 동의한 일수다. 하지만 당시 '멀티플렉스 스크린쿼터 산정 방식'이라는 사소한 이견으로 합의 도출에 실패하고 말았다. 미국은 우리가 제안한 일수를 다시 요구해 왔다. 수차례에 걸쳐 영화계와 대화하며 합리적인 타협점을 모색했지만 스크린쿼터를 단 하루도 줄일 수 없다는 영화계의 강경한 자세 때문에 벽에 부딪혔다. 솔직히 정부 입장에서는 다소 억울했다. 1999년 영화산업에 1,500억 원을 지원할 때, 한국영화 점유율이 40%를 넘으면 스크린쿼터를 축소할 수 있다는 암묵적인 전제가 있었다. 그리고 국회에서 '스크린쿼터 유지 촉구 결의안'을 채택할 때 한국영화 점유율이 40%가 되면 스크린쿼터 축소를 검토할 수 있음을 밝혔다.

그러나 2001년 한국영화 점유율이 50%를 넘어섰음에도 여전히 영화인들은 한국영화 기반이 아직 약하니 이 정도 점유율이 충분히 유지될 때까지 현행 스크린쿼터 일수를 줄일 수 없다고 입장을 바꾸었다. 합리적인 대화가 불가능했다. 2004년 문화관광부와 영화인들의 세 차례에 걸친 워크숍도 실패로 끝났다. 지금 돌이켜 보면 당시 어떤 형식으로든 국내 타협안이 도출되었으면 미국과 어떻게든 논의가 가능하지 않았을까 하는 생각이 든다. 2004년 12월 국무총리 주재 비공식회의에서 스크린쿼터를 92일로 축소하고 영화산업에 2,000억 원을 지원하는 방안을 논의했지만 영화인들과 미국 양측 모두에게 환영받지 못했다.

결국 명분의 문제였던 것이다. 실리냐 명분이냐의 문제가 다시 제기되었다. 그렇다면 선택은 쉬웠다. 실리인 것이다. 단, 모든 것을 포기하고 명분을 넘겨줄 수는 없다. 나는 만일 우리가 스크린쿼터를 미국이 요구하는 수준으로 축소할 경우 더 이상의 추가 요구는 없어야 함을 분명히 했다. FTA 본협상에서 스크린쿼터 추가 축소나 폐지를 요구할 경우 내가 먼저 나서서 한미 FTA에 반대할 거라고 으름장을 놓았다. 그 후 2005년 9월 방미 때 글릭만Dan Glickman 미국영화협회MPAA 회장을 만나 스크린쿼터 추가 축소를 요구하지 않겠다는 다짐을 받아 놓았다. 미국 측 입장을 확실히 해두지 않으면 국내 이해관계자들을 자신 있게 설득할 수 없으므로, 일단 스크린쿼터가 축소되면 이는 더 이상 한미 간 현안이 아님을 미국 측에 거듭 분명히 밝혀 두었다.

정부 내에서도 스크린쿼터 문제를 해결해야 한다는 데 어느 정도 공감대가 형성되어 있었다. 주무 부처인 문화관광부도 스크린쿼터가 더 이상 한미 FTA 출범의 걸림돌이 되어서는 안 된다고 생각하고 있었다. 대통령도 이제는 결단을 내려야 한다고 요청했다. 2005년 10월 8일 대통령 주재 회의에서 스크린쿼터를 축소하고 영화산업에 적절한 규모의 지원책을 마련한다는 원칙을 정했다. 문화관광부장관도 동의했다. 나는 곧이어 제네바에서 열린 한미 통상장관회담에서 포트만 대표에게 이러한 우리 입장을 전했다. 이로써 한미 FTA 협상 출범을 위한 논의를 더 진전시킨 것이다.

하지만 문제가 모두 해결된 것은 아니었다. 구체적인 축소 일수, 축소 일정, 영화산업 지원 규모, 발표 시기 등 다뤄야 할 현안들이 여전히 많이 남아 있었다. 결국 이해찬 국무총리가 총리공관에서 두 차례 관계장관회의를 연 뒤에야 "2006년 7월 1일부터 스크린쿼터를 73일로 축소한다"는 결정이 내려졌다. 영화산업에 대한 지원은 2007년부터 2012년까지 총 4,000억 원 규모의 영화산업발전기금을 조성하는 것으로 결론지어졌다. 영화산업 지원 가능성에 대한 문화관광부의 우려가 많아 기획예산처 차관을 참석시킨 자리에서 국무총리와 경제부총리 배석하에 이런 결정이 내려졌다. 나는 2006년 1월 초 이 같은 우리 정부의 최종 입장을 미국 측에 전했다. 가장 큰 현안인 스크린쿼터 문제의 해결을 끝으로 4대 현안이 모두 매듭지어졌고, 곧이어 2월 3일 한미 FTA 협상이 출범케 된 것이다.

4대 현안의 본질

한미 FTA 협상이 출범하기 전부터 이른바 '4대 선결조건'에 대한 논란이 불거졌다. 2005년 1월 〈월간중앙〉이 내가 보기에도 놀라울 정도로 자세히 한미 FTA 협상 출범을 보도하면서 출범 내막이 세상에 알려졌고, FTA 반대론자들은 정부가 한미 FTA 협상 출범을 위해 4개 분야에서 미국의 요구에 굴복했다고 강하게 비판했다. 미국 측에서도 이와 유사한 투의 문건들이 발표되었다. 2006년 2월에 발표된 미국 의회조사국Congressional

Research Service 보고서는 우리 정부가 4개 분야에서 양보하여 한미 FTA 협상이 출범했다고 서술했다. 이상하게도 우리 국민정서는 영어로 된 보고서는 맹목적으로 믿는 경향이 있다. 미국의 이 CRS 보고서는 우리 국회와 시민단체에서 성경처럼 회자되며 차용되어 정부를 비판하는 좋은 구실이 되었다. 그런데 CRS 보고서는 사실관계를 정확히 기술하지 않았을 뿐 아니라 오해의 여지가 많았다. 나는 실무자를 통해 보고서 내용을 정정하도록 지시했고, 나중에 수정본이 발표되었으나 보고서 초판 내용은 사람들의 뇌리에 이미 박혀 수정되지 않았다.

앞에서 말했다시피 4대 현안 중 스크린쿼터를 제외하고는 특별히 양보한 것도, 국익을 손상시킨 것도 없으며, 그 현안들을 '선결조건precondition'으로 인식하지도 않았다. 의약품 문제는 딱히 미국에 내어 준 것도 없고, 자동차 문제는 무역 불균형 때문에 한미 FTA가 아니더라도 어차피 해결해야 할 과제였다. 쇠고기 수입 재개는 과학적 증거에 기초한 결정이었다. 따라서 정부는 "스크린쿼터를 제외하고 선결조건은 없었다"는 취지로 대응했다. 그리고 미국의 요구를 그대로 수용한 것이 아니라는 설명을 상세히 덧붙였으나, 이는 무시되고 논란은 새로운 차원으로 확대되었다. 전 청와대 국민경제비서관은 2005년 9월 대외경제위원회 문건을 들이대며 정부가 거짓말을 하고 있다고 목소리를 높였다. 그 문건은 '선결조건'이라는 표현이 정확한 검증 없이 부주의하게 사용된 경우였다. 대외비對外秘 문건이 청와대에서 퇴직한 그에게 어떻게 흘러 들어갔는지는 모르겠으나, 그 문건으로 정부의 도덕성이 의심받는 지경에 이르렀다. 문제의 본질은 "우리 정부가 미국의 요구를 그대로 수용했느냐 아니냐"인데, 엉뚱하게 "선결조건이라는 용어가 사용되었느냐"의 진위 논란으로 사태가 번졌다. 나는 초기에 좀더 세밀하게 이 문제에 대처하지 못한 것이 아쉬웠다. 논란이 계속되자 협상단의 사기가 저하되고 있음이 느껴졌다. 비생산적인 논란은 하루 속히 마무리되어야 했다.

논란이 쉽게 가라앉지 않자 대통령이 결단을 내렸다. 2006년 7월 대외경제장관회의를 주재한 자리에서 "불필요한 진위 논란은 바람직하지 않으므로 '4대 선결조건'이라는 표현을 정부 차원에서 수용하겠다"고 한 것이다. 대통령이 이 문제에 대한 책임을 지겠다는 것인데, 분명 쉬운 결정은 아니었다. 협상단은 이러한 대통령의 정치적 용단에 고무되었고, 나는 비로소 논란이 종결될 수 있음에 비감한 심정으로 안도했다.

미 행정부가 한미 FTA 협상을 출범시키고자 의회와 업계의 지지 확보를 위해 통상 현안 해결을 요구했고 우리 정부가 성의를 보인 것은 사실이다. 그러나 우리는 미국의 요구를 그대로 수용하지 않았고, 현안별로 원칙에 따라 국민정서에 맞게 문제들을 해결했다. 스크린쿼터의 경우에도 우리 영화의 경쟁력을 감안해 축소하여도 문제가 없을 것이라는 판단하에 영화산업 지원 방안과 병행하여 결정한 것이다.

한미 FTA 협상이 타결된 가장 큰 이유는 한미 FTA 협상이 출범할 수 있었기 때문이다. 일단 협상이 시작된 이상, 한미 양국은 실패라는 옵션을 생각할 수 없었다. 우리나라는 세계 최대 시장을 잃을 수도, 개방 의지를 후퇴시킬 수도 없었다. 미국 역시 1994년 NAFTA 이후 가장 큰 FTA 협상에서 실패할 수 없었다. 정치적으로도 양국 관계가 악화되는 협상 실패 결과를 두 나라 모두 감당할 수 없었다. 시작이 반이라는 말이 한미 FTA처럼 잘 들어맞는 경우가 또 있을까 싶다. 따라서 명분을 위한 4대 현안을 넘어섬으로써 한미 FTA 협상이 출범된 것이다.

6장

투자협정
또 하나, 짚고 넘어가야 할 이슈

한미 FTA의 협상 과정에서 국내에서 가장 논란이 된 분야 중 하나는 투자협정이었다. 투자협정은 이른바 '건국 이래 최대의 통상 협상'이라고 불린 한미 FTA를 둘러싼 격렬한 찬반 논쟁의 핵심 쟁점 중 하나로 떠올라 협상 내내 광범위하고도 극단적인 비판 대상이 되었다. 비판론자들에 따르면 투자 분야 협상은 "우리의 헌법 체계 근간을 뒤흔드는 위헌적인 독소조항으로 가득 찬 미국의 문안을 그대로 수용"함으로써 "우리의 주권을 송두리째 내주는 매국적인" 협상으로 알려졌다.

국가 전체로 봐서 미래의 더 큰 경제적 이득을 위해 외국과 조약을 체결하고 나면, 국내에서는 특별히 혜택을 보는 집단과 피해를 입는 집단이 있을 수밖에 없다. 따라서 피해를 보게 되는 집단을 설득하고 대책을 마련하여 균형 잡힌 대외 협상안을 마련하는 국내 조정 과정은 어렵지만 반드시 필요한 절차다. 게다가 혜택을 받는 집단은 대개 침묵을 지키기 때문에 피해만 과도하게 부각되기 일쑤여서 조정 과정은 힘들고 어려울 수밖에 없다. 그 과정에서 국내에서 제기되는 비판의 내용은 조정 실무에서 이해 당사자들 간의 균형점을 찾는 데 기준이 되기도 하며, 통상 상대국과는 협상 시 우리 협상단의 입지와 상황논리를 강화해 주는 순기능을 하기도 한다. 그래서 건설적이고 사실에 근거한 비판은 오히려 환영한다. 그러나 구체적인 사실과 근거가 미흡하거나 정확하지 않으면 소모적인 논쟁만 양산하고 오히려 우리 협상단의 협상력을 약화시키는 경우가 되는 것이 사실이다.

투자협정의 간접수용 조항이 위헌적이라는 주장은 근거 없는 주장이다. 간접수용에 대한 정당한 보상 원칙은 우리가 한미 FTA 출범 이전에 체결한 3건의 FTA와 89건의 투자보장협정에 거의 모두 포함되어 있으며, 전 세계적으로 2,500여 건의 FTA 및 투자협정에 거의 빠지지 않고 들어가는 국제적인 원칙이다. 따라서 이러한 간접수용에 대한 보상 규정이 위헌이라면 우리나라는 그 많은 협정들을 체결함으로써 헌법을 위반한 셈이며, 그것이 독소조항이라면 전 세계적으로 이미 체결된 2,500여 건의 협정은 어떻게 설명할 수 있는가? 그러나 그 많은 협정을 체결할 때는 단 한 번도 문제를 제기하지 않던 비판론자들이 한미 FTA 협상에 이르러서는 돌연 그 조항을 맹렬히 반대하기 시작했고 정부의 설명을 들으려 하지 않았다.

협상에 나가기 전 내부 입장을 정하기 위해 국내 조정 과정을 거치고 사실에 기초해 균형 잡힌 국민 여론을 형성하는 것은 반드시 필요하다. 따라서 미국과의 협상 준비만으로도 야근과 주말 근무를 밥 먹듯 해야 했던 대표단은 근거 없는 비판에 대응하는 데 실제로 상당한 시간과 노력을 쏟아야 했다. 나는 한미 FTA와 관련하여 우리 대표단에 제기되는 잘못된 주장들에 대해 가능한 한 적극적으로 대응할 것을 지시했다. 그럼에도 정부 대표단과 한미 FTA 비판 진영의 입장 차이는 쉽게 좁혀지지 않았다.

나는 반복되는 주장들에 대해서도 언론을 통해 가급적 적극적으로 대응하라고 협상단에게 독려하면서도, 한편으로 안타까움을 금할 수 없었다. 사실과 법적 근거에 입각하여 아무리 해명을 해도 그에 대한 반응이라고도 할 수 없는, 게다가 논리적 근거가 없는 일방적인 주장만 들려오는 것 같았다. 매번 같은 내용의 답변을 매체만 달리 하여 작성해야 하는 협상단의 좌절과 노고도 안쓰러웠지만, 이 때문에 미국과의 통상 협상 준비에 총력을 쏟아야 할 귀중한 시간과 노력이 분산될 수밖에 없음이 안타까웠다.

투자협정의 목적

오래전에 체결된 FTA들은 자국의 상품이 주요 대상이었기 때문에 대부분 투자 조항이 포함되지 않았으나, 근래 체결되는 FTA에서 투자 분야가 제외되는 경우는 거의 없다. 간혹 개도국과의 협상에서 특별한 정치적 고려를 해야 하는 경우가 아니라면, 투자의 자유화와 외국인투자 보호를 주 내용으로 하는 투자 장章은 FTA에 반드시 포함되는 분야다. 투자협정의 목적은 양국 투자자본이 협정 상대국에 진출하는 데 장애가 되는 문제를 제거하고 상대국 투자자본에 대한 법적 보호를 보장함으로써, 자국으로의 외국인투자를 확대하고 상대국에 진출하는 자국의 투자를 보호하는 것이다. 글로벌 시대에 국가경제를 발전시키기 위해 외국인투자유치 확대가 얼마나 중요한지 새삼 재론할 필요도 없겠거니와, 상품 교역의 관세장벽을 철폐하고 서비스산업을 개방하는 한편, 투자를 증대함으로써 양국 간 경제적 이득을 극대화하는 FTA 투자협정이 포함되는 것은 당연한 일이다.

그러나 반대론자들은 한미 FTA에 투자 분야가 왜 포함되어야 하는지 그 근본적 필요성에 의문을 제기했다. 즉 투자협정은 기본적으로 '자본수출국'의 이익에만 부합하는 것으로, WTO에도 투자 분야에 대한 규율이 포함되어 있지 않으므로 한미 FTA에 투자협정이 포함되지 않는 것이 바람직하다는 주장이었다. 그러나 이는 다자통상 규범의 역사적 변천 배경에 대한 이해가 부족한 데서 나온 주장이다. 현재 WTO 협정에 투자 자유화 및 보호에 관한 규정이 없는 것은 사실이나, 이는 WTO의 전신인 GATT 체제가 상품 교역의 자유화를 주목적으로 해왔기 때문이다. 2차 세계대전 후 브레튼우즈 체제Bretton Woods System에서 비롯된 GATT는 1948년 출범 때부터 상품 무역 활성화를 주요 목적으로 하였으며, 양국 간 투자의 보호와 자유화에 대한 국제적 규범은 다자통상 교역 체제인 GATT가 아닌 양자 간 투자보장협정으로 1960년대부터 별도로 다루어지기 시작하여 FTA의 투자협정으로 일부분 발전되어 왔다. 즉 과거의 FTA에 투자 분야가 제외된 경우에도 투자 분야는 별도의 투자보장협정에 의해 규율되어 왔으며, 근래에 들어서는 투자보장협정과 FTA가 결합된 형태로 체결되고 있다. 사실 'WTO 플러스'(WTO의 다자 간 교역 체제보다 더 진전된 추가적인 자유화)를 기본 목표로 하는 양국 간 FTA에서 WTO 이상의 추가적인 자유화를 하는 것이 바람직하지 않다는 논리는, FTA 체결의 근본 목적을 감안할 때 결국 FTA를 하지 말자는 것이나 다름없다. 개방을 무효화하자는 정책으로 귀결되는 것이다.

또한 투자협정이 자본수출국의 이익에만 부합되므로 한미 FTA에서 배제해야 한다는 주장도 이치에 맞지 않는다. 물론 투자협정 체결의 주요 목적 중 하나는 자본수출국의 투자자본을 보호하는 것이다. 그러나 자본수입국이 자발적으로 투자협정을 체결하는 것은, 자국 내로 유입된 선진국 투자자본을 법적으로 보호하여 외국인투자자에게 심리적 안정감을 줌으로써 상대적으로 저개발된 자본수입국 내로 선진국의 자본을 유치, 경제발전을 도모하기 위해서다. 즉 선진국과 개도국 간에 투자협정을 체결하는 것은 이해가 서로 부합되기 때문이지, 선진국 이익만이 일방적으로 강요된 결과가 아니다. 더욱이 우리나라는 더 이상 일방적으로 자본을 수입하는 개도국이 아니다. 투자협정을 체결하여 외국인투자유치를 확대하고 외국으로 진출하는 우리 기업의 투자를 보호하는 것은 우리 정부의 일관된 정책으로, 칠레, 싱가포르, EFTA와 체결한 3건의 FTA에도 모두 투자협정을 포함시켰다. 한일 투자협정을 포함 약 89건의 투자협정도 별도로 체결했다. 또한 우리나라는 다자 포럼에서 투자 분야의 규범을 도입하는 데 찬성하는 입장이었다. 우리나라는 OECD 다자간 투자협정 체결을 위한 협상에도 적극 참여했으며, WTO에서도 투자 분야를 새로운 다자 규범으로 추가하는 협상을 지지하는 그룹의 일원이었다.•

한미 관계에서도 투자협정을 체결하는 것이 당연히 우리 국익에 부합된다. 우리나라의 2006년 대미 투자는 207억 달러로 미국의 대한 투자

• WTO에서 '싱가포르 이슈'의 일환으로 투자 분야를 새로이 규범화하려는 시도가 있었으나, 2003년 WTO 캔쿤 각료회의에서 이에 대한 합의를 도출하지 못하여 실패한 바 있다.

366억 달러의 약 절반에 해당하지만, 미국의 GDP가 우리나라 GDP의 17배인 점을 감안하면** 우리가 상대적으로 더 많이 투자한 셈이며, 따라서 자국 투자자 보호의 필요성은 미국보다 오히려 우리가 더 크다고 볼 수 있다. 쉽게 말해 미국에 투자한 한국 자본을 법적으로 보호해야 함은 당연하다. 결코 과거의 불평등 조약이 아닌 것이다.

한미 FTA에 투자협정이 포함되면 안 된다는 주장의 또 다른 근거는 투자협정 체결이 양국 간 투자 확대로 이어지지 않아 협정 체결의 실효성이 의문시된다는 것이었다. 이를 뒷받침하기 위해 반대 단체는 투자협정이 체결되어도 양국 간 투자가 실질적으로 증가하지 않았다는 유엔무역개발회의UNCTAD 등의 통계를 제시했다. 그러나 그 인용된 통계는 단순히 양자 간 투자협정 체결 결과만 분석한 것으로, 한미 FTA와 같이 투자협정을 포괄하는 FTA에 적용될 수 없는 것이었다. OECD나 세계은행 등의 실증분석 보고서는 투자협정이 포함된 FTA가 외국인투자 증대에 긍정적인 영향을 준다고 명백히 밝히고 있다. 세계은행의 2005년 세계경제전망 보고서***는 13건의 주요 FTA 체결 결과를 분석, FTA가 외국인투자 유입에 매우 긍정적인 영향을 주었음을 밝히는 한편, FTA 체결로 더 큰 시장이 창출될수록 외국인투자 유입 효과가 더 크다는 것을 입증했다. 이 연구 결과는 시장 접근에 대한 제한이 개선되지 않고 존속되면 외국인투자 효과를 기대하기 어렵다는 점 또한 명확히 지적하고 있다.

•• 2004년 미국 GDP는 11조 7천 억 달러, 한국 GDP는 6천800억 달러로 17대 1의 차이를 보인다.
••• World Bank, *Global Economic Prospects, 2005*, pp.108~109.

사실 한미 FTA의 다양한 경제 효과 중 가장 긍정적인 것 중의 하나로 평가되는 것이 바로 외국인직접투자(FDI, Foreign Direct Investment) 증대라고 할 수 있다. 위의 연구 결과대로라면 세계 최대 시장인 미국과 FTA를 체결하는 우리나라로서는 가장 큰 외국인투자 확대 효과를 기대할 수 있는 것이다. 이러한 전망은 실제로 미국과 FTA를 체결한 국가들의 경험으로 뒷받침된다. 그중 국가 규모 면에서 우리나라와 비견할 만한 칠레, 호주, 싱가포르, 캐나다, 멕시코만 보더라도 FTA 체결 이후 미국으로부터의 직접투자가 크게 늘었음을 알 수 있다. 이러한 연구 결과와 외국의 사례를 감안할 때, 산업연구원은 한미 FTA 발효 시 미국에서 유입되는 외국인직접투자가 향후 15년간(2007~2021년) 연평균 23~32억 달러 정도 증가할 것으로 전망했다.

투자협정의 내용

투자 분야의 협상은 '협정문협상'과 '유보협상'으로 나뉜다. 투자협정문은 일반적으로 투자유치국 정부가 상대국 투자자에게 보장하는 내국민대우(NT, National Treatment)*, 최혜국대우(MFN, Most-Favored-Nation Treatment)**, 이행요건(PR, Performance Requirement) 부과 금지, 최소기준대우(MSOT, Minimum Standard of Treatment), 자유로운 송금 보장, 수용 시 정당한 보상

---

* 일반적으로 국가가 타국 국민에 대해 자국민과 차별 없이 동등하게 대우하는 일.
** 한 나라가 어떤 외국에 부여하고 있는 가장 유리한 대우를 상대국에도 부여하는 일. '내국민대우'와 병용됨으로써 내외인을 불문하고 동등한 권리를 갖도록 한다.

등의 제반 권리와 이를 위반할 경우 투자자가 투자유치국 정부를 상대로 국제중재를 신청할 수 있도록 한 분쟁해결절차를 담고 있다. 협정문협상은 이러한 협정문의 실제적·절차적 조항에 대한 양측의 차이점을 줄여 나가는 작업이다.

유보협상은 양국 정부가 기본적으로 협정을 통해 약속한 위의 의무들에 위반되기는 하나 협정의 예외로 유지할 수 있는 양국의 투자·서비스 관련 조치들의 목록을 작성해 가는 작업이다. 상대국 투자자에게 원칙적으로 내국민보다 불리하지 않은 대우를 보장하는 내국민대우 등의 원칙이 협정문에 규정되어 있기는 하지만, 모든 분야에 걸쳐 모든 조치에 이러한 의무를 예외 없이 적용할 수는 없는 노릇이다. 따라서 한미 양국은 자국이 가지고 있는 민감한 서비스산업의 규제 조치나 외국인투자 제한 사항을 모두 유보에 기재하여 협정의 예외가 되도록 했다. 예를 들어 일정 부분 국산품을 우선 사용토록 하는 우리나라의 스크린쿼터제는 내국민대우와 이행요건 부과 금지 의무 위반이지만 우리는 이 제도를 유보에 기재함으로써 예외를 인정받게 된다.

이러한 유보 목록은 서비스와 투자 분야 모두에 걸쳐 작성되는데, 유보 협상 과정에서 우리 측은 꼭 필요한 규제 및 민감한 산업을 모두 유보사항에 포함시켜 정부가 필요로 하는 규제 권한을 확보하고 서비스 시장 개방에 따른 충격을 최소화했다. 한미 FTA를 반대하는 단체의 주장 중 하나가 협정이 체결되면 우리의 의료보험이 폐지되는 등 모든 공공서비스가 민영화된다는 '괴담' 수준의 것이었는데, 이는 서비스 및 투자의 유보를 무시한 근거 없는 주장이다.

투자 분야에 대한 비판의 핵심은 투자자-국가 간 분쟁해결중재절차(이하 투자중재절차)였다. 비판론자들에 따르면, 한미 FTA에 투자 분야가 포함되어서는 안 되는 가장 큰 이유는 투자 장에 투자중재절차가 포함되어 있기 때문이라는 것이었다. 사실 투자중재절차는 우리가 이미 체결한 3건의 FTA 투자협정에 모두 포함되어 있고, 한일투자보장협정과 89여 건의 기타 투자협정에도 대부분 포함되어 있어 투자 관련 협정에 이를 포함시키는 것은 우리 정부의 기본 정책이라고 할 수 있다. 그러나 한미 FTA 협상에 이르러서는 '절대로 포함되어서는 안 되는 독소조항이며, 정부의 규제 권한을 무력화하고, 사법주권이 침해될 것'이라는 비판과 우려가 높았다.

투자중재절차란 투자유치국 정부가 투자협정 섹션 A의 협정상 의무 및 투자 계약 또는 투자 인가를 위배하여 투자자에게 손실이 발생할 경우, 투자자가 투자유치국 정부를 상대로 국제중재를 요청할 수 있는 권리를 인정하는 제도이다. 이 투자중재절차는 WTO의 분쟁해결절차나 FTA상의 일반분쟁 해결절차처럼 국가 간 분쟁해결절차와 달리, 투자유치국 정부의 조치로 피해를 입은 투자자 개인이 투자유치국 정부를 직접 제소하여 피해 보상을 청구할 수 있다는 점에서 특이하다. 1950년대 이전까지만 해도 국제법상 일국의 개인이 타국 정부를 상대로 직접 제소할 수 있는 권리가 인정되지 않았으나, 근래에는 인권, 노동, 투자 등의 경우 개인이 국가를 상대로 소송을 제기할 수 있는 권리가 인정되고 있다. 비판론자들은 인권을 침해당한 개인에게 주어지는 보호 수준과 동등한 수준의 보호를 외국인투자자에게 주는 것이야말로 외국인투자자의 국내적 지위가 과도하게 보장됨을 입증한다고 비판했다. 또한 다른 모든 교역 관련 분쟁은 국가 간 분쟁인데 왜 유독 투자 관련 분쟁에서만 투자자 개인에게 타국을 직접 중재판정부에 제소할 권한을 주어야 하는지 문제를 제기했다. 그러나 이러한 주장들은 교역과 투자의 근본적인 차이를 간과한 것이며, 외국 영토 안에 거금을 들여 세운 공장과 기업 등의 투자자산이 외국 정부의 차별적 규제에 의해 빈번히 침해당하고 국유화 등의 조치에 의해 몰수당하는 외국인 투자자의 '불안과 악몽'을 외면하는 것이다.

투자중재절차가 국제 규범으로 자리 잡아 온 연원을 살펴보면, 투자 보호 규정의 특수성과 투자중재절차의 필요성을 좀더 쉽게 이해할 수 있다. 교역과 투자는 FTA라는 국제 통상규범 내에서 함께 다루어지기는 하지만 본질적으로 다르다. A국에서 B국으로 상품과 서비스를 수출하는 교역에 대해 B국이 불공정 교역 행위를 하는 경우, 이는 일반적으로 A국 수출업자의 B국에 대한 수출(판매) 기회를 박탈하거나, B국 내에서 A국 수출업자의 영업 활동을 위축시켜 미래의 수익을 감소시키는 결과를 낳게 된다.

이에 비하여 A국의 투자자가 B국에 투자하는 것은 대개 상대적으로 큰 규모의 투자자산을 B국으로 이전시킴으로써 그 자산이 B국의 각종 정책과 규제하에 놓임과 동시에 예기치 못한 사회적·정치적 변화에 의해 송두리째 날아갈 수도 있는 위험을 감수함을 의미한다. 국유화 등의 조치로 외국인투자자의 자산이 적법한 절차를 거치지 않고 정당한 보상을 받지 못한 채 몰수되는 일은 혁명과 내란 등 과거 국가 혼란기의 남미나 중동 국가에 국한된 것이 아니다. 현재에도 드물지 않게 발생하고 있다. 우리나라도 5·16 이후 토지법개혁으로 외국인의 토지 등기를 사실상 불허함으로써 외국인 소유 토지를 몰수한 것이 비근한 예이고, 중국에 진출했던 우리 기업들이 철수한 것도 이와 유사한 경우다.

이러한 잠재적인 위험성에도 불구하고 1950년대 이전까지 투자 분쟁 발생 시 투자자 개인이 국제중재를 통해 투자유치국 정부를 제소할 수 있는 제도가 없었다. 투자자는 투자협정 위반으로 인한 손해배상을 청구하기 위해 현지의 사법절차를 이용하거나, 투자자 모국 정부가 상대국 정부를 대상으로 외교적 해결을 추진하도록 할 수밖에 없었다. 그러나 투자유치국의 사법절차는 투자자보다는 자국 정부에게 유리한 판결을 내릴 가능성이 높았고, 국가 간 분쟁해결절차는 상업적인 고려보다 외교적인 고려가 우선될 수밖에 없는데다가 투자자가 배제되므로 두 방법 모두 투자자의 손해를 실질적으로 구제한다고 할 수 없었다. 백두산 지역을 유네스코 문화유산으로 지정받는다는 목적하에 중국 정부가 백두산 지역에 세워진 우리 호텔을 강제로 철거한 경우도 그 좋은 예가 될 수 있다. 더욱이 국가 간 분쟁해결절차에 의한 외교적 해결은 투자유치국 정부에게 불리하게 작용하는 경우가 왕왕 있었다. 외국인투자자와 투자유치국 정부 간의 상업적 분쟁임에도 투자자 모국인 강대국 정부가 투자유치국 정부를 이른바 '군함외교'로 압박할 수 있기 때문이다.

결국 외국인투자자산에 대한 정당한 보호의 필요와 투자 분쟁 시 강대국의 외교적 압박을 피하고자 하는 투자유치국 정부의 이해가 맞물려, 국제적인 논의 끝에 고안된 것이 투자자-국가 간 분쟁해결중재절차이다. 1965년 40여 개국이 모여 세계은행 산하에 국제투자분쟁해결센터ICSID를 설치하도록 합의함으로써,* 투자자는 직접 자신의 이해를 대변하여 좀더 객관적이고 중립적인 상황에서 투자유치국 정부를 제소할 수 있는 권리를 확보하게 되었다. 또한 투자유치국 정부의 입장에서는 투자중재절차를 둠으로써 외국인투자자에게 법적 보호가 보장된다는 심리적 안정을 주어, 외국인투자유치 확대뿐 아니라 투자 분쟁이 외교적 분쟁으로 비화되는 것을 막고 순수하게 상업적 시각에서 해결될 수 있는 환경을 갖추게 되었다.

그러나 ICSID 협약에 가입했다고 하여 회원국이 자신의 영토 내에 투자한 외국 투자자에게 자국을 국제중재판정부에 제소할 권한을 자동적으로 부여하는 것은 아니다. 특정 투자 분쟁이 발생하는 경우, 투자유치국 정부가 이 건에 대하여 중재판정부의 관할권에 동의하는 경우에만 중재가 성립되므로 투자유치국 정부는 원하지 않으면 투자중재절차에 응하지 않을 수 있다. 따라서 회원국들은 자국의 경제적 이익과 필요에 따라 특정 교역상대국을 선택, ICSID 등의 국제투자중재 관할권에 대한 사전 동의 조항이 포함된 양자 간 투자협정이나 투자협정이 포함된 FTA를 체결함으로써 투자중재절차를 양국 관계 내에서만 의무화하는 것이다.

하늘에서 뚝 떨어진 절차 아니다

우리나라는 1966년 ICSID 회원국으로 가입한 이래 2007년 12월 현재까지 총 89건의 투자보장협정과 4건의 FTA를 체결했다. 한미 FTA를 포함한 4건의 FTA는 모두 투자중재절차를 의무화하고 있으며, 현재까지 발효된 투자보장협정 81건 중 66건이 의무적인 투자중재절차를 규정하고 있

• 2007년 12월 현재 회원국 수는 144개국.

다. 의무적 투자중재절차 규정이 포함되지 않는 경우가 간혹 있기는 하나, 근래에 들어 체결하는 투자협정은 해외에 진출하는 우리 투자자 보호와 외국인투자 확대를 위한 법적 안정성 제고라는 측면에서 기본적으로 포함하는 것을 원칙으로 한다. 따라서 한미 FTA에도 투자중재절차를 포함시키는 것이 정부의 기본원칙이었으며, 우리 측 협정문 초안도 관계부처 검토를 거쳐 투자중재절차를 포함하는 것으로 작성되었다.

그러나 일부 비판론자들은 이 절차가 한미 FTA 협상에 이르러 '하늘에서 뚝 떨어진' 절차인 양 문제를 제기했다. 투자중재절차에 대한 비판 내용은 다양했으나, 골자는 NAFTA 중재판정 사례를 들어 중재판정부가 정당한 정부 정책들도 협정 위반으로 판정하여 투자자의 손을 들어 준 예가 많으므로, 한미 FTA에 투자분쟁절차가 포함되면 우리 정부도 투자자의 소송이 많이 제기되어 엄청난 액수의 배상금을 지불할 위험에 직면할 것이며 이로 인해 정당한 규제 권한 행사가 위축될 거라는 점이었다. 이러한 주장의 전면에 선 일부 인사와 언론들은 특히 멕시코의 메탈클래드 Metalclad 사건처럼 이른바 '환경정책 관련 중재 사건'들을 예로 들어 투자중재절차의 '위험성을 국민들에게 경고'했다. 사실 일부 TV 방송이 멕시코의 해당 지역을 직접 방문하여 오염된 토지를 화면에 보여 주면서 미국 투자자가 멕시코의 환경을 이렇듯 오염시키고도 적반하장으로 이를 규제하려는 멕시코 정부의 정책에 불만을 품고 중재판정부에 제소하여 자신들의 영업 이익이 감소된 데 대하여 엄청난 배상금을 받아 냈다고 보도, 국민들에게 충격을 주었다. 그러나 이러한 주장과 보도는 사실과는 거리가 멀다. 사실이 왜곡됐다. 이 사건에서 미국 투자자는 멕시코 지역을 오염시킬 기회조차 갖지 못했다. 다시 설명하겠지만 멕시코 정부로부터 쓰레기 매립장 허가를 받아 매립장을 건립한 미국 투자자가 영업을 시작하기도 전에 위장된 환경정책을 구실로 사실상 영업 허가가 취소된 이 사건이야말로 투자유치국 정부가 규제정책을 위장해 외국인투자자를 차별하거나 투자자산을 침해할 때 투자자의 권리가 유치국 절차에 의해 효과적으로 구제받는 게 얼마나 힘든 일인지, 따라서 투자자 보호를 위한 투자중재절차가 얼마나 필요한지 오히려 잘 보여 준다 하겠다.

NAFTA가 발효된 이래 NAFTA 3국(미국, 캐나다, 멕시코) 간에 투자중재 사건이 다른 협정에 비해 상대적으로 많이 발생한 것은 사실이나, 이는 지리적 인접성 및 경제적 통합 정도가 상대적으로 높기 때문인 것으로 보인다. 1994년부터 2007년 12월까지 3개 NAFTA 회원국의 투자자-국가 간 투자 분쟁은 총 49건*이며, 이 중 미국이 16건, 캐나다가 15건, 멕시코가 18건 피소되었다. 이는 연평균 1개국당 1.2건 제소된 셈이나, 이러한 추세가 한미 FTA 발효 후 한미 양국 간에도 동일하게 나타나리라고 보기는 어렵다. 즉 3국이 지리적으로 인접하여 중소기업들도 협정 상대국에 쉽게 투자할 수 있었던 점이 다른 협정에 비해 제소 건수가 많았던 주요인으로 보인다. 국경을 맞대지 않은 캐나다-멕시코 간 분쟁은 1건에 불과한 것이 그 반증이라 하겠다.**

- * 제소된 건수 기준으로, 동일한 사안에 기초하여 멕시코를 상대로 제소한 3건과 미국을 상대로 제소한 4건을 각각 별개 사건으로 계산(일부 병합된 사건들도 별개 사건으로 계산).
- ** 여기에 해당하는 선더버드 게이밍사 소송Thunderbird Gaming case도 캐나다의 미국 진출 자회사와 멕시코 정부 간 분쟁임.

NAFTA 발효 후 투자 분쟁의 급증은 국제법상 새로운 경향이었으므로, 당시 WTO 사무국에 근무하던 나는 개인적인 관심을 갖고 시간이 되는 대로 NAFTA 투자 분쟁 판례를 읽고 검토해 보았다. 그 후 통상교섭본부장이 되어 한미 FTA 협상 출범에 따른 영향을 다각적으로 분석하는 과정에서 NAFTA 중재판정들을 재검토해 봤는데, 반대 진영의 주장과 달리 정당한 정부 권한을 제한하는 것으로 해석되는 판정은 없었음을 확인할 수 있었다. 투자유치국 정부가 패소한 경우는 해당 정부가 환경과 같은 정책 목표 추진을 구실로 위장된 외국인 차별 혹은 불투명하고 불법적인 조치를 취한 경우였다. 즉, 중재판정부의 판정은 정책 목표의 타당성 자체는 인정된다 하더라도 규제 조치가 예측 가능하고 투명하게 적법절차due process에 따라 시행되지 않으면 협정상 의무 위배에 해당한다는 것이지, 무조건적인 외국인투자자 보호를 위해 정당한 정부 권한을 제한하거나 약화하지 않는다는 것이 내 결론이었다. 이는 많은 투자 분쟁 전문가들의 의견과도 다르지 않았다. 우리 정부가 한미 FTA 투자협정에 투자중재절차를 포함시킨 것은 이것이 기존의 우리 정부 정책에 부합할뿐더러 우리 정부가 투자 분쟁에 휘말릴 가능성이 크지 않다고 판단하였기 때문이다. 다시 말해, 우리 정부가 투명하고 공평한 국내 규제정책을 시행하는 한 중재판정에 제소되어 패소할 가능성은 거의 없으리라는 것이 나의 확신이었다. 물론 이 제도를 두고 있는 한 우리가 투자 분쟁에 제소될 가능성은 늘 있다. 그러나 우리는 1960년대부터 많은 나라와 협정을 통해 투자분쟁제도를 도입했음에도, 현재까지 단 한 건도 제소된 적이 없으며, 우리 정부의 규제정책 시행이 갈수록 투명하고 선진화되는 요즘에는 그럴 가능성이 더욱더 낮을 것으로 보인다.

일부에서는 소송 문화가 발달하고 세계 최고의 법률서비스 경쟁력이 있는 미국과 투자 분쟁이 벌어지면 우리가 일방적으로 패소할 확률이 높을 것을 우려하기도 했다. 그러나 우리가 WTO 분쟁해결절차에서 대응한 결과를 돌이켜 보면 이는 지나친 우려다. 1995년 WTO가 출범되면서 분쟁해결절차가 도입되었을 당시 국내에서는 우리나라의 분쟁 대응 능력이 미흡하여 통상분쟁이 생기면 일방적으로 패소할 거라고 보는 시각이 있었으나, 10여 년이 지난 지금 우리나라는 WTO 분쟁해결절차에 잘 대응하고 있는 국가 중 하나이다. 실제로 우리나라의 WTO 분쟁 사건에 참여했고 WTO 법률국에 근무한 개인적 경험에 비추어 보아도 우리 정부의 WTO 분쟁해결절차 대응 능력은 뛰어난 편이다.

민간 단체들의 주장과 달리 미국 투자자가 NAFTA 분쟁에서 항상 이기기만 한 것도 아니다. 49건의 NAFTA 분쟁 중 현재까지 확정 판정이 내려진 사건은 14건인데, 미국 투자기업은 9건의 제소 중 5건에서 승소하고 4건에서 패소했다. 다만 현재까지 미국 정부가 패소한 사건은 한 건도 없으나, 이는 미국 정부의 법률적 대응 능력이 캐나다와 멕시코에 비해 일방적으로 우월하기 때문이라기보다는 미국 정부가 상대적으로 투명하고 공정하며 비차별적인 규제정책을 시행하고 있기 때문으로 보인다.

미-호주 FTA에는 없다?

한미 FTA 투자협정에서 투자중재절차를 제외하자는 주장의 또 다른 근거는 미-호주 FTA 및 EU가 체결하는 FTA에는 이 절차가 포함되지 않는다는 것이었다. 미-호주 FTA에 투자중재절차가 제외된 것은 사실이지만 우리가 그 전례를 따를 필요는 없었다. 우리 정책 목표에도 부합하지 않았으며, 호주가 미-호주 FTA에서 이 절차를 제외시킨 데는 특별한 사정이 있었다. 미국과 호주는 양국 간 FTA에서 투자중재절차를 제외시킨 이유에 대해 공식적으로는 양국 간 경제 발전 단계가 유사하고 법체제가 영미법 체제로 동일하기 때문이라고 설명한다. 그러나 협상 과정에서 호주는 투자중재절차를 제외하는 대신 자국의 주력 수출품인 유제품, 설탕 등의 농산품을 FTA 양허 대상에서 제외하기로 합의했다. 호주가 이렇듯 '비싼 값을 치르고' 이 절차를 제외한 것은 NAFTA 체결 후 급증한 투자 분쟁에 대한 국내적인 우려가 원인이었던 것으로 알려져 있다. 그러나 우리 입장에서 자동차나 농산물 등을 양보하면서까지 이 절차를 배제시킨다는 것은 '협상 손익계산서'에 들어맞지 않았다.

또한 EU가 체결하는 FTA에 투자중재절차가 제외되어 있는 것을 두고 한미 FTA를 반대하는 단체는 'NAFTA 방식 FTA'와 'EU 방식 FTA'로 구별해 가며, NAFTA 방식은 투자자의 권리 보호만을 강화한 협정이고 EU 방식은 투자유치국과 투자진출국의 이익 균형을 맞춘 협정이라고 주장했지만 이 역시 사실과는 거리가 멀다. EU가 체결하는 FTA에 투자중재절차가 제외되어 있는 것은 법적으로 EU 집행위가 투자와 관련된 조약을 체결할 협상 권한이 없기 때문이다. 다시 말해 EU 회원국들은 상품, 서비스 등 대외무역 주권은 EU에 이양했으나 투자와 관련한 많은 국내 규제 권한은 각 회원국이 보유하고 있으므로 EU 차원의 투자협정을 체결할 수 없는 것이다. 따라서 EU가 체결하는 FTA에는 자본시장의 자유화에 대한 몇 개 조항들로 구성된 투자 장이 포함되어 있을 뿐이다. 대신 EU 회원국들은 개별적으로 체결하는 투자협정에 투자중재절차를 포함시키고 있다.

정부는 이러한 법적 차이에 대해 기회가 될 때마다 소상히 설명했다. 한미 FTA 저지 범국민운동본부가 발간한 보고서에도 이러한 내용이 들어 있었지만,* 같은 단체 소속의 이른바 '투자 전문가'들은 EU가 체결하는 FTA에 투자중재절차가 없어 더 바람직하다는 주장을 되풀이했다. 하지만 한미 FTA에서만 특별히 이 절차를 제외하자는 주장은 우리가 협상 중이거나 향후 체결할 FTA 협상에 미칠 수 있는 부정적인 영향을 간과한 것이다. 앞에서 예를 든 중국의 백두산 지역 호텔 강제철거 같은 사건의 경우, 양국 간 투자보장협정에 의무적 투자중재절차가 포함되어 있다면 우리 측 투자자들이 좀더 공정하고 효율적인 피해 구제 수단을 갖게 될 것이 당연하다. 한미 FTA 협상이 진행 중이던 2006년 우리나라와 중국은 투자보장협정 개정 협상을 한창 진행하고 있었는데, 중국은 투자중재절차 포함에 부정적인 입장이었다. 진행 중인 한-아세안 FTA 협상에서 아세안 국가들도 의무적 투자중재절차 포함에 매우 부정적이다. 만일 우리가 한미 FTA 투자협정에서 투자중재절차를 제외시키는 입장을 취했다면 중국은 개정 협상에서 한미 FTA 사례를 들어 더욱 강경한 입장을 취했을 가능성이 매우 높으며, 아세안 국가들을 설득하는 우리 측 협상 논리도 군색해질 것이 명확하다. 만일 우리가 향후 체결하는 FTA에 투자중재절차를 포함시키지

* "EU의 FTA 사례", 한미 FTA 저지 범국민운동본부 정책기획연구단 편, 《한미 FTA 국민보고서》, 그린비, 2006, 664쪽.

않아 '백두산 호텔' 사건과 유사한 분쟁이 발생할 경우 우리 투자자의 권리는 어떻게 보호할 것인가? 그저 투자유치국 정부의 처분에만 맡겨 놓는 것은 정부가 취할 책임 있는 행동이 아니라는 것이 나를 포함한 정부 담당자들의 판단이었다. 외국에서의 자국민의 인권과 권익을 책임 있게 보호해야 할 책무인 것이다.

십분 양보해서 한미 양국 간 투자협정에서 투자중재절차를 제외한다고 해서 미국 투자자가 투자중재절차를 이용해 우리 정부를 제소하는 것이 불가능해지는 것은 아니다. 우리가 현재까지 체결해 놓은 그 많은 투자보장협정과 FTA 투자협정을 감안할 때, 미국의 다국적 기업이 다른 국가를 통해 우리나라에 얼마든지 투자할 수 있다. 예를 들어 많은 서구 기업들이 싱가포르를 아시아 거점으로 이용하고 있는데, 싱가포르 본부를 통한 미국 기업은 싱가포르 국적으로 인정되므로 우리 정부와 투자 분쟁이 발생하면 한-싱가포르 FTA 투자협정의 투자중재절차를 이용할 수 있게 된다. 국적 없는 자본의 시대에 한미 FTA에서만 투자중재절차를 제외함으로써 미국 기업과의 투자 분쟁 소지를 없앨 수 있다고 생각하는 것은 순진한 발상이다. 국내에서 투명하고 비차별적인 공정한 규제정책을 시행해 외국인투자자와의 분쟁 소지를 없애는 것이 외국인투자를 확대하고 우리 기업의 영업 환경을 개선하는 데도 도움이 되는 길이다.

투자중재절차의 핵심, 간접수용

간접수용에 대한 정당한 보상 규정은 투자중재절차 중에서도 가장 핵심적인 쟁점이었다. 간접수용이란 투자유치국 정부가 지켜야 할 의무 중 하나로, 수용, 국유화 시 정당한 보상을 제공해야 한다는 규정이다. 즉 정부는 공공 목적을 위해, 비차별적인 방법으로, 적법절차를 따르는 경우에 한하여 투자자의 재산을 수용 및 국유화할 수 있으나, 그에 따른 적절하고 효과적인 보상을 제공해야 한다. 협정상 '간접수용'이란 직접수용처럼 정부가 외국인투자자의 재산권을 직접 박탈하거나 국유화하는 것은 아니나, 특정한 정부 조치로 투자자가 사실상 영업을 할 수 없게 되어 투자가치를 직접수용에 상응할 정도로 상실하는 경우를 말한다.

투자중재절차에 비판적 입장인 이들은 '우리의 거의 모든 정책이 간접수용 조항에 위반될 소지'가 있으므로 투자유치국 정부의 정책 권한을 위축시킬 가능성이 가장 큰 조항이라고 주장했다. 이는 간접수용에 대한 보상 원칙이 우리가 체결한 모든 FTA 및 대부분의 투자보장협정을 포함한 전 세계 투자협정에 일반적으로 포함되어 있음에도, 이 협정들이 보상의무만을 개괄적으로 규정했을 뿐 '간접수용'의 구체적 의미를 명시하지 않은 점과, 실제 NAFTA 투자 분쟁에서 간접수용이 내국민대우, 최소기준대우와 함께 가장 많이 제기된 위반사유였던 데 기인한 것으로 보인다. 간접수용은 NAFTA 투자 분쟁에서 투자자가 가장 자주 인용하는 위반사유 중 하나이기는 하지만, 실제로 간접수용으로 인정된 사건은 멕시코 정부와 미국 투자자인 메탈클래드사 간의 쓰레기 매립장 분쟁이 유일하다.

메탈클래드 사건의 개요를 살펴보면, 1993년 메탈클래드사는 멕시코의 산루이스포토시San Luis Potos 주의 과달카사르Guadalcazar 지역에서 폐기물처리사업을 하기 위해 멕시코 회사인 코테린Coterin사 인수 옵션계약을 체결했다. 메탈클래드사는 이 계약에 의해 6개월 내에 코테린사를 인수할 수 있는 우선적 지위를 획득했는데, 즉각적 인수 계약 대신 옵션계약을 체결해 인수 전에 코테린사가 유해폐기물사업을 할 수 있는 제반 법적 허가를 보장받고자 했던 것이다. 당시 코테린사는 연방정부 허가는 얻었으나 주 정부 허가를 취득하지 못한 상태였으므로, 메탈클래드사는 6개월의 옵션 기간 동안 멕시코 연방정부와 주 정부 관계자(연방정부의 담당관 및 주 정부의 주지사 등)를 접촉하여 허가가 발급될 것이라는 보장을 받은 후, 1993년 9월 인수 옵션을 행사하여 코테린사를 인수했다. 그러나 환경 문제로 인한 주민들의 반대가 거세지자, 메탈클래드사가 중재를 신청했음에도 불구하고 주 정부는 메탈클래드사에 대한 허가 발급을 거부하고 해당 지역을 생태보호구역으로 지정하면서 시설 철거를 명령하였다. 메탈클래드사는 사업을 할 수 없게 되자 NAFTA 투자협정상 투자중재절차에 따라 멕시코 정부를 제소했다. 이 사건에서 중재판정부는 멕시코 지방 정부의 건설 허가 불허와 생태보전지구 지정 및 시설 철거명령 조치는 간접수용에 해당한다고 판정했다. 즉 미국 투자자에게 해당 쓰레기 매립장의 법적 소유권이 있는 상태에서 멕시코 정부의 조치로 매립장의 투자가치가 부당하게 전면적으로 박탈되었음에도 멕시코 정부가 적절한 보상을 하지 않은 것은 부당하다고 판정한 것이다.

메탈클래드 사건을 제외한 다른 NAFTA 사건에서는 간접수용이 인정되지 않았는데, 중재판정부 판정의 절대 기준은 메탈클래드 사건과 같이 정부 조치로 인해 투자자가 수용 또는 국유화에 상응할 정도로 전면적인 자산피해를 입었나 하는 것이었다. 그럼에도 국내에서는 "경영에 대한 간섭, 규제 당국에 의한 경영진의 임용, 노동력이나 원자재 등에 대한 접근 거부" 등 우리의 거의 모든 정책이 간접수용에 해당할 거라는 주장•이 제기되었다. 이러한 정책들이 간접수용에 해당하지 않음은 그간의 중재 판정 판례에 비추어 봐도 명백하지만, 굳이 판례를 참고하지 않더라도 이러한 규제들이 재산권의 전면적 몰수로 판정되는 것은 상식적으로 불가능함에도 협상 내내 이러한 주장이 그칠 줄 모르고 제기되었다. 미국도 NAFTA 체결 후 많은 중재 사건에서 간접수용을 주장한 사건들이 늘어나는 데 대한 우려의 목소리가 높아지자 2004년 자국의 모델 투자협정을 개정, 간접수용의 의의와 법리를 명확히 하는 부속서를 도입했다. 이 모델 부속서는 간접수용 판단 기준을 명시하고 "보건, 안전, 환경 등 공공복리 목적의 비차별적 조치는 원칙적으로 간접수용에 해당되지 않는다"는 내용들을 명시하였다.

한미 FTA 협상에서 우리는 미국 측 모델 문안보다 간접수용의 범위와 법리가 더욱 제한되고 명확해질 수 있도록 정부의 정당한 정책 권한이 확보됨을 협정문에 명시할 것을 제안했다. 그러나 미국 측은 자국이 제시한 모델 부속서는 전 세계 어느 협정문에도 포함되어 있지 않은 것으로, 정부의 정당한 정책 권한이 확보됨을 이미 명확히 하고 있어 우리 측이 제시하는 추가적인 명확화 문안을 수용하기 어렵다는 입장을 밝혔다. 또한 자국의 모델 부속서는 투자자산을 보호받으려는 업계 및 국내적 규제 권한을 확보하고자 하는 행정부처, 의회 등과의 어려운 협의를 통해 이익의 균

• "한미 FTA와 투자", 한미 FTA 저지 범국민운동본부 정책기획연구단 편, 《한미 FTA 국민보고서》, 그린비, 2006, 522쪽.

형을 맞춘 것이므로 이를 수정하는 것이 현실적으로 매우 어렵다는 점을 강조했다. 그러나 우리는 국내에서 간접수용에 대한 우려가 커서 문안을 더 분명히 하고 추가 제한 사항을 반드시 협정문에 명기해야 한다는 입장을 강조하는 등 미국 측과의 어려운 협상을 통해 수용 부속서를 수정하는 데 합의할 수 있었다.

우리 측 입장을 반영하여 수정된 수용 부속서의 주요 내용은 다음과 같다. 원칙적으로 간접수용에 해당하지 않는 공공복리 목적에 환경, 보건, 안전 외에 국내적으로 민감한 사안인 '부동산가격 안정화정책'을 추가했고, 조세에 관하여는 별도의 부속서를 두어 "과세는 일반적으로 수용에 해당하지 않음"이라는 문안을 명시했다. 또한 "드문 경우를 제외하고 except in rare circumstance"라는 문구를 더욱 제한하여 그 드문 경우를 "목적 또는 효과에 비추어 조치가 극히 심하거나 불균형적"인 경우로 예시했으며, 간접수용 판단 법리에 우리 수용 법리상의 대원칙인 '특별희생special sacrifice' 법리를 삽입하여 수용에 대한 우리 국내법상 판단 원칙이 중재에서도 동일하게 적용될 수 있도록 했다.

이러한 수용 부속서의 개정은 미국 측이 다른 나라들과 FTA 및 투자협정을 체결하면서 수용한 전례가 없는 것으로, 우리 협상단으로서도 우리 입장이 반드시 반영되리라고 기대하기는 어려웠다. 실제로 전례 없이 수용 부속서를 개정하는 협상이 진행 중이라는 사실이 알려지자 미국 업계는 백악관 비서실장과 의회 등에 강력히 항의하기도 했다. 그러나 나는 USTR 대표 등 고위직과의 면담이 있을 때마다 수용 부속서에 우리 측 입장이 반영되지 않으면, 국회를 포함한 국내 반발이 거셀 것이고 협상의 비준조차 기대하기 어려울 것임을 강조하며 미국 측의 양보를 강하게 요구했다. 게다가 외교부 최경림 국장을 필두로 법무부, 재경부 소속 전문가로 구성된 우리 실무협상단은 밤낮없이 NAFTA의 관련 판례와 국제법 논문 등을 연구하며 열정적으로 협상에 임하였다. 우리 대표단은 부동산정책 같은 우리 측 제안이 반영될 수 있도록 미국 대법원 판례 및 OECD 보고서 등을 폭넓게 인용하여 설득하기도 했다.

이처럼 원칙적으로 비차별적이며 정당한 공공복지 목적의 부동산가격 안정화정책은 간접수용에 해당하지 않음을 협정문에 명기하였음에도, 이 조항만으로는 우리의 모든 부동산정책이 간접수용에 해당하지 않는 것으로 해석될 수는 없다는 비판이 여전히 제기되었다. 즉 협정문은 부동산가격 안정화정책만을 명기하고 있으므로 부동산가격 안정화정책이 아닌 여타 부동산정책들은 간접수용으로 판단될 소지가 있다는 것이다.

그러나 우리 정부가 추진하는 각종 부동산정책들은 그 목적상 모두 부동산가격 안정화정책에 해당한다. 즉 협정을 체결하면서 일반적 원칙 규정으로 구성된 협정문에 우리 정부가 시행하는 모든 개별 부동산정책들을 나열할 수는 없으므로, 이를 포괄하는 부동산가격 안정화정책을 정당한 복지 목적을 위한 비차별적인 규제정책의 예시로서 보건, 환경, 안전과 함께 명기한 것이다. 참고로 우리 정부의 부동산가격 안정화정책은 공급확대목적정책, 투기억제정책, 금융정책으로 나뉘는데, 재건축초과이익환수제, 분양가상한제, 원가공개 등 모든 부동산정책이 여기에 포함된다.* 또한 부동산가격 안정화정책 외에 '용도제한이나 지구지정' 등도 정당한 복지 목적을 위한 비차별적 규제정책이기 때문에 간접수용으로 간주될 가능성이 사실상 없다고 할 수 있다. 예를 들어, 그린벨트 지정, 학교 지역 내 유흥업소 허가 금지(학교환경위생정화구역) 등의 조치는 부동산정책이라기보다 시민 건강을 위한 녹지 보존이나 교육환경 조성을 위한 예외적인 환경복지정책에 해당한다고 할 수 있다. 이와 관련하여, 우리나라와 미국을 포함한 세계 모든 나라들이 취하고 있는 용도제한이나 지구지정 정책은 원천적으로 간접수용에 해당하지 않는다는 것이 우리와 FTA 협상에 참여한 미국과 캐나다 측 전문가들의 공통된 의견이다.

우리 협상팀은 한미 FTA 투자협정의 간접수용 관련 규정을 현존하는 어떤 투자협정보다 적용범위를 제한하여 정부의 규제 권한을 충분히 확보한 것 외에도 몇 가지 주목할 만한 개선 사항을 미국 측과 합의했다. 우선 영어와 한국어를 심리와 판정문 작성 시는 물론 전체 중재절차에 쓰이는 공식언어로 규정했다. 이렇듯 영어와 한국어를 중재 공식언어로 정함으로써 우리 정부가 피소될 경우, 중재판정부에 증거로 제출하는 관련 정부 자료를 영어로 번역해 제출할 필요가 없으므로 부담 없이 더 많은 증거 자료를 제출할 수 있고, 모든 중재절차가 한국어로도 진행되므로 우리 측 증인과 참고인이 증언하고 재판에 참여하는 것이 유리해진다. 이로써 중재절차의 투명성을 요구해 온 우리 시민단체의 중재절차 참여도 쉬워졌다. 미국 측은 과거 미국이 체결한 FTA 및 투자협정에 전례가 없는 중재 공식언어 규

- 우리 정부의 부동산가격 안정화대책. ① 공급확대목적정책: 신도시계획, 공공택지지정, 분양가상한제, 원가공개, 광역재정비사업 등 ② 투기억제정책: 재개발/재건축 관련(재건축초과이익환수제, 소형주택의무건설, 임대주택의무건설 등), 토지거래허가, 주택거래신고, 투기과열지구지정, 종부세합리화, 양도세강화, 개발부담금, 기반시설부담금 등 ③ 금융정책: 주택담보대출 등

정 도입에 극도로 부정적이었지만 최종적으로 우리 입장을 수용함으로써 합의에 이를 수 있었다. 또한 국내 비판론자들은 NAFTA에 투자중재절차의 일반 공개 규정이 없는 것을 두고 '밀실 재판'이라고 비난해 왔으나, 한미 FTA 투자협정은 중재절차의 투명성을 높이기 위해 중재 심리 및 중재판정문과 증거 서류 등 모든 관련 문서를 일반 대중에게 공개하도록 명기했다.

국익 전체를 고려하자

투자협정 체결과 관련해 우리 측의 또 한 가지 주요한 목표는 임시세이프가드 조치를 협정에 반영하는 것이었다. 1998년 외환위기를 겪은 우리나라에는 국제수지 악화나 외환위기 같은 상황에 대비하여 외국인투자자의 해외 송금을 제한할 수 있는 조치를 명기한 외환거래법이 있는데, 이 조치를 협정상 의무인 송금자유보장 원칙의 예외로 유지할 수 있게 해야 한다는 것이 우리 측의 기본 입장이었다. 그러나 미국 측은 그러한 포괄적인 송금 예외 조치는 미국인 투자자가 매우 우려하는 것으로서, 자신들은 이러한 예외 조치를 유지하고 있지 않고 기존 협정에서 한 번도 수용한 전례가 없으며, 우리나라가 다른 나라와 체결한 투자보장협정에도 포함되어 있지 않으므로, 이 조항을 수용하면 미국 투자자만 차별받는 결과가 생길 가능성을 우려해 절대 수용할 수 없다는 입장을 협상 내내 견지했다. 이에 우리 측은 1998년 외환위기 때도 이러한 '극단적인 조치'를 취하지 않고 시장의 조정 기능에 맡겨 문제를 해결하도록 했으며, 향후에도 이러한 조치를 취할 가능성은 사실상 없지만 외환위기를 겪은 우리 국민의 심리적 안정을 위해 반드시 협정에 반영되어야 한다고 일관되게 강조했다. 이 마지막 협상까지 가서야 어렵게 양보를 얻어 낼 수 있었다.

미국 측이 한미 FTA에서 인정한 단기세이프가드는 미국이 이전에 다른 나라와 체결한 FTA에서 인정한 단기세이프가드와 근본적으로 다르다. 즉 싱가포르, 칠레 등과 체결한 FTA에서 미국은 단기세이프가드 조치가 "자유로운 자금 이동 보장 의무를 저해하는 조치로서 기본적으로 투자중재절차의 대상이 되지만 조치 발동 후 1년간은 중재 제소가 유예된다"고 규정한 반면, 한미 FTA에서는 단기세이프가드가 투자중재절차의 대상이 되지 않는다는 것과 준수해야 하는 일정한 요건만을 규정하고 있다.

일부에서는 협상 초반부터 한미 FTA를 체결하면 실제 경제에 도움이 되는 외국인직접투자보다는 단기적 투자 이익만을 노리는 투기자본이 밀려들어올 것이므로 이 투기자본을 진입 단계부터 구분하여 규제할 수 있는 방도를 두어야 한다고 주장했다. 그러나 이러한 주장 역시 과장된 것으로, 한미 FTA 투자협정은 투기자본을 특별히 보호하지 않는다. 한미 FTA에서 보호되는 포트폴리오 투자는 우리가 기존에 체결한 FTA나 우리 국내법상 이미 보호하고 있는 것이다. 또한 일부에서 투기자본이라고 비난하는 사모펀드 같은 것은 우리 법규상 외국인직접투자에 해당한다. 투자와 투기는 관념상으로나 구분할 수 있을 뿐 실제로는 구분이 불가능한데, 이를 진입 단계부터 관리하여 규제한다는 것은 그야말로 외국인투자를 위축시키기로 작심하지 않는 한 취할 수 있는 조치가 아니다. 따라서 투기자본에 대응할 수 있는 유일한 방법은 외환위기 같은 문제가 발생할 경우 이에 대응할 수 있는 방도를 두는 것인데, 그중 하나가 한미 FTA에 포함된 단기세이프가드라고 할 수 있다.

한미 FTA 협상을 진행하는 동안, 국익 전체를 균형 있게 고려하면서도 정확한 사실에 기초한 논쟁이 제대로 이루어지지 않아 아쉬웠다. 특히 투자협정에서는 비건설적이고 소모적인 논쟁이 유달리 잦았던 것 같다. 예를 들어, 투자협정상 의무 중 고위 경영자 및 이사회 국적 제한 금지 요건이 있는데, 이는 외국 투자기업의 고위 경영진 임명에 국적 요건을 부과하는 것을 금지하는 것이다. 즉 특정 분야의 기업에는 외국인이 고위 경영자로 일할 수 없다는 것인데, 한미 양국은 이처럼 제한이 필요한 분야에 대해서는 협상을 통해 모두 유보로 기재하기로 합의했다. 그럼에도 이를 두고 "투자자와 그에 고용되어 있는 외국인, 즉 핵심 인력에 대해 입출국과 체류 여부에 대한 제한을 완전히 제거함으로써 사실상 외교관에 맞먹는 면책특권을 부여"하는 것이라는 주장이 있었다. 눈을 씻고 보아도 협정문 어디에도, 그리고 어떠한 참고문헌에도 그 의무 사항이 입출국과 체류에 대한 제한을 제거한다는 것으로 해석될 근거는 없다.

협상이 끝난 지금 돌이켜 보건대, 나는 투자 분과 협상이 잘된 협상 중 하나라고 평가한다. 미국이 체결한 과거의 FTA 및 투자협정과 한미 FTA를 비교해 보면, 우리 정부가 얼마나 많은 미국의 양보를 이끌어 냈는지 알 수 있을 것이다. 법률적 측면에서 한미 FTA는 현존하는 세계의 투자협정 중 간접수용의 범위를 가장 제한하고 적용 법리를 명확히 하는 한편, 정부의 규제 권한을 가장 폭넓게 인정하는 협정으로 평가되고 있다.

분쟁 절차를 도입한 이상 분쟁이 발생할 가능성조차 피할 수는 없는 일이다. 그러나 그렇다고 하여 모든 정부 정책이 무력화된다거나, 외국인투자자가 영업상 손실을 입는 모든 상황이 분쟁으로 비화할 것이라는 주장은 사실이 아니다. 외국인투자자를 차별하지 않고 공공정책을 위해 합리적인 범위 내에서 법과 제도를 유지해 간다면 우리 정부가 제소당하는 경우는 극히 예외적인 사안에 한정될 것이다. 앞서 설명한 바와 같이 우리나라가 일본, 영국 등과 같은 다수의 선진국과 투자중재절차를 포함한 협정을 맺었음에도 현재까지 단 한 건도 피소되지 않은 것이 이를 증명한다고 하겠다.

3부 동아시아 3국 패러다임 전쟁

2007년 4월 4일 국회 통일외교통상위원회에서 열린 한미 FTA 협상 결과 보고에서 김종훈 수석대표와 이야기를 나누고 있다. 내가 유엔대사로 부임한 후 그는 통상교섭본부장이 되었다.

2007년 5월 1일 국무회의 전, 박홍수 농림부장관과 논의하고 있다.
박홍수 장관은 나와 각별한 사이였으나
2008년 6월 10일 과로로 사망했다.

1장

한일 FTA
첫 단추를 잘못 꿰다

"김 국장님, 한일 FTA는 김대중 대통령 때부터 5년 동안 공동연구한 결과 출범시키기로 합의를 봤습니다. 수석대표를 정하는 문제에 대해 어떻게 생각하세요?"

"제 생각에는 조정관님이 직접 수석대표를 하는 게 나을 겁니다."

"우리 산업에 미치는 영향을 고려하면 저도 같은 생각입니다. 역사적 실수를 되풀이할 수는 없지 않습니까?"

"맞습니다. 상대방에게 한일 FTA는 역사적 사안이므로 차관보급에서 수석대표를 맡을 예정이라고 전하고, 모든 이슈를 하나하나 꼼꼼히 챙기십시오."

산업자원부에서 경력을 쌓다가 외교통상부로 자리를 옮긴 김한수 국장과 나눈 대화이다. 2003년 조정관으로 임명됐을 당시 한일 FTA 협상 출범은 전 정권에서 이미 발표하여 기정사실화되어 있었다. 일본과의 FTA를 조속히 높은 수준에서 체결해야 한다는 점이 강조되었는데, 당장은 무역적자가 늘 수 있어 손해를 보겠지만 장기적으로는 우리 산업의 경쟁력이 강해져 도움이 된다는 논리였다. 하지만 2003년 190.4억 달러에 이른 대일 무역적자가 FTA로 관세가 철폐될 경우 260억 달러로 증가한다는 연구결과가 나왔음에도 왜 한일 FTA를 추진하는지 이해할 수 없었다. 최근에는 대일 무역적자가 300억 달러를 넘었다. 국내에서는 한일 FTA에 대해 다양한 의견이 있었다. 지지하는 의견도 있지만 반대하는 목소리도 있었다. 반면 일본 측은 한결같이 한일 FTA를 조속히 체결해야 한다는 의견이었다. 놀랍게도 일본에서는 반대의견이 하나도 없었다.

  5년 동안 공동연구를 진행했다고는 하지만 우리 산업에 미치는 영향을 어느 수준에서 얼마나 꼼꼼하게 검토했는지 알 수 없어 불안했다. 또 지정학적 요소와 양국의 역사를 감안할 때 첫 FTA를 일본과 추진하는 것은 전략적 차원에서 잘못되었다고 생각했다. 나는 세계지도를 쳐다보며 과연 참여정부의 첫 FTA 상대국이 일본인지를 두고 고민했다. 가장 신경 쓰이는 부분이 일본의 비관세 무역장벽이었다. 관세철폐만 하면 뭐하는가? 그 뒤에 숨겨져 있는 비관세 무역장벽 때문에 수출이 안 되는데. 관세적용과는 무관하지만 일본에는 현장의 무역장벽이 엄연히 존재하고 있지 않은가! 1980년대 미국산 야구 방망이의 대일 수출이 중단된 적이 있었다. 미국 방망이들이 일본 안전 규격에 맞지 않는다는 지적이 원인이었다. 미국 정부가 항의했지만 정부가 아닌 협회 규정이므로 정부 차원에서도 어쩔 수 없다는 것이 늘 일본 정부의 입장이었다. 일본 자회사들의 조건을 통과해야 수출이 확정되는 것이다. 오죽했으면 1986년 자유무역을 주장하는 미국이 자기네 반도체에 대해 일본 국내 소비의 20%를 보장하라는 협정까지 맺었을까. 이외에도 김, 다시마, 방어, 소라를 비롯한 수십 가지 수산물이 수입쿼터에 묶여 대일 수출량을 전혀 늘릴 수 없는 형편이었다. 1964년 한일수교 당시 김 협상을 통해 240만 속束(1속=100개)의 수입쿼터IQ를 받은 이후 40년이 지나도록 한 속도 늘지 않고 그대로였다. 한일 FTA 추진 당시 해양수산부에 의하면 일본 관광객들이 한국에서 사가는 김만 해도 350만 속에 달하는 상황인데도 말이다. 이런 세부 사항의 논의를 위한 조사가 반영되었는지가 심히 의심스러웠다.

수석대표를 차관보급으로 올리고 싶은 이유는 또 있었다. 그 무렵 일본 측 담당국장이 한일 FTA 수석대표를 몹시 하고 싶어 한다는 얘기가 들렸다. 만약 제대로 실익을 반영하지 않은 채로 우리 측 대표가 혹시라도 사심이 생겨 개인의 영달을 우선한 졸속 FTA를 타결하게 된다면, 아무도 모르게 경제적으로 제2의 한일합방이 될 수도 있겠다는 판단에서였다. 나는 직접 수석대표로 나서고 소신 있는 김한수 국장을 차석에 배치했다.

두 번 속으면 내가 바보

1차 협상은 2003년 12월 22일 서울에서 열렸다. 일본 측 수석대표 후지사키 차관보는 주미 대사이자 베테랑 외교관이며 부친도 일본 외교부 출신이다. 늘 심지가 뚜렷하고 흐트러진 모습을 보이지 않았다. 협상 차석은 일본 외교부의 니시미야 국장이었다. 비록 짧은 만남이었지만 개인적으로 호감이 가는 인물이었다. 아시아에서 일본이 해야 할 역할뿐 아니라 세상사에 깊은 통찰력이 있는 것으로 보였다. 일본 재무성 출신의 아오야마 국장과, 호소가와 전 총리처럼 사무라이 인상을 풍긴 오이케 외교부 과장 역시 풍부한 지식과 경륜으로 깊은 인상을 받았다. 일본 협상가들은 선진국 관료들다운 면면이 있었다.

첫 회의에서 일본 측은 세 가지를 강조했다. 첫째, 공산품과 농수산물 모두 높은 수준에서 개방하자는 것이었다. 일본이 이런 주장을 할 수 있었던 것은 자국의 공산품 평균관세가 2.7%인데 우리는 12.2%였기 때문이다. 그러나 일본이 과연 농수산물을 높은 수준으로 개방할 수 있을지에 관해서는 첫날부터 의구심이 들었다. 내 계산으로는 약 10억 달러인 대일 농수산물 무역흑자가 관세철폐 후 대폭 증가할 것이 예상되었다. 게다가 일본 의회에서 수산업계의 이익을 대변하는 수산족 출신 의원들의 영향력이 막강한 상황이고 보면 의구심을 떨칠 수 없었다.

둘째, FTA 대신 EPA(Economic Partnership Agreement, 경제제휴협정)라 칭할 것을 원했다. 나는 이 명칭에 반대했는데 FTA가 이상하게 '일본화'될 것을 우려했기 때문이다. 또한 EPA란 명칭은 마치 한일합방 때처럼 두 경제권을 묶는 듯한 인상을 주는 것 같았다. '파트너'란 말은 동등한 파트너를 칭할 때 쓰이기도 하지만 '선임 파트너senior partner'와 '후임 파트너junior partner'를 나누어 칭할 때도 쓰인다. 일본은 EPA라는 명칭을 사용해 동북아경제공동체 안에서 한국을 일본의 후임 파트너 정도로 취급할 가능성이 있었다. 우리가 잘 아는 강화도조약은 '병자수호조약'으로도 불리는데, 그 정식 명칭은 '조일수호조규'이다. '조약' 대신 '조규條規'라 부른 이유는 1871년 맺은 청일수호조규에서 찾을 수 있다. 중국은 자신들보다 우월하다고 여긴 서양 열강과 협정을 맺을 때는 '조약'이라는 명칭을 사용한 반면, 일본과 협정을 맺을 때는 '조규'라는 용어를 사용함으로써 일본에 대한 멸시의 감정을 드러냈다.* 일본은 조규의 속뜻을 나중에 알아채고 분개했다. 그리고 일본은 조선과 맺는 협약에 이 용어를 넣었다. 한 번은 속을 수 있지만 두 번 속으면 프로 의식이 부족한 것이다. 영어 표현에 "한 번 속으면 상대방이 나쁜 사람이고, 두 번 속으면 내가 바보다Fool me once, shame on you. Fool me twice, shame on me"라는 표현이 이런 상황을 두고 하는 말이다.

셋째, 일본은 '상호인정' 분과설립에 반대했다. 상호인정을 예를 들어 설명하면 다음과 같다. TV의 경우 스크린에 충격을 가하면 안전성 차원에서 유리가 깨지면서 안으로 들어가야 하고 특정 거리 이상 바깥으로 튀어도 안 된다. 한국 제조업체들은 대일 수출품이 이 기준에 맞는지 알아보기 위해 일본 기업연구소에서 20여 가지 테스트를 거쳐야 한다. 경우에 따라 일본 기업에서 연구소 사용을 허가하지 않을 수도 있고, 일정이 급한데도 몇 주 후에나 허가가 날 수도 있다. 그러나 만일 상호인정 원칙 아래 일본이 KS마크를 인정할 경우, 우리 기업들은 상당한 시간과 비용을 절감하면서 일본과 거래를 할 수 있다. 또 상호인정은 자격증도 포함하기 때문에 일본이 한국의 기술 자격증을 인정할 경우, 우리 기술자들이 일본에 진출하는 기회가 생길 수도 있다. 이처럼 중요한 이슈에 대해 분과조차 설치하지 않겠다는 것은 말도 안 된다며 항의했고, 실제로 분과가 설치되지 않으면 2차 협상은 할 필요도 없다고 엄포를 놓았다. 나중에 일본 측은 상호인정

• 강준만, 《한국 근대사 산책 1》, 인물과사상사, 2007, 159쪽.

분과를 설치하기로 합의했다.

제2의 한일합방은 안 된다

한 달 후 2차 협상은 도쿄에서 열렸다. 우리 협상팀은 외교부와 타 부처를 포함해 70여 명으로 구성되었는데, 수교 이후 가장 큰 협상대표단이었다. 나는 내부 전체회의에서 분과장들에게 이렇게 말했다.

"모두들 소신껏 협상하세요. 우리가 얻을 것은 절대로 양보하지 말고 끝까지 추진하십시오. 차석들도 모든 것을 분과장에게만 넘기지 말고 옆에서 분과장을 잘 보좌하고 다른 협상가들도 할 말을 하세요. 당신들은 구경꾼이 아니라 협상가입니다. 부담 가질 필요 없습니다. 뭐가 잘못되면 모든 책임은 내가 집니다. 한일 FTA가 2년 안에 끝나야 한다는 발표가 있었지만 무시하세요. 더 걸릴 수도 있는 겁니다. 아예 성사되지 않을 수도 있습니다. 모든 책임은 내가 떠맡습니다."

보통 수석대표는 전체회의에서 인사말만 하고 협상장을 떠나는 것이 관례다. 전체회의가 끝난 뒤 후지사키 차관보는 사무실로 돌아갔다. 우리 직원이 물었다.

"조정관님, 긴자에 가서 구경이나 좀 하시겠습니까?"

"구경은 무슨 구경이야! 난 여기 남아서 분과가 잘 진행되는지 지켜볼 거야."

"어느 분과에 들어가시려구요?"

"모든 분과, 다."

"예? 분과장들이 상당히 부담을 느끼고 불편해할 것 같은데요."

"바로 그 점이야. 내 눈으로 직접 확인해야겠어."

나는 오전에 일곱 개 분과에 전부 들어가 보았다. 짐작대로 상황은 우리에게 유리하지 않았다. 우리는 총론에는 강했지만 각론에 들어가서는 약했다. 협상은 공세적으로 해야 하는데, 그러려면 차석의 역할이 중요하다. 분과장이 말이 막히든가 실탄이 떨어질 경우 차석이 나서야 되는데, 노트 필기만 하고 있었다. 반면 일본 측은 분과장뿐만 아니라 많은 협상가들이 적극적인 자세로 자기네 입장을 주장하며 우리를 몰아치고 있었다. 특히 상호인정 분과가 준비가 덜 되어 있어서 나는 직접 분과장 역할을 하며 협상을 해야 했다. 오후 회의에서는 우리 분과장과 일본 측 분과장에게 특정 사안에 대해 협상하라고 지시하고 나왔는데, 중간 커피 타임에 분과장에게 어떻게 진행되었느냐고 묻자 이렇게 말했다.

"실은 조정관님이 영어를 너무 빨리 말씀하셔서 우리 둘 다 제대로 이해를 못했어요."

"그럼 한 시간 반 동안 뭐 했나요?"

"서로 각자 자기네 제도에 대해 설명을 주고받았습니다."

상호인정은 우리가 공세적으로 나가야 하는 분야다. 나는 오후에 또다시 직접 나서지 않을 수 없었다. 호텔로 돌아와 이건태 당시 법률팀장에게 하소연을 했다.

"아니, 5년 동안 공동연구를 했다는데 왜 이렇게 준비가 안 됐습니까? 들어가신 분과는 잘됐어요?"

"아니요. 우리가 일본 제도에 대해 아는 것이 부족해서 진행이 잘 안 됐습니다."

"이러다간 안 되겠어. 이거야말로 제2의 한일합방이 되겠어."

먼저 이시형 인사담당관에게 전화를 했다.

"지금 도쿄에서 협상하다가 나와서 전화하는데, 협상 베테랑들이 더 필요한 상황입니다. 우선 동북아위원회에 나가 있는 이태호 심의관을 당장 한일 FTA로 돌려주세요."

"얼마나 급하고 답답하면 도쿄에서 협상 도중에 전화했겠습니까? 알겠습니다, 그렇게 하죠."

이태호 국장은 통상 베테랑이고 탁월한 실력을 갖춘 인재였다. 협상 이틀이 지난 후 결과 보고를 받아 보니 일본은 자신들에게 유리한 공산품은 높은 수준으로 개방하기를 주장했고 민감한 농수산물에 대해서는 소극적이었다. 이외에도 서비스 분야, 특히 정부가 발주한 IT나 건설 프로젝트에 참여할 수 있는 기회에 대해 양보할 수 없다는 입장이었고, 우리 농수산물 수출에 애를 먹이는 검역 조치도 완화할 수 없다는 태도였다. 1999년까지만 해도 우리는 일본에 약 3억 3,000만 달러어치 돼지고기를 수출했는데, 돼지 콜레라가 발생한 뒤 수출이 중단된 상태였다. 그 후 돼지 콜레라는 없어졌지만 일본은 한국 돼지고기를 수입하지 않고 있었다. 협력분과의 경우 일본의 기본 입장은 기술 이전이나 다른 협력을 할 수 없다는 것이었다. 분과장 보고를 받고 화가 치밀었다.

협상 사흘째 아침에 일어났는데 입에서 돌 같은 것이 씹혔다. 뱉어 보니 이를 너무 악물고 잔 나머지 어금니가 깨져 떨어져 나온 것이었다. 오른쪽 눈에서는 새우 꼬리가 왔다 갔다 하는 것이 보였다. 나중에 서울에 돌아와 안과에 가보니 실핏줄이 터졌다고 했다. 한일 FTA의 조속한 타결을 기대하는 분위기 속에서 일본에 경제적으로 예속되는 제2의 한일합방이 될 것을 우려하며 온몸으로 저항하는 가운데 극심한 중압감을 느끼고 있었던 것이다.

일본의 '혼네'

사흘째가 되던 날은 일본 경제산업성 측 상대방을 만났다. 일본은 통상협상을 할 때 항상 3개 부처가 참여한다. 외무성, 농수산성, 경제산업성이다. 통상업무가 이렇게 분리되어 있으니 어느 부처도 조정 기능을 하지 않는다. 한국은 부처끼리 조정이 안 되면 대통령이 결정할 수 있는데, 일본은 내각제이기 때문에 총리가 농수산이나 경제산업 대신을 통제할 수 없다는 것을 나는 알고 있었다. 내가 먼저 질문했다.

"한일 FTA가 높은 수준의 FTA가 됐으면 좋겠습니다. 선진국들이 하는 3세대 FTA 수준은 되어야 한다고 생각합니다. 일본 입장은 어떤지요?"

"3세대 FTA가 뭡니까?"

얼굴을 찌푸리면서 당신이 뭘 그렇게 많이 아느냐는 식으로 무시하듯 물어 왔다. 심지어 일본 실무자들도 "그 사람은 자기주장이 매우 강하다"고 우리 실무자들에게 미리 충고했다는 이야기를 들었기 때문에, 나는 그 질문에 차분히 답했다.

"1세대 FTA는 공산품 관세철폐에만 집중한 것이고, 2세대는 더 나아가 농산물과 서비스 분야를 포함시킨 것입니다. 3세대는 한 단계 더 나아가 비관세 무역장벽, 지적재산권, 검역 기준 등을 포함시키는 것입니다. 이런 면에서 더 포괄적인 FTA를 뜻하는 것입니다."

내 설명을 못마땅하게 생각했는지 그는 "FTA는 그런 게 아닙니다. 공산품 관세를 철폐하는 것이 FTA입니다. 다른 분야는 중요하지 않습니다"라고 반박했다. 말투가 무례하다고 생각했지만 그 순간 일본이 어떤 FTA를 염두에 두고 있는지 짐작이 갔다. 일본이 먼저 FTA를 하자고 해서 우리가 동의한 것인데, 이 사실을 망각하고 자국의 입장만 내세우고 있었다. 일본 고위 관료들도 1년이나 1년 반이면 모두 교체되는 것으로 알고 있는데, 꼭 이렇게 권위적으로 행동하는 이유가 무엇인지 의아했다.

"용건이 하나 더 있습니다. 미국과 EU를 따라 일본도 하이닉스 반도체에 반덤핑방지관세를 부과하려 하는데, 이것은 한일 FTA에 도움이 안 됩니다. 산업 피해가 있는지 여부에 관해 경제산업성에서 긍정적으로 검토해 주시죠."

그러자 그는 몹시 짜증을 내며 어른이 아이를 꾸짖듯이 "법률적인 판단이니까 결정을 받아들이면 되는 거죠. 뭐 새삼스럽게 이런 것을 언급합니까?"라고 말했다. 이자는 아직도 한국이 식민지라고 착각하고 있는 것 같았다.

"오늘 회의 아주 유쾌했습니다. 만나서 반가웠습니다."

일본이 지향하는 FTA는 일본 측의 관심 사항만 반영한 기형적인 FTA였다. 일본의 그 혼네(속마음)를 보여 준 경제산업성 고위 관료가 고맙게 느껴졌다.

하이닉스 반도체 건은 WTO에 일본을 제소한 결과 승소했다.

일본의 중국견제론

일본의 FTA 정책은 우리의 동시다발적 FTA 전략과 매우 달랐다. 경제적으로 봤을 때 무역흑자 190.4억 달러를 유지하고 있는 한국과 FTA를 체결함으로써 산업구조상 우리가 일본에 의존할 수밖에 없는 상황을 더욱 공고히 하고 싶었던 것이다. 일본 관료에게 일본 FTA 정책의 기본 논리가 무엇인지 묻자 일본 상품, 특히 부품소재를 아시아 교역국들이 지속적으로 사용하게 하는 데 목적이 있다고 설명했다. 부품소재 분야의 중요성과 그 역할을 감안할 때, 일본은 한국과 FTA를 맺음으로써 예상보다 빨리 한반도가 통일될 경우 남한처럼 북한도 일본 부품에 의존하게 만들고도 싶을 것이다. 일본은 경제적인 계산뿐 아니라 중국의 막강한 힘과 아시아 지역에서의 영향력을 감안, 정치적 계산을 하지 않을 리가 없다. 중국이 아세안과 FTA를 타결하자 일본도 급히 아세안과 FTA 협상을 출범시켰고, 더 나아가 역사적으로 중국과 불편한 관계를 유지해 온 인도와도 FTA를 추진했다.

중국을 견제하는 차원에서 한때 식민지였던 한국과 FTA를 체결하는 것은 일본의 FTA 정책의 초석이 된다. 2006년 10월 아베 신조 총리와 정상회담을 갖기 전 노 대통령께 다음과 같이 보고했다.

아베 신조의 이름에 있는 '신晋'은 전 일본 외상인 그의 아버지 아베 신타로의 '신' 자를 이어받은 것이다. 이는 막부 말기의 유신 지사였던 '다카스기 신사쿠'의 '신'에서 유래하며, 또한 다카스기 신사쿠의 스승인 요시다 쇼인으로 연결되는데 그는 조선침략론을 주장한 인물이다. 그의 외정外政 사상은 이토 히로부미, 야마가타 아리토모 등 제자들에게 계승되어 '정한론', '조선병합론'으로 발전한다. 그래서 요시다 쇼인이 자주 인용한 "스스로 반성해 내가 옳다면 1,000만 명이 반대해도 나의 길을 간다"라는 말이 아베 신조 총리의 좌우명이라는 사실에서 그의 정책 방향을 짐작할 수 있다. 일본의 FTA 정책은 메이지유신 시절 요시다 쇼인의 조선침략론, 그리고 그 이후 사이고 다카모리의 정한론과 무관하지 않다.

다시 원점부터

2차 협상이 끝나 서울로 귀국한 후 협상 결과를 되짚어 정리했다. 일본 측은 공산품 관세철폐에만 관심이 있었고 우리에게 유리한 농수산물, 서비스, 정부조달, 비관세 무역장벽, 개성공단 제조상품의 한국산 인정에 대해서는 관심이 없었다. 일본은 이미 협상의 목적이 정해져 있다는 것이 확실했다. 다시 원점부터 시작해야 한다고 생각했다. 농업을 비롯한 모든 산업과 서비스업에 종사하는 사람들을 직접 만나 점검을 해야겠다는 생각이 들었다.

"공산품 분야에 종사하는 분들, 대기업, 중소기업 다 포함해서 1차적으로 브리핑을 받아 봅시다. 그다음에는 농업, 서비스업 쪽 사람들을 만나 봅시다."

"예. 업계의 사장, 부사장급을 접촉하겠습니다."

"사장급은 필요 없습니다. 일선에서 뛰는 실무자들만 초대하세요. 부품 소재 분야는 꼭 포함시키세요."

3차 협상을 하기 전에 모든 분야의 업계 사람들과 만나 현장의 목소리를 들어 보았다. 예상한 대로 상황은 어두웠다. 석유화학의 경우 우리가 가격경쟁력이 있다고 보고받았지만 실상은 그렇지 않았다. 일본 부두에서 하역할 때 지불해야 하는 비싼 하역비와 운임을 포함하면 일본 석유화학 제품보다 비싸질 수밖에 없었다.

부품소재 분야는 특히 불안했다. 매 주말 직원들과 공장들을 시찰하면서 상황을 정확히 파악해야 했다. 그 결과 부품소재 분야는 하루아침에 도약할 수 있는 분야가 아님을 깨달았다. 한 개 부품을 만들기 위해서는 여러 단계의 공정을 거친다. 광물을 가루로 만들어서 그 가루를 다른 광물과 섞고 특정 온도에서 가열하여 나오는 것이 부품이다. 각 단계마다 특별한 노하우가 있어야 한다. 완벽을 추구하는 일본인들이 부품소재 분야에서 절대적인 우위가 있을 수밖에 없다. 일본은 전 세계 부품소재 시장에서 높은 점유율을 차지하고 있고 우리도 일본에 의존하는 실정이었다. 한국산 휴대전화에 들어가는 부품소재의 평균 50% 정도가 일제이며, 이는 휴대전화 한 대의 약 60%에 해당하는 가치였다. 수입 다변화에도 불구하고 부품소재 산업은 보호받아야 했다. 제조업의 기초가 되는 이 분야에서 도시바, 히타치, 후지쯔, 마츠시타, 샤프 이렇게 5개 주요 기업들과 삼성전기가 5대 1의 외로운 싸움을 벌이고 있었다. 대만계 전기업체들은 삼성전기가 계속 경쟁력을 유지하도록 응원했다. 삼성전기가 붕괴될 경우 일본 부품소재 기업들은 담합을 통해 가격을 올릴 수 있기 때문이었다.

서비스 분야도 문제가 많았다. 도쿄 지사에 있는 롯데건설 담당자에 따르면 일본의 '당고' 즉 담합제도 때문에 해외 건설업자들이 일본 건설 시장에 진입하기란 거의 불가능했다. 일본 지역을 여덟 개로 나눠 가진 여덟 명의 대부들이 일본 정부가 발주하는 건설 프로젝트를 해당 지역의 일본 회사들과 직접 나눠 먹는 방식이었다. 일본 정부가 발주하는 건설 프로젝트는 연간 300조 원 규모인데, 일본이 WTO 정부조달협정에 가입함으로써 외국 건설업계의 입찰을 의무적으로 받아야 한다. 우리 건설회사들은 한국 학교 건설과 후쿠오카 종합청사 건설 프로젝트를 일본 기업과 합작으로 수주한 것을 빼고는 실적이 전무한 상태였다. WTO 정부조달 협정에 1,000만 달러가 넘는 프로젝트는 국제 입찰에 부쳐 외국 기업을 차별해서는 안 된다는 규정이 있다. 그럼에도 어떻게 일본 정부조달 시장에서 외국 기업들의 점유율이 감소하는지에 대해 WTO가 강한 불만을 표시한 적이 있다. 미국의 벡텔Bechtel 일본 지사장에게 물어보니, 그들도 담합 때문에 일본 시장에 진출하기가 어렵고 담합제도는 절대로 없어지지 않을 것으로 본다고 했다.

담합제도는 수백 년 전부터 일본에 존재했기 때문에 이 제도를 재고하라는 것은 일본을 부인하는 것이므로 다른 해결책을 찾아야 했다. 나는 일본이 우리 건설회사들의 시장점유율을 보장해야 한다는 생각이 강했다. 일본 건설 시장 진입에서 또 하나의 어려움은 매년 기업들이 수백 개가 되는 지방자치단체에 등록을 해야 하는 것이었다. 이것은 물리적으로 불가능했다.

부지피부지기 매전필패

2004년 6월 노 대통령과 고이즈미 총리가 제주도에서 처음 만났다. 그때 외교부에서는 한일 FTA를 높은 수준에서 가능한 한 빠른 시일 내에 타결하는 것이 양국에 이익이 되리라는 보고를 올렸다. 이런 보고를 올릴 당시 아태국은 나와 상의하지 않았다. 나를 거치지 않고 보고가 청와대로 곧바로 올라간 것이다. 다행히 노 대통령은 직감적으로 그 부분이 이상하다고 느꼈는지 "김현종 조정관한테 한일 FTA에 대해 보고서를 한번 올리라고 하라"는 지시를 내렸다.

나는 한일 FTA는 문제투성이라고 단호히 지적했다. 대외경제장관회의에서 이미 결정되었고 다른 부처들이 지지하는 한일 FTA를 반대하기는 어려운 일이었다. 5년 동안 공동연구를 하면서 준비했지만 그 기간을 충분히 활용하지 못했고, 총론에는 강하지만 각론에 들어가서는 준비가 안 되어 있음을 지적했다. 전경련이 정부에 조속한 협상 개시를 촉구한 것에 대해 깊이 반성한다는 기사를 첨부해서 대통령께 29쪽 분량의 보고서를 올렸다. 좀더 구체적으로 부품소재 특히 LCD 모듈, 메모리 모듈, 배터리, 모뎀 칩, 카메라 모듈은 집중 보호해야 하며, 자동차, 기계, 정밀화학도 경쟁력이 약해 보호가 필요함을 역설했다. 자동차 업계의 경우 미국, EU의 사례에 비추어 볼 때 15~20% 정도의 시장점유율을 확보할 수 있으리라는 예측 하에 우리 철강 산업에도 영향을 미친다는 점을 언급했다. 담합으로 인해 300조 원 규모의 일본 건설 시장에 진입하기 어려운 문제, 개성공단 제조 상품의 한국산 인정, 농수산물 시장 진입, 상호인정 분야의 애로사항도 지적했다. 특히 비관세 무역장벽은 심각한 문제 중 하나로, 일본 소비자들이 외국산 제품을 선호하지 않는 경향이 있음을 보고했다. 전 서울시장이자 경제학자인 조순 씨가 경제보좌관에게 보낸 서류도 첨부했다.

......한일 관계의 역사상 한국 측은 상대방에 대해 아무것도 모르고 있다가 어느 날 갑자기 마음이 내켜서 덜컥 일을 저질러 돌이킬 수 없는 재앙을

남긴 예가 많았다. 손자孫子의 말대로 지피지기知彼知己라야 백전불태百戰不殆일 텐데, 우리는 부지피부지기不知彼不知己니 매전필패每戰必敗일 수밖에 없었다. ……단기적인 손해는 아주 확실한 데 반해 장기적인 득은 아주 불확실하다. 아주 불확실한 득은 득이라 볼 수 없다. 장기란 별것이 아니다. 단기가 오래가면 장기가 된다. 단기적인 손실이 반영구적인 것으로 될 가능성이 농후하다. ……한일 FTA는 단순한 통상 차원의 문제가 아니다. 이것은 일본으로 보나 우리로 보나 고도의 국가 전략을 함축하는 사안이다. 만일 우리가 중국이나 동아시아의 다른 나라를 빼놓고 단독으로 한일 FTA를 맺는다면 한국은 동북아의 중심국이 아니라 일본의 주변국으로 전락하고 그 국제적인 위상은 크게 실추될 위험이 있다. ……한국 (그리고 일본) 경제의 장래는 중국을 어떻게 활용하느냐에 크게 의존하기 때문이다.

그러나 한·중·일 FTA와 한일 FTA는 전혀 다르다. 일본은 내가 판단하기에는 한·중·일 FTA를 할 생각이 지금으로서는 전혀 없다. 한일 FTA를 결성하여 중국과는 선을 긋자는 것이 일본의 전략이라고 나는 본다. 불행히도 일본의 국제관, 아시아관은 아직 이 수준을 벗어나지 못하고 있다. 일본인은 우수한 사람들이며, 나도 그들의 허다한 장점은 십분 알고 있다. 그러나 국제관계에서 그들의 기량은 매우 좁다. 갑자기 마음이 넓어진 한국인과는 대조적이다. 2년 전까지만 해도 일본은 한일 FTA 따위는 안중에도 없었다. 이제 졸지에 적극적으로 나오는 이유는 무엇인가. 일본 정치의 급속한 우경화, 유시법제有時法制 국회 통과, 전투부대의 해외 파견, MD 시스템의 강화, 반복되는 '망언' 등과 무관치 않다. ……1894~1895년의 청일전쟁, 1904~1905년의 러일전쟁은 모두 한반도를 누가 차지하느냐를 판가름하기 위한 전쟁이었다. 시대는 달라졌지만 일본은 지금도 혼자 은근히 FTA를 매개로 한반도에 대한 영향력 확보를 생각하고 있다. 일본이 한일 FTA를 적극적으로 추진하는 이유는 그것이 통상상의 이익만이 아니라 중국보다 먼저 한반도를 끌어들인다는 정치적 의미를 띠는 것이기 때문이 아닐까.

지금 일본은 대전 이후 최대의 전환기에 놓여 있다. 경제는 아직 오랜 침체의 탈출구를 찾지 못하고 있다. 교육은 흐트러져 있고 노령화되는 사회는 기강이 해이해져 있다. 일본 국민은 경제적으로나 사회적으로 빠르게 발전하고 있는 중국에 위기감을 느끼고 있다. 지금 한일 FTA를 성사시킨다면 일본은 그것을 경제 침체로부터의 탈출과 국민의 자신감 회복을 향한 큰 진전이라는 의미에서 2차 세계대전 후 최대의 외교 성과로 간주할 것이다. ……아! 독은 끝내 약이 아닌데도 약이라 우기면서 먹으려 한다. 이대로 어영부영하다가 어느 날 아침, 아차! 하는 '진실의 순간'이 올 것이 두렵다. 그 순간이 온 다음에는 긴 환멸의 세월이 이어질 것이다. 한일 FTA, 그리 간단한 문제가 아니다.

한일 FTA를 재검토해야 하며 협상에 2년 이상이 걸린다는 보고를 받은 대통령은 적잖이 놀랐다. 그것도 한일 FTA뿐만 아니라 다른 FTA를 추진해야 하는 위치에 있는 통상조정관에게서 이런 소견을 듣자 더욱 놀란 것이다.

"이전의 보고가 대통령인 나에게까지 올라온 것인 만큼 나는 한일 FTA가 높은 수준에서 진행되면 서로 이익이 되는 걸로 믿고 있었어요. 그런데 김 조정관의 보고서를 읽어 보니 꼭 그렇지가 않네요. 어쨌든 협상은 시작한 거니까 낭패 보지 말고 좋은 결과를 내도록 조정관이 판단해 가면서 협상을 하세요."

"대통령님, 협상을 하겠습니다. 그러나 일본이 양보하지 않고 국익에 배치되면 어떤 협상이든지 중단할 수밖에 없습니다. 비관세 무역장벽 해소, 개성공단 제조상품의 한국산 인정, 농수산물 시장 확대 진입, 일본 공공건설 시장 진입, 상호인정, 그리고 협력 분야에서 우리가 만족스러운 양보를 못 얻어 내면 협상은 타결될 수 없습니다. 현재 진행 속도를 볼 때 2년이란 시한은 부족합니다."

"김 조정관이 그런 걸 잘 판단해서 손해 보지 말고 좋은 결과를 내기 바랍니다."

2차 협상 진행에 일본 측은 만족하지 못하고 걱정하기 시작한 것 같다. 나는 한일 FTA에 대해 대통령께 보고한 내용으로 모든 실장과 수석들에게 보고했다. 마침 그 무렵 우리나라로 치면 전경련쯤 되는 일본 게이단렌의 회장과 외무성 국장이 나도 모르는 사이에 노 대통령을 면담했다는 보고를 받았다. 당시 배석한 사람의 말로는 이들이 김현종 조정관에게 청와대 차원에서 압력을 넣어 협상이 빨리 진행되게 해달라고 요구했다는 것이다. 이에 대해 이종석 차장은 협상권은 김 조정관에게 있으니 그에게 직접 얘기하라고 말했다고 한다. 일본 측은 협상이 지지부진하다며 나에게 그 책임을 전가하려 했다. 과거 청와대에 압력을 넣어 장관을 흔드는 것이 통했기 때문에 똑같은 시도를 한 것이다. 이런 시도는 교활한 행위라고 할 수밖에 없다. 다행히 모든 실장과 수석에게 미리 알려 놓았기 때문에 아무 탈이 없었다.

나는 모가지가 두 갭니다

3차 협상을 준비하고 있는데 우리 직원이 보고하러 들어왔다.

"일본 대사가 한일 양측 협상가를 열다섯 명씩 관저로 초청해서 식사를 하자고 합니다."

"가야 됩니까?"

"가시는 게 좋겠습니다."

"왜요?"

"외교상 전례이기 때문입니다."

"내가 외교부에 들어와서 가장 많이 들은 말 다섯 가지가 '불가능하다', '다시 생각해 봐라', '어렵다', '안 된다', 그리고 내가 가장 싫어하는 '전례가 없다'인데, 지금 나한테 과거 전례이기 때문에 가야 한다고 말하는 거요? 그 이유 하나로 나를 설득하는 거요?"

"……."

"양보를 받아 내기 위해 게이단렌 회장과 외무성 국장이 청와대를 찔러 나에게 압력을 행사하려 했고 지금 와서는 식사하자니, 병 주고 약 주는 격이구만. 과거 전례는 가는 것이기 때문에 나는 안 갑니다. 안 간다고 통보하세요."

나는 직원들이 타성에 젖은 방식으로 일하는 것이 매우 못마땅했다. 그들은 대부분 예측 가능하게 일에 접근했고, 그들이 만든 조그마한 패러다임에 나를 한정시키려 했다. 나는 이런 접근방법을 허용하지 않았다. 수장은 다른 사람에게 예측 불가능해야 전쟁에서 이길 수 있다. 나중에 듣기로, 일본 측은 내가 왜 만찬 초대를 거절했는지 심리분석을 했다고 한다.

일본 측 과장이 우리 과장에게 "당신네 상관은 전형적인 한국 남자가 아닌 것 같소. 미국 카우보이형인 것 같소"라고 했다고 한다. '참 일본 사람들다운 진단이다'라고 생각했다. 일본 측 실무자들은 이런 나를 꽤나 어렵게 생각했던 것 같다. 일본과 우리 측 실무자들이 주고받은 이야기를 소개한다.

"총선도 끝났는데, 김현종 조정관 혹시 다른 부서나 부처로 이동 없습니까?"

"예, 있습니다."

"아, 어디로 갑니까?"

"승진했습니다."

"승진했다니요?"

"장관급인 통상교섭본부장이 됐습니다."

"……."

3차 협상은 서울에서 진행되었다. 후지사키 차관보가 전체회의 전에 조찬을 하자고 제의해 오전 8시에 만났다. 나는 지난번 청와대를 통해 협상 주무자인 내게 압력을 넣으려 했던 일에 대해 알고 있다는 언질을 주어야 했다.

"이번에 한국에 관한 일본의 정보력에 실망했습니다. 예전처럼 협상 주무자인 나를 흔들어 유리한 결과를 얻으려고 한 시도는 매우 유감스럽고, 참여정부의 철학을 전혀 이해하지 못하는 것 같군요."

"……무슨 말씀인지 좀더 구체적으로……."

"오쿠다 회장과 사사에 국장이 노 대통령과의 면담 때 청와대가 압력을 행사해 달라고 요청했다는데, 이게 뭐하는 짓입니까? 명심하세요. 나는 모가지가 두 개인 사람입니다. 국가의 직무가 아니면 변호사 생활을 하면서 더 잘 먹고 잘 살 수 있습니다. 나는 내 소신이 있고 내 확신대로 협상을 하지, 외부 압력으로 모가지 잘릴까 봐 눈치 보며 몸보신하는 사람이 아닙니다. 만약 다시 한 번 더 내정간섭을 하면 일본 측 때문에 협상이 결렬됐다고 발표할 겁니다! 다시는 이런 일이 없도록 하세요."

"잘 들었습니다. 말씀하신 내용을 우리 내부 협상팀에 전해야 하기 때문에 오후로 회의를 미루는 게 좋겠습니다."

3차 협상 때도 예외 없이 나는 모든 분과에 들어갔다. 일본 측은 여전히 공산품 개방에만 관심이 있었지 우리 측 관심 분야에 대해서는 여전히 태도를 바꾸지 않았다.

통계 수치를 귀담아들은 노 대통령

2004년 8월 20일, 대통령이 조찬을 제의했다. 각료로서 대통령과의 독대는 부담스러울 수밖에 없다. 정확한 정보에 기초해 논리적으로 정책을 설명할 수 있어야 하기 때문이다. 대통령은 다방면에서 고급 정보를 받는다. 불필요하거나 이미 알고 있는 정보를 말씀드리면 안 된다. 노 대통령은 늘 많은 것을 알고 있기 때문에 각료들은 더 많이 준비해야 했다.

오전 6시 30분. FTA 전략에 관한 파일과 부품소재의 중요성을 강조하기 위해 제품 견본집을 들고 청와대로 갔다. 대통령은 두툼한 서류 파일을 보더니 "그것들은 저기다 놔두고 마음 편하게 식사나 합시다"라고 웃으며 말했다. 대화의 주요 내용은 지난번 보고서에서 언급한 사안, 즉 한일 무역 현황 및 FTA의 현재까지 진행 상황과 부품소재 분야의 피해가 크다는 점이었다.

"부품소재 분야는 지난 수년간 수입규제 등으로 보호해 주었는데도 왜 그렇게 취약합니까?"

"업계에 알아보니 약 90%의 부품소재가 무관세화되었으나 10% 정도 차지하는 새로운 디지털 부품 분야가 취약합니다. 부품소재 공장에서 어떤 한 부품을 만들기 위해 여러 단계를 거치는 공정을 직접 보고 조사하면서, 이것은 우리가 하루아침에 우위에 설 수 있는 분야가 아니라고 결론 지었습니다. 부품소재에 대해서는 시간이 필요하며, 경우에 따라 해외 인수합병도 필요할 것 같습니다."

대통령은 내가 가져온 부품소재 견본집을 보며 말했다.

"아, 이런 것들이 디지털 부품이군요. 부품소재 외에도 우리가 불리한 분야를 보고했던 기억이 나는데……."

"예, 대일 무역적자 190.4억 달러 중 약 60% 이상이 부품소재로 발생한 것인데, 일본은 우리가 비교우위를 지닌 분야의 시장 개방에는 관심이 없고 공산품 분야에만 신경을 쓰고 있습니다. 그러나 우리가 현재 약 10억 달러 무역흑자를 보고 있는 농수산물 분야의 경우 관세가 철폐된다 해도 흑자가 늘어나리라 보장할 수는 없다고 합니다. 예를 들면, 제주도 감귤은 일본의 미깡보다 경쟁력이 떨어지리라 생각됩니다. 일본 미깡은 당도가 12브릭스*인데 우수한 미깡은 14까지도 올라갑니다. 제주도 감귤의 당도는 평균 10밖에 되지 않고 선과장選果場이 약 850곳이나 되어 품질관리가 어렵다는 사실을 허상만 농림부장관과 제주도 방문 때 보고받은 적이 있습니다. 제주도 감귤 당도를 10 이상으로 올리기 위해서는 감귤 재배지가 가을 이슬비에 노출되어서는 안 되기 때문에 비닐하우스나 미국 듀폰사에서 만드는 빗물 흡수깔개가 필요한데, 평당 4만 원 정도의 비용이 들므로 쉽지 않습니다. 또한 홍콩인이나 고소득 중국인들이 저렴한 중국 쌀보다 일본 쌀을 선호하는 사례를 보면, 우리나라에서도 일본 쌀이 팔리지 않으리라는 보장이 없습니다. 우리나라의 1인당 쌀 소비량은 1995년 106.5kg에서 1998년 99.2kg으로 하락했고 금년에는 80kg대로 더 줄어들 전망입니다."

고등학교 시절, 케네디 행정부 각료들이 월남전에 대한 정책을 세우는 과정을 기록한 《최고의 인재 The Best and the Brightest》라는 책을 읽은 적이 있다. 'The Best and the Brightest'란 케네디 대통령 시절 가장 우수한 명문고 명문대학 출신 장관들을 뜻하는데, 그중 맥나마라McNamara 국방부장관은 토론을 하면 늘 자기가 뜻한 바대로 케네디 대통령의 지원을 받았다. 이유는 간단했다. 맥나마라 장관은 다른 장관과 달리 항상 정확한 수치와 통계에 근거해 보고하고 전략을 제시했기 때문이다. 내가 책임진 일에 대해 세부 통계를 확인하고 숙지하여 상관을 비롯한 동료들과 공유하는 것이 필요하다. 노 대통령 역시 통계 수치를 귀담아 들었고 다음과 같이 당부했다.

"한일 FTA도 우리가 손해 보지 않는 차원에서 책임 있게 추진하세요."

• Brix. 당도를 재는 단위. 1브릭스란 물 100g에 들어 있는 1g의 당을 뜻한다.

"네, 걱정하지 마십시오. 소신껏 하겠습니다."

중단된 한일 협상

일본 경제산업성은 한국 측이 공산품 개방률을 낮게 제시할까 봐 매우 걱정했다. 일본 외무성은 2004년 9월 비공식 협의를 요청해 왔다. 양국의 공산품 개방률 차이가 크면 협상 진행이 어려우니 사전에 양측 입장을 공개하는 게 어떻겠냐는 제안이었다. 우리는 비공식회의에서 농수산물도 포함시키자고 제안했고, 양측은 높은 수준의 개방률이라는 원칙을 지키는 차원에서 협의하기로 합의했다. 그런데 직접 만나 이야기해 보니 우리 측 공산품과 농수산물 개방률은 모두 90%를 넘었으나, 일본은 공산품의 경우 90% 이상인 반면 농산물에 대해서는 50%대 정도밖에 안 되는 양허안을 내놓았다.

지금까지의 일본 측 논리는 양측 개방률이 비슷해야 협상 진전이 가능하고 높은 수준의 FTA를 타결할 수 있다는 것이었다. 그런데 제시한 내용은 말한 것과 달랐다. 꼼꼼히 따지지 않으면 언제든지 속아 넘어갈 수 있는 수치였다. 이것은 어떻게 해서든 협상만 진행시키고자 하는 눈가림에 불과했다. 일본 실무자들이 자국에만 유리하도록 우리에게는 기만적인 태도로 일관하고 있음이 드러났다. 이런 상황에서 나는 6차 협상의 필요성에 대해 의문을 갖지 않을 수 없었다. 그러나 그럼에도 불구하고 일본 측이 개방률을 올릴 가능성을 열어 놓고 도쿄에서의 협상을 진행했다. 우리는 일본이 처음부터 제안하고 약속한 대로 공산품과 농산물 개방률을 공개하자고 했다. 하지만 일본은 터무니없이 낮은 농산물 개방률 때문에 공식발표를 할 수 없다고 발뺌했다. 나는 일본 측에 전했다.

"변호사 출신인 내가 아무리 협상을 잘해도 일본 측 농산물 개방률을 56% 선에서 60~70%로밖에 못 올릴 겁니다. 90% 이상의 개방을 하자는 약속을 당신들이 먼저 깬 겁니다. 일본 외무성이 방어적인 농수산성을 설득해서 90% 이상의 개방률을 제시하지 않으면 협상을 중단할 수밖에 없습니다. 명심하기 바랍니다."

2004년 11월 6차 협상을 끝내고 더 이상 진전이 없자 한일 양측은 냉각 기간을 갖기로 했다. 일본은 2005년 1월 말 한일 FTA 협상 재개를 위해 외무성과 경제산업성 국장을 서울로 보냈다. 연이어 방한한 외무성과 경제산업성 국장들은 공식 협상 라인인 통상교섭본부를 제쳐 놓고 업계와 청와대를 방문하여 협상 교착 상태의 책임이 한국 측에 있다는 억지 논리를 폈다. 저들 실무자들의 보고가 상세하지 않았음이 분명했다. 당시 방한한 일본 외무성 아주국장은 1월 28일 이종석 당시 국가안전보장회의NSC 차장을 면담하며 "한국 측이 양허안 교환조차 거부하는 것은 비정상적인 일"이라며 "우선 양허안을 교환하는 것이 최선"임을 강조하고, 청와대에서 통상교섭본부에 압력을 행사해 줄 것을 요청했다. 이종석 차장은 FTA는 통상교섭본부 관할이므로 김현종 본부장 결정에 따라야 한다고 딱 잘라 말했다. 내가 이미 실무선에서 주고받은 내용을 조목조목 근거를 대며 보고하여 요점을 공유하고 있었던 까닭이다. 2월 11일 나는 대통령께 한일 FTA 협상에 대해 보고드렸고, 양국 간의 FTA 협상은 중단되었다.

2장

한일 김 분쟁
일본을 WTO에 제소하다

"본부장님, 일본 수산청이 우리에게 김 수출과 관련하여 통보해 왔습니다. 2005년부터 우리에게 독점적으로 할당된 240만 속 김 수출량을 중국과 나눠 가지라는 겁니다."

"어떻게 나누라는 겁니까?"

"우리에게 불리합니다. 중국 김 가격은 한 속당 3~4달러인 반면 우리는 10달러입니다. 일본이 1965년부터 우리에게 독점적으로 할당한 240만 속을 중국과 나눠 가지게 되면 중국 수출량이 우리보다 늘어날 겁니다."

"240만 속도 터무니없이 적은데 그 양을 중국과 나눠서 수출하게 되면 우리 영세업자들이 타격이 클 텐데……. 그건 해서는 안 되는 제안인데. 김에 대한 수입쿼터는 WTO 법 위반이지만 지금까지 우리가 문제 삼지 않은 이유는 우리에게 독점을 줬기 때문인데, 왜 지금 와서 중국과 나누라는 거죠?"

일본의 IQ 제도

일본은 자국 내 시장 교란을 방지하고 국내업자를 보호하기 위해 1949년부터 김, 다시마를 비롯하여 수십 가지 수산물의 수입 물량을 제한하는 수입쿼터 제도를 도입하여, 현재까지 이 제도를 유지하고 있다. 1965년 국교정상화 당시 김을 소비하는 국가는 한국과 일본밖에 없었는데, 우리 측은 김을 수출하기로 하면서 김 IQ를 연간 240만 속으로 합의했다. 이는 당시 일본의 김 생산량 3,815만 속의 6.6%에 해당하는 물량이다. 그로부터 40년이 지난 2004년 김 IQ는 연간 240만 속 그대로였다. 2004년 일본의 김 생산량이 1억 속으로 그간 3배 가까이 늘어난 점을 감안하면 우리 측 수출 규모가 1/3 수준으로 줄어든 셈이다. 앞서 이야기했지만 이즈음 매년 일본 관광객들이 한국 조미김을 350만 속가량 사 가는 것을 고려할 때 240만 속이 얼마나 적은 양인지 알 수 있다.

그렇다면 WTO 법에 위배되는 이러한 IQ 제도가 그동안 왜 개선되지 않았을까? 물이 오랫동안 고이면 썩는 법이다. 50년이 넘는 세월 동안 IQ 제도가 유지되면서 한일 김 업계 간에 일종의 유착 관계가 형성되었다. 수출업자는 수출업자대로, 수입업자는 수입업자대로 IQ 제도를 통해 신규 업자의 시장 진입을 견제하고 경쟁을 제한하며 이득을 챙겼다. 자연히 우리의 김 수출 단가나 시장가격이 상대적으로 높게 형성되었고, 그 부담은 일본 소비자에게 넘겨진다.

IQ 제도가 미친 가장 나쁜 영향은 우리 김 업계가 생산 능력, 가격경쟁력, 수출 판로 개척 능력에 따라 더 많은 수출을 할 수 있고, 또 당연히 그래야 한다는 원칙을 망각하고 현실에 안주하게 만든 것이다. 나는 이런 제도와 생각이 일종의 관습의 허라고 생각한다. 우리 양식업자들은 IQ 제도를 당연한 것으로 받아들이고 IQ 제도 외에는 일본에 김을 수출할 길이 없다고 생각했다. 이런 사고는 우리 김 생산업자들을 보이지 않게 점점 몰락하게 만든다. 발전해야 할 동기가 없기 때문이다. IQ 제도가 사라지면 다른 일반 상품처럼 수출 후 관세를 물고 시장에 들어가면 되고, 품질을 향상시키면 가격경쟁력이 생기기 때문에 더 많은 양을 수출할 수 있는 것이다.

물론 일본이 우리가 원하는 만큼 김 IQ를 할당해 준다면 문제 삼을 이유가 없다. 그러나 일본이 할당해 준 김 IQ는 터무니없이 적은 양이다. 더 큰 문제는 우리의 김 수출 물량이 전적으로 일본 정부에 종속돼 있다는 것이다. 쉽게 말해서 일본의 요청에 따라 매해 생산량이 결정된다는 것이다. 그것도 240만 속이라는 기준을 갖고서 말이다. 매년 하반기에 개최되는 한일 수산당국 실무회담에서 우리 측은 가급적 많은 IQ를 할당해 달라고 요청하고, 일본은 우리 측 입장을 듣는다. 그러나 일본 측은 이미 자국 내 업계와 의견을 조율하고 다음 해 IQ 수준을 결정한 뒤 열리는 회의이므로 한국과의 실무회담은 요식행위에 불과하다. 그런데도 실무회담을 거쳐서 2월경 일본 정부는 그해 IQ 물량을 발표한다. 이때 비로소 대한민국의 김 양식업자들은 그해에 김을 얼마나 수출할 수 있는지 알게 된다. 한마디로 우리의 수출 물량은 일본 정부의 '재량' 안에 있고 그들의 '선처'에 달려 있었다. 일본이 한국의 김 생산업계에 대해 칼자루를 쥐고 있는 구조인 것이다.

과거 김 수출 통계를 살펴보면 이런 정황은 더욱 명확해진다. 1968년에는 김 IQ가 580만 속까지 되었다가 1978년부터 1994년까지 일본이 자국 내 김 생산 수급조절을 위해 김 IQ를 아예 할당하지 않았기 때문에 우리 업계는 김을 수출할 수 없었다. 말하자면 한 해는 맑았다가 다음 해는 흐렸다가를 널뛰듯 하여도 우린 속수무책인 것이다. 국익은 적극적으로 찾아 챙겨야 하는 법인데, 17년 동안 일본에 끽소리도 안 했다는 것은 직무유기로밖에 보이지 않았고 도저히 납득할 수 없었다. 1995년 김 IQ 할당이 재개되고 매년 조금씩 늘어나자, 일본은 우리에게 크게 선심이라도 베푸는 듯한 태도였고 우리 업계는 감지덕지하는 분위기였다. 한일 간 김 무역 역사를 검토할수록 분노가 치밀어 올랐다.

중국인은 김을 많이 먹지 않는다. 그런데 최근 들어 일본의 기술 지도 등에 힘입어 뒤늦게 김 양식을 시작했고, 연간 2,000만 속 정도를 생산하여 거의 전 물량을 미국이나 유럽 등지에 수출해 왔다. 그러다가 최대의 김 소비 시장인 일본이 IQ 제도를 통해 시장을 폐쇄적으로 보호하고 있는 것을 알게 된 중국은 IQ 제도의 문제를 제기하고 나왔다. 2004년 중국은 일본이 한국에만 김 IQ를 부여하는 것은 차별적인 무역장벽이라고 주장하며, 중국에도 김 IQ를 부여할 것을 요구하기 시작했다. 일본이 김 시장을 개방하지 않을 경우 WTO에 문제를 제기하겠다는 으름장도 잊지 않았다. 중국이 2001년 WTO에 가입한 이래 처음으로 국제 무역규범에 근거하여 타국의 무역장벽을 문제 삼고 나선 것이다.

수십 년간 김 IQ 제도를 고수하던 일본 정부지만 이러한 요구를 수용하지 않을 수 없었고, 중국이 문제를 제기한 지 6개월 만인 2004년 10월 22일 중국에 대해 2005년부터 김 IQ를 부여한다고 발표했다. 일본으로서는 그간의 김 수출량을 유지하면서도 중국의 문제 제기에 선심 쓰듯 한국과 적당히 나누게 하여 수입량을 조절할 셈이 분명했다. 피해는 한국의 김 생산자들이 고스란히 떠안게 되는 것이다. 일본이 한중 간 쿼터를 구분하지 않고 전체 IQ 물량에서 한중 양국이 경쟁하도록 한다면, 중국 김보다 약 3배가 비싼 우리 김의 수출이 불리해질 것은 확실해 보였다. 따라서 일본 정부가 2005년 김 IQ 물량을 얼마나 할당할 것인지, 또 한국과 중국 몫을 어떻게 나눌 것인지에 비상한 관심을 갖지 않을 수 없었다.

일본을 WTO에 제소하다

2004년 말 한일 FTA 협상을 진행하던 무렵이다. 일본은 우리가 거의 유일하게 농수산물 분야에서 흑자를 보는 무역 상대국이다. 따라서 한일 FTA에서 일본의 농수산물 시장을 획기적으로 개방시킬 필요가 있었다. 나는 일본이 김을 비롯한 수산물에 적용하는 17개 종류의 IQ를 철폐하는 문제에 관한 보고서를 작성케 하여 이를 토대로 수산물 IQ 철폐안을 한일 FTA 협상테이블에 들이밀었다. 일본 수산청은 한국이 수산물 IQ 철폐를 요구해 온 데 크게 당황했고 불편한 심기를 드러냈다. 오랜 기간 IQ 제도하에 협조적으로(?) 수산물 교역이 이루어져 왔고 WTO 등 국제무대에서도 공조해 왔기 때문이다. 그러나 한국은 중국에 대한 김 IQ 신규 할당 발표에 위기의식을 느껴 과장급 실무회담을 요청해 진행하고 있었던 상황이었기에 이를 빌미로 일본 수산청은 오히려 우리를 압박할 수 있는 좋은 구실이 생겼다고 생각하고 강공을 펼치기 시작했다.

일본 수산청은 한국이 FTA 협상에서는 수산물 IQ 제도 자체의 철폐를 요구하면서, 다른 한편으로 2005년 김 IQ 물량에 관한 실무회담을 요구하는 것은 모순이라고 주장했다. 한국이 2005년 김 IQ 할당을 원한다면 FTA 협상테이블에서 수산물 IQ 철폐 요구를 철회해야 하며, 그렇게 하지 않으면 2005년 김 IQ는 협의 없이 일방적으로 정하겠다고 강경하게 나왔다. 중국이라는 새로운 경쟁상대가 등장한 상황에서 한국이 김 IQ를 확보하려면 일본 측에 협조를 요청할 수밖에 없을 것이므로 '중국 카드'를 이용해 한국의 약점을 최대한 압박하려는 것이었다.

나는 사실관계를 다시 검토했다. 240만 속을 중국과 나누게 되면 우리 김 영세업자들의 타격이 클 것이고 IQ 제도는 우리 업계의 경쟁력 향상에 도움이 되지 않음이 분명했다. 우리에게 불리한 협상 구도를 유리한 방향으로 역전시키고, 경쟁상대가 등장한 상황에서도 우리의 김 수출이 안정적으로 보장될 수 있는 '새로운 틀'을 강구해야 했다. '전례'가 없었던 그 새로운 틀은 'WTO 제소'였다.

예~ 장관님 Yes, Minister

"대일 김 수출과 관련한 우리 입장이 어렵습니다. 중국이 등장함으로써 240만 속을 중국과 나눠 가지라는 것은 일본 수산청의 오만입니다. 불리하고 불합리한 틀은 과감하게 개선해야 합니다. 나는 일본을 WTO에 제소할 생각입니다. 그것도 김뿐 아니라 모든 수산물 IQ 제도를 제소할 생각입니다. 각자 의견을 얘기해 보시죠."

"……"

다들 충격을 받은 표정이었다. 다시 말문을 열었다.

"현재 IQ 제도로는 우리가 일본에게 100% 의존할 수밖에 없습니다. 내 생각엔 IQ 제도를 헐고 품질과 경쟁력을 향상시키면 1,000만 속도 넘게 수출할 수 있을 것 같습니다."

"한일 관계는 매우 민감한데 제소하면 엉뚱한 곳에 악영향을 미치지 않겠습니까?"

"구체적으로 그 악영향이 뭐죠?"

"……"

"WTO에 제소함으로써 김을 전혀 수출하지 못하게 될 경우 국내 공급 계획을 세우면 되지 않습니까? 학교 급식과 군대 배식, 그리고 과거와 같이 북한에 인도적 지원을 할 때 김을 포함시키면 되지 않습니까? 정부가 나서서 국민들에게 일본과의 문제를 설명하며 김을 소비해 달라고 호소하면서 말입니다."

"본부장님, 12월 17일 예정되어 있는 노 대통령과 고이즈미 총리의 한일 정상회담에도 좋지 않은 영향을 줄 것입니다."

"원칙대로 합시다. WTO 법을 위반하는 제도를 막연한 예측으로 겁을 먹고 지켜만 본다는 것은 용납 못 합니다."

회의를 마치고도 오랜 시간 깊이 고심했다. 그 결과 그 시점에서 WTO 제소라는 공세를 취하는 것이 국익에 절대적으로 유리하다는 확신이 섰다. 내켜 하지 않는 담당 간부들에게 단호하게 WTO 제소를 지시했다. 내부적으로 여전히 일본과의 관계 악화나 다른 분야에서 불이익당할 가능성을 우려하는 목소리가 많았다. 그러나 구체적으로 어떤 불이익이 있느냐고 질문하면 대부분 딱 꼬집어 대답하지 못했다. 나는 피해의식에서 벗어

나는 것이 필요하다고 생각했다. 일본도 나름대로 위험부담을 감수하지 않고서는 우리에게 불이익을 주는 행동을 함부로 할 수는 없기 때문이다.

"본부장님, 일본에 사전 통보를 해주어야 합니다. 그래도 열흘 전에는 알려 줘야 하지 않겠습니까?"

"왜 그래야 되죠?"

"외교상의 오래된 관례입니다."

국가 간의 분쟁은 무력인 경우도 국가의 품격을 유지하기 위해 예의를 지키는 것이 관례이다. 물론 지켜야 한다. 그러나 전례로 인해 국가에 미치는 불이익을 소극적으로 대처할 수는 없다. 정책을 수렴할 때 발상을 달리하여 일을 진행하면 항상 '전례'라는 교과서의 지침과 안내를 따라야 한다는 논리는, 실무자들이 장관의 추진력을 무기력화하는 효과적인 무기다. 영국 장관이 쓴 《예~ 장관님》*에 보면 장관이 추진하는 정책을 실무자들이 무력화하는 5단계가 나와 있다.

> 1단계: "현 정부가 여러 가지 정책을 수렴하여 추진하고 있는데 지금 장관께서 추진하는 사안은 핵심이 아닌 것 같습니다." [주요 교역국가들과 동시다발적 FTA를 출범시키는 것이 중요한데 김 같은 품목으로 제소하는 것은 우선순위가 아닙니다.]
>
> 2단계: 장관이 첫 단계를 무시하고 계속 추진하면 "의도는 참 좋고 어떻게 해서라도 문제를 해결해야 되는데 장관님이 제시한 방법이 최선

• Jonathan Lynn, Anthony Jay, *The Complete Yes Minister*, BBC Books, 1981, p. 93.

이 아닌 것 같습니다"라고 말한다. [제소보다 협상을 해서 김 문제를 풀어야 합니다.]

3단계: 그래도 장관이 계속 추진하면 방법론을 떠나 시기를 강조한다. [매우 좋은 결정이지만 시기상조인 것 같습니다.]

4단계: 장관들은 대부분 세 번째 단계에서 포기한다. 그러나 이후에도 계속 정책을 추진하면 "기술적, 정치적 또는 법률적인 문제가 있어서 이행할 수 없습니다"라고 설득한다. [한일 정상들이 만나서 잘해 보려고 하는데 정치적으로 부담을 주어서는 안 됩니다.]

5단계: "곧 선거철이므로 장관님의 정책을 이행하기가 어렵습니다." [한미 FTA의 경우 시간상 타결 시점이 대선과 맞물려 있어서 불가능합니다.]

선거가 끝나면 장관은 교체된다. 그리고 위의 다섯 단계는 다시 반복된다. 이것이 조직의 관례이고 전례이다. 나는 단호히 말했다.

"필요 없습니다. 사전 통보 안 할 겁니다. 우리가 WTO에 제소하면 WTO에서 일본에 통보하게 되어 있습니다."

담당 간부들은 곤혹스러운 표정으로 어쩔 줄 몰라 했다. 나는 사전 통보를 하느냐 마느냐와, 한다면 얼마 전에 통보를 하느냐가 우리의 결연한 의지를 상징적으로 일본에 보이는 것이라고 생각했다.

"꼭 사전 통보하고 싶으면 24시간 전에 하세요."

2004년 12월 1일 우리는 일본의 김 IQ를 WTO에 제소했고, 하루 전인 11월 30일 통상교섭본부 지역통상국장이 주한 일본대사관 경제공사를 불러 통보했다. 한국이 일본을 사상 처음으로 WTO에 제소한 것이다.

나는 반일 인사 아닌데

WTO 제소가 확정되자 외교부 내부, 주일 대사관, 관련 부처 및 업계가 상당한 우려의 목소리를 냈다. "김현종 본부장이 한일 관계의 중요성을 무시하고 자기 실적을 올리기 위해 일본을 제소했다", "IQ 제도가 없어지면 수출을 못하게 되는 거 아니냐", "승소해도 중국산 김이 한국산 김보다 저렴하니까 결과적으로 중국만 이익이 아닐까", "일본에 수출할 때 김 가격을 두세 배나 받는데 이런 시장을 잃는 것 아닌가", "2005년 IQ 양을 발표하기 전에 제소했으니 2005년에는 김을 하나도 수출하지 못하는 게 아니냐" 등 여러 비판이 쏟아져 나왔다. 그러나 그들에게 240만 속을 중국과 나눠 가지라는 일본의 제안을 그대로 받자는 것이냐고 물으면 답을 하지 못했다. 불만은 많고 책임지기는 싫고 대안은 내놓지 못했다.

특히 외교부 내에서는 한일 FTA를 중단시키고 김 분쟁으로 일본을 제소한 것은 감정적으로 나가는 것이 아니냐는 등 나를 반일 인사라고 싸잡아 비난했다. 분명하게 밝히고 싶은 것은, 국익 차원에서 한일 FTA 협상을 중단하고 WTO에 일본을 제소한 것이지 한일 관계의 중요성을 몰라서, 혹은 개인적 감정에 사로잡혀서 그런 것이 아니라는 점이다. 한일 언론과의 인터뷰에서도 언급했듯이 한일 FTA 협상은 일본이 높은 수준의 농수산물 개방을 약속했으나 이를 어겼기 때문에 중단된 것이다. WTO에 일본을 제소한 것도 재판 결과가 나오기 직전 우리가 제소를 취하하는 조건으로 일본이 기존 IQ의 다섯 배가 되는 1,200만 속을 약속함으로써 제소가 올바른 선택이었음이 확인됐다. 한 가지 밝혀 두고 싶은 것은, 고이즈미 총리의 야스쿠니 신사 참배, 독도 문제 등으로 한일 관계가 경색되면서 그러한 흐름에 편승해 내가 일본에 강경하게 나갔다고 보는 시각이 있는데, 이것 또한 사실과 다르다. 한일 FTA 협상이 중단된 것은 2004년 11월 1일부터 3일까지 열린 6차 협상 때였고, 김 IQ를 WTO에 제소한 것은 12월 1일이다. 반면 야스쿠니 문제와 독도 문제로 한일 관계 전반이 경색된 것은 다음 해인 2005년의 일이다. 이리저리 꿰맞추는 '카더라' 식의 여론몰이는 국익의 최전방에 서 있는 주무자들에게 전혀 도움이 되지 않는다. 나는 우리의 통상 이익을 지키고 극대화한다는 목표하에 판단했고 결국 내 판단은 옳았다. 이런 점을 설명해야 한다는 사실 자체가 대내 협상이 대외 협상보다 어렵다는 점과 내부 배타성을 보여 주는 대목이다. 사실 김 IQ 문제는 WTO 제소까지 가지 않고도 얼마든지 해결될 수 있었다. 그렇게 되지 않은 것은 일본 수산청의 오만과 오판이 결정적 원인이다. 일본 측은 자신들이 어떤 태도를 취하든지 한국은 김 수출을 계속해야 하는 입장이기 때문에 2005년 김 IQ 물량을 확보하기 위해 결국 타협해 올 거라고 쉽게 생각했다. 상대를 잘못 본 것이다.

중국에 새롭게 할당할 김 IQ를 검토하는 과정에서 일본 수산청은 대한민국의 김 양식업계를 전혀 배려하지 않았다. 새로운 방침이 어떻게 검토되고 있는지와 그 방침이 한국의 기존 이해관계에 미칠 영향 및 대책에 관해 사전에 우리에게 성의 있게 설명하고 이해를 구했어야 했다. 하지만 그러지 않음으로써 우리의 우려와 의구심을 증폭시켰다. 오히려 앞서 말한 대로 김 IQ 협의를 위해 매년 개최해 온 과장급 실무회담까지 거부하면서 우리를 압박하는 강공책을 썼다. 이것이 우리가 WTO 제소를 검토하는 직접적 계기가 되었다.

일본 수산청은 2004년 11월 하순 우리가 WTO 제소를 검토 중이라는 정보를 접하자 그때까지의 태도를 바꿔 수산당국 간 회담을 개최하겠다고 나왔다. 그러나 11월 26일 도쿄에서 열린 수산당국 국장급회담에서 일본 측은 김 IQ에 관한 우리 측 요청을 하나도 수용할 수 없다며 여전히 비타협적이고 강경한 자세를 고수했다. WTO 제소까지 가지 않고 해결할 수 있는 마지막 기회를 스스로 놓쳐 버린 것이다. 사실 나는 WTO 제소 방침을 굳히고 있었기 때문에 일본이 뒤늦게 국장급회담을 개최하겠다고 나온 것이 전혀 반갑지 않았다. 일본이 우리 요구 조건을 과감하게 수용하기라도 하면 제소할 명분이 약해지기 때문이다. 도쿄에서의 회담 결과가 신경 쓰이던 차에 도쿄의 우리 대사관으로부터 회담에 전혀 진전이 없다는 보고가 들어왔다.

일본 협상가의 이중 전략

2005년 2월 스위스 다보스에서 세계경제포럼이 열렸다. 이 포럼에는 매년 약 스무 명의 통상장관이 참석해 DDA 다자협상을 어떻게 진행할 것인지 의논했다. 일본 농림수산대신 나카가와가 회의 도중 나를 잠시 보자고 요청했다. 밖에는 스키를 타는 사람들이 산자락을 신나게 내려오는 모습이 보였다.

"한국이 일본을 WTO에 제소했는데 왜 그랬습니까?"

"240만 속을 중국과 나눠서 할당하겠다는 일본 측 방침 때문이죠. 그리고 일본 IQ 제도는 WTO 법 위반입니다."

"그렇게 되면 한국은 일본에 김 수출을 하나도 못 할 겁니다."

협박이었다.

"그렇게 되면 할 수 없죠."

나는 일어나 다시 회의에 들어갔다. 나카가와는 그렇게 말할 만도 했다. 그는 해방 이후 최대 굴욕 외교라고 비판받은 1999년 '쌍끌이 교섭' 당시 농림수산대신이었다. 1999년 3월 우리 측 실무자의 실수로 일본 수역 입어 入漁 대상에서 제외된 쌍끌이 조업을 재협상을 통해 구제해 보겠다고 우리 측 고위 관료가 직접 일본으로 달려갔다. 재협상은 바람직하지 않다는 주변의 만류에도 그는 나카가와 쇼이치 농림수산대신과 형님 아우 하는 사이라면서 무리하게 재협상을 추진했다. 나카가와와 약속도 잡지 않은 상태에서 도쿄에 도착해 6일을 무작정 기다렸다. 실제로 재협상에서 쌍끌이 조업을 추가로 포함시키기는 했지만 반대급부로 제주 해역에 대한 일본의 입어 척수隻數를 늘려줘야 했다. 이후 1999년에 쌍끌이 어선이 일본 수역에서 조업한 실적은 단 한 건도 없다. 당시 나카가와 일본 농림수산대신이 우리를 얼마나 얕보았을지 눈에 선했다.

영화 〈7인의 사무라이〉를 보면 사무라이들이 산적들에게서 한 마을의 농민들을 보호하기 위해 울타리를 쌓으면서 출입구 하나를 열어 놓는 장면이 있다. 협상에서도 이런 전략이 필요하다. WTO 제소라는 극단적인 조치를 취했으나 최선의 결과를 위해 항상 유연한 자세를 갖출 필요가 있다. 우리가 읽은 판세로는 일본 외무성과 경제산업성을 중심으로 자국이 WTO에서 패소할 것을 내심 바라며 그 기회에 수산물 관련 IQ 제도를 없애 버리려는 움직임이 있었다. 이 기회에 김 IQ라는 시대에 뒤떨어지고 부담스러운 짐을 털어 버리자는 입장이었다. 그러나 문제는 김 양식 어민과 김 업계에 대한 일본 내의 정치적 부담이었다. 40년 이상 IQ 제도로 보호를 받아 온 일본의 김 업계가 갑작스런 IQ 철폐에 찬성할 리 없었다.

처음부터 우리는 WTO에서 승소하여 김 IQ가 철폐되어도 좋고, 만일 일본 측이 우리가 만족할 만한 타협안을 가져오면 그것을 수용하고 WTO 제소를 취하할 수 있음을 일본 측에 분명히 전했다. 그리고 2005년 1월 28일 한일 수산당국 국장급 회의 당시 10년에 걸쳐 김 IQ 물량 1,500만 속을 한국 김 업자에게만 제공하면 타협할 수 있음을 공식 회의석상에서 밝혔다.

그런데 2005년 5월 13일 한국을 방문한 일본 (수산청이 아닌) 외무성 담당과장은 우리 담당과장이 이러한 타협안과 입장을 거듭 설명하자 "그런 좋은 제안이 있었느냐?"며 처음 듣는다는 반응을 보였다. 도쿄의 우리 대사관도 일본 외무성 담당과장을 만나 우리 입장을 자세히 설명했는데, 바로 그 사람이 이제 와서 처음 듣는다고 하니 도대체 어찌된 영문인지 알 수가 없었다. 더욱이 협상의 세부 사항을 꼼꼼히 기록하고 챙기는 일본인의 업무 스타일에 비추어 보더라도 도저히 이해되지 않는 대목이었다.

지금쯤이면 일본 정부에서 우리의 요구 조건 1,500만 속을 놓고 다각도로 분석할 것으로 예상하고 있었는데, 우리 입장이 제대로 전달조차 되지 않았다니 뭔가 잘못되었다는 생각이 들었다. 그 이유는 나중에 우연한 기회에 알게 되었다.

김 분쟁을 담당한 조세영 과장과 김상훈, 이기성 사무관은 열정과 전략적 사고를 가지고 여러 일들을 추진했다. 이들은 탁월한 인재들이었는데 특히 조세영 과장은 소신이 뚜렷할 뿐 아니라 전략적 사고나 통찰력이 가장 우수한 외교관 중 하나이다. 더욱이 일본 유학 경험이 있어 일본어도 유창하게 구사했으므로 상대방의 사정을 소상히 파악하기 위해 그들을 일본의 김 양식지인 규슈 지방으로 파견했다. 이들은 일본 어촌을 돌면서 김 양식 현장을 조사하고 어민들을 만나 정보를 수집했다. 이들 두 사무관은 2005년 5월 도쿄에서 전국어업협동조합연합회 간부들과 면담을 했다. 전어련全漁聯은 일본의 김 수출입에 절대적인 영향력을 행사하는 만큼 이들과의 접촉은 매우 중요한 의미가 있었다. WTO에 일본을 제소한 한국은 일본 입장에서 보면 적군인 셈인데, 전어련 간부들은 뜻밖에도 선뜻 면담에 응해 주었다. 한국 외교통상부의 젊은 사무관이 홀로 와서 면담을 신청한 데 대해 당돌하면서도 대단하다고 생각했는지 모른다. 우리 사무관이 어떻게 무슨 수를 썼는지, 전어련의 나이 많은 간부들은 저녁 식사까지 거창하게 대접해 주었다. 그리고 술잔이 몇 순배 돌면서 김 IQ 문제에 대해서도 솔직한 이야기가 오고 갔다. 그들은 수십 년간 긴밀한 협조 관계에 있던 한국이 돌연 제소를 하고 나온 데 섭섭한 감정을 숨기지 않았다. 그중 한 명이 김상훈 사무관에게 고민을 토로했다.

"전어련은 오랜 기간 한국수산물수출입조합의 협조하에 한국 김에 쿼터를 적용함으로써 일본으로의 수출을 보장해 왔습니다. 그런데 갑자기 일본의 김 수입쿼터 제도를 WTO에 제소한 것을 이해할 수 없습니다."

"먼저 일본의 김 수입쿼터 제도는 한국산 김 수입을 보장하는 제도가 아니라, 한국산 김의 대량 수입을 방지함으로써 일본에게 이익이 되는 제도라는 것을 분명히 하고자 합니다. 백 번 양보해서, 한국산 김 수입을 보장하기 위한 제도라고 가정해 봅시다. 그렇다면 왜 일본 수산청은 한국과 아무런 사전 논의도 없이 2005년부터는 중국과 경쟁해 쿼터 물량을 나눠 수출하라고 통보하는 겁니까? 이것이 양국 수산업자가 오랜 기간 쌓은 신뢰 관계라고 할 수 있습니까?"

"그렇다 해도 한국 정부가 일본 측과 타협조차 시도하지 않은 채 무조건 김 수입쿼터 철폐만 외치면서 WTO 패널심사를 고집하는 것은 이성적인 태도가 아닙니다."

"무슨 말씀을 하시는 겁니까? 한국 정부는 지난 1월 28일 한일 수산당국 국장급 협의에서 일본이 '한중 간의 쿼터 분리하에 1,500만 속의 쿼터 증량'을 약속하면 WTO 제소를 취소하겠다는 타협안을 제시한 바 있습니다."

"그것이 정말입니까! 일본 수산청으로부터 그런 이야기를 듣지 못했는데요. 처음 듣는 얘깁니다!"

"일본 수산청에 다시 확인해 보시죠. 필요하다면 우리 측에서 증거를 제시할 수도 있습니다. 저는 기본적으로 자유무역을 신봉합니다. 그러나 자유무역이 국익을 앞설 수는 없습니다. '한중 간의 쿼터 분리하에 1,500만 속의 쿼터 증량'이 바로 우리의 국익입니다."

그제야 얼굴이 밝아진 전어련 전무가 말했다.

"한국이 그런 제안을 이미 했다는 걸 정말로 몰랐습니다!"

담배라도 한 대씩 피우자는 다른 간부의 제안에, 김 사무관은 웃으며 "저는 유감스럽게도 담배 맛을 즐길 줄 모르지만 향은 즐길 줄 아니 신경 쓰지 말고 마음껏 피우기 바랍니다"라고 했다. 그들은 일본 수산청이 한국 측 태도가 요지부동이니 IQ 철폐로 가는 수밖에 없다고 설명해서 그런 줄로만 알았다는 것이다.

이렇게 하여 일본 정부 관계자들이 왜 우리의 타협 조건을 처음 듣는다고 엉뚱한 소리를 늘어놓았는지 그 이유가 분명해졌다. 일본은 WTO에서 자국이 패소함으로써, 자연스레 김 IQ를 철폐하는 방안을 추진하고 있었다. 그러려면 한국이 타협할 생각이 없고 WTO에서 결판내기를 바라고 있다는 핑계가 필요했던 것이다. 일본 측은 IQ 철폐로 가면 일본으로서는 무거운 짐을 벗는 반면, 한국은 중국이라는 상대가 기다리는 미지의 세계로 들어가 불안한 경쟁을 해야 하므로 어려움이 있으리라고 보았을 것이다. 또 일본은 IQ 철폐를 추진하면 한국이 겁을 먹고 먼저 타협하자고 나올 거라고 기대했을 것이다. 나름대로 국면 전환을 노리는 역공 전략을 세운 셈이다. 그런데 방법이 좋지 않았다. 우선, 김 IQ 문제가 WTO 제소에 이르게 된 계기를 제공한 사람은 오만한 태도로 일관한 일본 수산청 담당 과장인데, 그로서는 이 문제를 꼬이게 만든 장본인인 만큼 체면을 살리기 위해서라도 타협보다 강공으로 나갈 수밖에 없었다. 게다가 일본은 IQ 철폐라는 강공책을 추진하기 위해 사실을 은폐했다. 일본 김 업계에 한국 입장을 은폐한 것은 그들의 내부 문제로 볼 수 있겠지만, 한국 정부 앞에서까지 타협안 이야기는 처음 듣는다며 '오리발'을 내미는 태도는 근본적으로 두 나라 간의 신뢰에 금이 가게 한 것이다.

일본 입장에서 이 일은 사소한 해프닝에 지나지 않을 수도 있다. 그러나 미래 한일 관계를 다룰 외교통상부 후배들은 이 작은 해프닝을 비롯, 한일 간 김 분쟁 사례를 공부하며 많은 교훈을 얻을 것이다. 한일 FTA 협상 과정에서도 보았듯이 이러한 협상 방식은 자신이 한 약속을 이행하지 않았음에도 한일 FTA 협상 중단의 책임을 한국 측에 돌린 것 그리고 후일 미국에 한국을 비방하는 메시지를 전하며 한미 FTA를 방해하는 모습과 그 맥락을 같이한다. 진실이 밝혀지자 전어련 간부들은 일본 수산청을 찾아가 진상을 따졌고, 일본 정부는 더 이상 사실을 은폐한 채로 IQ 철폐라는 카드를 계속 쓸 수 없게 되었다. 그들이 나름대로 준비한 역공 전략이 무너지는 순간이었다.

개인도 마찬가지지만 국가도 국제무대에서 존경을 받으려면 어려움에 처한 상대를 너그러운 마음으로 대할 줄 알아야 한다. 선진국 문턱에 와 있는 우리를 경제 모델로 삼고 싶어 하는 개도국들에게도 지원을 아끼지 말아야 한다. 우리는 배고픔을 경험했고 많은 값진 피를 흘려 민주화를 이루었기에 우리에 대한 개도국들의 기대가 크다. 통상 분야에서 아세안과 협상할 때도 양보할 수 있는 분야에서는 양보했고, WTO 다자협상에서는 최빈국 수출품목에 대한 관세를 철폐해야 한다고 주장했다. 우 뇌로 정책을 수렴하는 한편 좌 가슴으로 남을 배려하며 그 정책을 이행해야 다른 국가들로부터 존경과 신뢰를 얻게 된다. 처음부터 일본이 솔직히 대화하며 우리의 이해를 구했더라면 김 문제는 더 쉽게 풀릴 수도 있었을 것이며, 상호 신뢰도 그만큼 두터워졌을 것이다. 나카소네 또는 다케시다 전 총리같이 안목이 있는 지도자라면 김 문제를 어떻게 풀었을까 생각해 봤다.

하라오 왓테(터놓고 이야기하자)

2005년 5월 19일 서울에서 한일 수산당국 과장급 회의가 열렸다. 회의 석상에서 일본 수산청 담당과장은 일본 측 협상전략이 무너진 데 대한 분풀이를 하려고 작정한 듯했다. 외교통상부 대표로 참석한 김상훈 사무관에게 대뜸 물었다.

"당신이 일본에 와서 전어련 관계자를 만나고 문제를 만든 자인가!"

"만난 것은 사실이다. 그러나 나는 문제를 만든 것이 아니라, 일본 수산청과 일본 수산업계의 의사소통 문제를 해결해 준 것이다."

"한일 수산당국 과장급회의를 코앞에 둔 시점에서, 오늘 본인 앞에 앉아 있는 한국 외교통상부 직원이 일본 수산업계를 만나 협상 흐름을 어지럽힌 것은 심각한 문제임을 지적하고자 한다. 나는 한국을 위해 일본 수산업계 몰래 쿼터 물량을 준비했고 이번 회의에서 제안하여 한국이 동의하면 양국 합의를 근거로 일본 수산업계에 쿼터 물량을 수용토록 하려고 했다. 그러나 한국 외교부 직원이 일본 수산업계 인사를 만나는 바람에 모든 것이 물거품이 되었다. 한국 외교부 직원의 행태에 대해 일본 농림수산대신, 수산청장관의 이름으로 공식 항의한다. 오늘 회의에서 내 앞에 앉아 있는 한국 외교통상부 직원의 발언을 듣고 싶지 않으며, 발언을 한다면 더 이상 회의를 진행하지 않겠다는 의미로 받아들이겠다."

김상훈 사무관은 우리 측 수석대표인 해양수산부 과장에게 발언권을 신청하여 항의하려 했으나, 우리 수석대표는 회의는 일단 진행시켜야 하니 참고 자제해 줄 것을 요청했다. 김상훈 사무관은 수석대표에게 자신의 입장을 메모지에 써서 전달했다. 통상적인 일이다. 그러자 일본 측 과장은

"이것 봐라. 수산당국자도 아닌 외교통상부 직원이 외야석에 앉아 해양수산부에 이래라 저래라 훈수를 두고 있다"며 비아냥거렸다. 세계 두 번째 경제 규모를 자랑하는 대국의 관리가 국제회의 석상에 걸맞지 않은 반응과 발언을 한 것이다. 이어진 만찬석상에서도 일본 수산청 담당과장은 엉뚱한 이야기를 했다.

"오늘 이렇게 좋은 한식집에서 한국 요리를 먹게 해준 것에 감사하며, 식사를 하면서 '솔직히'(일본어를 직역하면 '배를 가르고'이며, 터놓고 이야기하자는 뜻의 관용어구) 이야기를 나누면 좋겠다."

이에 김상훈 사무관은 통역을 쓰지 않고 곧바로 일본어로 차분하게 말했다.

"마침 '솔직히' 이야기하자고 하니 그렇게 한다. 오늘 당신이 보여 준 비정상적인 행태, 그리고 외교적 결례를 도저히 그냥 넘길 수 없다. 오늘 나는 당신의 무례를 보면서 당신이 무엇을 원하는지 분명히 알았다. 당신은 말은 못 해도 우리가 WTO 패널 승소를 통해 김 수입쿼터를 폐지해 주기를 간절히 바라고 있다. 당신은 우리가 당신의 무례에 심한 모욕감을 느껴 타협의 문을 닫아 버리고 WTO 패널을 고집하리라 보고 있기 때문이다. 당신이 원하는 대로 해주겠다. 그러나 앞으로 발생하는 모든 문제의 책임은 전적으로 당신에게 있다는 것을 분명히 하고자 한다."

그러고는 태연히 일어나 자리를 떠났다. 현장에서 항의를 하기는 했지만 일본 측 행태는 묵과하기 어려운 것이었다. 그래서 조세영 과장이 주한 일본대사관의 담당 참사관을 외교통상부로 불러 일본 측 주장을 조목조목 반박했다. 그리고 일본 측 수석대표의 부적절한 발언과 행태가 양국의 신뢰감 회복은커녕 불신만 초래했음을 지적하며 유감을 표명했다. 덧붙여 이러한 내용을 모두 'non-paper' 문서 형식(구속력이 없는 문서)으로 정리해 일본 측에 전하고, 앞으로는 김 IQ 교섭에 관한 모든 의사소통을 문서로 해줄 것을 요청했다. 더 이상 일본 측이 우리 제안을 들은 적이 없다거나 사실관계를 왜곡하지 못하게 하기 위한 조치였다.

다시마 IQ는 일본의 역린

5월 19일 수산당국 간 과장급회의 결과를 보고받은 나는 일본 측이 아직도 어떤 입장에 처해 있는지 깨닫지 못하는 것 같아 측은한 마음까지 들었다. 아직도 우리의 협상력을 얕보고 흔들려 하는데, 절대로 흔들리지 않을 것이며 끝까지 가서 목적한 결과를 보여 줘야겠다는 다짐을 굳혔다. 우리가 김 IQ를 WTO에 제소하자 일본의 수산족 정치인들은 어떻게 했기에 한국이 WTO에 제소까지 했냐며 이해할 수 없다는 반응을 보이며 수산청 공무원들을 질책했다고 한다. 일본 수산청이 한국의 제소 경위를 사실대로 보고했을 리 없으므로, 수십 년 동안 한일 양국의 김 업계가 유착이라 할 정도의 협조 관계를 유지해 왔는데 갑자기 사태가 이렇게 된 것을 수산족 정치인들은 이해할 수 없었을 것이다.

김 양식은 일본 남부 규슈 지방이 중심이므로, 김 IQ 문제는 전통적으로 홋카이도 출신이 많은 수산족 정치인들의 이해관계와 직접적인 관련은 없었다. 홋카이도에서 주로 양식되는 품목들은 다시마와 그 밖의 수산물이며, 김보다 더 민감한 품목들이다. 일본 수산족 정치인들의 반응은 김 IQ는 몰라도 다시마 IQ나 다른 수산물 IQ 같은 일본 수산족의 '역린

逆鱗'을 건드리지 말라는 것이었다. 그러나 그럴수록 우리에게는 유효한 공격 재료가 될 수 있었다.

이미 김 양식 현장을 몇 차례나 누비며 전문가가 된 담당 사무관이 홋카이도로 들어가서 일본의 어촌을 돌며 다시마 양식 현황을 조사했다. 그리고 각 지방의 어민 단체를 방문하자 우리가 다시마 IQ를 조사하기 시작했다는 사실이 일본 정부에 전달되었다. 흥미로운 사실은 지금까지 일본은 자국의 다시마 수요가 국내에서 전부 충족되기 때문에 수입할 필요가 없다는 논리를 내세웠다는 것이다. 조사 결과 통계수치만으로 보면 일본은 다시마를 수입하지 않았다. 하지만 이것은 사실과 다르다. 중국은 연어를 다시마로 감싸서 일본에 수출하는데, 이때 다시마는 통계에서 누락되며 연어만 통계에 잡힌다. 그리고 일단 일본에 들어오면 다시마와 연어를 분리해서 사용하는 것이었다. 통상 분야에서는 발로 직접 뛰어 교역국의 제도와 운용 실태를 파악하는 것이 중요하다는 점을 다시 한 번 절감했다. 홋카이도 출장 결과를 토대로, 필요하다면 다시마 IQ 문제까지 WTO에 제소할 수 있도록 상세한 보고서를 준비했다. 사실 다시마뿐만 아니라 방어, 소라 등 여러 가지 수산물 IQ를 WTO에 제소할 준비를 조용히 진행시키고 있었다.

예측불능의 한국 측 협상가들

"당신네 통상장관이 원하는 것이 뭡니까? WTO 분쟁에서 승소하자는 것입니까, 아니면 김 IQ를 늘려 합의할 가능성도 있습니까?"

"솔직히 우리도 잘 모릅니다. 본부장님은 관료 출신이 아니라서 발상이

다르며, 럭비공처럼 어디로 튈지 예측 불능입니다."

앞에서도 언급한 바 있지만 기관장은 예측 가능하면 안 된다. 예측 가능하게 되면 대내외 협상을 장악하지 못하고, 새가 새장에 갇히듯이 직원들이 자신들 눈높이에 맞춰 만들어 놓은 조그마한 틀에 갇히게 된다. 그들 방식대로 일을 추진하면 원하는 결과가 나올 가능성이 높지 않다. 그 과정에서 일은 정말 열심히 해도 노력하는 만큼 결과가 나오지 않게 된다. 결과 미달의 변명으로 "열심히 했는데……"라고 하면, 어느새 '정말 열심히 뛰었기 때문에'라는 식으로 정당화된다. 조직의 장은 이런 악순환을 단호히 끊어 새로운 패러다임을 짜야 한다. 그래서 우리 측 실무자들도 당황할 정도로 의외의 지시를 여러 차례 내리기도 했다. WTO 제소와 IQ 물량 요구 수준을 결정할 때 내가 매우 강경한 입장을 보였기 때문에, 일본 측은 물론 국내에서도 내가 타협할 생각이 없다고 알려졌을 것이다. 내가 강경론자처럼 행동한 것은 우리 협상력을 키우기 위해서였다.

김이 농산물이야 수산물이야?

상식적으로 김은 수산물이지만 WTO는 그렇게 분류하지 않는다. 씨를 뿌려 김을 재배한다는 이유로 WTO에서는 농산물로 분류한다. 이런 분류는 우리에게 법률적으로 매우 유리했다. 우루과이라운드 당시 농산물에 대해 IQ 같은 수입수량 제한을 금지했기 때문이다. 따라서 일본 IQ 제도는 명백한 WTO 농산물 협정 위반이었으므로 나는 WTO 분쟁에서 승소할 자신이 있었다. 일본은 김이 수산물이니까 WTO 농산물 협정의 제한이 적용되지 않는다고 생각했을지 모른다. 만에 하나 일본 측이 WTO 사무국에 로비를 하여 김을 농산물에서 수산물로 재분류할 수도 있어, 사전에 우리 제네바 대표부에 지시하여 WTO 사무국에 가서 김이 농산물로 분류되어 있음을 확인하게 했다. 또한 김과 관련해 분쟁이 진행되고 있기 때문에 WTO 사무국이 일방적으로 김을 수산물로 재분류하면 안 된다고 경고했다. WTO 사무국도 이 민감성을 알게 되자 한국의 요구를 받아들였다.

통상교섭본부 내 각 부서 실무자들이 제공하는 상세한 기초 자료를 토대로 통상법률팀 변호사들은 설득력 있는 법 논리를 개발했다. 우리 측은 수입에 대하여 쿼터 등을 통한 어떠한 금지나 제한도 설정할 수 없다는 GATT 제11조, 예외적인 경우를 제외하고는 수입수량 제한 등의 조치를 유지할 수 없다는 '농산물 협정' 제4조 2항, 수입허가제도는 무역 왜곡을 초래해서는 안 된다는 '수입허가절차 협정' 제1조 2항 등에 김 IQ가 위배된다는 입장이었다.

2005년 10월 11일 WTO에서 김 분쟁 마지막 패널 회의가 끝났다. 11월 중에 잠정 1차 판결문이 나왔고, 2차 판결문은 2006년 1월에 나오게 되어 있었으며, 3월에 최종 보고서가 배포되면 모든 패널 절차가 일단락될 예정이었다. 11월에 배포된 1차 패널 판결문을 보니 우리에게 상당히 유리한 방향으로 작성되어 있었다.

1,000만, 1,500만, 1,200만

2005년 10월 24일 월요일, 조세영 과장은 일본 지역경제담당관회의 참석차 오사카에 가는 길에 주말에 잠시 도쿄에 들러 일본 수산청의 신임 담당과장을 만났다. 양측 과장 간 면담은 서로가 기존의 원칙적 입장을 거듭 강조하는 데 그쳤다. 조 과장은 일본 측 신임 담당과장이 협상을 마무리할 만한 능력과 자질을 갖춘 인물인지 탐색했는데, 전임자에 비해 훨씬 균형 감각을 갖추고 업무도 제대로 파악하고 있는 듯했다.

협상 타결의 물꼬를 트는 결정적 계기가 찾아왔다. 11월 24일 일본 측 요청에 의해 서울에서 과장급회담이 열렸다. 인사말을 나눈 뒤 우리 측 수석대표인 조세영 과장이 일본 측 수석대표인 수산청 담당과장에게 말했다.

"타협 조건에 관한 일본 측 입장에 진전이 있는지 물어보고 싶습니다."

"한국과 중국을 분리하지 않는 글로벌 쿼터로 1,000만 속이 일본이 제시할 수 있는 최종 물량입니다."

쉽게 말해 1,000만 속을 한국과 중국이 경쟁하여 나눠 가지란 뜻이었다. 일본 입장에서는 이것이 당연할지 몰라도 한국 입장에서는 가격이 저렴한 중국산 김과 경쟁해야 되기 때문에, 바보가 아닌 이상 1,000만 속 제안은 고려해 볼 가치도 없는 것이었다. 차라리 IQ를 완전 철폐해 물량 제한이 없는 상황에서 자유경쟁 하는 것이 우리 김 업자들에게 훨씬 유리했다.

조세영 과장이 말했다.

"중국과 한국이 나눠 가지는 1,000만 속이 일본 측 입장이면 오늘 회의를 더 계속하는 것은 아무 의미가 없습니다. 여기서 회의를 마칩시다."

"그러시죠."

회의는 시작한 지 10분 만에 본론에 들어가 보지도 못하고 썰렁하게 끝났다. 다만 만찬은 이미 예약해 놓은 터라 예정대로 했다. 장소는 세검정에 있는 한식당. 사전에 약속한 대로 우리 측 대표단은 각자 맞은편에 앉은 일본 대표단과 가벼운 잡담만 주고받았다. 술이 몇 순배 돌자 그날 오후 회담이 썰렁하게 끝난 것이 언제였냐 싶을 정도로 왁자지껄하게 분위기가 고조되었다. 식사가 끝나고 후식이 나오자 일본 수산청 과장이 조세영 과장에게 "업무 얘기를 하나 해도 되겠습니까?" 하고 말을 걸었다.

"예, 말씀하시지요."

"한국이 1,500만 속에서 조금 더 양보할 수 없습니까? 이것도 협상인데 한번 생각해 볼 수 있지 않습니까?"

"우리는 WTO에 제소하여 이미 루비콘 강을 건넌 입장이므로 양보할 수 있는 폭은 크지 않습니다. 여기 야외 정원이 좋으니 만찬이 끝난 후 나가서 좀더 말씀하시죠."

만찬이 끝나고 둘은 잠시 정원을 구경하며 대화를 계속했다. 일본 수석 대표가 말했다.

"우리 정부에 김 IQ 물량을 1,200만 속까지 올려 보라고 요구했는데, 우리로서는 이것이 상당히 어렵지만 최대한 노력해 보겠습니다."

"1,200만 속으로 문제 해결이 될 수 있을지 장담할 수 없습니다. 우리 본부장이 집착이 강한데다 변호사 출신이라 승소하는 데 더 관심이 있을지도 모르겠습니다. 제가 한번 1,200만 속으로 설득해 보겠습니다. 물량보다 더 중요한 것은 1,200만 속을 한국에게만 할당해야지 중국과 나누는 것이 아님을 분명히 해야 합니다."

"예, 알고 있습니다. 우리 내부에서 아직 합의가 이루어진 것이 아니기 때문에 귀국 후 내부 조정 시간이 필요합니다. 당분간 이런 내용을 외부에 얘기하지 않는 것이 좋겠습니다."

내부의 적 II

타협하는 과정에서 예상치 못한 일이 일어났다. 우리 내부의 적을 단속하고 관리해야 하는 어려움과 마주친 것이다. 믿기 어려운 일이지만 우리 측 관료가 협상 과정 내내 아무도 모르게 일본 측과 만나고 연락을 주고받으면서 우리의 협상 전열을 흔들어 놓았다. 그들과 만난 자리에서 우리 내부에서 합의되지도 않은 제안을 꺼낸다든지, 일본 측과 그러한 접촉이 있었다는 사실조차 우리 내부에 전혀 알리지 않는 식이었다. 일본 측이 1,000만 속으로 합의를 보자고 제시하자 그 관료가 그 정도 양이면 충분할 뿐 아니라 중국과 그 양을 나눠 쓸 수도 있다고 일본 측에 말한 사실을 알게 되었을 때는 분개하지 않을 수 없었다. 우리 협상단은 이런 사실을 나중에 협상 과정에서 일본 측으로부터 들어서 알게 되었다.

협상 전반기에는 일본이 통상교섭본부를 우회하여 우리의 이러한 '약한 고리'를 공략함으로써 내부를 분열시키려 했다. 그러나 협상 후반기에 들어서는 문제를 제대로 마무리하려면 전적으로 우리 측 공식 협상창구에 의존해야 한다는 점을 깨달은 듯했다. 협상 마무리 단계에서는 일본도 공식 협상창구가 아닌 다른 곳에서 나오는 이야기들을 전혀 환영하지 않을 정도였다. 나는 문제의 인물을 사무실로 불러 일본 측으로부터 확보한 증거를 들이대면서 다시 한 번 그런 식으로 협상에 혼선을 일으키면 정식으로 문제 삼겠다고 으름장을 놓았다. 그 이후 더 이상의 적전敵前 분열은 막았지만 김 IQ뿐만 아니라 외국과의 다른 교섭에서도 혹시 이런 일이 있지 않았을까 하는 생각에 마음이 편치 않았다. 이런 일은 절대로 되풀이되어서는 안 되지만 앞서 말했듯 한미 FTA 협상 과정에서도 내부의 혼선으로 인해 우리 전략이 노출되어 피해를 입히는 일이 있었다. 내부 분열은 금물이다.

240만을 1,200만으로

세부 쟁점들이 정리되어 가자 협상의 최종 타결 시점을 2006년 1월 20일로 정했다. 우리는 WTO 제소 이래 일본과의 모든 공식회의를 서울 또는 제네바에서 개최했다. 우리가 일본을 제소했고, 제소를 취하시키려면 일본이 타협안을 가져와야 하는 구도였기에 기본적으로 일본이 우리를 찾아오는 모양새를 갖추어야 한다고 생각했다. 따라서 최종 타결을 위한 회의도 당연히 서울에서 개최되어야 했다. 최종 타결 목표일을 하루 앞둔 1월 19일 마지막 과장급 실무회의를 열어 최종 합의 문안을 협의했다. 합의 내용을 문서화하는 작업은 늘 시간이 부족하다. '악마는 세부 내용에 있다'(The devil's in the detail, 결정적인 내용은 세부 사항에 있기 때문에 꼼꼼히 챙기지 않으면 치명타를 입는다는 의미)라는 말도 있지 않은가. 결국 양측 실무회의 대표단은 그날 밤을 꼬박 새워 합의 문안 조정을 계속했고, 새벽 5시가 넘어서야 겨우 작업을 마무리할 수 있었다.

20일 오전 11시 30분 통상교섭본부 지역통상국장과 일본 수산청 간부를 수석대표로 하는 한일 고위급회담이 외교통상부 양자회의실에서 열렸다. 양국 수석대표는 합의 내용을 최종 확인하고 합의 문서에 서명했다. 일본은 240만 속인 한국의 김 IQ를 향후 10년에 걸쳐 1,200만 속, 즉 5배로 늘리기로 했다. 또한 쿼터 물량을 한중 간에 분리하기로 하여 1,200만 속 전량을 한국에 할당할 것임을 분명히 했다. 대신 우리는 김 IQ에 관한 WTO 제소를 취하하기로 약속했다. 물론 일본은 다른 수산물에 대해 IQ를 계속 유지하게 되었다.

나는 오후 1시 30분 기자회견을 열고 고위급회담의 합의 내용을 발표했다. 한일 김 분쟁이 대단원의 막을 내리는 순간이었다. 김 IQ 물량을 일거에 5배로 늘린 것은 1965년 한일 국교정상화 이래 40여 년의 숙원을 푼 통쾌한 일이다. 1,200만 속은 우리가 17년의 공백기를 거쳐 일본에 김 수출을 재개한 1995년의 IQ 20만 속과 비교하면 60배나 늘어난 물량이다. 이번 합의에 따라 향후 10년간 총액 누계 5억 3,340만 달러 상당의 대일 김 수출 증가 효과가 예상되고, 우리 어업 가구의 연간 평균소득을 2.81% 증가시키는 효과가 있을 것으로 기대되었다. 당시 나는 한미 FTA 협상 개시 문제로 눈코 뜰 새 없었다. 비록 한미 FTA에 비해 규모나 여론의 관심은 훨씬 적었지만, 일본과의 김 IQ 문제는 내가 관심을 갖고 지휘한 협상이었다. 결과에 대해서는 늘 아쉬움이 남지만 김 IQ를 5배로 늘린 것은 나쁘지 않은 결과라고 생각했다. 한미 FTA 협상 개시 선언을 2주 정도 앞두고 있던 나로서는 큰 과제 가운데 하나가 먼저 해결돼 조금이나마 마음이 놓였다.

발상의 전환이 필요하다

김 IQ 증량을 일본의 선처에 맡기고 부탁하며 주도권을 내맡긴 게임 구도를 바꾸어야겠다는 생각은 이미 앞서 언급한 바 있다. 우리는 예전부터 어떤 외교적 교섭 사안이 생기면 이러저러한 논리를 동원해서 상대방에게 협조를 '부탁'하는 식의 협상을 주로 해왔다. 이런 구도 아래에서는 상대방이 협조 제공을 거절하면 더 이상 손쓸 방법이 없다. 호소한다고 해서 우리 방침을 반영해 주는 국제관계란 없다. 철저하게 계산된 이해관계인 것이다.

우리가 원하는 결과를 얻으려면 불리한 패러다임을 깨고 새로운 패러다임을 만들어야 한다. 발상의 전환이 필요하다. 상대방을 설득하고 부탁만 하는 것이 아니라, 상대방이 우리가 원하는 대로 반응해 오지 않을 수 없는 '상황'을 이쪽에서 주도적으로 만드는 것이 중요하다. 그런 상황을 만들어 협상 테이블에 마주하면 상대방도 움직이지 않을 수 없고, 경우에 따라서는 우리가 구차하게 상대방을 설득하고 협조를 구할 필요조차 없는 것이다.

여기에는 많은 부담과 책임이 따르기 때문에 두려움이 앞설 수 있으나, 국익을 극대화하려면 이런 새로운 틀을 만들어야 한다. 부득불 기존 틀을 넘어서는 '튀는' 해결 방안을 주장하면 곱지 않은 시선을 받게 될 수도 있고 어쩌면 인사에 불이익을 당할 수도 있다. 그러나 흙 속에 묻힌 진주는 언젠가는 빛을 발할 날이 온다. 과거에 중국과 일본이 한반도를 지배하기 위해 제일 처음 한 행위가 외교권을 박탈하는 것이었다. 외교관은 자기 소신을 가지고 국익을 극대화해야 한다. 그렇지 않으면 40년 동안 단 한 장도 늘지 않은 김 240만 속처럼, '최선을 다했지만 상대방이 들어주지 않아 어쩔 수 없었다'는 탄식으로 귀결될 수밖에 없다.

협상을 통해 5배가 넘는 김 IQ를 따냈지만 중국이라는 새로운 경쟁자가 등장한 상황에서 과거와 똑같은 생산 방식, 수출 패턴으로는 언제든지 중국산 김에 밀려날 수 있다. 일본 규슈 지방과 홋카이도에서 현장 조사를 하는 과정에서 우리 김 업계가 풀어야 할 많은 과제가 있음을 알게 되었다. 김 양식 과정에서 중금속 오염, 생산 과정의 위생 관리, 수출과 유통 과정의 품질관리 문제 등은 과거 수십 년간 한일 양국 업계가 서로 유착하는 과정에서 대충대충 넘어갔던 것들이다. 그러나 이제 하나씩 개선해 나가지 않으면 일본으로부터 아무리 많은 김 IQ를 따냈다 해도 김 수출의 앞날은 밝지 않을 것이다. 다행히 최근 들어 여러 가지 새로운 아이디어를 적용한 김 제품들이 국내외 시장에서 호평을 받고 있다고 한다. 이러한 노력을 통해 국산 김이 세계 어느 시장에 내놓아도 소비자들에게 한결같이 사랑받는 상품으로 성장해 줄 것을 기대한다.

3장

한중 FTA
한미 FTA를 유심히 지켜보는 중국

2006년 2월 미국과의 FTA 협상 개시 선언을 관심 있게 지켜보던 나라 중 하나는 중국이었다. 우리보다 한발 앞서 아세안 10개국과 FTA를 체결한 중국은 다음 FTA 추진 상대로 한국을 점찍어 두고 있었기 때문이다. 강력한 제조업을 기반으로 한 지속적인 고도성장에 자신감을 얻은 중국은 아시아에서 중화 경제권 형성을 목표로 우리와 유사한 동시다발적 FTA 전략을 추진하고 있었다. 중국의 FTA 정책이 우리와 다른 점은 반드시 경제적 이익만을 목표로 FTA를 추진하는 것이 아니라는 사실이다. 즉 중국의 FTA 정책은 1차적으로 아시아에서 일본과 인도에 대해 우위를 확보하고, 궁극적으로는 중국을 중심으로 하는 아시아 경제권을 형성하여 미국의 세력 확대를 견제하려는 정치적인 목표와 매우 밀접하게 연관되어 있다. 따라서 동북아에서 한일 간의 단일 경제권이 먼저 성립되는 것은 중국에게 부담이 될 것이므로 한일 FTA의 중단은 중국이 내심 바라던 일이었을지도 모른다.

그즈음 장관급인 중국의 보시라이薄熙來 상무부장관이 2006년 5월 한국을 방문하고 싶다는 의사를 전달해 왔다. 환경 리사이클 제품과 관련하여 중국 상무부와 일본 경제산업성이 주관하는 행사 참석차 일본을 방문하는 길에 서울에 들르고 싶다고 했다. 여행의 진짜 목적은 한중 FTA에 대한 우리 측 생각을 알아보기 위한 것이었다.

중국 측이 사전에 제기한 의제는 한국이 그동안 애매모호한 태도를 취해 왔던 한중 FTA 추진에 대한 생각을 '확실히' 듣고 싶다는 것과, 한국의 대중對中 특별세이프가드 및 섬유 특별세이프가드를 해제하는 문제였다. 대중 특별세이프가드는 중국이 WTO에 가입하면서 받아들인, 말하자면 중국에 대한 불평등 조항이다. 어떻게 보면 중국으로서는 굴욕적인 조항이다. WTO는 회원국들이 중국을 상대로 다른 회원국들보다 훨씬 용이하게 수입 중단 장치인 세이프가드 조치를 취할 수 있게 했는데, 실제로 이를 사용하는 국가는 거의 없었다. 그러나 중국은 WTO 회원국들이 국내법으로 규정한 대중 특별세이프가드 제도가 중국의 '주권'과 관계되는 문제라고 인식하고, 주요국이 이를 해제, 즉 중국에 대해서도 WTO의 일반세이프가드 조항을 적용하도록 국내법을 변경해 줄 것을 강력하게 요청하고 있었다. 한국은 2005년 11월 중국의 시장경제지위를 인정했으므로 당연히 특별세이프가드도 해제해 달라는 것이었다.

보시라이 장관의 방한도 방한이지만, 우리로서도 한중 FTA 추진 문제에 대한 방향을 이번 기회에 확실히 해둘 필요가 있었다. 동시다발적 FTA 추진 전략의 최종 목표는 거대 경제권과의 FTA 체결이었고, 이는 결국 우리의 가장 큰 교역 상대인 미국, 중국, 일본, EU 및 아세안과의 FTA 추진을 뜻했다. 문제는 어느 나라부터 FTA를 추진하는 것이 우리에게 가장 유리한가 하는 점이었다. 상대방이 가장 원하는 시기에 협상하는 것이 가장 유리한 결과를 낳는 법. 이런 점에서 한미 FTA를 협상 중인 우리는 오히려 느긋했다.

카이칭? 카이칭이 뭡니까?

2006년 5월 26일 외교부 회의실에서 중국 측과 테이블을 마주 보고 앉았다. 아니나 다를까. 호방한 성격의 소유자로 만면에 웃음을 띤 보시라이 장관은 회담 초반부터 한중 FTA 추진의 당위성을 강조하며, 금년 가을에 종료될 한중 FTA 민간공동연구의 후속 조치에 대한 우리 생각을 집요하게 물어 왔다. 그는 한국이 농업 문제에 대단히 민감하다는 것을 잘 알고 있다고 선수를 치면서, 한중 간 산업 경쟁력을 비교할 때 한국이 87% 우위를 보이고 있는 상황에서 "본인이라면 눈을 감고라도 뛰어들겠다"고 회유했다. 또 중국이 주요국과 FTA를 추진하기 위해 장기 계획을 수립 중이라면서, 한국이 분명한 입장을 밝혀 주지 않을 경우 중국의 FTA 추진 상대국 리스트에서 제외하겠다는 협박도 곁들였다. 대중국 특별세이프가드 조치를 조속히 해결해 달라는 요청도 잊지 않았다. 수세를 공세로 전환시켜야 하는 중요한 순간이었다. 보시라이 장관의 장광설이 끝나고 나는 조용히 입을 열었다.

"보 장관, 현재 한국은 북한의 개성 지역에 공단을 조성해서 남북 경제 협력 사업을 추진하고 있습니다. 우리는 다른 나라들과 FTA 협상을 할 때 반드시 이 개성공단에서 생산되는 제품을 한국산으로 인정해 달라는 요구를 하고 있는데, 중국이 이를 인정해 주면 어떻겠습니까?"

순간 그의 얼굴에 당혹감이 스쳤다.

"네? 카이청(개성)? 카이청이 뭡니까?"

배석했던 중국 측 상무부 관계자들도 전혀 의제에 없던 얘기가 나오자 급하게 자료들을 뒤적이며 우왕좌왕하는 모습이었다. 이때 중국 상무부의 뤼커지엔 아주국장이 메모지에 답변을 급하게 적어 보시라이 장관에게 전했고, 이를 읽은 보 장관이 그 메모지를 나에게 건네며 말했다.

"이 사람들이 오늘 김 장관과의 회담을 위해 이렇게 두꺼운 자료를 준비해 주었는데, 불행히도 개성공단에 관한 설명은 들어 있지 않네요. 지금도 아주국장이 급하게 메모를 써주었는데, 한번 보세요. 전혀 도움이 안 되는군요. 말씀하신 개성공단 문제가 무엇인지는 잘 모르겠지만 중국에 돌아가는 대로 파악해서 가급적 한국 측 요청을 수용하는 방향으로 노력해 보겠습니다."

중국 측 아주국장의 얼굴은 흙빛으로 변해 있었다. 우리 측이 사전에 통보한 의제에 개성공단은 포함되지 않았고, 회담을 준비한 중국 실무진으로서는 당황할 수밖에 없었다. 보시라이 장관은 한마디로 매우 화통한 사람이지만, 부하 직원들에게는 초인적인 카리스마를 지닌 사람이었다. 그는 나와 만날 때마다 특별한 우정을 표했고 때로는 속을 털어놓는 얘기도 서슴지 않았다. 회담 석상에서 부하 직원이 적어 준 의제를 상대 측에 보여 주면서 자기 직원에게 면박을 주는 것은 중국 측 대표단 입장에서야 그야말로 죽을 맛이었겠지만, 나와 우정과 신뢰를 더 깊이 쌓길 바란다는 뜻을 즉석에서 과시함으로써 곤란한 자리를 빠져나가는 고단수였다. 그는 태자당 출신 정치인으로서 중국 차세대 지도자 물망에 오르는 사람이다.

한중 FTA와 관련한 우리 측 생각은 대략 다음과 같은 것이었다. 첫째, 서비스 및 지적재산권, 투자자를 보호하고 IT 분야에서 표준을 단일화한다. 둘째, FTA 협상에 앞서 현재 진행 중인 민간공동연구를 포함하여 충분한 사전 준비 기간을 갖는다. 셋째, 농업에 피해가 오지 않도록 충분히 배려한다. 넷째, 충분한 대가를 받고 FTA 협상에 임한다.

이 원칙하에 우리 측이 줄 수 있는 것은 한중 FTA 민간공동연구 종료 이후의 추후 조치에 관한 약속과 우리에게는 실효성이 거의 없는 대중국 세이프가드 조치 해제였고, 우리가 받으려고 한 것은 한중 FTA 협상이 개시될 경우 우리 측 민감 분야(농업) 사전 제외, 우리가 외국과의 FTA 협상 때마다 아킬레스건으로 떠오른 개성공단 문제에 대한 사전 약속이었다. 이러한 계산 아래 보시라이 장관이 한중 FTA와 관련하여 농업 부문에 대해 언급을 하자마자 개성공단 문제를 던진 것이었다.

중국 측이 개성공단 문제에 대한 검토가 끝나지 않은 상황에서 한중 FTA에 대한 추가 협의는 불가능했고, 중국 측은 이 문제를 검토한 후 "가급적 빠른 시일 내에" 재협의를 갖자고 제의해 왔다. 거절할 이유가 없었다. 다음 회의는 8월 쿠알라룸푸르에서 개최 예정인 아세안+3 통상장관회의를 계기로 열기로 하고, 회의 결과는 11월 아세안 정상회의 또는 12월 아세안+3 정상회의 때 양국 정상회담에서 보고하기로 했다.

개성공단의 상징성

중국 측에 개성공단 문제의 사전 해결을 요구한 이유가 있었다. 첫째, 우리와 FTA 협상을 추진하고 있던 나라들이 개성공단 포함에 대한 대가를 높이 요구하기 때문이다. FTA란 체결국이 원산지인 상품의 무관세화를 추진하는 것인데, 법적으로 따지면 개성공단에서 생산된 제품은 한국산이 아니라 북한산이 되므로 양국 간 FTA 협정에 의한 무관세 혜택을 받을 수 없다. 따라서 우리는 개성공단 제품의 해외 판로 확보를 위하여 협상 상대국에게 개성공단 생산제품을 한국산으로 인정해 달라고 요구하게 되고, 상대국은 어떤 형태든 대가를 요구해 오게 되는 것이다. 둘째, 향후 개성공단이 활성화될 경우 가장 큰 해외 시장은 중국과 미국이 될 것인데, 연초에 FTA 협상을 개시한 미국 측이 개성공단 문제에 강경한 반대 입장을 보이고 있었기 때문이다. 악화일로를 걷고 있던 북미 관계를 감안할 때 한미 FTA 협상에서 개성공단 문제가 타결될 가능성은 높지 않았고, 그 결과는 한미 FTA 반대론자들에게 또 하나의 명분을 주게 될 것임이 분명했다.

이러한 상황에서 중국이 한중 FTA 협상을 개시하기도 전에 개성공단 제품이 한국산임을 인정한다면 상징적인 의미를 갖게 된다. 미국 측은 한국이 자신들과의 협상에 이어 중국과 협상을 추진하고 있음을 분명히 알게 될 것이고, 중국이 협상 개시 이전에 이미 개성공단 문제를 인정함으로써 한반도 문제의 평화적 해결에 주도적 역할을 하게 될 것이라는 점을 의식하지 않을 수 없다. 중국이 개성공단 문제를 사전에 인정하는 것은 협상이 개시될 경우 우리 측 부담을 덜어 주는 것은 물론, 남북 합작 제품의 중국 대륙 진출을 위한 전초기지를 마련하는 실리적인 효과가 있다는 점은 부연할 필요도 없을 것이다.

중국에 제시할 패키지

중국의 국내 사정으로 보시라이 장관이 8월 아세안+3 통상장관회의에 참석할 수 없게 되었다. 그러나 양측은 한 차례 국장급 실무협의를 갖고 통상 현안에 관한 입장을 조율하였고, FTA에 대해서는 9월 헬싱키 ASEM 정상회의 때 통상장관회의에서 최종 결론을 내린 후, 연말 양국 정상회담에서 발표하는 일정에 합의했다. 중국 측은 개성공단 문제를 적극 검토하고 있는 것으로 파악되었고, 우리 측도 내부 절차를 착실히 추진해 갔다. 이 와중에 국내에서 한중 FTA 추진과 관련한 추측성 기사가 몇 번 나왔고, 미국의 독립기념일인 7월 4일에는 북한이 미사일 발사를 감행했다. 북한의 미사일 발사로 개성공단 계획에 브레이크가 걸리는 듯했으나, 일단 개성공단 계획을 유지한다는 정부 방침에 따라 FTA 협상에서도 이 문제를 포함해 추진해 나가기로 했다.

8월 31일 대외경제장관회의는 한중 FTA 추진과 관련, FTA 체결 시 민감 품목(품목 수 및 수입액의 10%)을 제외하는 데 중국이 동의할 경우 현재 진행 중인 한중 FTA 민간공동연구의 후속조치로 양국 정부가 참여하는 산·관·학 공동연구를 추진할 것을 의결했다. 이를 골격으로 우리 측은 헬싱키에서 중국 측에 제시할 패키지를 준비했다. 패키지는 첫째, 한중 FTA 민간공동연구가 끝난 뒤 양국의 산·관·학 공동연구를 추진한다, 둘째, 양국 간 FTA 추진 시 품목 수 및 수입액 기준 10% 제외를 인정한다, 셋째, 한국은 대중국 특별세이프가드를 조기에 해제하고, 중국은 개성공단 생산

제품을 한국산으로 인정한다는 것이다.

패키지의 구체적인 내용과 의미에 대해 좀더 상세히 언급하면 다음과 같다. 첫째, 한중 FTA 민간공동연구 이후 산·관·학 공동연구를 추진하는 문제는 우리의 FTA 추진 로드맵과 밀접한 관련이 있다. 우리 정부는 2003년 8월 대외경제장관회의에서 동시다발적 FTA 추진 전략을 확인하면서 미국, EU와 함께 중국을 '중장기적 FTA 추진 대상국'으로 선정한 바 있다. 이에 따라 2004년 11월 아세안+3을 계기로 열린 한중 정상회담에서 2005년부터 한중 FTA 추진을 위한 민간공동연구를 갖기로 합의했다. 주요 교역대상국과의 FTA 추진이 대개 민간공동연구, 산·관·학 공동연구를 거쳐 정부 간 협상으로 연결되는 점을 감안하면 민간공동연구가 끝난 뒤 산·관·학 공동연구를 갖는 것은 어쩌면 당연한 귀결이라고도 할 수 있다.

그러나 정부가 참여하는 산·관·학 공동연구는 본협상에 앞선 예비협상의 성격을 띠는 만큼 중국 측으로서는 이를 적극 희망하고 있었다. 따라서 우리는 한중 FTA 추진에 대한 중국 측 입장을 충분히 활용하여 산·관·학 공동연구 개시를 패키지 거래의 한 축으로 활용할 수 있었던 것이다. 중국이 애당초 우리 측의 FTA 중장기 추진 대상국에 선정되어 있었으며, 산·관·학 공동연구 종료 후 본협상이 개시된다는 사전 보장이 없다는 점을 감안하면 우리 측으로서는 별반 손해 볼 일이 없는 사안이었다.

둘째, 양국 간 FTA 협상이 개시될 경우 예외 품목 범위를 품목 수 및 수입액 기준 공히 10%까지 인정한다는 사전 약속인데, 이 부분이 우리 측 패키지의 핵심 내용이라고 할 수 있다. 한중 FTA 체결 시 우리에게 가장 민감한 분야는 농수산물이다. 내부 검토 결과, 농업 분야에서 중국으로부터의 수입 증가는 수십 억 달러에 이를 것으로 예상되었다. 바로 이 점이 한중 FTA가 한일 또는 한미 FTA에 비해 GDP 증대 효과가 압도적으로 큼에도 적극적으로 추진하기 어려웠던 이유다. 그런데 자유화 예외 품목을 10%까지 설정한다고 하면 이야기가 완전히 달라진다. 우리의 대중 농수산물 수입액은 전체 대중 수입액의 약 7.5% 수준으로, FTA를 체결해도 대부분의 민감 농수산물을 자유화에서 제외할 수 있다. 반면, 중국의 경우 우리로부터 수입되는 품목 중 민감한 분야가 자동차(부품 포함), 석유화학 및 철강 품목인데 전체 수입액 중 이 세 분야가 차지하는 비중이 약 27.9%에 이르기 때문에 가장 민감한 품목 10%를 제외한다 하더라도 나머지 약 18%의 품목에 대해서는 관세철폐 조치가 불가피하게 된다. 즉 민감 품목 10% 사전 제외 약속이 이루어지면 우리로서는 본협상이 개시되기도 전에 한중 FTA의 가장 큰 고지를 확보하는 효과를 얻는 것이다.

셋째, 대對중국 특별세이프가드 조기 해제 문제는 한마디로, 중국 측의 명분을 세워 주는 것 그 이상도 이하도 아니다. 이 규정은 중국의 막강한 제조업을 의식한 서방 여러 나라들이 중국의 WTO 가입 과정에서 중국에게 강요한 것으로, 지금까지 이 규정을 적용한 사례는 단 한 건, 터키밖에 없다. 우리는 중국의 유제품(1997년), 마늘(2000년)에 일반세이프가드를 적용한 적이 있으나, 일반세이프가드 조치였음에도 중국 측의 엄청난 반발을 초래하여 한중 간 마늘 분쟁이 빚어졌음은 주지의 사실이다. 이러한 상황에서 우리 측이 굳이 특별세이프가드 조치를 발동할 가능성은 희박했으며, 더구나 WTO의 대중국 특별세이프가드 허용이 섬유는 2008년, 그

밖의 품목은 2013년에 종료되는 한시적 조치라는 점을 감안하면 우리 측이 이 규정을 유지함으로 얻는 실익이 거의 없다고 할 수 있다. 따라서 이 문제를 주권 차원에서 보는 중국 측의 체면을 살려 주면서 우리 측 실익을 얻는 편이 낫다고 판단한 것이다.

넷째, 중국의 개성공단 사전 인정 문제는 앞에서도 언급한 바와 같이 중국으로부터 받아 낼 경우 본협상에서 우리 측 부담을 크게 덜게 되며 미국과의 FTA 협상에서도 심리적인 지렛대가 될 수 있었다.

요약하면, 한중 FTA 추진을 위해 사전에 합의하고자 하는 네 가지 사안은 어차피 가야 할 길을 가면서(한중 FTA 산·관·학 공동연구), 두 가지 실리를 얻는 대신(민감 품목 제외 및 개성공단 사전 인정), 중국 측 명분을 살려 주는 것(대중국 특별세이프가드 조기 해제)이었다.

불은 불로 꺼야

2006년 9월 제6차 ASEM 정상회의 참석차 대통령을 모시고 우리 측 대표단이 핀란드 헬싱키에 도착했다. 9월 10일로 예정된 한중 통상장관회담에 앞서 대통령과 두 차례 조찬을 하면서 한중 FTA 추진을 위한 네 가지 사항을 상세히 설명드렸다. 당시는 한미 FTA에 대한 국내 반대가 극심했고 다른 정치 현안도 산적했던 터라, 이런 문제들로 몹시 지쳐 있던 대통령께 한중 FTA의 기술적인 사항을 설명하는 데 어려움이 있었다. 그 자리에 배석했던 외교안보수석은 그 이야기를 듣고는 "내 생각에는 (한중 FTA를 추진하는 것은) 홍수 난 데 비오는 격 같은데……"라고 말했다. 안 그래도 한미 FTA 문제로 시끄러운데 또 다른 논란을 만들지 말자는 의미였다. 당일 조찬 석상에서 한중 FTA를 보고하며 나는 이렇게 이야기를 했다.

"불은 불로 꺼야 합니다."

"그게 무슨 의미입니까?"

"뒤에서 불이 나서 불길이 계속 쫓아오는데 앞으로만 뛰게 되면 결국 타 죽게 됩니다. 죽지 않는 방법은 앞에 불을 지르고 달려 나감으로써 뒤에서 타들어 오는 불길을 멈추게 하는 것입니다."

노 대통령은 인내심을 가지고 들어 주었고, 한중 FTA 패키지 거래에 대한 최종 재가를 받았다.

9월 10일 저녁. 중국 측 숙소 호텔 회의장에서 보시라이 장관과 다시 마주 앉았다. 그동안의 기나긴 준비 기간에 비하면 회담 시간은 파격적으로 짧았다. 가장 중요한 의제인 양국 간 FTA 추진과 관련해 네 가지 조건을 묶어서 일괄 타결을 시도할 것을 제안하자, 보시라이 장관은 즉석에서 환영했다. 남은 것은 회담 결과에 대해 양국 정부의 공식적인 재가 절차를 밟는 것뿐이었다. 보시라이 장관은 미소를 띠며 패키지에 대한 본국 정부의 승인을 받겠다는 자신감을 내비쳤다. 그리고 합의가 성사될 경우 연말로 예정된 한중 정상회담에서 이를 대외적으로 발표하자고 제안하며 덧붙였다.

"지금까지 수없이 협상을 해왔지만 한국의 김 장관과는 항상 성과가 있었고 어떤 문제도 해결할 수 있을 것 같습니다."

양측 대표단은 화기애애한 분위기 속에 악수를 나누고 헤어졌다. 헬싱키 회담은 일종의 윈윈win-win 상황이었다. 대체로 통상 이슈의 경우, 국내에서 정리가 잘 이루어지면 실제 협상은 매우 쉽다. 그래서 통상 협상의 반

이상은 국내 협상이라는 말이 있을 정도이다.

귀국 즉시 헬싱키 회담 결과를 대외경제장관회의에 보고하고 패키지 거래를 추인받기 위한 작업에 착수했다. 그런데 그 무렵, 청와대와 과천 경제부처 일각에서 한중 FTA 추진에 대한 신중론이 제기되었다. 반대론의 대외적인 명분은 한미 FTA로 국내가 시끄러운 상황에서 또 하나의 논쟁거리를 만들지 말자는 것인데, 실제로는 대외 통상정책에 대한 통상교섭본부의 독주를 견제하자는 의도도 들어 있었다. 9월 27일로 예정된 대외경제장관회의에 앞서 급하게 재경부로 달려가 부총리에게 상세히 상황을 보고하고 한중 FTA 패키지 거래가 대외경제장관회의에서 의결될 수 있도록 도움을 요청했다. 배석했던 모 국장은 "패키지 거래를 추진할 경우 10% 민감 품목 제외나 개성공단 문제는 양국 간 FTA 협상이 개시된 이후에나 받을 수 있는 것인데, 특별세이프가드 조치는 지금 해제해 주어야 하니 우리가 손해 보는 게 아닌가요?"라며 반대의견을 내비쳤다. '그걸 손해라고? 설마, 잘못되지는 않겠지……'라는 어렴풋한 우려 속에 발걸음을 돌릴 수밖에 없었다. 그런데 다음 날 아침 조찬을 겸한 대외경제장관회의에서 내 우려는 현실로 나타났다. 내 계획과는 전혀 다른 방향으로 진행된 것이다. 그날 결정 사항은 다음과 같다.

첫째, 한중 FTA 민간공동연구 종료 이후 '아무 조건 없이' 양국 간 산·관·학 공동연구를 추진한다. 둘째, 민감 품목 10% 제외나 개성공단 문제는 한중 FTA 추진과 연계하지 않고 산·관·학 공동연구의 틀 내에서 검토한다. 셋째, 대중국 특별세이프가드 문제는 한중 FTA와 별도로 검토한다.

한마디로 말하면 줄 것(산·관·학 공동연구)은 그냥 주고, 받을 것(10% 민감품목 제외, 개성공단 문제)은 받아도 되는지 중국 측과 연구하라는 것이었다. 대중국 특별세이프가드 문제는 한시적 조치이기 때문에 시간이 지날수록 협상 카드로서의 약효가 떨어지는 것은 말할 것도 없다. 그날 회의에 참석한 청와대와 과천 경제부처 관료들은 '4대 조건'이라는 말만 들어도 한미 FTA의 악몽이 떠오른다는 듯 사안에 대한 예측되는 숙고도 없이 별다른 논리를 제시하지 않고 반대로 일관했다. 마치 이번 기회에 통상교섭본부의 코를 납작하게 눌러 주고 대외적으로 망신을 주자는 분위기였다. 그러나 대외적으로 망가지는 것은 통상교섭본부가 아니라 대한민국이고, 잃는 것은 통상교섭본부의 체면이 아니라 대한민국의 현재와 다음 세대의 국익이었다. 통일 관점에서도 보면 중국과의 FTA는 이미 타결되었어야 한다. 그러나 우리는 해양세력이든 대륙세력이든 어느 한쪽으로 너무 기울면 안 된다. 일본, 미국, 중국, 러시아 사이에서 균형을 잘 잡아야 한다.

다 잡았던 대어를 놓치다

패키지 거래를 수용할 수 없게 된 우리 측 사정을 중국 측에 설명하기가 무척이나 곤란한 상황에서 10월 3일 북한의 핵실험 계획이 발표되었고, 북한은 10월 9일 끝내 핵실험을 강행했다. 패키지 거래 사안 중 하나인 개성공단 사전 인정 문제가 무너지게 된 것이다. 기가 막힌 타이밍이라 하지 않을 수 없었다. 10월 10일 개최된 양국 간 국장급 실무회담에서 우리 측은 제반 사정을 고려할 때 현 상황에서 패키지 거래의 추진이 어렵게 되었음을 설명하고, 9월 27일 대외경제장관회의의 결정에 따라 아무 조건 없이 양국 간 FTA 산·관·학 공동연구를 갖는 방안을 제시했다. 결과적으로 보면, 민간공동연구가 끝나는 대로 FTA 협상 개시를 원하지만 불가할 경우 산·관·학 공동연구라도 갖자는 당초 중국 측 요구를 아무 조건 없이 그대로 수용한 것과 다름없다. 이러한 제안을 중국이 마다할 리 있겠는가. 중국은 10% 민감 품목과 개성공단 문제를 제외하는 것에 대해서는 한마디도 토를 달지 않고, 특별세이프가드를 별도로 검토한다는 우리 측 설명에 대해서만 불만을 나타냈다. 이날 회담은 한중 FTA 산·관·학 공동연구 개시에 대한 중국 측의 내부 절차가 매듭지어질 경우 그 사실을 11월로 예정된 APEC 정상회담에 맞추어 발표한다는 데 합의하고 마쳤다.

그로부터 약 한 달이 지난 11월 17일 베트남 하노이에서 열린 한중 통상장관회담에서 다시 보시라이 장관과 마주 앉았다. 이날 회담에서 중국 측은 한중 FTA 민간공동연구 종료 이후 양국 간 산·관·학 공동연구를 아무 조건 없이 개시하자는 우리 측 제안을 수용했고, 양측은 이를 대외에 발표했다. 중국 측이 제안하고 우리 측이 수용해야 할 문제가 결국은 이렇게 180도 뒤바뀐 것이다. 우리 측 내부 사정을 눈치 챈 보시라이 장관은 기회를 놓치지 않고 이렇게 발언했다.

"이제 없는 얘기가 되긴 했지만 10% 민감 품목 제외 문제 말이죠. 당시 한국 측 주장은 품목 수를 말한 것이었죠?"

이 경우 수입액 기준이 아니라 품목 수를 기준으로 10%를 제외하면 중국 측도 자기네 민감 품목을 모두 제외할 수 있다. 속이 부글부글 끓어올랐다. 보시라이 장관은 한술 더 떴다.

"민감 품목 제외 문제를 내부적으로 검토해 보니 역시 양국이 같은 수치를 적용하는 것은 안 되겠더라구요. 한중 간 경제력 격차를 비교해 볼 때 한국 측이 10%를 제외한다면 중국 측은 적어도 17%는 제외해야 할 것 같아요. 하여간 이 문제는 한국 측이 제의한 대로 산·관·학 공동연구에서 함께 연구해 봅시다."

다 잡아 두었던 대어가 낚시 바구니를 빠져나가 유유히 큰 강으로 헤엄쳐 가는 것이 보이는 듯했다. 중국과 FTA 협상을 재개할 경우 사전에 우리에게 유리한 조건을 확보해 놓고 출범시켜야 한다. 그렇지 않고 한중 FTA 협상이 개시되면 중국 측은 우리 측에 농수산물 개방을 강력히 요구해 올 것이고, 우리 측이 개성공단 문제를 제기하면 반드시 대가를 요구할 것이다. 다시 처음부터 제로 베이스zero-base에서 시작해야 한다. 2006년 11월부터 시작된 산·관·학 공동연구는 마무리되었고 한중 FTA 협상이 진행될 것이다. 담당자들의 건투를 빈다.

회담을 마치고 나오는 당시 우리 측 실무자들은 모두 허탈하고 분한 마음을 억누를 수 없었다. 나는 그들에게 "이런 상황을 기록으로 잘 남겨 두었다가 반드시 다음 협상 담당자들이 읽어 볼 수 있게 해야 한다"고 말했지만, 우리 공무원 체제가 그렇지 않다는 것은 나 자신이 누구보다 잘 알고 있었다. 일하는 사람 입장에서 과거의 행동을 변화된 오늘의 기준으로 평가해야 하는 일이 가장 어렵다. 현재의 시각에서 평가할 때 과거의 경위 따위는 일말의 고려조차 되지 않는다. 그러나 몇몇은 명심해야 할 것이다. 담당 실무자들의 허탈함으로 끝나기에는 그 결과의 파장이 너무 크기 때문이다.

4장

남북 FTA
통일로 가는 길

　2003년 8월 FTA 로드맵을 작성할 때다. FTA의 종국의 목적이 무엇일까에 집중하지 않을 수 없었다. 한반도에 뿌리를 둔 대한민국 공동체가 세계 속에 견고히 자리매김하고자 함이고 이것을 발판으로 다음 세대에 강건한 국가를 물려주려 함이라는 목적이 확실해졌다. 그렇다면 포츠담 회담으로 시작된 남북의 분열을 다시 하나로 회복하는 것이 어쩌면 우리 세대가 다음 세대에 줄 가장 큰 선물이겠다는 생각이 들었다.
　나는 FTA 로드맵을 통해 통일을 지향했다. 역사적으로나 지정학적으로나 중국과 일본, 러시아는 최단거리에 위치한 주변 국가이면서 우리보다 규모가 큰 나라이다. 그러므로 저들은 우리에게 위협을 가할 수도, 기회를 제공할 수도 있는 최근접 거리의 상대국들이다. 긴장이 필요하다. 이렇게 근접한 이웃 나라의 정치·경제·군사적 영향력에 대하여 긍정적인 방향으로 대처해야 한다. 그러기 위해서는 전략이 필요하다. 특히 급부상하고 있는 중국은 역사 이래 스스로를 세상의 중심으로 여기는 중화사상이 여전하다.

우리는 현재 중국과의 연간 무역량이 1,300억 달러, 홍콩, 마카오, 대만을 포함하면 하루 무역흑자가 1억 달러에 이른다. 어떤 교역국가를 상대해도 24시간 안에 1억 달러를 버는 경우는 없을 것이다. 그러나 언제 추월당할지 알 수 없으며, 오히려 우리 시장이 잠식당할 수도 있음에 긴장을 늦출 수 없었다. 아직 희망이 있을 때 서둘러야 했다. 패권이 언제 어떻게 재편성될지 알 수 없는 것이 국제사회이다. 그러므로 남북한의 대치 상황을 통해 중국과 미국이 한반도에서 접전을 시작한 지 오래임을 직시한다면 결론은 미국 및 EU와 먼저 FTA를 하는 것이었다. 역사적으로도 한반도가 안정적이었을 때만 동북아 지역에 평화가 유지되었다. 한반도의 국력이 약할 때 이 땅이 주변국들의 접전의 장이 되었던 것은 역사가 주는 교훈이다.

그렇다면 남한만의 경제규모로는 모자람이 있다. 한반도 전체 규모는 되어야 한다는 판단이 섰다. 나는 개성공단을 FTA에 포함시키기로 했다. 통일 한반도를 위한 대한민국 통상정책의 최종 목표점이었다. 그래서 한반도의 경제규모를 극대화하기 위해 세계에서 현재 가장 큰 시장인 미국과 한미 FTA를 체결했고, 체결이 끝나자마자 현재 지구상에서 가장 규모가 큰 민주주의 국가 공동체인 EU와 협상을 출발시켰다.

야구에 비유하자면, 우리는 번트를 대고 열심히 뛰어 슬라이딩까지 해가며 1루에 진출했다. 그것이 바로 칠레와 싱가포르와의 FTA였다. 1루에서 2루까지의 도루는 흔히 있는 법이다. 캐나다, EFTA 그리고 아시안 10개국과의 FTA이다. 2루에서 3루까지 도루하는 것은 흔치 않지만 국부를 늘리고 경쟁력을 갖추어 통일을 준비해야 하기에 2루에서 머물 수 없었다. 따라서 일본, 중국, 아세안을 합친 시장보다 더 큰 시장을 가진 미국과 FTA를 체결하고 EU와 협상을 시작했으며 중국과 예비협상을 개시했다. 그러나 3루까지 도루해도 홈스틸을 하지 못하면 아무 소용이 없다. FTA의 홈스틸은 바로 남북 FTA였다.

남북 FTA를 대통령께 제안하다

먼저 다방면적 사고를 하며 이행 능력이 탁월한 김진욱 과장과 김경한 과장에게 2007년 5월, 남북 FTA에 관한 지침을 주고 내용을 작성하게 했다. 그리고 5월 20일 토요일 대통령 내외와 독대할 때 남북 FTA를 제안하기로 마음먹었다. 그날 면담 때 한미 FTA 시절 내내 우군이 되어 주었던 이호철 실장이 배석했다. 이 실장과 나는 배경과 생각이 달라도 가슴이 통하는 사이였다. 당시 미국, EU 등 큰 국가들과의 FTA가 출범했거나 협상 중인 상태라 노 대통령은 더 이상의 FTA는 생각도 하지 않고 있었다. 드디어 한미 FTA 추가협상에 관해 설명하고 지시를 받고 난 후였다.

"대통령님, 한 말씀 더 드려도 되겠습니까?"

노 대통령은 웃으며 말했다.

"김 본부장이 나한테 언제 하고 싶은 말 안 한 적 있습니까?"

"대통령님, 중요한 FTA를 하나 더 했으면 합니다."

"어디하고?"

"남북 FTA를 하시죠."

"응? 남북 FTA?"

"예, 그렇습니다. 통일로 가는 길이 여러 가지 있는데 FTA도 그중 하나라고 생각합니다."

"내 귀가 지금 솔깃한데 좀더 자세히 설명해 보세요. 북한하고도 FTA가 가능합니까?"

"예, 북한과도 FTA를 할 수 있습니다. 예를 들면 중국과 홍콩, 중국과 마카오가 FTA를 했습니다."

"음…… 그렇네."

"남북 FTA는 세 가지 이유 때문에 해야 합니다. 첫째, 남북 FTA는 북한이 무역을 할 수 있는 체제를 만들 수 있는 좋은 기회입니다. 모든 상품에는 HS코드가 있는데, 북한도 무역을 하기 위해서는 HS코드를 채택해야 하고 우리와 그것을 일치시킨다면 조건이 상당히 좋아집니다. 북한이 미국의 테러국가 리스트나 적성국敵性國교역법 제한조치로부터 해제되어도 무역을 하기 위해서는 HS코드를 비롯하여 원산지, 지적재산권 등과 같은 체제가 세워져 있어야 합니다. 둘째, 우리는 현재 북한과는 무관세 거래를 하고 있는데 많은 외국 상품, 특히 중국 상품이 북한을 통해 한국에 무관세로 수입되고 있습니다. 북한에서 아무 부가가치가 발생하지도 않았는데 북한을 통관했다는 이유 하나로 무관세로 한국에 수출되는 이득을 보는 것입니다. 대부분의 원산지 규정을 보면 적어도 40%의 부가가치가 원산지에서 발생할 것을 요구하는데, 북한의 원산지 규정이 없다 보니 외국 상품들이 북한을 통해 관세를 내지 않고 한국에 그냥 수입되는 결과가 나옵니다. 이것이 북한에도 도움이 안 되는 이유는 상품이 북한을 통관만 해도 되니까 북한에 투자할 인센티브가 하나도 없게 되기 때문입니다. 셋째, 우리가 북한에서 수입하는 물건은 무관세로 들여오고 다른 나라에서 수입하는 동종상품에는 8% 관세를 부과하는 것은 WTO 법에서 가장 중요한 최혜국대우원칙을 위반하는 것이라고 선진국들이 주장합니다. 우리는 헌법 3조에 따라 북한을 우리 영토에 포함시키듯이 대북 교역은 국가와 국가 간 무역거래가 아니고 민족 내부 거래이므로 북한 상품에 관세를 부과하지 않아도 위반이 아니라는 주장을 해왔습니다. 그러나 북한도 명백히 국가로 인정되는 것이, 1991년 남북이 유엔 가입 시 두 개의 국가로 가입했기 때문입니다. FTA를 하게 되면 이런 법률적인 문제가 제거됩니다."

"으음…… 그런 면들이 있었군."

"지금 사실상 우리는 무관세 무역거래를 하고 있기 때문에 이를 국제사회에서 공식적으로 인정만 받아도 소득입니다. 아무것도 안 하고 사인만 해도 소득인 것입니다."

"그렇군요."

"또한 국제적인 관심도 높을 것이고 신뢰도 강화될 겁니다. 지금까지 남북 경제협력이 '상징적이기만 했다' 또는 '퍼주기'라는 비판을 받았는데, FTA라는 가시적인 결과가 있게 될 뿐만 아니라 기존 관행을 공식화하면서 국제사회에서 혜택을 받을 수 있는 것입니다."

"신기하네. 어떻게 이런 생각을 했지?"

"형이 동생한테 잘 먹고 잘 사는 방법을 가르쳐 주는 것입니다. 물론 북한이 남한 좋은 일만 시켜 주는 것이 아니냐고 생각할 수도 있습니다. 그것이 아니라 살아남는 방법과 실질적으로 도움이 되는 방법을 가르쳐 줘야 합니다. 자본주의가 투입되어야 합니다. 땅이 사막화되면 안 됩니다. 집 짓는 기초를 놓아야 사람들이 봤을 때 집을 짓는구나 하고 생각합니다. 남북 FTA는 땅 용도를 지정하는 것입니다."

"이거 아주 흥미로운데, 이호철 실장, 다음 주에 실장들과 회의합시다."

남북 FTA의 지정학적 고려

남북 FTA를 제안하게 된 또 다른 측면은 지정학적인 열세를 극복하자는 것이다. 대한민국은 현재 사실상 섬나라다. 우리는 유럽에 있는 나라들처럼 자동차를 타고 육로를 통해 해외로 갈 수 없다. 외국을 가려면 반드시 배나 비행기를 이용해야 한다. 휴전선에 의한 한반도의 단절은 과거와 현재의 결여에서 끝나지 않는다. 이는 미래의 결함이다. 사고방식이 국제화되었다고는 하나 아직도 우리 잠재의식은 외국을 먼 곳이라고 여긴다. 지리적, 정신적 고립이 여전히 존재하는 것이다. 대륙의 끝자락에서 대한민국의 차를 타고 언제든지 유럽까지 갈 수 있는 환경에서라면 현재의 지역감정이나 세대 간, 계층 간의 갈등도 완화되지 않을까. 세상을 넓게 사는 미래를 열자는 것이다.

서울에서 중국과 러시아 국경까지 북한에 고속도로를 내야 한다. 독일이 통일되기 전에 서독에서 서베를린까지 통행로를 냈던 것과 비슷하다. 마음만 먹으면 육로를 통해 언제라도 외국을 방문할 수 있다는 것은, 고립된 우리나라로서는 숨통이 트이는 것과 마찬가지다. 우리 청년들의 지평이 이 좁은 한반도를 벗어나 대양, 대륙 그리고 세계로 넓어질 것이다. 사고와 삶의 질이 달라질 수도 있다. 육로를 이용해 중국과 러시아와의 교역량이 느는 것은 두말할 것도 없다. 북한 주민들도 현대·기아차가 달리는 것을 보고 동독 주민들이 그랬듯이 생각이 바뀔 것이다. 고속도로 이용 차량에 통행료를 내도록 한다면 북한도 마다할 이유가 없을 것이다. 건설 비용은 북측의 풍부한 마그네슘, 철광석, 우라늄 등의 자원으로 받아 오면 될 것이다.

"우리의 견문을 넓히고 세상이 얼마나 크고 넓은지…… 알 수 있게 된다. 이러한 인식의 변화는 세상을 개화하기 위한 밑바탕이 될 것이므로, 다른 나라와 교역을 통해 얻은 이익은 이렇게 비경제적인 측면에서도 많은 것"이라고 200여 년 전에 박제가가 언급했듯이, 이런 효과는 남한뿐만 아니라 북한에도 있을 것이다.

북한에 매장되어 있는 광물의 잠재 가치는 약 3,719조 원으로 추정된다.* 중국은 북한에서 마그네사이트와 철광석 등의 광물들을 국제 시세보다 저렴한 값에 싹쓸이하고 있다. 북한의 에너지 부족과 인프라 미비를 잘 알고 있는 중국은 전력과 사회간접시설 제공을 계약 조건으로 내걸고 있다. 북한 자원 개발 사업 21건 중 15건을 중국 기업이 차지하고 있다. 우리는 광산 개발 한 건밖에 없다. 우리도 전력과 사회간접시설을 제공하는 대가로 북한의 자원 채굴권을 대규모로 얻어 내야 한다. 북한은 마그네슘 원료인 마그네사이트 매장량이 40억 톤으로 세계에서 가장 많다. 세계 1위인 우리 조선업과 5위인 자동차 업계는 이런 자원을 안정적으로 공급받는 것은 물론, 우리 건설업계도 활로를 찾을 수 있을 것이다. 포스코 같은 철강

• 이하 자원 관련 내용은 "북한 지하자원 중국엔 '노다지' 한국엔 '노터치'", 〈한겨레〉 2008. 11. 28.

회사는 안정적으로 철광석을 공급받는 일이 중요하다. 유엔대사 시절, 월가의 투자회사와 여러 번 회의를 했는데 2000~2002년 톤당 28~29달러인 철광석 가격이 2007년에는 83달러로 급격히 치솟았다. 대규모 철광석 회사들이 기업 인수합병으로 독점적 지위가 강해짐으로써 철광석 가격은 더 오르리라는 전망이다. 월가의 투자은행들은 철강회사가 철광석 공급을 통제할 수 없으면 그 철강회사는 자기 운명을 스스로 결정할 수 없는 회사나 마찬가지임을 지적했다. 북한은 철광석 매장량이 약 50억 톤으로 추정되는데 이것은 포스코가 수십 년 사용할 수 있는 양이다. 원자력발전소 가동에 필수적인 우라늄 매장량도 약 400만 톤으로 추정되는데 이는 세계 1위인 호주(130만 톤)보다 많은 양이다. 한 영국 석유회사에 의하면 북한의 석유 매장량도 상당량 된다고 한다.

따라서 우리 기업들이 북한에 적극적으로 투자하기 위해 남북 간 포괄적 투자자보호협정을 남북 FTA에 포함시켜야 한다. 기업들은 투자한 돈과 이윤을 자유롭게 송금할 수 있어야 하므로 이 문제는 남북이 FTA 체제에서 꼭 풀어야 할 숙제다.

내가 생각하는 남북 FTA를 시기상조 또는 비현실적이라는 이유로 불가능하다고 평가하는 사람들도 있었다. 그러나 'Impossible'은 'I'm possible'의 다른 표현에 불과할 뿐이다. 우리 국민이 과거에 불가능한 것을 가능하게 만든 수많은 업적에 비추어 보면 남북 FTA는 충분히 가능하다.

남북 FTA의 전략적 고려*

현재를 살아가는 우리가 잊지 말아야 할 두 가지가 있다. 첫째, 우리는 통일을 지향하는 국가다. 둘째, 세계는 결코 한국을 중심으로 돌아가지 않는다는 것이다. 전 세계에서 유일한 분단국가인 한반도는 주변 패권국가의 흐름을 정확히 파악하는 것이 최우선 외교정책이다. 멀리 가지 않아도 임진왜란 때부터 20세기 초 제국주의 시대, 한국전쟁에 이르기까지 열강들은 우리를 제쳐 둔 채 한반도의 주인인 우리들의 운명을 흥정했다. 그러므로 외교정책은 보다 넓고 멀리 보는 혜안과 함께 행동도 따라야 한다. 글로벌한 명분과 자국의 실리 중 어느 것도 양보해서는 안 되기 때문이다. 국제적인 명분은 주변국은 물론 세계의 여론과 지지를 받는 것이다. 이에 반해 대한민국의 실리는 보다 냉정하고 현실적인 판단이 요구된다.

이런 관점에서 통일을 달성하기 위해서는 세계 패권국인 미국과 중국과의 관계를 공고히 해나가야 한다. 여기에 일본도 예외일 수 없다. 미국이라는 세계 패권 중심국의 영향력은 국내외적으로 앞으로도 당분간 지속될 것이 자명하다. 그렇다면 한미 양국의 국가 간 협조관계가 튼실한 것에 굳이 이의를 달 이유가 없다. 오히려 한미 관계의 결속이 취약해지면 중국, 일본, 러시아, 북한에 대한 우리의 입지가 약화될 것이 현재로선 분명하다.

현재 국제사회에서 미국은 한국의 평화, 번영과 통일을 위한 최우선 동반자다. 이것은 이념이 아니다. 주종관계의 사대주의도 아니다. 우리는 스스로의 국력 증강은 물론이고 미국과의 관계를 공고히 해야 한다. 그러나

* 이 부분은 외교통상부 백범흠 과장의 자문을 받아 작성했다.

몸이 작은 친구와 몸집이 큰 친구가 의리로 뭉칠 수는 있지만 삶을 대신 살아 줄 수는 없다. 미국에 지나치게 의존할 경우 자존에 대한 의지가 약해질 수 있어 미국에 쉽게 휘둘릴 수도 있다는 점을 명심해야 한다. 친구의 조언과 조력이 요긴하지만 그의 판단이 나의 인생의 결과를 책임지지 않는다는 것을 잊어서는 안 되는 것이다.

1971년 7월, 10월 두 차례에 걸쳐 키신저 미국 대통령 안보담당보좌관이 베이징을 방문하여, 저우언라이周恩來 중국 총리와 만났다. 두 사람은 국제문제에 대해 장시간 환담했는데 대화의 절반 이상이 한반도 문제에 집중되었다. 저우언라이는 주한미군 철수 시 일본 자위대의 한반도 진출 가능성, 주한미군 철수 이전 한국군의 북진 가능성, 북한의 국제적 지위 인정 문제 등 3가지에 대해 키신저에게 확약받고자 했다. 키신저는 일본 자위대가 한반도에 진출하거나 한국군이 북진하는 일은 없을 것이며, 중장기적으로 북한이 국제적 지위를 획득할 수 있도록 노력하겠다고 답변했다.

미국과 중국은 한반도의 현상유지와 한반도 문제에 대한 일본과 소련의 간섭을 막는 것이 미·중 양국의 국익과 일치한다는 데 동의했던 것이다. 키신저는 직접적인 이해당사국인 한국과는 일언반구의 협의도 없이 협상을 끝냈다. 2010년 5월 베이징에서 개최된, 천안함 사건이 주요 의제 가운데 하나였던 제2차 미·중 경제·전략대화Sino-American Economic & Strategic Dialogue II에서와 같이 우리의 어깨너머로 우리의 운명이 결정되었던 것이다.** 우리도 모르게 운명이 결정된 예는 가츠라-태프트 밀약, 제2차 영일동맹, 얄타회담 등 한두 가지가 아니다.

1990년대 이후 중국은 증강된 국력을 토대로 동아시아와 인도양 지역에 대한 영향력을 점차 확대해 나갔다. 이에 대해 미국은 동북아 제1의 해양강국 일본, 지정학적 요충에 위치한 한국, 앵글로색슨 맹방인 호주 등과의 동맹을 강화하는 방법으로 대처해 왔다. 특기할 만한 것은 최근 여기에 중국의 역사적 라이벌들인 서남아의 인도와 동남아의 베트남이 추가되었다는 사실이다. 미국 지도자들 사이에는 중국의 국력 증강 속도와 중국이 가하게 될 위협 정도에 대한 견해가 일치하지 않고 있으나, 중국이 황해(경기만)-동중국해(센가쿠 열도)-남중국해(스프라트리·파라셀 군도) 라인의 동쪽으로 이어지는 서태평양, 인도양과 호르무즈 해협을 포함한 중동 지역의 군사안보와 석유, 천연가스 등 전략에너지 부문에서 위협요인으로 대두할 것은 틀림없는 사실로 보고 있다.

유엔대사로서의 경험에 비추어 볼 때, 미국은 분명한 외교 우선순위를 갖고 있으며, 동맹국의 요청이 있더라도 자국의 국익과 주어진 상황에 합치할 때만 움직이는 경향이 있다. 우리에게 아무리 급박하고 중요한 일이더라도 세계를 경영하는 미국의 입장에서는 그리 급박하지도 중요하지도 않은 일일 수 있는 것이다. 게다가 미국이 상대적으로 쇠퇴하고 있어 세계 전역에서 동시다발적으로 벌어지는 국제문제에 개입할 여력도 점차 줄어들고 있다. 이라크, 아프가니스탄 전쟁과 2008년 미국발 세계금융위기 이후 미국의 상대적 쇠퇴는 더욱더 두드러져 보인다. 중국이 급격히 부상하고 있고, 일본이 과도기에 처해 있으며, 극단적인 경제난과 불안정한 리더

•• 2010년 5월 24일, 25일 이틀에 걸쳐 베이징에서 열린 제2차 미·중 경제·전략대화에서 미국과 중국은 천안함 사건 이후 한반도의 평화와 안정을 위해 공동 협력하기로 합의했다.

십 등 북한이 존망의 위기에 처한 이때 특히 미국, 중국 및 북한 등과의 관계를 남북통일 등 우리에게 유리한 방향으로 조정해 나갈 필요가 있다.

북한은 패권국 미국이나 급격히 부상하는 중국 모두에게 전략적으로 매우 중요하다. 당장은 아니겠지만 천안함 문제, 연평도 포격 문제와 북핵 문제 등에 다소 진전이 있을 경우, 미국은 북한과의 관계를 개선해 나갈 가능성이 있다.••• 그러나 미국은 중국의 핵심이익을 건드리려 하지 않을 것이다. 2007년 3월 뉴욕을 방문한 김계관 북한 외무성 부상이 "북미 관계가 정상화되면, 북한은 중국을 견제하는 전략적 역할을 수행할 수 있다"고 발언한 것을 우리는 특히 눈여겨보아야 한다. 북한이 2010년 9월 유엔총회 연설에서 핵무기 포기 의사가 없다 하는 한편 한국과 미국을 비난한 것은 역설적으로 한국 및 미국과의 강력한 관계 개선 의사 표명으로 보아야 한다. 북한 내 미국통인 강석주의 부총리 승진도 이런 시각에서 해석할 필요가 있다. 미국이 천안함, 연평도 포격 사건 및 북핵 문제와 관련 북한과 타협하는 방향으로 전환할 경우, 북한은 미국, 중국, 한국, 일본 등이 참가하고 있는 동북아 전략게임에서 상당히 유리한 위치를 차지하게 될 것이다. 1950년대부터 1980년대까지 중국과 소련 사이에서 줄타기 외교

••• 클린턴 행정부, 부시 행정부와 마찬가지로 오바마 행정부도 집권 중반기를 넘어서면서부터 대북 강경책이 현실적이지 않다는 점을 인정하는 조짐을 보이고 있다(클린턴 국무장관, 2010. 12. 6. 6자 회담 개최 제의 조건부 수용 가능 의사 표명). 독립 성향이 강하고, 경제난 등 극도의 위기를 겪고 있는 북한 역시 미국과의 협상을 원하고 있으며, 중국도 한·미·일 측과 계속 대립각을 세우는 것이 국익에 도움이 되지 않고, 남북 긴장 격화는 전쟁으로 이어질 수도 있는 점을 감안, 6자 회담 등을 통해 일정한 범위 내에서 미·북 간 타협이 이루어지기를 바라는 것으로 보인다.

를 성공적으로 해왔으며, 6자 회담에도 효과적으로 대처해 온 북한은 전략게임에 매우 능하다.

중국의 대한반도 정책의 기본원칙은 안정과 현상유지인데, 여기에는 우호적인 대미관계 유지와 분쟁의 회피를 통한 지속적 국가발전이라는 현실적 이해관계가 배경으로 작동하고 있다. 이는 2009년 6월 중국의 양제츠 외교장관이 미국의 스타인버그 국무부 부장관에게 북한의 거듭된 핵실험에도 불구하고, 대북정책을 대폭 조정하는 것은 어렵다고 말한 데서도 알 수 있다. 한반도의 안정과 현상유지를 지지하는 중국의 입장은 천안함과 연평도 포격 사건을 통해 다시 확인되었다. 중국에게 북한은 놓아 버리기에는 너무나 아까운 완충지인 것이다. 후진타오와 시진핑 등 중국 지도부가 김정은의 3대 세습에 대해 보여준 태도도 이러한 시각에서 해석해야 한다. 후진타오는 북한 노동당 창당 65주년 기념일을 하루 앞둔 2010년 10월 9일 김정일 앞으로 "양국 우의가 대대로 이어지길 축원하다"라는 요지의 축전을 보냈다. 여기에다가 중국은 2010년 11월 27일 다이빙궈 외교담당 국무위원을 한국으로 보내 연평도 포격 사건으로 분노해 있던 한국 정부에 6자 회담을 제의하기도 했다.

역사적으로 베이징에 수도를 둔 명과 청, 현 중화인민공화국 등은 모두 만주를 이로, 한반도를 입술로 간주하고 순망치한脣亡齒寒이라는 표현을 사용해 가면서 한반도에 반중국적인 정권이 들어서는 것을 막고자 했다. 그들은 필요하다고 판단될 경우 군사개입도 감행했다. 임진왜란과 정유재란 때의 명나라, 임오군란과 동학봉기 때의 청나라, 한국전쟁 때의 중국은 내란으로 자국이 몹시 피폐한 상태에 처해 있으면서도 한반도에 대군을 파병하였다. 앞에서도 말했듯이 중국은 한반도에 사활을 건 이해관계가 있는 것이다. 급변사태에 대비하여 평양에 친중 정권 수립을 시도할 가능성도 있다. 이미 북한 군부의 핵심지도자들을 포섭하는 데 성공했을지도 모른다. 중국은 북한의 붕괴가 만주의 불안정과 나아가 중국사회 전체의 불안정으로 이어지고, 적대적인 세력이 압록강-두만강 선까지 진출할 것을 극도로 우려하고 있다. 세계화의 혜택을 가장 많이 보았으며, 점차 체제를 전환해 나가고 있는 지금의 중국은 북한을 꼭 순망치한의 시각으로만 바라보는 건 아니지만, 미국을 비롯한 해양세력의 절대적인 영향력하에 있는 한국의 흡수통일은 용인하지 않을 것이다.

천안함이나 연평도 포격 사건에 대해 보여준 중국의 입장과 행동은 냉전적이냐 탈냉전적이냐가 아니라, 지정학과 역사라는 스펙트럼으로 해석해야 한다. 2010년 9월에 발생한 센가쿠(다오위다오) 열도 사건에서 중국이 보여준 태도 역시 지정학과 역사, 민족주의 시각에서 바라볼 필요가 있다. 천안함 사건과 뒤이은 한미 합동군사훈련 및 센카쿠 열도 사건 이후 중국의 대외입장은 한층 더 강경화되고 있다.

중국의 대한국 외교정책의 기본 방향은 한국을 미·일 동맹으로부터 격리하는 것이다. 2008년 5월 27일 베이징에서 개최된 한중 정상회담에서 양국은 한중 관계를 전략적 동반자 관계로 격상하기로 합의했다. 그러나 천안함 사건과 연평도 포격 사건에서도 알 수 있듯이 한중 전략적 동반자 관계는 아직 공동의 목표를 정하지 못한 허구적 상황을 벗어나지 못하고 있다. 한중 정상회담 개최에 앞선 5월 17일과 19일 두 차례에 걸쳐 중국 외무성 대변인은 한미동맹을 "냉전의 유물"로 폄하했다. 전략 요충지에 위치해 있으며 상당한 국력을 가진 한국이 미·일 진영에 가담해 있는 것이 중국에게는 그만큼 껄끄러운 것이다. 일례로 백령도에서 산둥반도 동단까지의 거리는 195km에 불과하다. 백령도가 중국과 북한의 전략종심을 틀어막을 수 있는 길목에 위치해 있다는 점에서 백령도의 군사전략적 중요성은 아무리 강조해도 지나치지 않다. 북한은 백령도 주둔 우리 해병대를 의식하여 상당수 병력을 백령도 대안에 배치해 놓은 실정이다.

중국과 국경을 마주하고 있는 러시아, 인도, 북한, 베트남, 카자흐스탄 등 14개국 가운데 진정한 민주주의 국가인 동시에 경제적으로도 강력한 나라는 아직 없다. 중국 입장에서는 미군이 주둔하고 있으며 경제적으로 강력하고 민주주의 국가인 한국과 국경을 같이하고 싶지 않을 것이다. 중국은 이러한 여러 가지 이유로 인해 북한의 붕괴로 이어질 에너지와 식량 공급 중단 등의 대북 제재조치는 취하지 않을 것이다. 한국전쟁 참전 여부를 놓고 지도부 내에 심각한 고민과 갈등이 있었듯이, 북한이 점점 더 중국에 외교적 부담을 가중시킴에 따라 현재의 중국 지도부도 대북정책을 놓고 깊이 고민하고 있을 것이다. 우리가 생존과 발전을 위해 중국과도 긴밀한 관계를 유지해 나갈 수밖에 없는 이유이다.

중국과 가까워지기 위해서는 역설적으로 미국과 좀더 굳건한 관계를 유지하고 발전시켜 나가야 한다. 여기에는 주한 미군과 확장된 핵 억지력 등 미국과의 군사 협력 관계가 핵심이다. 미국과의 관계 강화는 중국과 일본에 대한 레버리지로 작용할 수 있고, 이를 배경으로 한 중국과의 관계 강화는 일정 부분 다시 미국과 일본에 대한 레버리지로 기능할 수 있는 것이다. 중·일 간 센가쿠 열도 사건과 같이 중국과 직접 충돌하는 사건이 발생했을 경우, 스스로의 대처 능력이 가장 중요하지만, 동맹세력의 지원도 필요하다. 단, 동맹국이나 우호세력의 지원은 제한적일 수밖에 없으며 대가 지불이 수반된다. 동맹이나 우호관계도 결국 강자의 논리이기 때문이다.

일본은 북한의 핵무기와 미사일에 대한 대처를 구실로 핵무장을 고려할 수 있게 되었다. 여기에다가 센가쿠 열도에 대한 중국과의 영유권 분쟁은 일본의 군사력을 강화하는 촉진제 역할을 하게 될 것이다. 일본은 평화헌법 등 법적·정치적 장애요소가 있지만 유사시 1년이면 핵무기를 실전배치할 수 있는 능력을 갖고 있다. 이미 세계 4위의 군사력을 확보하고 있는 일본은 세계적 수준의 우주항공 기술도 보유하고 있다. 일본의 일부 지도자들은 북한의 핵무장과 중국의 급부상이라는 동북아 정세의 변화를 이용하여, 평화헌법 개정 환경을 조성하려 하고 있다. 중국이 부상함에 따라 극도의 위기의식을 갖게 된 일본 지도부는 중국을 견제하고, 동아시아 지도국의 위상을 유지할 수 있는 군사력의 증강을 바라고 있다. 2010년에 다시 점화된 센가쿠 열도에 대한 중국과의 영유권 분쟁, 천안함 및 연평도 사건, 메드베데프 러시아 대통령의 쿠릴열도 방문 등은 일본으로 하여금 군사력을 강화하게 하는 촉진제 역할을 할 것이다. 일본은 지금 국가 리더십의 위기를 겪고 있지만, 상황이 정리되면 과거의 위상 회복에 나설 것이다. 중국의 부상에 대응하여 우리나라에 접근해 오면서도 독도를 자국 영토라고 주장하는 것이 일본이다. 2010년 9월 현재 센가쿠 열도 부근에서 동북아의 두 고래라 할 수 있는 중국과 일본 간 건곤일척의 대결이 벌어지고 있다. 우리는 더 이상 '고래 싸움에 등 터지는 새우'가 아니라 돌고래가 되어 우리의 미래를 개척해 나가야 한다.*

  중국의 부상에 따른 범세계적 세력관계의 변화에 대처하고, 민족 정체성을 유지해 나가기 위해서는 한반도의 통일이 필수적이다. 인구 4천9백만, 면적 10만㎢의 한국이 인구 13억 5천만, 면적 960만㎢의 초대국인 중국 우위하의 미·중 양극체제가 대두하는 동북아 상황을 헤쳐 나가기 위해서는 통일이 되어야 한다. 우리는 북핵, 천안함 사건, 북한 급변사태 발생 가능성 등과 관련, 미국과 중국의 움직임을 면밀하게 관찰해야 한다. 2010년 11월 말 누출된 미국의 비밀 전문이 말해 주듯이 중국과 미국 등 강대국들은 언제든지 우리 어깨너머로 우리의 운명이 걸린 흥정을 벌일 수 있기 때문이다.

  백악관에서 노 대통령과 오찬 시 부시 전 미국 대통령은 "많은 사람들이 잘 모르지만, 미국과 중국은 생각보다 가까운 관계이다"라고 말한 적이 있다. 결국 큰 나라 간에는 크게 타협할 여지가 있다는 말이다. 큰 나라들의 의도를 잘못 해석하고, 여기에 휘말려 국익을 훼손시키는 일이 되풀이 되어서는 안 된다. 미사일과 핵무기, 화학무기, 장사정포 등 북한의 군사적 위협에 대한 대응 능력을 강화하고, 일본과 중국의 군사력에 대한 최소한의 억지력도 확보해야 한다.

  현상유지의 지속은 달콤하겠지만, 그 끝은 우리나라와 민족의 약화 내지 소멸로 나타날 것이다. 미국이 상대적으로 쇠퇴하고 있고, 일본이 방향

• 배기찬, 《코리아 다시 생존의 기로에 서다》, 위즈덤하우스, 2005, 421쪽 참조.

을 잃고 있으며, 중국이 급부상하고, 북한이 존망의 위기로 내몰린 지금이 통일정책을 적극 추진할 때이다. 공고하던 동북아 질서에 작지만 균열이 생기기 시작했기 때문이다. 이와 같이 과도기로 접어든 동북아 정세를 충분히 고려하여 우리는 한미 FTA를 비준하여 발효시킴으로써 국력을 강화하고 미국과의 관계를 한층 더 공고히 하는 한편, 남북 FTA 체결 등을 통해 북한과의 관계를 개선함으로써 대외 레버리지를 강화하는 동시에 통일 기반도 구축해 나가야 한다. 가장 근본적이자 반드시 필요한 것은 북한을 압도하는 정치·경제·군사력을 확보하는 것이다. 그래야 미국과 중국이 우리나라를 진정한 협상 대상으로 인정할 것이다. 서독이 통독할 수 있었던 가장 근본적인 이유는 미국과 소련으로부터 제대로 된 파트너로 인정받을 정도로 강력한 나라였기 때문이다. 우리는 당장의 문제가 화급하더라도 먼 안목으로 사태의 진전을 관찰하고, 행동해야 한다. 중국은 궁극적으로 대만을 흡수·통일하기 위해 2010년 6월 중-대만 FTA를 체결했다. 1871년 독일 통일도 프로이센의 강력한 군사력과 효율적인 외교와 함께 FTA보다 경제통합을 더욱 강화한 관세동맹이 밑거름이 되었다는 사실을 잊어서는 안 된다.

현실적으로 적이자 동포인 북한의 양면적 성격을 상황에 맞게 해석하고, 다른 나라들과의 관계에서 필요할 때에는 북한과의 관계도 활용해야 한다. 2차 세계대전 후 미국, 영국, 소련, 프랑스 4개국에 의해 분할 점령되었던 오스트리아가 좌우를 망라한 국내 정치세력의 통합을 통해 통일을 이루어 독립한 데 반하여, 우리나라와 베트남이 좌우반목 등으로 인해 남북으로 분열되어 동족상잔의 피비린내 나는 전쟁을 겪어야 했던 이유와 배경을 정확히 이해해야 한다. 과거와 같은 오류를 되풀이해서는 안 된다.

1990년 독일 통일도 인근의 라이벌인 영국과 프랑스의 저항과 반대에도 불구하고, 서독 지도자들의 강력한 의지와 효율적인 외교, 그리고 미국과 소련의 대타협으로 성사될 수 있었다. 세계는 결코 서울과 평양을 중심으로 돌아가지 않는다. 북핵 문제나 천안함 사건도 마찬가지다. 국제정치 현상은 국가와 국가 간 작용과 반작용, 갈등과 협상, 타협의 산물이다. 한반도의 장래는 워싱턴과 베이징, 도쿄, 모스크바 간 협상과 타협에 영향을 받을 가능성이 높다. 이것이 우리에게 유리하게 결정되느냐 불리하게 결정되느냐는 한반도의 주인인 우리의 능력과 의지, 대외 정책의 방향에 좌우될 것이다.

4부 가능성은 2퍼센트 미만, 그래서 도전한다

한미 FTA 협상 시한이 초읽기에 들어간 2007년 4월 2일 오전,
청와대로 가기 위해 경호를 받으며 하얏트호텔 협상장을 나서고 있다.

유엔대사 시절 수단에서 내전이 일어나 40만 명 이상이 목숨을 잃었다.
나는 내전 지역인 다푸르를 방문하여 내 눈으로 직접 현장을 확인했다.
다푸르의 난민 수용소 모습.

1장

유학 시절
좌절은 있어도 실패는 없다

내가 스스로를 감히 비주류라고 칭하는 이유, 그리고 내 삶을 더욱 치열하게 만든 것은, 기존 질서와 기득권의 틀을 인정하지 않으려는 나의 근성 때문이다. 1960~1970년대에 학교생활과 1980년대에 직장 생활을 한 나는 미국에서 동양계 소수민족으로서 이방인의 삶을 살아야 했다. 한국에 돌아와 사회생활을 할 때는 그 중요하다는 동창이나 친구, 선후배 없이 혼자 헤쳐 나가야 했던 것도 같은 맥락이다. 교수 생활은 물론 정부조직에서도 기존질서의 폐쇄적인 정서와 관습들에 나를 쉽게 맞출 수 없었다. 스위스 WTO 근무 시절엔 20여 명의 국장급 직원 가운데 인도 사람 한 명을 제외하면 동양인이 한 명도 없는 환경에서 동양의 작은 나라 한국 사람으로서 고독하게 경쟁해야 했다. 외교부에서는 전 외교부장관으로부터 법률가 기질의 외교관은 자격미달이라는 말까지 들어 가며 외무고시 출신을 중심으로 뭉친 외교부 내 기득권 세력으로부터 배제되었다. 현재도 다르지 않다. 정부 고위 관료 출신의 이력으로 사내의 주류인사가 되기는 한참 멀었다.

그러나 비주류의 삶이라 스스로 칭하는 것은 이런 외형적인 이유 때문만은 아니다. 매사에 나는 어떻게든 기존 질서를 깨고 다수가 선택하는 방향과는 다른 방향으로 걸어가려는 의지에 뿌리를 두고 촉각을 곤두세우고 있었다. 나름 쉽고 편한 다수의 길은 선택하지 않았다. 현재의 틀에서 더 자유로워지고 싶었기 때문에 지금 있는 자리에서 부딪치는 한계를 극복해야만 했다. 그렇게 계속 고민하고 몸부림쳐 온 그 사고방식 때문에 나는 조직 안에서는 주류가 되기를 기대하지 않은 듯하다. 나의 선택은 매번 모험이었다.

한미 FTA가 체결된 후 어떤 일간지에서 내가 학생 시절 '올all 수'만 받은 모범생이었을 거란 기사를 읽은 적이 있다. 이는 명백한 사실무근의 오보다. 나는 결코 '올 A'의 학창 시절을 보내지 않았다. 돌이켜 보면 출발 지점에서 목표 지점까지 직선으로 간 적이 한 번도 없었다. 다수가 가는 길을 가지 않으려는 나의 의지는 늘 누가 시키는 대로 하지 않았다. 무엇을 하려다가도 누군가 그 일을 시키면 하지 않는 '삐딱이'였다. 나중에 판단이 틀린 걸 알고 기존 패러다임을 도로 가져올망정 나는 일단 그 틀을 깨고 다시 힘들여 수습하는 성격이었다. 이는 내 인생 행보에 그대로 적용되었다. 한국에는 동창, 친구도 없고 고향 선후배도 없으니 입대 후 서울에서 일한다는 것은, 전도유망한 미국 변호사의 길을 포기하는 무모한 결정이라고 다들 말렸다. 1980년대 후반만 해도 미국 대형 로펌에서 일하는 것 자체가 엘리트 코스로 간주됐기 때문에 주변 사람들은 계속 미국 로펌에 남아 일할 것을 종용했다.

그러나 인생에서 전환의 순간은 본인 이외에 그 누구도 알 수 없는 것이다. 따라서 절대로 남의 말에 휘둘리면 안 된다. 구약성경을 보면 소년 다윗이 골리앗과 싸우러 나가기 직전 사울 왕은 다윗이 걱정되어 무거운 갑옷을 입힌다. 그러나 갑옷이 무겁고 불편하였던 다윗은 이를 벗어 던지고 전투에 임한다. 어느 통계학자에 의하면 갑옷을 입고 싸우면 다윗이 이길 가능성이 없었고, 갑옷을 벗는 순간 승리의 가능성이 75%가 되었다고 한다. 주변에서는 중요한 순간마다 이런 갑옷을 입히려는 경향이 있는데, 본인의 능력과 적성 그리고 진정으로 마음이 원하는 것은 자신만이 알기 때문에 나의 깊은 마음에서 우러나오는 지시를 따라 과감하게 결정해야 했다. 하늘은 스스로 돕는 자를 돕는다.

내 인생의 전환점, 윌브럼 앤드 먼슨 고등학교

나는 모범생은커녕 비주류이자 아웃사이더로서, 초등학교부터 로스쿨, 로펌, 대학교수, WTO, 그리고 외교부까지 가는 곳마다 기득권에 맞서며 살아왔다. 서울에서 초등학교를 다닐 때는 55명 중 꼴찌였고, 마침 나처럼 한국말을 못하는 외교관 아들이 전학을 온 뒤로 꼴찌를 겨우 면하여 54등을 했다. 전입전출이 빈번한 외교관 가정 자녀들의 실상이다. 영어도 못하니 미국에 가서도 성적이 좋을 리가 없었다. 이런 과정은 중고등학교 때까지 계속 이어졌는데 주로 C, D학점을 받았고 F도 받아 본 적이 있다. 외교부 직원이셨던 부친께서는 네덜란드로 발령받아 가시게 되었을 때 나를 미국 매사추세츠 주에 있는 기숙학교에 보내겠다고 말씀하셨다. 부모님 입장에서 공부를 해도 성적이 안 나오는 자식을 포기하지 않으시고 마지막으로 희망을 걸어 본 것이다. 매사추세츠 주에 소재한 윌브럼 앤드 먼슨Wilbraham & Monson 고등학교였다.

뉴잉글랜드의 기숙학교에 대한 경험은 겪은 사람마다 다르겠지만, 과정을 즐기면서 공부를 잘하는 학생도 있고, 적응하지 못해 어려워하는 학생도 있다. 나는 후자에 속했다. 당시 사립 기숙학교에 보내는 것은 부모님 입장에서 재정적으로 부담스러운 일이었다. 나뿐만 아니라 두 동생들도 네덜란드에서 학교에 보내야 했기 때문이다. 네덜란드에서 흔한 우유와 치즈 값을 아껴 가며 부모님은 학비를 마련하셨다. 외교관이라는 국가의 특수 직임을 수행하는 입장에서 국가의 품위를 절대적으로 지켜야 하지만, 가정 내적으로는 넉넉하지 못한 어려움이 있었다. 다 같이 고생하던 시절이었고 국가적으로 달러 모으기에 매진하던 시기에 나 혼자 외화를 쓰면서 미국 사립학교를 다닌다는 것이 국가에 빚을 진 듯 느껴져 더 부담스러울 수밖에 없었다. 장남인 나는 주어진 임무, 즉 공부를 열심히 하여 좋은 성적으로 좋은 대학에 진학하는 것이 대한민국 국민으로서, 그리고 자식으로서 마땅히 해야 할 도리라는 자각이 그즈음 생겼다. 이 목적을 달성해야 한다는 생각 때문에 나는 고교 시절을 더욱 고단하게 보냈다. 게다가 양식을 그다지 좋아하지 않는 내가 청국장, 고들빼기김치, 꼬막 같은 한국 음식을 먹을 수 없게 된 것도 부모를 떠나 기숙학교 생활을 하는 고충 가운데 하나였다. 이후 서울에 돌아왔을 때, 고교 때 못 먹었던 한을 풀기라도 하듯 기회만 생기면 내가 좋아하는 음식점인 '순천집'을 찾는 것으로 이 박탈감은 보상되었다.

월브럼 앤드 먼슨은 일류 학교는 아니지만 나에게 적합한 학교였다. 이 학교의 장점은 노력한 만큼 성과를 거둘 수 있다는 데 있었다. 적성과 맞지 않는 사립 고등학교에 입학할 경우 노력만큼의 결과를 얻을 수 없는 경우가 많다. 월브럼 앤드 먼슨은 학습 능력이 떨어지는 학생들을 제쳐 두고 우수한 학생들 위주로 이끌어 가는 대신, 하고자 하는 열의가 있는 학생이라면 누구에게나 적극적인 도움과 격려를 아끼지 않았다. 나는 까다로운 영어 교사들에게 논리적으로 작문하는 법을 배웠고, 문학을 배우면서 시야를 넓힐 수도 있었다. 《무기여 잘 있거라》에서 여주인공이 세상에서 고립되어 어떻게 죽어야 했는지, 《백경》에서 멜빌이 왜 하나님에게 반항했는지, 김지하 시인의 문장에서 느껴지는 열정과 힘의 원천이 무엇인지 등을 분석하는 에세이를 끊임없이 제출해야 했다.

공부하는 것이 중요한 이유는 끊임없이 관찰하고 연구하여 질문하는 법을 배우는 데 있다. 나는 학교 공부를 통해 세상을 보고 생각하는 법을 기르는 것이 학창 시절에 훈련해야 할 가장 중요한 일이라는 것을 알게 됐다. 월브럼 앤드 먼슨은 작은 시골 마을에 있었는데, 그 마을의 작은 연못을 보면서 더 넓은 바다를 꿈꾸었던 도전 정신이 후에 세계적인 대도시 뉴욕에 위치한 컬럼비아 대학교에 진학하는 바탕이 된 것 같다. 어떤 학교를 다니느냐가 중요한 것이 아니다. 어떤 생각을 하며 어떤 목표를 왜 세우는지가 중요하다. 나의 비주류근성이 비로소 독립된 사고를 통해 나를 세우는 출구를 발견한 것이다. 비로소 내 속에 있었던 가능성을 발견한 것이다. 부모님은 거의 체념하는 심정으로 미국의 한 외지고 작은 기숙학교에 나를 떨어뜨려 주셨지만, 돌이켜보면 내 인생의 홀로서기를 시작하는 전환점의 계기가 주어진 것이었다. 고마울 따름이다. 비로소 나는 내 인생의 주인의식이 생겼고, 실력을 쌓고 발휘할 수 있는 경험을 통해 '줄반장'이라도 해봐야 그 줄 전체가 보인다는 것을 알게 된 것이다.

언어가 유창할수록 무대는 넓어진다

부친께서 네덜란드에서 근무하던 시절 나는 고졸인 여비서가 모국어인 네덜란드어 외에도 독어, 불어, 영어를 유창하게 구사하는 것을 보고 네덜란드가 왜 작지만 강한 나라인지 알았다. 언어를 충분히 습득하면 그 나라의 문화와 깊은 정서를 이해할 수 있으므로 그들과 교류할 때 '우리 사람이구나' 하는 친밀감을 줄 수 있다. 또 우리도 그들의 생각과 말뜻을 온전히 이해하게 됨으로써 후일 개인 혹은 국가 차원의 일을 할 경우 신뢰와 친분을 바탕으로 순조롭게 추진할 수 있다.

박제가는 해외통상론을 언급하며 '조선의 세계화'를 위해 중국어 교육의 중요성을 역설했다. 당시 중국어를 오늘날의 영어에 해당하는 국제어로 볼 때 그의 세계화 의식은 시대를 초월했다. 박제가는 조선의 사대부들은 중국어를 격설鴃舌 즉 오랑캐 언어라며 배우지 않고 역관에게만 맡기고 있는데, 이는 잘못된 것이라고 주장했다.* "중국어뿐만 아니라 일본어, 만주어, 몽골어도 배우도록 노력해야 하며, 이를 부끄럽게 여기지 말아야 한다"라고 주장했다.** 또한 중국어는 문자의 근본이며, '天' 자를 '하

• 박제가, 박정주 옮김, 《북학의》, 서해문집, 2003, 111~112쪽.
•• 박제가, 같은 책, 113~114쪽.

늘 천'이라고 하지 않고 바로 중국식 발음인 '티엔'이라고 가르친다면 좋을 것이다***라고도 했다. 1883년 고종의 특사단이 아서 미국 대통령과 대화할 때, 아서 대통령의 영어를 알아듣기 위해 일단 중국어로 옮긴 후 다시 한국어로 옮겨야 했다.**** 게다가 우리의 뜻을 전하려면 한국어를 중국어로, 중국어를 다시 영어로 옮기는 더 어려운 과정을 거쳤으니 말의 의미는 물론 뉘앙스가 제대로 전달되었을 리가 없다.

언어를 유창하게 구사하는 것은 세계화 시대에 자신이 활동할 수 있는 무대를 그만큼 넓히는 것이다. 통상교섭본부 직원들이 나를 통상수장으로 인정해 준 이유 중 하나는 사전 약속 없이 어느 나라 장관과도 핸드폰으로 자유롭게 통화할 수 있다는 점이었다. 그것이 불가능했다면 논의할 내용을 직원들이 일일이 영어로 작성한 후, 상대국 장관의 일정을 미리 조율하여 통화 시간을 정해야 했을 텐데 그 업무도 만만치 않았을 것이다. 급박하게 결정해야 할 사안일 경우 언어가 받쳐 주지 않으면 통화 시간을 조율하느라 수차례 국제전화와 전문이 오가는 동안 타이밍을 놓칠 가능성이 크다. 한미 FTA 마지막 협상을 서울에서 하기로 결정한 것도 핸드폰 통화로 수전 슈워브 USTR 대표와 일정 합의를 한 결과였다. 처음으로 워싱턴이 아닌 해외에서 미국이 통상협정을 맺게 된 것이다. 이런 일들을 가능케 하려면 결국 자유로운 의사소통을 통한 신뢰가 먼저 있어야 한다.

••• 박제가, 같은 책, 110쪽.
•••• 강준만, 《한국 근대사 산책 1》, 인물과사상사, 2007, 282쪽.

새는 날기 위해 뛴다

우리나라의 미래를 책임질 청년들에게 주문하고 싶은 것이 있다. 자기 능력의 최대치를 넘어서는 경험을 해보라는 것이다. 기회가 주어질 때, 자기 능력의 한계를 넘어서는 초인간적 노력을 하는 것이다. 그로 인해 본인이 상상치도 못한 결과를 경험하고 나면 실력이 한 단계가 아니라 한 차원 더 높아진다. 비행기는 이륙 전 활주로를 달리는 동안은 지상의 그 어떤 것보다도 빠르지만, 아무리 엔진 소리가 크고 속력이 높아도 지상에서 바퀴가 떨어지지 않으면 육상 교통수단의 한계를 넘지 못한다. 그런데 필요한 속도를 넘어 뒷바퀴가 활주로에서 들릴 때, 시속 수백 킬로미터의 속력이 만들던 소음이 갑자기 멎는다. '달리는 것'에서 '나는 것'으로, 지상의 한계를 박차고 공중으로 뻗어 솟구쳐 오르는 순간이다. 이렇게 한계를 넘은 자에게는 대양과 대륙을 건널 수 있는 자유가 주어진다. 하늘로 날아올라 새로운 차원에 들어가기 위해 지상의 어떤 것보다도 빠른, 아니 그 이상의 질주가 필요한 것이다.

이렇게 자신의 한계를 뛰어넘는 경험이 있어야만 자유로워질 수 있다. 나약함과 두려움의 한계로부터 말이다. 특히 학창 시절 이러한 경험을 하는 것은 더 중요하다. 학교에서는 스스로 기회를 만들고 성취할 수 있는 환경이 제공되지만, 사회에 나오면 기회가 쉽게 찾아오지 않기 때문이다. 이런 경험을 한 사람은 자신이 속한 사회, 직장, 학교, 또는 스스로가 그어 놓은 한계를 뛰어넘어 기회를 찾으려 노력한다. 문제를 찾아 그 문제를 뛰어넘으려는 적극적인 삶의 자세, 주어진 역할에 순응하며 주어진 것만 지키려는 수동적인 삶의 자세, 둘 중 하나를 택하여야 한다면? 답은 굳이 말할 필요조차 없으리라.

　기존의 틀에 갇혀 자신의 소임을 다하지 못하는 예는 현장에서 수없이 드러난다. "한미 FTA 출범, 되겠어?" "출범은 어떻게 했지만 타결되겠어?" 또는 "본부장님, 이 일은 어떻게 해야 할까요?" 등 절망적인 질문을 받는 것은 매우 안타까운 일이다. 창의적으로 문제를 해결하려 하기 전에 이미 한계를 정하고, 그 너머에 놓인 일은 윗사람에게 책임을 전가하는 수동성의 표현이기 때문이다. 자신이 맡은 업무를 수행하는 데 자기만의 해법을 제시하려는 시도조차 하지 않는 것은 스스로가 정해 놓은 한계에 갇혀 있음을 의미한다. 그리고 이런 습관화된 수동성은 거시적인 안목을 기르는 데 가장 큰 장애물이 된다.

　한계를 뛰어넘는 목표를 세우면, 주어진 업무를 성공적으로 수행할 수 있을 뿐 아니라 자신이 몸담고 있는 조직 자체의 새로운 패러다임을 짤 수 있다. 동시다발적 FTA 체결전략 역시 기존 다자 무역 체제의 한계를 극복하기 위한 길이었다. 그래서 미국, EU 등 우리나라의 주요 시장권과 동시다발적으로 FTA를 진행시키고, 새로운 패러다임으로 남북 FTA를 그린 것이다. 어느 분야나 마찬가지지만 국제통상 분야에서 일하는 사람은 지금 눈앞에 닥친 문제를 해결할 뿐 아니라 큰 그림을 보며 다음 패러다임을 생각할 수 있어야 한다. 조직 내 시스템의 한계를 넘는 것은, '기존의 틀 안'의 경쟁에서 이기는 것이 아니라 '새로운 틀을 짜서' 시스템 자체의 수준을 업그레이드하는 것이다.

재수생의 도전

1980년, 그해 여름은 무척이나 더웠다. 대학 3학년이던 나는 열심히 공부한 덕에 좋은 성적을 냈고, 다음 해에는 로스쿨에 가기 위해 입학시험 LSAT을 준비해야 했다. 로스쿨에 가기로 결정했으면서도 LSAT 공부를 열심히 하지 않은 이유를 아직도 잘 모르겠다. 왠지 모르지만 LSAT 준비가 하기 싫었다. 할아버지, 아버지 모두 변호사인 집안에서 태어나 인생 진로가 결정된 친구들, 고액 연봉을 받으며 맨해튼에 멋진 아파트와 뉴욕 북부의 부촌에 주말 저택을 소유하는 것이 목표인 그들을 보니 인생의 목표가 돈과 직업적 성취인 세계, 또 그렇게 살아야만 생존할 수 있는 세계에서 살고 싶지 않다는 생각을 한 것 같다.

시험 준비를 안 했으니 높은 점수가 나올 리 없었다. 여러 로스쿨에 원서를 냈으나 결과는 뻔했다. 명문 로스쿨에서 모두 불합격 통지서가 왔다. 그래서 대학 졸업 후 대학원에 진학하여 국제정치학 석사를 취득했고 동시에 대학원을 다니며 LSAT를 다시 봐서 명문 로스쿨에서 요구하는 점수를 받았다. 대학원 과목을 다섯 개나 들으면서 별도로 LSAT를 준비하는 것은 버거운 일이었으나 결과가 만족스럽게 나와 안도하고 있었는데 전혀 모르고 있던 사실이 있었다. 당시 LSAT는 대학 입학시험 SAT처럼 여러 번 시험을 봐서 최고 점수를 제출하는 것이 아니라 시험 본 횟수를 더해 평균 점수를 접수한다는 것이었다. 그리고 한 번 불합격한 사람이 재도전할 경우 입학 가능성은 통계적으로 2%에 불과했다.

고민 끝에 컬럼비아 로스쿨에 입학하기로 결심하고, 입학처장을 만나 적극적으로 설명해 보기로 했다. 그런데 입학처장을 만나기가 쉽지 않았다. 방법을 고민하다가 구체적인 계획도 없이 틈만 나면 무작정 컬럼비아 로스쿨 교수회관 앞 교수연구실 복도를 돌아다녔다. 그렇게 며칠, 몇 주, 몇 달이 지난 뒤 우연히 알게 된 어느 교수에게 사정을 말했더니, 입학 관련 업무를 잘 아는 다른 교수를 소개해 주었고 그 교수는 입학처장과의 약속을 잡아 주었다. 드디어 입학처장을 만났다. 입학처장은 이런 식으로 자기를 찾아온 학생은 한 번도 없었다며 흥미롭다는 표정으로 내 얘기를 들었다.

"첫 번째 시험에서는 실수로 좋은 성적을 내지 못했지만 두 번째 시험에서 좋은 성적을 냈으니, 컬럼비아 로스쿨에 입학시켜 주기 바랍니다."

"이번에 두 번째로 본 시험 결과가 운이 좋아서 성적이 잘 나온 것이 아니란 것을 증명해 보게나."

"어떻게 증명하면 되죠?"

"한 번 더 시험을 봐서 다시 좋은 성적을 얻는다면 입학시켜 주지."

뜻밖의 제안이었다. 하늘에 동그라미를 달라고 간절히 기도하면 사각형을 준다는 것을 그때 알게 되었다. 그리고 그 사각형을 동그랗게 만드는 것은 내 몫이라는 걸 깨달았다. 시험을 또 보긴 싫었지만 입학할 수 있는 길이 열린 것에 만족하고 시험 준비를 했다. 결국 두 번째처럼 좋은 성적을 거두어 컬럼비아 로스쿨에 입학할 수 있었다. 그 후 또 실수를 저질렀는데 오히려 그 실수로 일이 좋은 방향으로 풀려 재미있는 추억거리가 되었다. 입학원서를 보니 장학금을 신청할 것인지 묻는 항목이 있었다. 그런데 장학금을 신청하면 탁월한 성적이 아닌 경우 받을 가능성이 낮아지므로, 확신이 없으면 신청하지 않는 게 상책이다. 게다가 로스쿨은 아주 예외적인 경우를 제외하고는 외국학생에게는 장학금을 주지 않는다. 나는 합격만 해도 다행이라 생각하고는 그 항목에 분명 '아니요'라고 답했다. 그런데 합격자 발표가 난 후 입학당국에서 전화가 왔다. 장학금을 달라면서 왜 희망 액수는 써넣지 않았느냐며 타박을 했다. 합격에만 골몰한 나머지 장학금 신청란에 '아니요'를 적는다는 것이 '예'라고 적은 것인데, 덕분에 다니고 싶었던 로스쿨을 3년 동안 장학금을 받으며 다닐 수 있었다.

이제 와서 돌아보니 그동안의 삶이 순탄한 것만은 아니었다. 실수나 좌절을 겪은 뒤에야 제정신을 차려 재도전을 해서 좋은 결과를 얻어 낸 후 다시 자만하고 거듭 실수하여 또 좌절하고 재도전해서 만족스러운 결과를 얻는 과정의 반복이었다. 그래도 최선을 다했을 때 흡족한 결과를 냈다는 점에서 후회는 없다. 좌절은 있었지만 실패는 없었다고 할 수 있다. 좌절해도 주저앉지 않고 새로운 용기로 최선을 다하면 결국 일어설 수 있다는 것을 체험으로 배웠다. 어느 고등학교의 표어가 생각나 여기 옮겨 본다.

"도전하라, 꿈을 향해 Dare to dream!"

'2% 미만의 가능성만 있어도 가치 있는 일이면 도전하라'는 내 좌우명이 되었다.

변호사는 '갑'이 아니다

나는 1980년대 중반부터 말까지 기업 인수합병M&A이 한창 왕성할 무렵, 월가의 대형 로펌에서 M&A 업무를 했다. 주변의 지인들은 내가 기업 자문 변호사로서 경력을 잘 쌓아 가고 있다고 생각했다. 그러나 사실은 그렇지 않았다.

로스쿨 졸업 후 로펌에 취직하는 것은 마음 설레는 일이다. 드디어 삶의 현장에서 법률자문을 한다는 것에 뿌듯함이 느껴진다. 하지만 이런 기분은 6개월에서 1년 정도 지속될 뿐, 그 후에는 냉혹한 현실이 기다리고 있다. 기업 업무에서 변호사는 '갑'이 아니다. 즉, 주도적인 역할을 하지 않는다. 기업인들이 최종 결정을 하고 나면 변호사들은 밤을 새워 계약서를 만들며 서류작업을 한다. 물론 이 일이 중요하지 않다는 말이 아니다. 그러나 M&A에서 가장 중요하게 고려하는 사항은 언제, 어떤 회사를, 얼마를 주고 인수해야 내 사업에 도움이 되겠다는 판단인데, 그 판단은 철저하게 변호사의 몫이 아니다.

통상교섭본부장 시절, 나는 외환보유액 일부를 국부 펀드로 하여 미국 원자력 설비업체인 웨스팅하우스사 등을 인수해야 한다고 주장했다. 더 나아가 산업은행과 정부 소유 은행들을 합병해 대규모 투자은행을 만들어 기업들의 M&A 자금을 조달할 것을 제안했다. 노무현 대통령이 중국 후진타오 주석과 원자바오 총리를 세 차례 만나면서 그때마다 중국의 원자력발전소 건설에 참여하고 싶다고 밝혔으나, 그들의 반응은 똑같았다. 우리에게 원자력발전에 필요한 원천 기술이 있느냐는 반문이었다. 우리나라에도 원자력발전소가 많지만 그 원천 기술은 웨스팅하우스사의 것이다. 그렇다면 그 기술을 가진 웨스팅하우스사를 인수하면 될 것 아닌가. 원천기술을 소유하면 중국의 대규모 원자력발전 시장이 우리에게 열리고 후일 북한에 전기를 공급하기 위한 대비책도 마련할 수 있기 때문이다. 원천기술의 확보는 주요 산업의 핵심이다.

하지만 결국 일본 도시바가 웨스팅하우스를 54억 달러 즉 6조 원이 넘는 금액에 인수한 데 이어, 최근에는 중국의 원자력발전소 건설을 수주했다. 1973년 이후 원자력발전소를 짓지 않았던 미국도 고유가 대책으로 웨스팅하우스사에 발전소 건설을 발주했다. 지금도 나는 우리가 54억 달러 이상을 써서라도 웨스팅하우스사를 인수했어야 한다고 생각한다. 이렇게 사업을 하느냐 마느냐, 한 기업을 사느냐 마느냐의 결정은 변호사의 몫이 아니다. 물론 틈틈이 증권거래법이나 반독점법 등 법률자문을 제공할 수는 있으나, 통상 사업적 결정이 모두 내려진 뒤에야 비로소 변호사들의 역할이 있게 된다.

이처럼 의사결정에 제한적인 일을 반복하다 보니 변호사 일이 갑갑하게 여겨진 건 어찌 보면 당연하다. 80년대에 미국에서 한 해에 약 4만 명 정도 되는 변호사가 일을 그만두고 다른 직장을 찾았던 걸 보면 나만 그렇게 느꼈던 것은 아닌 듯하다.

출구 없던 시절

갈등이 일기 시작했다. 주변 사람들을 실망시키면 안 되겠다는 생각도 했지만, 이 일에 남은 생을 바칠 생각을 하니 아찔했다. 아무리 연봉을 많이 받은들 무슨 의미가 있겠는가? M&A 변호사로서 정신적 갈등은 더욱 심해지고 마음은 변호사 업무에서 점점 멀어지기 시작했다.

인간은 자신에게 정직해야 할 때가 있다. 부모나 배우자, 다른 사람들의 기대를 떠나 자신이 진정 원하는 것이 무엇인지 마음속 깊숙한 곳에서 울려 오는 외침에 귀를 기울여야 할 때가 온다. 로펌 변호사로 남을 것인지,

그 일에서 진짜 보람을 느끼는지, 아니라면 보람을 찾기 위해 정말 무슨 일을 하고 싶은지, 먼 타국에서 한국인으로서의 정체성을 잃어 가며 살아갈 것인지 등 근본적인 문제에 솔직하게 답해야 했다. 그러나 로스쿨을 졸업하고 변호사가 된 지 3~4년밖에 되지 않은, 아직 20대였던 나는 사회 경험이나 경륜이 부족해 이 질문에 쉽게 답을 내릴 수 없었다. 나중에 돌아보니 20대가 가장 힘든 시기이다. 막 공부를 마치고 사회 초년병으로서 알아주는 사람은 없고, 실력은 쌓아야 하는데 어떻게 실력을 쌓을 수 있는지 노하우는 없어 힘들 수밖에 없다. 무엇을 하고 싶은지 알 수 없었지만, 더 이상 기계적으로 변호사 업무를 하고 싶지 않고 미국에서도 계속 살고 싶지 않다는 건 분명해졌다. 그래서 일단 휴직한 후 귀국하기로 했다. 쉬운 결정은 아니었다. 한국 생활에 적응할 수 있을지 알아보고 싶기도 했다. 1987년, 나는 대한민국 육군(6개월 석사장교)에 입대했다.

실존주의 작가 장 폴 사르트르의 《출구 없음Huis Clos》을 보면, 인간은 현재의 상황이 이상과 동떨어져 있더라도 불확실성을 피하기 위해 본능적으로 현상을 유지하려 한다. 친구와 가까운 교수들, 변호사 동료들 모두 내 결정에 반대했다. 그들은 왜 고액 연봉의 안정적인 직장, 그것도 월 스트리트의 로펌을 박차고 나가 불확실한 미래를 맞으려는지 물었다. 게다가 1년이나 직장을 떠나 군에 입대함으로써 무슨 이익을 얻을 수 있을지 의아해했다. 로펌에서 계속 일하며 미국 영주권을 취득하라는 설득이 이어졌다. 논리적으로는 타당한 이야기였다. 그러나 모든 일이 사람의 논리대로 되는 것도 아니고, 또 나중에 보면 당시 시류에 따르는 것이 가장 최선도 아니란 것을 깨닫게 된다. 나는 로펌에 계속 남을 생각도, 미국 영주권을 취득할 생각도 없었다.

거듭 말하지만, 인생에서는 자신만이 결정을 내려야 할 순간이 분명 찾아온다. 선배나 친구들에게 조언을 구할 수도 있지만, 부모나 배우자, 절친한 형제나 친구, 그 누구도 나를 대신할 수 없는 순간이 오는 것이다. 그 결정이 어리석고 비이성적으로 보일 수도 있다. 그러나 다수의 의견에 반해 고독해도 자신의 결정을 밀고 나가야 할 때가 분명히 있다. 그래야만 통념에 좌우되지 않고, 좋은 게 좋은 거란 식의 일 처리를 안 하게 되며, 자기의 가능성과 독특함을 확장시킴으로써 더 많은 기회를 만날 수 있다. 모험하는 자만이 기회를 얻는다.

좌로가! 우로가!

좌, 우가 무슨 뜻인지는 알지만 이 말에 몸이 반응하기까지는 1초간 생각을 해야 했다. 군 입대 후 첫 일주일 동안 제식훈련을 받는데 "좌로가, 우로가" 하는 구령이 떨어질 때마다 미처 생각할 여유가 없었다. 나름대로 잔머리를 굴려 앞 사람을 보고 따라하기 위해 제일 뒷줄에 섰다. 처음 몇 번은 앞 사람을 보고 좌우로 따라갈 수 있었는데 갑자기 "뒤로돌아!" 하는 명령이 떨어지면서 나는 맨 앞에 서게 되었다. 중대원 모두 왼쪽으로 가는데 나 혼자 오른쪽으로 가고, 모두 오른쪽으로 가는데 나만 왼쪽으로 갔으니 훈육대장이 봤을 때는 가관이었을 것이다. 잔머리는 확실히 한계가 있다. 또 군대에서 쓰는 용어가 생소하고 어려워 시험 볼 때 좋은 성적이 나오지 않았다. 내 점수 때문에 일개 중대의 평균이 떨어지니 훈육대장이 오죽 답답했을까.

돌아보면, 입대는 적절한 결정이었다. 한미 FTA를 격렬히 반대한 이들은 NAFTA가 멕시코에 악영향을 끼쳤다거나, 감기약 값이 10만 원을 넘고, 전기·수도세가 올라가며, 저소득층에게 의료보험은 먼 나라 얘기가 될 거라는 허황된 주장들을 펼쳤는데 이런 공격이 모두 신통치 않자, 이번에는 인신공격이 이어졌다. 한 주간지는 내가 군복무를 하지 않았다는 주장을 내놨다. 병무청에 확인만 했어도 사실을 알 수 있었을 것이다. 다분히 악의를 품은 흑색선전이었다. 언론중재위에 제소하겠다고 하자 그 주간지는 정정보도를 냈다.

북 스마트 vs 스트리트-스마트

살다 보면 모든 일이 원하는 대로 이루어지는 것은 아니다. 남들이 이구동성으로 "저 사람 인생 참 안 풀린다"고 할 만큼 '객관적'으로 위기를 겪을 수도 있지만, 남들이 아무리 "잘나간다"고 하더라도 본인의 입장에서 보면 일이 뜻하는 대로 되지 않는 경우가 많다. 이 과정에서 수많은 좌절을 겪게 마련이다. 조금 다른 관점에서 보자면 나에게는 미국 로펌 변호사 생활이 광야 생활이었다. 남들은 '배부른 소리'라 할 수 있겠지만, 별로 보람을 느끼지 못하는 업무를 기계적으로 수행하느라 만족하지 못했고, 직업인으로서 또 한 인간으로서 정체성을 찾지 못해 방황했다. 이런 위기를 극복하려면 '스트리트-스마트 street-smart'해야 한다. 아무리 학교에서 공부를 잘하고 두뇌가 뛰어나도(소위 'book-smart'한 것), 좌절을 무릅쓰고 위기에 정면으로 맞서려는 의지와 용기가 없다면 그 위기를 극복하기 어렵다. 책상에 앉아 머리만 굴려서는 답을 찾을 수 없다. 보람 없던 변호사 생활을 직시하는 대신, 로펌을 그만둠으로써 포기해야 하는 연봉과 파트너직을 생각하며 계산기만 두드렸다면, 그 광야 생활 같던 인생의 고리를 끊지 못했을 것이다.

그러면 어떻게 하면 내면의 저항에 정면으로 맞서 위기를 극복할 수 있을까? 가장 중요한 것은 본인이 처한 상황을 냉정하게 직시하고 한 걸음 뒤로 물러나 그 상황을 다시 분석할 수 있는 용기이다. 또한 끊임없이 새로운 것을 경험하고 배워 본인의 능력을 다음 단계로 끌어올리려는 욕구와 의지이다. 만족감이 없었던 로펌 변호사 생활을 별 대책 없이 그만둔 것은 당시 처한 상황에서 한 걸음 물러나 현실을 냉정하게 다시 평가하려는 내 나름대로의 노력이었다. 남들이 보기에는 '정신 나간 짓'이었겠지만 나에게는 다음 단계로의 도약을 위해 반드시 필요한 과정이었다. 지인들은 월스트리트 로펌 변호사에서 실업자로 '전락'한 나를 폐인으로 여겼다. 많은 사람들 눈엔 내가 실패한 인생으로 보였으리라. 그러나 돌이켜 보면 이 경험은 일시적인 좌절이었을망정, 결코 실패는 아니었다. 인생에서 중요한 결정을 할 때 그것이 당시의 일반적인 사고방식에서 벗어날 경우 세상은 혹독한 비판을 가한다. 그러나 옳은 결정이라고 판단하면 비판은 과감하게 극복할 수 있어야 한다. 유엔대사로 뉴욕에 다시 가게 되었을 때 젊은 시절 만났던 변호사 친구들과 이야기할 기회가 있었다. 많은 친구들이 기회가 있었을 때 다른 길을 택하지 않은 것을 후회하고 있었다.

나는 인생 후배들에게 이런 '파이팅' 정신을 키우라고 말하고 싶다. 부모들도 자녀들에게 학교에서 좋은 성적을 받아 올 것만을 요구할 것이 아니라 어떠한 위기를 겪더라도 좌절을 두려워하지 않고 극복하는 능력을 키워 주어야 한다. 나는 외교부 직원을 뽑을 때 최고의 학벌과 경력은 있으나 별 어려움을 겪어 본 적이 없는 지원자보다는 눈에 띄는 학벌이나 경력은 갖추지 못했어도 어떤 어려움도 극복해 낼 수 있을 만큼 심지가 굳은 사람을 뽑으려 했다. 온실에서 곱게 자란 화려한 꽃보다 생존력이 강한 잡초를 찾고자 했다. 한 조직의 운명을 좌우하는 위기가 닥쳤을 때 끝까지 살아남아 위기를 극복하는 주인공은 특급호텔 피트니스센터에서 태권도 9단까지 딴 '우아한 백조'가 아니다. 수많은 골목싸움에서 주먹 하나로 살아남은 '미운 오리새끼'이다.

보기 좋게 떨어진 WTO

나는 전 세계의 분쟁을 조율하고 재판하는 최후의 결정기관인 WTO에서 일하고 싶었다. 500명에 달하는 WTO 직원들 중 한국인이 단 한 명밖에 없다는 믿기 어려운 사실을 알게 되면서 내 의지는 더 확고해졌다. WTO 직급에는 상대적으로 'Junior' 직급인 P2부터 'Senior' 직급인 P5까지 있는데, 다른 국제기구와 달리 파견이나 인턴 제도가 없고 자리가 많지 않아 경쟁이 치열했다. 1995년, 나는 당시 홍대 무역학과 교수로 재직 중이었다. 마침 지적재산권국에 P3 자리가 비어서 공모에 응했다. 수백 명의 지원자들 중 다섯 명을 선발 후보자로 뽑았는데, 그중 한 명으로 인터뷰까지 하게 되었다. 일문일답식 인터뷰는 준비 부족으로 매끄럽지 않게 진행되었고 내 위주로 인터뷰를 이끌어 가지 못했다. 성공적인 인터뷰는 상대방의 질문에 답을 할 뿐 아니라, 다음에 이어질 질문까지 예측해 대화를 자기 페이스대로 이끄는 것이다. 자기 의견을 적극적으로 밝혀야 함은 물론이다. WTO 지적재산권국의 직원이 되려면 적어도 당시 가장 중요한 이슈에 대하여 정책적·법률적 의견을 개진할 수 있어야 했고, 인터뷰 과정에서 나올 예상 질문 수십 개를 예측했어야 했다. 다른 지원자들과 달리 나는 내부 정보 부족으로 준비 수준이 미달이었던 것이다. 사무국 내에 있는 직원을 통해 현 시점에서 가장 뜨거운 이슈가 무엇인지 파악해야 하는데 당시 법률국에 한국 사람이 없어서 사전에 알 수 있는 길이 없었다.

그날, 나는 WTO 인터뷰가 끝나자마자 제네바 공항으로 향했다. 어둠침침하고 비바람이 몰아치던 스위스 날씨는 괴로웠던 속마음을 그대로 대변해 주는 듯했다. 서울로 오는 비행시간 내내 한순간도 눈을 붙이지 못하고 물 한 잔도 입에 댈 수 없었다. 예측대로 WTO로부터 보기 좋게 불합격 통보를 받았다. 다음 선택은 WTO에 취업할 꿈을 접고 교수직과 변호사 업무에 열중하는 것이었다. 교수로 있으면서 외교부 고문변호사로 일하는 것도 그리 나쁘지 않다고 나 자신을 매일 설득했다. 그러나 성격상 용납할 수 없었다. 막상 산 정상에 올라가면 그것이 아무것도 아니란 것을 뻔히 알면서도 말이다.

재수생의 와신상담 5년

WTO 지적재산권국에 응시해 보기 좋게 떨어진 이후 반드시 WTO에 들어가겠다는 의지는 더욱 강해졌다. 나는 통상 분야의 세계 최고 전문가가 되고 싶었고 이를 위해선 WTO 근무 경험이 꼭 필요하다고 판단했다.

아무도 묻는 사람은 없었지만 그래야 한국에도 통상전문가가 있다고 말할 수 있으리라 믿었다. 마치 운동선수가 올림픽에서 금메달을 따 자신의 능력을 세계무대에서 인정받고 싶은 것처럼. '크렘 드 라 크렘'(crème de la crème, 곡물에서 가장 맛있는 부분만 골라 만든 크림소스로 '최상의 것'이란 뜻) 즉, 특정 분야에서 정상이 되려면 한 단계 더 도약해야 한다. 이를 위해선 촉매제가 필요하다. 통상변호사로서 그 촉매제는 WTO 근무였다.

결심이 선 나는 뉴욕에 있는 친구에게 연락해 방 한 칸을 빌려 기숙생활을 시작했다. 컬럼비아 로스쿨 도서관에서 수백 편의 논문을 읽고, 복사 또는 다운로드했는데 전자결제는 안 되고 직접 동전을 넣어야 되는 시스템이었다. 나는 수백 달러어치 동전을 준비해 일일이 넣으며 복사를 했다. 나중에 자료를 다 모으니 세 박스에 가득 찰 정도였다. 한국으로 보내는 것도 문제였다. 박스 세 개를 겨우 공항으로 가져가니 항공사 측에서 무게를 이유로 엄청난 비용을 요구했고 나는 통사정을 한 끝에 세 박스를 들고 귀국할 수 있었다. 외교부 FTA국 직원들이 지금도 그 자료로 공부하고 있는 것으로 안다.

나는 또 통상 관련 최근 이슈들을 놓치지 않기 위해 50가지가 넘는 법률지를 구독했다. 통상 전장에서는 쟁점이 빨리 바뀌기 때문에 실무 경험 없이 쌓은 전문 지식은 별 도움이 되지 않는다. 광범위한 통상 정보를 가장 많이 수집하는 곳은 정부다. 비록 연구소나 대학처럼 깊이 있는 분석을 하지 않을지 모르지만 정부는 모든 분야에서 엄선된 양질의 정보를 바탕으로 정책을 수행한다. 1995년 WTO가 출범하면서 외교부 WTO과는 부족한 인력으로 십여 개가 넘는 통상 분쟁에 대응하느라 고전하고 있었다. WTO과에서 고문 변호사를 원했지만 지원자가 아무도 없었다. 고액 연봉을 받는 데 익숙한 변호사 가운데 그 누구도 예산이 부족한 정부 일개 과의 전임 변호사처럼 일하고 싶어 하지 않았던 것이다. 나는 담당 과장을 만나서, 강의 시간과 학생 면담 시간을 뺀 시간에 외교부에서 일할 수 있다고 제안했고 과장은 이 제안을 받아들였다. 통상분쟁이 워낙 많아 외교부에서 한 주에 40시간을 훌쩍 넘겨 일하기가 다반사였다. 당시 소주 주세 분쟁을 비롯해 한보철강 대출과 불법보조금, 우리나라 농산물 수입통관 절차의 내국민대우 위반에 대한 분쟁 등에서 선진국의 공격을 방어해야 했다.

　상대적으로 적은 급여를 받으며 정부에서 장시간 일하는 것을 보고 주위 변호사들이 여러 차례 로펌에 합류할 것을 제안했으나 발길이 끌리지 않았다. 인간은 자기가 열정적으로 좋아하는 일을 할 때 행복하다고 하는데, 나는 국가를 위해 정부 통상현장에서 일할 수 있는 그 자체가 좋았다. 직장에서 경력을 쌓아 갈수록 봉급이 늘어야 하는데 로스쿨 졸업 후 갈수록 줄어들기만 해 아내에게 미안했다. 세상은 출세와 돈으로 성공을 판단한다. 그러나 어떻게 인생의 성공을 돈과 권력 혹은 명예로만 이야기할 수 있을까? 다만, 자기가 좋아하는 분야에서 비전과 열정을 가지고 실력을 쌓으면 그런 요소들은 자연스럽게 따라올 것이 분명하다. 심은 대로 거두기 때문이다. 본인이 좋아하는 일을 열정적으로 하다 보면 다른 사람들이 볼 수도, 가질 수도 없는 기회를 얻게 된다. 분명하다. 또한 그 사람의 최고의 자질은 일과 조직에 반영되기 마련이다. 그 사람이 일을 대하는 긍정적인 태도가 전체 이익으로 나타난다. 아무리 작은 일이라도 다른 사람을 위해, 공동체를 위해 유익하도록 최선을 다하면서 의심하지 않고 끝까지 경주하면 반드시 열매가 있다. 당시 나는, 나를 필요로 하는 곳에서 최선 이상의 일을 하면서 만족하고 있었다.

상사를 상대로 소송을 제기하다

WTO 지적재산권국의 P3 직급에 지원했다가 좌절한 지 5년이 지났다. P5 직급 자리가 하나 났는데, 500명이 넘는 지원자가 몰렸다. 선발 전에 추린 명단만 해도 140명이 넘었다. 나는 3명의 선발 지원자 가운데 하나로 뽑혔고, 마침내 최종 합격했다.

그 자리를 놓고 경쟁한 500여 명의 지원자들은 세계에서 몰려든 인재들로, 분명 나보다 뛰어난 사람이 아무리 적게 잡아도 수십 명은 되었을 것이다. 그런데 그들을 제치고 내가 선발된 이유는, 5년의 재수 생활 동안 현장에서 쌓은 분쟁 실무 경험 때문이었다. 편한 자리를 마다하고 수고하며 얻은 실무 경험은 더 큰 기회를 얻는 데 소중한 밑거름이 되었고, 부지런하게 노력하는 자에겐 분명 기회가 주어진다는 깨달음도 얻을 수 있었다.

조지타운 대학 로스쿨의 존 잭슨 교수는 이 분야의 절대적 권위자로 꼽히는데, WTO 합격 역시 잭슨 교수의 추천만 받으면 다 된 일이라고 할 정도였다. 당시 잭슨 교수가 조지타운 대학에 있었기에 워싱턴으로 그를 찾아가 추천서를 부탁했다. 그러나 그는 확답을 주지 않았다. 속이 탔지만 어쩔 수 없었다. 얼마 뒤 대만에서 통상 분쟁 관련 세미나가 열렸다. 연사 중 한 명이 WTO 상소기구의 국장이었는데 급한 일로 세미나 참석을 취소하자, 주최 측에서 급히 연사 한 명을 구했고 내가 대신 참석하게 되었다. 공교롭게도 세미나 연사 중에 잭슨 교수가 포함되어 있었다. 저명한 학자이지만 아무래도 실무 지식이 부족했던 그는 현장에서 쌓은 풍부한 경험을 바탕으로 한 나의 발표에 꽤 깊은 인상을 받았는지 발표가 끝나자 멋진 발표였다며 그 자리에서 추천서를 써주겠다고 약속했다. 당장은 열매가 보이지 않더라도 꾸준히 노력하는 자에게 기회는 분명히 찾아온다.

WTO 상소기구에서 P5급(사실상 부국장) 자리를 맡게 된 것 자체는 기뻤지만, 한편으로는 마음이 불편했다. 한국인으로서 국제무대에서 국가와 민족이 자랑스러워할 만큼 일할 수 있을지 자신이 없었던 것이다. 서울에서 교수, 변호사로 사는 것에 이미 익숙해진 것이었다. 심리학자들에 따르면 직장을 바꾸는 것이 일상에서 두 번째로 스트레스를 많이 받는 일이라고 하는데, WTO는 네 번째 직장이었다. 1999년 5월 WTO에서 일을 시작한 지 얼마 지나지 않아 국제기구에서 일하는 것이 얼마나 어려운지 절감하게 되었다. 예상치 못한 어려움이었다. 상소기구에 도착한 뒤에야 내 전임자 두 명이 석 달을 못 버티고 사표를 쓰고 나갔음을 알게 되었다. 파리 대학의 어느 교수는 한 달 만에 자리를 박차고 나갔고, 후임으로 온 필리핀 변호사도 석 달을 채 못 견뎠다. 국장으로 있던 캐나다인 변호사의 등쌀에 못 이겨 3년 동안 13명의 변호사들이 그렇게 자리를 그만둔 것이다.

결론부터 말하면 나는 6개월 후 사표를 썼다. 담당 인사국장은 기구 내에서 동양인으로서는 가장 높은 자리에 있던 내가 사표를 내자 사표를 수리하는 대신 인사국장 직권으로 48시간 후 나를 법률국으로 옮겨 주었다. 자리를 옮기고 1년 후, 나는 악명 높은 국장의 비인격적 처사에 정식으로 대응하기로 했다. 기구 내 분쟁을 다루는 행정법 두 권을 모조리 읽고 철저히 준비한 뒤 다른 변호사들과 함께 국장을 상대로 소송을 제기했다. 개인적으로 부당한 대우를 받은 데 대한 집요한 복수가 아니라, 보육 시설에 맡겨 둔 한 살배기 아기를 데리러 가야 하는 여직원의 퇴근을 막는 등 상식 밖의 처사를 일삼으며 직원들을 무정하게 괴롭힌 부당함에 대한 항의였다.

나보다 높은 직급, 그것도 본인이 스스로 사임하지 않으면 해고가 거의 불가능한 영구 계약직에 있던 국장을 상대로 소송을 시작했을 때 주위에서는 계란으로 바위치기라고 했다. 그러나 그로 인해 앞으로 합류할 직원을 포함해 부하 직원들이 계속 고통을 겪는 것을 두고만 볼 수 없었다. 영화 〈라이언 일병 구하기〉를 보면, 라이언 일병을 구하기 위해 떠난 분대가 시체가 널려 있는 고지에 다다르는 장면이 나온다. 고지 위에 설치된 독일군 기관총 초소의 공격으로 전사한 아군의 시체들을 보며, 분대장은 독일군 기관총 초소를 제거하고 지나가기로 한다. 분대원들은 반대했지만, 분대장의 결심은 확고했다. 자신들은 당장은 운 좋게 그 고지를 살아 넘을 수 있을지 모르지만, 기관총 초소를 없애지 않으면 뒤에 올 아군 병사들이 기관총 공격에 쓰러질 것이 분명했기 때문이었다.

구두심의와 수백 장의 서면 제출 후 그 국장은 해고됐다.

WTO의 막강한 힘

어느 저명한 통상가는 "통상 협상가는 한 개의 양허讓許라도 더 얻기 위해 자기 부모도 팔 수 있어야 한다Trade negotiators have to be willing to sell their mothers to obtain a concession"라고 말했다. 그 정도로 통상 분야는 비정한 강자의 논리가 지배하는 곳이다.

　WTO에는 두 가지 기능이 있다. 하나는 정책적인 과제를 라운드에서 협상하는 것이고, 또 하나는 분쟁을 해결하는 것이다. WTO는 이 두 기능을 갖고 막강한 권한을 행사하게 되었다. WTO의 이런 권한을 보여 주는 분쟁 사례들을 소개한다.

　미국, EU와 기타 선진국들은 서민이 마시는 값싼 소주와 그보다 몇 배나 가격이 비싼 고급술인 위스키가 동종상품이므로 소주와 위스키에 각각 35%, 100%의 주세를 부과하는 것은 차별 대우이기 때문에 내국민대우 원칙 위반이라며 WTO에 한국 정부를 제소한 적이 있다. 우리 국민은 누구나 소주와 위스키의 차이점을 잘 알지만 서양 판사들에게 이것을 설명하기는 쉽지 않았다. 그들은 한국 주세율이 WTO 법을 위반한다고 판결하였고 결국 한국이 패소했다. WTO 분쟁 패널은 한국이 주장한 법 논리와 증거를 무시하고 미국, 유럽, 캐나다의 손을 들어 주었는데 위스키는 곡물 몰트를 사용하는 반면 소주는 타피오카를 사용해 주정酒精을 만든 후 소르비톨, 아스파탐 등 첨가물을 섞어 만든다는 주장에 대해, 두 주류 다 숙성시키기 때문에 다르지 않다고 판결했다. 위스키의 알코올 도수가 40도인 데 반해 소주의 알코올 도수는 23도라는 사실에 대해서는, 위스키를 마실 때 얼음과 물을 타면 알코올 도수가 낮아지기 때문에 두 주류가 상이하다고 볼 수 없다고 판결했다. 또 소주와 위스키의 가격 차이가 보통 열 배가 넘는 것에 대해서는, 프리미엄 소주가 등장하면서 가격차가 계속 줄어들기 때문에 가격 차이를 고려할 필요가 없으며, 일본 시장에서 프리

미엄 소주가 고급 술집에서 판매되는 점을 고려하면 한국 시장에서도 같은 현상이 일어날 것이라는 논리를 폈다.

판사는 제시된 증거를 심사숙고하고, 결정을 내릴 때 좀더 신빙성 있는 증거를 택해야 할 의무가 있다. 그러나 WTO 분쟁 패널들은 상대방 선진국들의 말 한마디에 더 많은 무게를 실어 주었다. 일본 시장의 주류 소비 경향을 증거로 제시한 것이 일례였다. 일본 소비자들은 소주와 위스키를 다른 상품으로 생각하지 않는다는 어처구니없는 주장이 미국, EU, 캐나다 논리의 핵심이었고 논쟁은 이 부분에서 엄청난 간극이 있었다. 그들은 1945년, 한국이 일본의 식민통치로부터 해방되었다는 사실을 전혀 모르는 듯했다! 패널의 시각에서 한국과 일본의 시장은 같은 '극동아시아'일 뿐이다. 한국 주점과 일본 주점이 다르지 않다는 주장에 일말의 의심조차 없었다.

일본 시장의 소비 패턴을 한국 시장에 그대로 적용하는 이유는 소주와 위스키는 동종상품으로 서로 경쟁하는 주류이고 고급 소주는 위스키를 대체하기 때문이란다. 그러나 우리 소비자들은 일본 소비자들과 엄연히 다르다. 소주를 마시는 주점과 위스키를 마시는 주점의 영업 형태가 다르며 정서가 다르다는 것을 저들은 알지 못하는 것이다. 한마디로 고급 소주가 위스키를 대체하는 일본 주류 시장의 추세가 한국 시장에서 발생할 가능성은 낮다. 도대체 일본에서 소주가 위스키를 대체한다 해서 한국이 소주와 위스키의 주세를 일치시킬 이유가 된다는 말인가?

WTO 패널 판결의 주된 논리는 위스키나 소주 모두 편하게 친구들과 즐겨 마시는 술이므로 경쟁 상품이 맞다는 것이었다. 판결문을 작성한 WTO

법률국 변호사에게 나는 "그런 황당한 논리에 따르면 소주와 오렌지주스도 경쟁 상품이겠다. 그러면 왜 와인과 위스키는 경쟁 상품이 아니냐!"고 항의했다. 바위에 계란을 던지는 격이었다. 강대국들이 장악한 WTO에서 한국은 비주류였다. 소주 분쟁뿐만이 아니다. 한국 기업이 산업은행을 통해 저금리로 받은 대출에 대해서도 불법보조금이라는 이유로 선진국들은 한국 제조상품에 상계관세를 부과하겠다고 압박했다.

국제사회에서도 이중 잣대가 난무한다. 모든 나라가 보호 육성 정책으로 자국 산업을 키웠다. 미국 반도체 업계만 봐도 그렇다. 미 국방부가 미국에서 제조된 반도체를 고가에 대량으로 구매했기 때문에 1960~1970년대 수십 개의 반도체 회사들이 존립할 수 있었다. 1970년대 불경기가 되자 빅3 자동차 회사 중 하나인 크라이슬러사에 저금리 대출을 해줬고, 2008년 서브프라임 모기지로 위기에 봉착하자 미 재무성은 월가의 베어스턴스 투자은행이 다른 투자은행에 인수합병될 수 있도록 영향력을 발휘하여 파산을 막았다. 미국 연방준비은행은 경제학 원리와는 상치되는 회사채 매입을 단행하고 공적자금 수십 억 달러를 미 자동차 회사에 투입했다. 그럼에도 소위 강대국 정부가 하는 일은 불법이 아니었다. 강대국들과 우리를 재는 잣대가 다른 것이다.

한편, 기아 자동차의 세피아가 인도네시아에서 국민차로 선정되어 세제 혜택을 받자 미국, EU, 일본은 즉각 제소했다. 기아 차가 세제 혜택을 받으면 약 1만 달러의 저렴한 가격으로 판매될 수 있지만 경쟁 차들은 세피아보다 2~3배가 비싸기 때문에 판매가 감소할 수밖에 없다는 것이었다. 결국

인도네시아가 패소해 세피아에 대한 세제 혜택을 취소할 수밖에 없었다.

선진국들은 남북 간의 무관세 거래도 제소하겠다며 으름장을 놓았다. 한국이 북한에서 수입하는 모든 품목에 무관세를 적용하는데 다른 WTO 회원국들 상품에는 관세를 부과하는 것이 차별 대우이며 최혜국대우 원칙의 위반이라고 주장한 것이다. 우리는 북한과의 거래는 민족 내부 거래이지 국가 대 국가의 거래가 아니라는 점을 강조했으나, WTO 회원국들은 북한도 유엔에 가입되어 있는 국가라며 반론을 폈다. 다시 말해 북한 상품에 관세를 부과하든지, 아니면 자기네들 상품에도 무관세를 적용해 달라는 뜻이다. 통일을 지향하는 한국의 특수한 상황에 대해 배려는커녕 인정조차 하지 않고 있다. 서독이 동독과의 민족 내부 거래 차원에서 무관세를 적용했을 때 문제 삼는 국가들이 없었다. 국제사회에서 약자는 늘 억울하다.

페루의 주요 수출품목 중 하나가 정어리다. 정어리 수출을 늘리기 위해 페루는 5억 달러 이상을 쏟아 부으며 EU 시장에 집중했다. 페루산 저가 정어리의 시장점유율이 늘자 EU는 시장 침투를 막기 위해 묘안을 짜냈다. 정어리는 영어로 사딘sardine인데, 유럽과 프랑스 식민지였던 모로코에서 잡힌 정어리 종만 사딘이란 명칭 아래 판매할 수 있게 하는 규정을 입안했다. 다른 지역에서 잡힌 정어리는 소비자에게 전혀 생소한 단어인 고어古語 '필차드Pilchard'로 표기해야 했다. 이는 사실상 페루산 정어리가 EU 시장에서 판매되는 것을 막는 조치였다. 마치 '햄버거' 혹은 '피자'를 '동그랑땡'으로 부르게 하는 것과 다를 바 없는 당황스러운 조치였다. 판매자가 김치를 '김치'라고 표기하지 않고 어떻게 판매할 수 있겠는가? EU는 WTO 기술장벽협정에 명시된 국제기준을 무시하고 이 같은 제도를 법제화했다. 페루는 이에 EU를 WTO에 제소하여 승소한 결과 정어리 수출을 재개할 수 있게 되었다. WTO의 판결문에 일국의 산업의 흥망성쇠가 달려 있다고 볼 수 있다.

WTO에서 분쟁 패널이 설치될 때마다 법률국 변호사들은 법률자문을 하며 3명의 중재인을 보좌한다. 말이 보좌이지 사실상 유능한 법률국 변호사들은 분쟁 패널이 특정 판결을 하도록 유도한다. 제소국이 패널 설치를 요구할 때부터 패널이 설치될 때까지는 2, 3개월이 걸리는데, 이때 담당 법률국 변호사는 관련 논쟁에 대해 연구 조사를 해놓는다. 부지런한 변호사는 관련 판례, 논문, 입법 역사legislative history를 모두 검토하기 때문에 자신이 담당하고 있는 사건의 쟁점들에 대해 중재인들보다 더 많이 알게 된다. 서류는 분쟁 과정에서 일반적으로 여섯 번 제출하게 되는데, 수백 쪽의 서류를 소화하는 것은 중재인, 특히 바쁜 직업을 가진 중재인에게 쉬운 일이 아니다. 따라서 법률국 변호사는 서류가 제출될 때마다 그 자료를 20~30쪽으로 요약하고 관련 판례를 분석하여 법률적 의견을 중재인에게 제공한다. 수백 쪽에 달하는 최종 판결문도 법률국 변호사가 작성하는데, 이 판결문을 쓰기 위해서는 과거 판례와 그 판례에 적용된 법논리를 알고 있어야 한다. 그런데 WTO 법률국의 대다수 변호사들이 선진국 출신이다.

사람만 좋은 동양인?

인류 발전과 세계 평화를 기치로 설립된 국제기구에서 일하는 것에 환상을 품고 있는 젊은이들을 종종 본다. 그러나 사실 국제기구는 어느 곳보다도 치열한 전투 현장이다. 자국의 이익을 지키기 위해 각국 간에 치열한 다툼이 벌어지고, 다양한 기구 간에 소모적인 경쟁도 그칠 날이 없다. 국제기구에 모인 세계 각국의 인재들이 개인적인 이해를 위해 경쟁하는 것까지 더하면, 환상적인 직장과는 오히려 거리가 멀 수도 있다.

이런 현장에 진출한 한국의 젊은이들은 동양과 동양인에 대한 몰이해와 편견에도 맞서 싸워야 한다. 1874년 프랑스 선교사 샤를 달레는 한국인을 '착한 미개인'이라 지칭했다.* 북학파의 선구자인 박지원의 손자 박규수는 고종 치하에서 우의정을 지낼 때 사람들이 조선을 '예의의 나라'라고 부르는 것을 두고 이렇게 말했다.

> 나는 본래 이 말을 추하게 생각한다. 천하만고에 국가가 되어 가지고 어찌 예의 없는 나라가 있겠는가? 이 말은 중국인이 이적夷狄 중에서도 예의가 있음을 가상히 여겨 우리를 예의의 나라라고 부른 것에 불과하다. 따라서 이것은 본래 수치스러운 말로, 이것을 가지고 스스로 천하에 호기를 부릴 만한 것은 아니다.**

그의 논평은 정확하다. WTO에서 일을 시작하자마자 프랑스어를 유창하게 구사하는 한 변호사가 "당신은 프랑스어도 못하면서 왜 WTO에 왔나요" 하며 비아냥대던 일이 아직도 기억에 생생하다. "그러는 당신은 영

- 강준만, 《한국 근대사 산책 1》, 인물과사상사, 2007, 176쪽.
- • 강준만, 같은 책, 129쪽.

어도 제대로 못하면서 판결문은 어떻게 쓰려고 WTO에 있습니까"라고 되받아 주지 못했더라면, 나 역시 '사람은 좋지만 실력은 없는' 동양인의 한 사람, 또는 '착한 미개인'으로 치부되고 말았을 것이다. 비인간적인 처사를 일삼던 상소기구 국장을 소송까지 제기해 가며 쫓아낸 것은, '동양인은 으레 어떤 일이든 시키는 대로 하고 호락호락 당하고 산다'는 그릇된 통념을 깨기 위해서이기도 했다. 새로 옮겨 간 법률국의 국장이 일본인 변호사를 해고하려는 것을 막은 일도 이런 맥락에서였다.

국제기구에 파견된 우리나라 공무원들은, 잔뼈가 굵은 상관들이 부려 먹기 좋은 대상이 되곤 한다. 상관의 지시에 순종하는 것을 도리로 알고 살아왔기에 부당한 업무 지시에도 항의하지 않고 복종하는 것을 악용하는 것이다. 유엔대사 시절, 기구 내 타국 직원들을 절대 저자세로 응대하지 말라고 우리 유엔 대표부 직원들에게 지시한 것도 바로 이런 이유에서였다. 쓸데없이 목을 뻣뻣하게 세우라는 것이 아니다. 부당한 대우나 비합리적인 처사를 받지 않으려면 당당해야 한다. 물론 당당할 수 있으려면 그만큼의 실력을 갖춰야 함은 기본이다.

WTO에서는 4년간 근무했는데, 출근할 때마다 바늘방석에 앉아 있는 것 같았고 스위스에 사는 내내 가시밭에서 뒹구는 기분이었다. 판결문을 작성하거나 회원국들에게 법률 자문을 할 때 혹시 한국 사람이라는 이유로 실수가 열 배, 백 배 확대되어 조국에 누가 될까 항상 마음을 졸였다. 최종 판결문을 작성하는 데는 보통 3~4주가 걸리는데, 철저하게 판결문을 쓰기 위해 그 기간에는 새벽 4시에 출근했다. 그 시간에 나오라고 강요하는 사람은 아무도 없었지만 저절로 그렇게 되는 사람이 나라는 것을, 국제기구에서 확실하게 알게 되었다. 나는 대한민국 국민이었던 것이다.

많은 한국 젊은이들이 국제기구에서 활약하고, 더 많은 젊은이들이 국제기구에서 일하기를 꿈꾸는 것은 분명 반길 일이다. 국제기구에 더 많은 사람이 진출해 시야를 넓히고 각국이 자국의 이해를 어떤 식으로 관철하는지 배워야 한다. 그러나 현실에 대한 정확한 파악이나 준비 없이 진출한다면 그 결과는 회의적일 수밖에 없다. 세계 평화에 공헌하고 싶다는 소망은 높이 사야 하지만, 그 목표를 이루려면 혼탁한 현장에서 치열한 경쟁을 치르며 실력으로 살아남아야 한다. 여기서 도태되고 '순종 잘하는 착한 동양인'으로 전락하는 것은 본인뿐 아니라 국제사회에서 대한민국의 위상에도 해를 끼치는 일이다. 장차 그곳의 문을 두드리게 될 우리 후배들에게 불행한 일이기 때문이다.

자국의 세계 경제 기여도는 미미하지만, 본인의 뛰어난 능력으로 기구 내에서 엄청난 영향력을 발휘했던 자메이카 대사가 있었는데 그런 사람들이 내가 후배들에게 바라는 국제 인재상의 하나다. 국제기구 직원은 정치적 중립을 지켜야 하지만, 세계 각지에서 몰려든 인재들과 경쟁할 때 본인의 실력과 태도는 곧 한국 및 한국인 전체 이미지에 큰 영향을 미친다.

WTO에서 수많은 판결문을 작성하며 개인적으로 얻은 것이 많았다. 우선 상황을 꿰뚫어 보는 분석력과 논리적으로 글을 쓰는 능력이 향상된 것은 앞으로도 소중한 자산이 될 것이다. 더 중요한 것은 WTO에 재직하며 통상 이슈가 국제 정세와 어떻게 얽혀 있는지를 확실히 파악한 것이다. 아직 우루과이라운드의 결과도 제대로 소화하지 못하는 수많은 개도국들이 도하라운드의 짐까지 짊어져야 하는 안타까운 현실을 목격한 경험은 이후 통상교섭본부장으로서 양자무역 체제의 기초를 놓는 데 큰 영향을 주었으며, 다양한 통상 이슈들을 면밀히 공부할 수 있었고, WTO 외부에선 접하지 못했을 정보를 다루며 통찰력도 높일 수 있었다. 세계 각국의 변호사, 외교관들과 함께 일하며 그들 각자의 다양성과 장점을 몸으로 배운 것도 큰 수확이었다. 바로 그 무렵 노무현 당선자께로부터 브리핑 요청을 받은 것이다.

우연은 없다

당시는 잘 모를 수 있지만 하늘은 개개인의 목적을 달성하기 위해 필요한 과정을 경험하게 한다. 나 역시 돌이켜 보건대 과거에 경험한 것 중 하나도 낭비된 것이 없었다. 이렇게 치밀한 시나리오가 우연히 완성될 수는 없다.

나는 서두에 밝힌 과정대로 정부에 합류해, 참여정부에서 가장 오랜 임기의 각료로서 통상장관 직임을 수행했다. 그러려면 실로 다방면의 지식과 경험이 필요했고 광범위하고 심도 있는 인적 관계가 형성되어 있어야 했다. 당시에는 몰랐지만 필요한 노하우를 미리 많이 경험하였고 국내·국제 간 인적 네트워킹도 이미 준비되어 있었던 것이다. 모자이크가 워낙 커서 큰 그림이 보이지 않았을 뿐, 나는 매일 내 인생의 과제를 풀며 한 조각씩 모자이크를 완성해 나가고 있었던 것이다. 어제는 파란색 조각을, 오늘은 빨간색 조각을 이유도 모른 채 차근차근 붙이다 보니 40년이 지난 후 비로소 큰 그림을 볼 수 있게 되었다. 지금도 나는 그 모자이크의 몇 조각을 제자리에 넣기 위해 매 시간을 사용하고 있음이 분명하다.

보드게임 중에 '리스크Risk'라는 게임이 있다. 세계지도를 두고 세력을 넓혀 가는 게임인데, 나는 이 게임을 초등학교부터 대학교 때까지 즐겨했다. 리스크 게임 판에는 세계지도가 자세히 그려져 있다. 러시아를 예로 들면 땅 전체가 한 색으로 칠해져 있는 것이 아니라, '땅따먹기'에 도움이 되도록 우랄 산맥과 시베리아 같은 지명들이 자세히 표기되어 있다. 부모님은 매일 게임만 한다며 혼을 내시다 못해 게임판을 내다 버리시기까지 했는데, 나는 음료수를 만들어 친구들에게 몇십 원씩에 팔아 모은 돈으로 다시 게임판을 샀으니, 정말 그 게임에 푹 빠져 있었던 것 같다. 느닷없이 게임 이야기를 하는 까닭은 바로 그 게임을 통해 전략적으로 사고하는 방법을 배웠기 때문이다.

미국에서 변호사 생활을 접고 귀국한 뒤 처음에는 투자금융 쪽으로 일자리를 찾으려 했다. 금융회사와 은행들과 인터뷰를 했지만 이상하게도 어느 한 곳에서도 일자리를 주지 않았다. 직장을 옮길 때는 먼저 다음 일자리를 마련해 놓는 것이 일반적인데, 나는 무조건 로펌을 그만두었기 때문에 미래에 대한 불안감이 없을 수 없었다. 그러나 돌이켜 보면, 만약 그때 투자은행에 취업했더라면 지금의 나는 없었을 것이다. WTO에서 일할 이유도 없었을 것이고, 우리나라의 통상을 책임지는 위치에서 일할 기회는 더더욱 없었을 것이다. 당장 코앞의 일도 알 수 없는 인간의 한계를 인정할 수밖에 없다. 인간을 초월한 역사의 주관자, 우리가 사는 시간을 먼저 계획하고 이끄는 절대자의 존재를 인정할 수밖에 없었다.

미국 로펌에서는 아랫사람들에게 기회를 주지 않고 모든 일을 독점하는 상관을 만나 갑갑했고, 귀국한 뒤에도 나와는 가치관이 다른 상관과 일해야 했다. 대학에 가니 연구에 몰두해야 할 방학 기간에도 행정업무에 시간을 빼앗겼다. WTO에서는 앞서 이야기한 것처럼 비인격적인 처사를 일삼는 상관을 만나기도 했다. 그런데 지금 상관이 된 입장에서 돌아보면, 오히려 가치관이나 생각이 다른 상관 밑에서 일한 것이 큰 가르침이 된 것 같다. 20년 동안 그들을 반면교사로 삼아 상관으로서 어떤 말과 행동을 해서는 안 되는지를 배웠다. 더 나아가 내가 늘 상관들에게 바라던 점을 되새기며 직원들에게 도움을 주고자 노력하게 되었다. 외교부 신입 직원들을 WTO에 보내 실무를 배우도록 훈련 프로그램을 마련한 것은 고된 훈련을 거친 직원들에게 그들이 쌓은 기량을 십분 발휘할 수 있는 기회를 주기 위함이었다. 그들이 날개를 펴고 신바람 나서 일할 수 있도록 도와주고 싶었다. 외교부 고문 변호사 시절 소주 주세 분쟁 건을 다룰 때 그랬던 것처럼, 무슨 일이든 재량권을 가지고 그 일을 완수할 책임을 맡으면 아무리 고되어도 최선을 다해 일할 수 있기 때문이다. 그 과정에서 실력이 향상됨은 당연하다. 유엔대사 시절, 총회의장 대표 연설을 무조건 대사가 하는 관례를 과감히 깨고 차석 대사는 물론 참사관에게도 대표 연설을 맡긴 적이 있다.

  WTO 회의에선 조금 짓궂은 방식으로 직원들에게 기회를 주었다. 각국 대표들이 모인 회의에서 당장 우리가 발언해야 할 차례가 돌아올 때 슬쩍 자리를 비우는 것이다. 옆에 앉아 있는 직원은 사전 귀띔도 없이 내가 발언해야 할 자료를 들고 대신 발언을 해야 했으니 무척 당황스러웠을 것이다. 하지만 직원들은 늘 긴장하며 회의 내용을 100% 파악하는 자세를 몸에 익힐 필요가 있다. 공식 석상에서 직접 발언하는 기회를 매끄럽게 잘

넘기면 자신감이 생길 것이고, 설사 실수를 범한다 할지라도 그로 인해 배우는 것이 더 많다.

그러고 보면 WTO를 떠나 정부에서 일하게 되었을 때 장관급이 아닌 차관보급에서부터 시작한 것이 도움이 된 것 같다. 15개월 이상 '넘버투'의 위치에서 조직을 관찰하고 큰 전략을 세우며 세부 사항을 연구한 것은 이후 본부장 업무 수행에 꼭 필요한 과정이었다. 특히 이 기간 동안 청와대와 관계를 다질 수 있었던 것은 학연이나 지연이 전혀 없이 시작한 관직 생활에 도움이 되었다. 훗날 한미 FTA 협상 과정에서 이 의사소통 채널이 없었다면 청와대의 적극적인 지원을 받을 수 없었을 것이다.

통상교섭본부는 업무 특성상 여러 정부 부처와 협력하는 것이 매우 중요하다. 시장 개방을 위한 통상 협상이 아무리 잘 진행되어도 대상 품목을 관장하는 정부 부처가 개방에 반대하면 어쩔 도리가 없기 때문이다. 농림부가 참깨는 양보를 못 하겠다고 버티거나, 복지부가 의료기기 시장 개방은 곤란하다고 나서면 통상교섭본부는 협상에 내놓을 카드를 잃게 된다. 물론 일차적으로는 해당 부처와 개방안을 협의하지만, 그 부처의 완강한 반대로 협상에서 양보가 불가피한 품목을 개방하지 못하는 일이 벌어지곤 한다. 이 경우 통상교섭본부와 해당 부처의 이해를 조정하는 역할을 하는 곳이 바로 청와대다. 해당 부처 나름의 논리가 있겠지만, 통상교섭본부 입장에서는 청와대에 해당 품목을 개방해야 하는 이유를 납득시켜야 한다. 그러려면 청와대에 통상교섭본부의 입장을 전할 수 있는 의사소통 경로가 많아야 한다. 사안의 중요도와 특성에 따라 국정상황실, 정책실, 비서실, 총리실 등 통상교섭본부의 메시지를 전하는 경로가 달라진다.

지적재산권 공부

로펌에 근무할 때 들은 사례가 있다. 스팸을 제조하는 미국 회사가 한국 기업에서 만든 로스팸 상표가 자기네 상표와 유사하다며 제기한 상표 침해 분쟁이었다. 상식적으로 누가 봐도 상표침해라고 생각할 수밖에 없는 케이스였다. 이에 대해 우리 기업은 제품을 '장미 목장'에서 제조하기 때문에 '로스팸'이라고 이름 지었다며 상표침해가 아니라고 주장했다. 즉, 장미 목장을 영어로 번역하면 'Rose Farm'인데 한국말에는 'r'자와 'f'자에 해당하는 발음이 없기 때문에 '로스팸'으로 표기된다고 설명했다. 억지스럽지만 그 사람의 창조적인 논리가 놀라웠다.

서브웨이 프랜차이즈 일을 맡았을 때 'Subway' 상표가 한국 특허청에서 등록 거절당하는 일이 있었다. 그 이유는 선등록된 '지하철 다방' 때문이었다. 테니스라켓 회사 프린스가 'Prince' 상표를 특허청에 등록하려 했으나 거절당했는데, 그건 옛날 국제상사가 '왕자표' 신발을 선등록해 두었기 때문이었다.

나는 이런 경험을 통해 영미법계의 나라들은 '선사용자'가 상표권을 취득하고, 우리와 같은 대륙법계의 나라에서는 '선등록자'가 상표권을 취득함을 알게 되었다. 미국과 유럽 국가들은 1980년대부터 자국 기업의 유명 상표를 미리 선정해서 보호해 달라고 우리 정부에 지속적으로 요구해 왔다. 문제는 유명 상표를 지정하는 기준이었다. 그 상표가 국내 시장에서 유명해야 하는 것인지 세계 시장에서 유명해야 하는 것인지의 문제였다. 구찌나 샤넬 같은 상표는 세계적으로는 유명했지만 당시 우리나라 소비자들에게도 유명하다는 것을 입증하기가 상당히 어려웠기 때문에 유명 상표로 인정받을 수 없었다. 1980년대에 이런 분쟁을 다룰 때는 이 분야가 20년 후 한미, 한-EU FTA 협상의 주요 쟁점이 되리라고 상상이나 할 수 있었겠는가? 바로 또 하나의 모자이크 조각을 붙이는 작업이었다.

지적재산권 분야에 대한 훈련은 WTO 근무 시절에도 계속되었다. 이 지긋지긋한 지적재산권이 스위스 땅에서까지 나를 따라다니는 것이 못마땅했다. WTO에서는 상표는 물론 의약품 특허와 저작권 이슈까지 다루어야 했다. 에이즈나 말라리아 환자가 많은 개발도상국이 선진국 제약회사의 특허권을 무시하고 의약품을 대량생산해 합법적으로 내국민에게 공급할 수 있는지를 법률적으로 검토하기도 했다. 극단적인 예로 북한에는 치유 가능한 결핵부터 치유가 어려운 결핵에 이르기까지 많은 결핵 환자가 있는데, 통일이 되었다고 가정했을 때 결핵 약이 부족할 경우 우리가 외국 제약회사의 특허를 무시하고 결핵 약을 대량생산할 수 있는지에 관한 문제다.

저작권과 의약품 특허 분야는 한미 FTA에서 치열한 신경전이 벌어진 분야다. 한미 FTA 지적재산권 분야의 수십 개에 달하는 이슈들이 하나도 해결되지 않은 채 마지막 협상을 3주 남겨 놓았을 때 있었던 일이다. USTR에서 슈워브 대표, 바티아 부대표, 웬디 커틀러 부대표보와 USTR 지적재산권 고문 변호사를 만나 각 지적재산권 이슈에 관해 미국 법과 한국 법을 비교해 가며 조목조목 설명한 적이 있다.

"저작권 보호 기간을 왜 50년에서 70년으로 늘리지 못합니까? 한국도 지재권 강국이 되었으니 중국, 아세안 상대로 한국 드라마나 컴퓨터게임 등의 저작권을 더 많이 보호하고 싶을 텐데요."

"약 70개 국가들이 저작권 보호 기간을 70년으로 늘린 것을 잘 알고 있습니다. 미국 입장에서는 특히 미키마우스 저작권자가 죽은 지 50년이 되었기 때문에 70년으로 늘려 더 보호하고 싶어 하는 것도 잘 알고 있습니다. 그러나 우리 입장에서 이것은 사회적으로 민감한 문제입니다. 1960~1970년대에 민주화 운동을 한 사람들 가운데 지식층이 많은데, 취직이 안 되어 출판업으로 생계를 잇는 경우가 많았습니다. 우리나라의 민주화를 위해 희생한 사람들한테 어떻게 더 희생을 강요합니까? 미국에서도 소수민족을 우대하는 법들이 있지 않습니까."

"상표 분야에서 선사용제도를 인정해 주시기 바랍니다."

"내 경험에 비추어 보면 미국의 선사용제도보다 우리나라 선등록제도가 훨씬 효율적입니다. 먼저 사용했다는 것은 입증하기 어려운 반면, 우리나라 제도는 상표를 특정 분야, 예를 들면 신발류, 의류, 전자제품 등 45개 류에서 선정하여 등록할 수 있게 되어 있습니다."

"등록비가 비싸지 않습니까?"

"천만에요. 아주 쌉니다. 미국에서 상표 등록을 하는 것보다 훨씬 쌉니다. 내 생각으로는 비용을 더 올려야 할 것 같습니다."

이런 식으로 약 2시간 동안의 설전이 모두 끝난 후 나는 미국 측에 압력을 가했다.

"협상이 한 번밖에 안 남았고 미국까지 와서 이렇게 다 설명했으니 이제 수십 개에 달하는 이슈에 대해 빨리 결정을 하시죠. 정치적 의지가 필요한 것인데, 우리 수준에서 지금 당장 결정합시다."

미국 측에서는 한참 동안 아무 말도 못 하더니 바티아 부대표가 지금 결정을 내릴 수 없으며 내부 회의를 거친 후 논의하자고 했다.

"회의는 여러 차례 했고 이미 충분한 시간을 드렸습니다. 그런데 아직도 시간이 필요합니까? 될 수 있으면 지금 결정하는 것이 좋습니다. 협상이 한 차례밖에 안 남았는데 풀 수 있는 것은 풀고 가야 하지 않겠습니까?"

"내부 회의를 거쳐 신속히 알려 드리겠습니다."

나중에 회의를 마치고 나오면서 우리 직원들이 "본부장님, 상대방 얼굴 표정을 보니까 본부장님이 설명하신 걸 잘 알아듣지도 못하는 것 같아요"라고 말했다. 후에 알게 된 사실이지만 내가 회의를 마치고 떠난 이후 그들끼리 한참 웃었다고 한다. 어떤 외국의 통상장관도 미 무역대표부에 와서 미국 지적재산권법에 관해 조목조목 짚어 가며 강의하듯 설명한 경우가 없었기 때문이란다. 그러면서 미 무역대표부 지적재산권 담당 실무자에게 무슨 일이 있어도 실무자 선에서 이 이슈를 해결하고 장관급으로 올리지 말라는 지시를 했다고 한다. 나는 WTO까지 따라온 지재권 법률 분쟁을 지긋지긋하게 생각했었던 것이 떠올라 슬그머니 미안했다. 없어서는 안 될 소중한 조각이었던 것이다.

후배들을 위한 조언

2003년 4월, 나는 내 자리는 꼭 한국 사람으로 채워야 한다고 당시 사무총장과 법률국장에게 강조한 뒤 WTO를 떠났다. 후임 후보들에게 인터뷰 준비와 시험 관련 자료를 제공한 결과 내 후임에 한국 국적 변호사가 오게 되었다. 지위가 올라가면서 책임이 많아지는 사람은 그만큼 후배들이 좋은 자리에 진출할 수 있는 기회를 제공해야 한다. 통상본부장 시절 어떤 국제기구든 한국 사람이 지원하거나 승진할 기회가 생기면, 나는 그

기구의 사무총장과 담당 국장을 만나 지원을 아끼지 않았다. 후배들에 대한 이런 지원은 유엔대사 시절에도 일관했다.

가끔 특강을 나가면 젊은 후배들이 나에게 자문을 하곤 한다. 내가 보낸 20대 시절보다 현 20대가 더 어렵고 힘든 것 같다. 각자의 상황이 다 다르기 때문에 선배로서 자문에 응하는 것은 어려울 뿐 아니라 위험할 수도 있다. 그러나 내가 얻은 몇 가지 교훈을 설명하자면 다음과 같다.

첫째, '남이 기대하는 인생을 살지 말고 본인에게 의미가 있는 일을 찾아 하라'는 것이다. 인생에서 보장된 것이나 확실한 것은 없다. 그러나 가장 잘못된 선택은 남들이 한다고 해서 따라하는 것이다. 상황은 항상 변하기 때문에 지금 당장은 그쪽 길로 가는 것이 맞는 것처럼 보이더라도 나중에 보면 꼭 그렇지도 않다.

앞에서도 언급했듯이 컬럼비아 로스쿨에 다닐 때 가장 선호되던 선택은 월가 로펌에 취직해서 기업 인수합병 변호사가 되는 것이었다. 1985년에 졸업한 많은 동창들이 그 길을 선택했고 나 역시 그랬다. 그러나 1989년 경제 거품이 꺼지면서 M&A 수요가 급감하자 그들은 해고대상이 되었고, 해고를 면한 사람들은 파산법 쪽으로 가야 했다. 흔히 제2의 누구누구가 되라는 말을 하는데 이것은 말이 안 된다. 그 사람과 본인의 환경은 판이하게 다르고, 한 번 간 길은 또다시 써먹을 수가 없기 때문이다. 이것은 마치 객관적인 공식이 있어서 그 공식대로 따라하면 성공할 수 있다는 잘못된 생각이다.

둘째, '모든 일을 처리할 때 남의 일 하듯 하지 말라'는 것이다. 주인의식을 가지고 하면 기대했던 양을 초과할 뿐 아니라 질적으로 우수한 작품이 나오기 마련이다. 이 자리에 오기까지 내게 가장 결정적 영향을 끼친 요인을 들라고 하면 아무리 사소한 일도 주인의식을 가지고 접근했다는 것이다. 사소한 일이란 없다. 다만 그 당시에 사소해 보일 뿐이다.

앞에서 언급했듯이 일본이 1965년부터 우리의 김 수출 쿼터를 240만 속으로 묶어 놓았다는 사실을 이용해 일본을 압박한 결과, 쿼터를 1,200만 속으로 늘릴 수 있었다. 당시에는 민감한 한일 관계에 타격을 준다느니, 일본을 자극시켜 240만 속 쿼터마저 줄어들 것이라는 등 해코지하는 말들이 무성했다. 그러나 김 양식업자의 입장에서 생각해 보면 쿼터를 늘려서 돈을 더 벌고 싶은 것이 당연하다. 나는 김 업자들이 한 속이라도 더 유리하게 팔 수 있도록 해주고 싶었다. 같은 맥락에서 해외에서 저렴하게 구입할 수 있는 식품을 관세철폐를 통해 서민들에게 값싸게 공급하고 싶은 마음도 FTA를 추진했던 이유 중의 하나였다.

뉴질랜드에 농지와 목장을 구입해서 농업이민을 보내는 FTA를 추진하고 싶었던 이유도 북한의 굶주린 동포들이 안타까워서였다. 만약 북한 동포들이 같은 한국 사람임을 절감하고 있지 않았다면 뉴질랜드와의 FTA는 생각도 하지 않았을 것이다. 주인의식을 가지고 일하면 120%의 노력을 하기 때문에 운이 따른다. 운이란 것은 100%가 아닌 120% 노력을 했을 때 하늘이 긍휼히 여겨 주어지는 것이다. 로마시대 철학자 세네카가 말한 대로 "행운이란 준비된 자가 기회를 만났을 때 차지하는 것이다 Luck is what happens when preparation meets opportunity." 전력을 다해 노력하면 예상치 못한 기회가 온다.

셋째는 '사심 없이 소신껏 하라'이다. 이순신 장군의 말대로 '필사즉생 필생즉사'는 백번 맞는 말이다. 나는 자리에 연연하지 않았기 때문에 상대국 장관들과 붙었을 때 강하게 나갈 수 있었다. 내가 만약 조금이라도 눈치를 보거나 사심을 내세웠다면 상대방이 즉각 간파하여 내가 불리해졌을 것이고 국익은 그만큼 희생되는 결과가 나왔을 것이다. 다행이랄지 상대 장관들은 자리에 연연하는 사람도 있었고 정치적으로 야심이 큰 사람도 있었다.

일을 할 때는 나의 이익보다 공동체의 이익을 우선해야 한다. 이슈를 정확히 파악해서 공동체의 최적 이익을 냉정하게 판단·추구해야 한다. 임진왜란 때 윤두수와 서인 같은 고위 관료들은 능력도 없으면서 명분만 앞세워 일본을 선제공격해야 한다고 주장했다가 배 12척만 남고 전멸당하는 비참한 결과를 초래했다.• 이것은 국익을 생각하지 않는 사심이 초래한 결과다. 해고되는 것을 두려워하지 않아야 한다. 퇴장이 있어야 새로운 등장이 있다는 점과 퇴장이 등장보다 중요하다는 점을 명심해야 한다.

한 가지 더 조언하고 싶은 것은 고등학생, 대학생 때부터 파트타임 혹은 방학을 이용해 관심 있는 분야에서 다양한 경험을 하고 그 분야에서 자신에게 정확하게 조언해 줄 수 있는 멘토를 찾으라는 것이다. 바깥에서는 아무리 상상해도 알 수 없지만, 안에 있는 사람은 그 분야의 장단점을 알 뿐 아니라 '틈새시장'이 얼마나 있는지도 파악하고 있기 때문에 어떤 기회가 있는지 조언해 줄 수 있다. 그 분야에 대해 상세히 설명해 줄 수 있는 사람이 있으면 도움이 된다. 단, 그 멘토의 말이 절대적인 것은 아님을 명

• 배기찬, 《코리아 다시 생존의 기로에 서다》, 위즈덤하우스, 2005, 155~156쪽 참조.

심하고, 멘토도 인간이므로 '유효기간'이 있음을 염두에 둬야 하며 머리가 커져 가면서 그 사람에게서 졸업할 수도 있어야 한다.

구체적인 예를 들어 보자. 국제변호사가 되기를 원하는 후배가 조언을 요청한다면 나는 어떻게 조언할 것인가? 만일 유능하지만 언어에 능통하지 않거나 미국 문화를 잘 이해하지 못할 경우는 불필요한 세금을 줄여 주는 세법변호사가 좋다. 회사법 분야에서 잘 나가는 쪽은 M&A와 증권거래법이다. 로펌에서 이쪽으로 일하다 보면 나중에 기업 사내 변호사 기회가 생길 수도 있다. 형사법에 관심 있을 경우, 형사소송 로펌에 가기 전에 미 연방 또는 주 정부 검사로서 경력을 쌓으면서 굵직한 사건을 몇 건 처리하여 자신을 알릴 필요가 있다. 소송 분야에서는 판사 위주로 진행되는 재판과 배심원 재판이 있는데 배심원 재판의 경우, 소송 내용보다 승패를 가르는 것은 그 변호사가 배심원들이 자기 의뢰인에게 얼마만큼 호감을 갖게 하느냐에 달려 있다. 소송 전문가가 되려면 소송 전문 로펌의 경험 많은 베테랑 변호사 밑에서 수년간 일을 배워야 한다. 기술 분야에 밝은 사람은 요즘 잘나가는 특허변호사를 할 수 있다. 미국 유명 기업들이 제조 경쟁력을 상실하자 원천 기술 특허를 가지고 후발 기업들을 제소하고 있다. 기술을 잘 이해하는 특허변호사 수요는 앞으로 더욱 증가할 것이다. 특허변호사는 소송뿐 아니라 특허 포트폴리오가 약한 기업을 위해 특허인수 자문을 할 수도 있는데 이는 매우 중요한 역할이다. 기술 흐름을 파악해서 어떤 분야의 특허를 인수해야 하는지를 안다면 그 지식은 상당히 유용하다. 우수한 학생들은 로스쿨 졸업 후 판사 밑에서 보좌 역할 law clerk을 1, 2년 한 후 하고 싶은 일을 한다. 이런 경험은 높은 평가를 받기 때문에 로펌이든 학계든 수요가 많다. 판사 보조가 되려면 미국시민이어야 하지만 예외조항이 있다. 미국과 동맹조약을 맺은 국가의 국민은 미국 판사 보조가 가능하다. 이런 정보가 틈새시장이다.

　노벨경제학상을 받은 밀턴 프리드먼의 말대로 인간이 추구하는 것은 자유와 자립이다. 이것을 얻으려면 사전에 조사와 준비를 많이 해야 하고 관심 분야에서 일찍이 경험을 쌓아야 한다. 일류 대학 또는 대학원을 졸업했다고 좋은 일자리 제안이 오리라는 착각을 해서는 안 된다.

2장

유엔대사 시절
통일 한국은 안보리 상임이사국 후보

여러 나라의 한국 대사관을 방문할 때마다 제일 먼저 유심히 살펴보는 것이 화분이다. 시들지 않고 잘 살아 있는 화초는 그만큼 대사 이하 직원들의 기강이 잘 서 있음을 대변해 주기 때문이다. 뉴욕에 있는 우리 유엔대표부는 유엔 건물 길 건너에 위치하고 있어 모든 국가들이 부러워한다. 11층 대사실에는 화분이 148개 있었다. 2007년 9월 6일 유엔대사로 부임한 첫날, 화분을 유심히 보니 화초들이 대부분 죽어 있었다. 그동안 보살피지 않았기 때문인데 그럼에도 매달 화초 관리비 700달러 이상을 화분 관리업체에 지불하고 있었다. 나는 대표부 운영비가 얼마나 드는지 알아보았다. 뉴욕 시 규정에 따라 고층 빌딩에는 24시간 경비가 있어야 하는데 이 일을 외부 용역회사에 맡기고 있었다. 중국, 러시아, 독일, 터키 대표부도 각각 자국 소유의 건물에 입주해 있었는데, 그들은 우리와 달리 보안을 위해 자국 출신 경비를 고용하고 있는데 말이다. 그 외에도 청소, 전기, 엘리베이터 관리비를 합쳐 보니 한 달에 4만 6,000달러를 지불하고 있었다. 즉, 연간 약 5억 원 정도의 돈을 관리비로 지불해 온 것이다. 과연 그 건물이 우리 직원들이 소유한 개인 건물이었다면 이만큼의 돈을 지불하려 했을까?

각 직원들이 개별적으로 자신의 사무실 문을 잠근다 해도, 비밀정보를 다루는 공관에 외국인이 경비, 청소를 이유로 수년간 수시로 드나들게 허용했다는 것은 이해할 수 없었다. 모든 직원이 퇴근한 밤 시간에 청소를 하는 점이 특히 마음에 걸렸다. 나는 유엔 업무를 익히고 각국 대사들을 예방하느라 부임하자마자 바쁜 와중에도 퇴근 후에는 관저의 모든 용역계약서를 검토했다. 낮에는 대사, 밤에는 변호사 업무를 한 셈이다. 어떻게 용역업체들을 합법적으로 해고할 수 있을지 고심했다. 아마 그동안 어느 직원도 이들을 해고할 생각은 하지 않았을 것이다. 경비, 청소, 냉난방 서비스 제공업체를 새로 알아보라고 지시하자 여러 직원들이 불편한 기색을 내비쳤다.

"그 업체들을 해고하면 대표부 앞에서 시위를 벌일 수도 있습니다. 그러면 대사님께 좋을 것이 없습니다."

"시위하라고 그러세요! 될 수 있으면 수만 명이 했으면 좋겠네요. 이런 일로 청와대에 투서해서 공관장들 애먹이는 경우가 있는 걸 나도 알고 있는데, 나는 그런 것에 신경 안 쓰니까 젊고 유능한 우리 교포업체로 알아보세요. 내가 알기로 이런 관리업체 몇몇이 담합해서 뉴욕 맨해튼 건물에 외부 업체들이 진입하는 것을 막고 있더군요. 이번 기회에 우리 교포 기업을 확실하게 키워 줍시다. 겁먹지 말고 정도正道대로 합시다."

유엔대표부의 소극성은 관저 주차장 문제를 처리하는 데서도 그대로 드러났다. 어느 날 자동차 한 대가 주차장 앞을 가로막고 있어서 차를 뺄 수가 없었다. 알고 보니 전임 대사들도 이런 봉변을 당한 적이 있었다. 경찰에 신고했더니 노란색 주차금지 선이 흐려져서 잘 보이지 않기 때문이라는 답이 돌아왔다. 나는 그날 바로 가장 밝은 노란색 페인트를 사서 직접 주차금지선을 칠했다. 특명 전권대사가 부임 사흘째 되는 날 직접 페인트를 칠하게 만드는 일이 뉴욕의 다른 192개국 유엔대표부에서도 일어나는지 궁금했다. 그 주차장에 주차할 일이 없어도 나는 주차금지선을 샛노랗게 그렸을 것이다. 대한민국 소유지에서 아무리 사소할지언정 우리의 권리를 침해당하는 것 자체가 싫었고 용납할 수 없었다.

예측대로 유능한 우리 교포업체들이 기존의 절반 수준인 2만 3,000달러에 오퍼를 제출했다. 더욱 놀라운 것은, 그중 한 업체가 2001년 거의 같은 가격과 조건을 제시했음에도 우리 유엔대표부가 이를 거절하고 더 비싼 업체를 고용한 것이다. 즉 2001년부터 2007년까지 7년 동안 거액을 절감할 수도 있었던 것이다. 총무 업무는 장기간 이런 업무를 담당한 행정직원에게 의지하는 경우가 많다. 유엔대표부도 예외가 아니었다. 정부 예산을 자기 것처럼 생각하는 직원이라면, 수년간 거래처와 신뢰를 쌓고 다수의 동종 업체를 상대하면서 서로 경쟁을 유발하여 저렴한 가격에 공관 예산을 운용할 것이다.

2008년 1월 8일, 당시 유엔대표부의 용역업무를 담당하고 있던 모든 관리업체들을 해고했다. 화초를 다 말라 죽게 해놓고도 뻔뻔스럽게 두 달치 밀린 화초 관리비를 청구해 오자 나는 지불하지 말라고 지시했다. 이렇게 절감한 비용으로 지난 몇 년 동안 동결되어 있던 비서, 기사들의 급여를 올려 주었다.

차기 상임이사국은 통일 한국

192개 국가의 대사들, 수십 개의 국제기구와 NGO들이 활동하는 다자 외교무대에서 대사의 가장 중요한 역할은 어떤 이슈에 대해서도 유엔에서 인정한 공식 언어로 막힘 없이 논의를 전개하는 것이다. 나는 어떤 선배 외교관이, 무릇 외교관은 자국 정부의 메시지를 전달할 뿐 아니라 상대방이 메시지의 핵심 포인트를 이해할 수 있도록 똑똑하게 논리적으로 설명할 수 있어야 한다고 여러 차례 강조하는 말을 들었다. 그러기 위해서는 주요 현안의 상세한 내용을 잘 파악하고 있어야 한다. 외교관, 특히 대사들은 이 조언을 새겨들어야 한다.

우리 유엔대표부의 주요 업무는 내정이 불안한 나라에 대한 유엔 평화유지 활동 수행, 안전보장이사회 개혁 논의, 미얀마와 수단 사태의 해결, 북핵 문제 관련 국제사회 지지 촉구, 북한 인권 향상 촉구, 난민 및 국내 이산가족 문제 해결, 기후 변화 관련 대책에 대한 관심 환기, 천년 개발 목표(절대빈곤 퇴치, 보편적 초등교육 달성, 성 평등을 비롯한 여성 능력 고양, 아동 사망률 감소, 모성 보건 증진, 에이즈 말라리아 질병 퇴치, 지속 가능한 환경 확보, 개발을 위한 글로벌 파트너십 구축) 달성, 우리 국민의 유엔기구 진출 확대 등이다.

유엔대사로 부임하기 전 관련 업무를 보고받을 때 위의 과제 중에서도 특히 신경이 쓰이는 과제가 있었다. 바로 유엔 안보리 개혁이었다. 유엔 안보리는 모든 국가에 구속력 있는 결정을 내릴 수 있는 기관이다. 2차 세계대전 후 당시 세계 질서를 반영하여 미국, 영국, 프랑스, 러시아, 중국이 비토권(거부권)을 갖는 상임이사국이 되었고, 비토권 없이 2년마다 교체되는 비상임이사국 10개 나라가 있다. 이른바 G4 국가인 일본, 독일, 브라질, 인도는 유엔 안보리를 개혁, 민주화한다는 차원에서 자신들도 상임이사국이 되어야 한다는 제안을 내놓고 지속적으로 노력해 왔다. 이런 시도는 2003년에 거의 성공했다가 막판에 무산되었다.

그 후에도 이 네 나라는 호시탐탐 상임이사국 진출에 야심을 보여 왔다. 가까운 시일 내에 남북통일을 지향하는 우리로서는 일본의 상임이사국 진출이 부담스럽다. 일본의 과거 역사를 볼 때 우리의 이익과 배치되는 입장을 취한 점과 독도 영토 분쟁, 교과서 역사 날조, 야스쿠니 신사 참배, 동해의 일본해 표기, 한미 FTA 방해 등을 감안하면 더더욱 그렇다. 그들은 일본이라는 나라가 아시아에서 대표성이 있기 때문에 상임이사국 자격이 있다고 주장하는데, 이는 어불성설이다. 주변 국가들에게 고통을 주었으면서도 진심 어린 반성은커녕 과거 역사에 대한 변명으로 일관하는 나라가 어떻게 아시아 대표성을 운운할 수 있는가?

중국에 이어 일본마저 상임이사국이 되었을 때, 이들이 우리 이익을 국제무대에서 반영해 주리라고 생각하는 것은 현실적이지도 않고 이성적이지도 않다. 얼마전까지만 해도 일본, 독일, 브라질, 인도는 영구 상임이사국 대신 10년 또는 10년 이상 장기간 이사국이 되는, 그러니까 '임기가 있는 이사국'이라는 대안을 내놓고 안보리 진출을 시도했다. 한국은 이 제안도 받아들여서는 안 된다. 안이하게 접근했다간 사소한 실수로도 국익에 치명적 피해를 줄 수 있기 때문에 안보리 개혁 문제는 신중에 신중을 기해야 한다.

나는 열정적인 이탈리아 대사와 차분하고 냉정한 파키스탄 대사 및 다른 국가들과 협조하면서 우리가 지향하는 방향으로 안보리 개혁 논의를 이끌었다. 다자외교 환경에서는 어느 한 방향으로 진행되는 논의를 방해하는 사람으로 보여선 안 된다. 자칫 반감을 사 상황이 돌변할 경우 고립되고 무력화될 수 있기 때문이다. 우여곡절을 거치면서도 내가 수월하게 업무를 수행할 수 있었던 이유 중 하나는 다른 나라들이 한국 입장을 지지하도록 이도훈 참사관이 실무자 선에서 탁월한 전술로 맹활약해 주었기 때문이다. 이런 우수한 직원이 곳곳에서 보이지 않게 소신껏 일하기 때문에 국익이 지탱되는 것이다.

일본이 유엔 상임이사국이 되는 것에 괜히 반대하는 것이 아니다. 대한민국이 장차 도덕성과 대표성을 갖춘 통일 한국이 되어 유엔 안보리 상임이사국이 될 자격이 있다고 판단하기 때문이다. 잿더미에서 경제 대국으로 도약하고 민주주의를 꽃피운 대한민국은 남을 침략한 적이 없는 평화를 사랑하는 나라라는 도덕성과, 주변 국가들과 달리 아시아의 수많은 나라들과 동병상련의 고난을 공유한다는 점에서 대표성을 갖는다 할 수 있다. 대한민국은 경제 발전을 기적적으로 이룬 경험과 극한 대립구도에서도 민주주의를 실현한 지혜를 개도국에 전수함으로써 세계 평화와 번영에 지속적으로 기여할 의무도 있다. 그러므로 아시아 권역에서 대표성을 갖춘 발언을 할 자격을 갖춘 국가라면 당연히 우리 대한민국이다.

동해냐 일본해냐

1977년에 채택된 유엔지명표준화회의 결의 III/20은 2개국 이상의 주권 하에 있거나 2개국 이상에 분할되어 있는 지형물에 대하여 당사국 간 단일 지명에 합의하지 못할 경우, 세계지도 제작 시 원칙적으로 서로 다른 지명을 모두 표기할 것을 권고했다. 마찬가지로 국제수로기구가 1974년에 채택한 기술결의 A.4.2.6도 단일 지명에 2개국 이상의 관련국이 합의하지 못할 경우 서로 다른 명칭을 같이 쓸 것을 권고했다. 즉, 동해의 경우 우리는 '동해', 일본은 '일본해'라는 명칭을 고수하여 명칭에 관한 분쟁이 해결되지 않고 있으니 모든 서류나 지도에 동해와 일본해를 같이 표기해야 한다. 당연히 유엔 사무국도 이 원칙을 존중해야 하는데 실상은 그렇지 않았다.

유엔 사무국의 논리는 국제적으로 합의된 표준 명칭이 없는 한 "가장 널리 퍼져 있고 일반적으로 인정된 지명the most widespread and generally recognized denomination"을 사용하는 관행을 유지한다는 것이다. 다만 이러한 관행이 한 회원국의 입장을 두둔하는 것은 아니며, 이해 당사국 간 협상이나 협의에 영향을 주어서도 안 된다는 원칙을 고수하고 있다. 그러면서 유엔 사무국은 일본해가 "가장 널리 퍼져 있고 일반적으로 인정된 지명"이기 때문에 사무국이 발행하는 문서나 발간물, 발언문 등에 일본해 명칭을 사용하겠다는 입장이었다.

유엔 사무국의 논리는 확실히 모순이다. 첫째, 유엔지명표준화회의 결의 III/20과 국제수로기구의 기술결의 A.4.2.6이 유엔 회원국들이 존중하고 지켜야 할 의무라면 당연히 유엔 사무국도 그것을 지켜야 한다. 유엔 회원국들이 채택한 결의, 192개 국가들이 이행하는 그 결의안을 사무국이 따르지 않는 것은 있을 수 없는 일이다. 둘째, 중립성을 지켜야 하는 사무국이 일본해가 세계적으로 널리 사용되고 있기 때문에 이 명칭을 단독 표기한다는 것은 당사국 한쪽 입장만 일방적으로 옹호하는 비중립적 행위다. 실제로 일본은 유엔 사무국이 관행적으로 일본해를 단독 표기함을 주요 사례로 삼아 일본해 단독 표기를 주장하고 있다. 문제는 유엔 사무국의 관행이 유엔의 공식적인 입장인 것처럼 오해되는 사례가 빈번하고, 일본이 이를 의도적으로 악용한다는 점이다. 일본해 표기가 국제적으로 확산된 것은 1929년 국제수로기구가 발간한 《해양의 경계》 초판에 일본해가 단독 표기 되면서부터다. 우리는 당시 일본 식민치하에서 동해 표기의 정당성을 주장할 권리가 박탈되었기 때문에 손을 쓸 수 있는 방도가 없었다.

2004년 3월 10일 유엔 사무차장이 일본 대표부에 보낸 서한에 일본해가 표준 명칭이기 때문에 유엔 공식 서류에 '일본해'로 표기할 것임을 밝힌 것이 문제의 발단이었다. 일본은 양자 및 국제기구를 대상으로 유엔 사무차장의 서한을 자국 입장을 지지하는 근거로 사용하고 있다. 우리 대표부가 거세게 항의하자 당시 사무차장은 우리 측 대사에게 앞서 말한 유엔 사무국의 관행을 이유로 들면서 자신이 일본 측에 보낸 서한이 특정 입장을 지지하는 것으로 오용되어서는 안 된다고 답변했다. 유엔 사무차장이 이 민감한 문제를 충분히 검토하지 않는 실수를 저질러 우리 국익에 손해를 입힌 것이다.

2007년 10월 24일 유엔의 날 음악회에 정명훈 씨가 지휘하는 서울시립교향악단이 유엔 본부에서 공연을 했다. 그날 '동해East Sea'로 표기한 한국 홍보 자료를 공연 프로그램 책자와 함께 객석에 배포했는데, 일본이 민감한 반응을 보이며 우리 대표부와 유엔 사무총장실에 항의했다. 일본 니케이신문은 11월 7일 "한국, 유엔에서 동해 표기 팸플릿 배부―일 고무라 외상 유감 표명"이라는 제목의 기사를 보도했다. 이에 우리 대표부는 2004년 유엔 사무차장의 잘못된 서한이 일본 측에 의해 오용된 점을 강조하고, 이로 인해 유엔 산하 기구들이 일본해 단독표기를 유엔의 공식 입장으로 잘못 알고 있는바, 일본해 표기가 사무국의 관행일 뿐 유엔의 공식적인 입장이 아니란 점을 유엔 관련 산하 기구에 회람시켜 줄 것을 요구했다.

동해 표기 문제는 아직도 미해결 상태다. 근본적인 해결 방안은 아니지만 최소한 국제수로기구와 유엔지명표준화회의 결의대로 두 개 이상의 국가가 명칭에 합의하지 못할 경우 서로 다른 명칭을 병기하는 결의를 이행해야 한다. 192개 회원국이 준수해야 하는 이 결의안을 유엔 사무국부터 이행해야 한다. 그러기 위해 지명에 관한 국제회의를 통해 '동해/일본해' 병기에 대한 전반적 분위기가 조성되어야 할 것이다. 한 국가의 국익이 한 개인의 경솔한 행동으로 손상되는 것은 통한할 일이다. 피해가 더 확산되지 않으려면 모든 대책을 강구해서 실행해야 한다.

남북한 연합 평화유지군

유엔대사 부임 당시 수단 내전으로 40만 명 이상이 학살된 사건이 뜨거운 쟁점으로 떠올랐다. 여러 이유가 있었지만 유엔에 있는 대사들 대부분은 수단 특사에게 보고만 받고 내전 지역인 다푸르를 직접 방문하지는 않았다. 나는 내 눈으로 직접 현장을 확인하고자 수단을 10일간 방문했다. 세계식량기구WFP 사무총장은 통상본부장 시절 친하게 지낸 USTR 부대표 출신인 조셋 쉬런이었는데, 수단 내에 세계식량기구 소속 비행기가 수십 대 있어서 수도 하르툼에서 다푸르까지 가는 비행기를 제공받을 수 있었다. 다푸르는 프랑스 정도 크기의 지역인데, 아랍계 반군들이 아프리카계 흑인에 대한 대학살을 자행하고 있었다. 방문한 난민 캠프는 처참한 상태였고 많은 난민들이 고향으로 돌아가기를 간절히 바라고 있었다. 수단 정부는 서구 국가들의 의도를 의심하여 백인 평화유지군은 못 받겠다고 한다는 설명을 관련 장관에게 직접 들었다. 그러나 한국군은 받을 수 있다고 했다.

외교정책 입안자들은 국제사회에서 대한민국의 입지를 확고하게 하기 위해 신중하고 신속하게, 그리고 국익에 합당하게 결정하고 추진할 책임을 지고 있다. 나는 수단의 열악한 상황을 목도하면서 생각했다. 강대국들이 이라크, 아프가니스탄, 이란 등의 문제로 다른 분쟁 지역에 물리적으로 신경 쓸 여력이 없을 때 우리가 인도적 차원에서 협조하는 것이 명분도 있고 국가적 실익도 있다고 말이다. 혹시 북한이 비상상황을 맞이했을 때 미리 훈련한다는 차원에서도 평화 유지 경험이 중요할 것이기 때문이다.

그 당시 나는 남한과 북한 군대를 다푸르에 평화유지군으로 파병할 것을 군 간부들에게 제의했다. 남북한 군부가 상호보완을 목적으로 공조할 기회를 만드는 것이다. 한반도에서 남북 군부가 협조할 기회를 만드는 것은 불가능하다. 민간에서는 경협과 비즈니스를 통해 상호교류가 가능했다. 올림픽이나 국제적 체육행사에서 서로를 경험하는 일도 가능했다. 그러나 남북의 군부가 협조할 기회는 한반도에서 절대로 있을 수 없다. 그런데 만약 우리보다 절박한 국민들을 돕기 위해 한곳에 모여 공조하는 기회를 갖는다면 더욱 긍정적인 만남을 기대해 볼 수 있겠다는 생각이 들었다. 서로 적대 관계에 있는 인도와 파키스탄은 수단 남부에서 평화 유지 활동을 하고 있다. 북한도 다푸르 지역에 평화유지군을 파병하여 평화 유지에 기여할 수 있어야 된다. 북한 입장에서 평화유지군 파병을 긍정적으로 고려할 이유는, 평화유지군을 파병하면 유엔으로부터 한 달에 병력 1인당 약 1,028달러를 받는다는 것이다. 3,000명 규모의 1개 연대를 보낼 경우 약 300만 달러를 받는다. 게다가 다푸르는 경제적으로 북한보다 어려워 군인들이 자본주의 이념에 영향을 받을 가능성도 별로 없다.

국경을 건너면 난민이 되지만, 내전 때문에 자국 내에서 집을 떠나야 하는 사람들을 국내 이산민(IDP, Internally Displaced Person)이라 부른다. 세계적으로 국내 이산민은 약 52개국, 2,450만 명에 이른다. 더 놀라운 것은 이들이 이산민 캠프에 머무는 기간이 평균 17년이라는 사실이다. 다푸르의 이산민 캠프에서 누구보다 큰 고통을 겪는 사람들은 여성이다. 세계식량기구가 다푸르의 이산민에게 곡물을 배급하지만 이것을 요리하려면 화력이 필요하다. 이산민 캠프 주변에 땔감이 떨어지면 이들은 땔감을 구하기 위해 왕복 약 18km를 오가야 한다. 이때 반군들이 난민 캠프 밖으로 땔감을 구하러 나온 여자들을 성폭행하는 일이 자주 일어난다. 정확히 말하면 몸을 망쳐 놓아 여자로서의 구실을 못 하게 하는 것이다. 남자들이 잡히면 그 자리에서 살해한다. 이런 상황에서 이산민들은 아들이나 아버지가 죽음을 각오하고 캠프 밖을 나갈 것인지, 아내나 딸이 성폭행당할 위험부담을 질 것인지 매일 결정해야 한다. 대부분의 경우 여자들이 땔감을 구하러 나갔다가 피해를 입는다.

뉴욕에 돌아온 나는 어떻게 하면 이들의 위험부담을 덜어 줄 수 있을지 고민했다. 완벽한 대안은 아니지만 땔감을 약 50% 덜 사용하는 고효율 난로를 제공하면 땔감을 구하러 나가는 횟수를 절반 정도로 줄일 수 있을 터였다. 물론 평화유지군이 파병되어 땔감을 구하러 갈 때마다 군인들이 동반해 주면 사고를 방지할 수 있을 것이다. 몇몇 아프리카 대사들에게 고효율 난로를 제공하는 방안을 타진해 봤더니 다푸르에 특별한 관심을 갖고 있는 잠비아 대사가 매우 좋은 생각이라며 추진할 것을 권했다.

그러나 고효율 난로를 배포할 기구를 찾을 수 없었다. 유엔은 서방국들을 의심하는 수단 정부를 비난하며 고효율 난로 같은 과제는 아예 다루지 않았다. 한국으로부터 예산을 받고 싶어 하는 기구들은 있었지만 막상 브리핑을 받아 보면 배포할 능력과 경험이 없어 현지 NGO에게 배포를 위탁하는 수준이었다. 이럴 경우 NGO들이 행정 비용으로 약 22%를 떼어 가고 국제기구는 7%를 받아 간다. 즉 100만 달러를 기부하면 약 30만 달러가 행정 비용으로 사라지는데, 이 액수면 한 가족을 다섯 명으로 가정할 경우 약 10달러짜리 고효율 난로 3만 개를 15만 명에게 더 지원할 수 있는 기회가 없어지는 것이다. 우여곡절 끝에 세계식량기구가 무상원조가 제공되면 난로 배포 업무를 맡겠다는 약속을 했다. 그러나 임기를 마치지 못한 나로서는 아쉬움이 있다. 대한민국이 무상원조금을 좀더 늘리는 한편, 성폭행당한 여성들을 위한 병원을 설립하고 우리 의료팀들을 파견하여 직접 그들을 치료해 주었더라면 하는 미련이 남아 있다. 이러한 무상원조는 우리나라의 국가 브랜드를 높이는 데도 기여할 것이다.

끊임없는 음해와 모략

유엔대사로 임명되기 전, 외교부 내에서 반대가 심했다. 반대자들은 처음에는 경제통상을 하는 사람이 유엔에 가서 정무를 할 수 없다고 주장했다. 얼핏 듣기에는 그럴듯한 논리이다. 그러나 설득력이 떨어지는 이유가 있다. 내가 학부와 석사 과정에서 정치학을 전공한 사실은 차치하더라도 통상업무를 진행하려면 정무를 충분히 이해하고 그 제반 요소를 감안해야 하는 것이 기본이기 때문이다. 통상업무를 경제적 측면에서만 파악하지 않았기 때문에 남북 FTA, 개성공단을 FTA에 포함시키는 문제, 뉴질랜드 식량기지 확보를 추진하는 것이 가능했다. 또 중국과의 FTA 예비협의 당시 하얼빈 소재 안중근 의사 동상을 외부에 설치해 줄 것을 요구한 것과 (중국 내 외국인 동상은 실내에만 설치해야 함) 라오스와 몽골 장관들에게 탈북자 처리 문제의 중요성을 언급한 것, 앞서 언급한 동해/일본해 표기 문제, 안보리 상임이사국 확장 저지 및 다푸르 대학살 관련 문제들도 소신을 가지고 대처한 사안들이다. 중요한 것은 통찰력이다. 자신들의 주장이 받아들여지지 않자 나중에는 사무총장이 반대한다는 허위 주장을 펼쳤다. 외교부에 5년간 몸담았음에도 그들은 정통외교관이 아니라는 이유로 내가 유엔대사로 가는 것을 방해했다. 유엔대사 임기 도중에도 일부 외교부 직원들은 여전히 나를 불편해했다. 나와 사무총장이 불화를 빚고 있다는 터무니없는 유언비어가 기사화되었다.

무시하고 넘어가려 했는데 몇몇 대표부 직원들이 이것은 사무총장께도 영향을 미치는 일이기 때문에 총장님께 말씀드려야 한다고 주장했다. 한국 대사가 한국인 사무총장실에 들락날락하는 것을 유엔 주변의 세계인들이 민감하게 생각할 것을 고려해서 휴일 밤 8시에 아내와 함께 사무총장 관저로 가서 총장님과 사모님을 뵈었다. 총장님께 내가 교체될 확률이 높다고 말씀드리자 나라의 위신이 있는데 온 지 6개월밖에 안 된 대사를 교체하지는 않을 거라고 했다. 나는 교체가 돼도 좋지만 마치 총장님과 불화가 있어서 교체되는 양 비쳐지는 것은 받아들이기 어렵다고 말씀드렸다. 총장님이 깜짝 놀라면서 그게 무슨 소리냐고 물으시기에 언론 기사들을 보여 드렸더니 매우 불쾌한 기색으로 어떻게 나를 끌어들여 이런 식으로 김 대사를 음해하는 인간들이 있느냐며 불쾌감을 표출했다.

이외에도 반대자들은 내가 북한인권결의안을 반대한다고 본부에 전달했다. 김현종 대사가 386세대 참모들과 손잡고 노무현 대통령과 코드를 맞추려 한다고 거짓말을 하면서, 이는 본부의 결의안 지지 입장과 상치된다고 보고하였다. 결국 특명 전권대사인 나를 인정하지 않겠다는 뜻이었다. 아마도 참여정부 임기가 몇 개월 남지 않아 나도 곧 교체될 터이니 내 말을 들을 필요가 없다는 식의 정치적 계산을 한 것 같다.

북한인권결의안이란 유엔이 매년 북한에 인권개선을 독촉하는 결의안이다. 우리나라는 처음 3년을 기권하다가 2006년에 지지했다. 나는 인권 이슈는 정무 이슈와 분리, 인류의 보편적 가치에 입각해 풀어야 한다고 생각하기 때문에 2007년에도 당연히 이 결의안을 지지해야 한다고 생각했다. 이런 입장을 결의안 처리에 대한 본부 지시가 있기 전인 2007년 10월

23일 재외공관 국정감사 때도 밝혔으며, 속기록에도 그 내용이 기재되었다. 결의안 처리 마지막 단계에서도 노무현 대통령께 서면으로 다음과 같은 의견을 피력했다.

> 우리가 대북 양자 관계와 보편적인 국제기준을 별개로 처리한다는 원칙을 준수하는 것이 북한에 대한 우리 입장을 훨씬 강화시킨다고 보여집니다. 아울러 대북 사업 추진 과정에서 예상되는 무수한 어려움들을 감안할 때, 만일 인권결의안과 같은 사안을 빌미로 지장이 초래될 수 있다면 동 경협 사업은 앞으로 많은 문제들에 부딪치게 될 것입니다.
>
> 한편 앞으로 통일 및 북한 재건 과정에서 국제사회의 지원이 절실히 필요한 상황임을 감안하면, 이들에게 우리의 당당한 모습을 보여 주면서 협조를 유도해 나가는 것이 필요하다고 생각합니다. 이번에 결의안을 주도한 EU 측이 남북 관계의 특수성을 이해한다는 전제하에 전적으로 협조해 준 점은 여러 가지로 시사하는 바가 있습니다. 이들의 기대에 어느 정도 부응하는 것이 중장기적인 외교 역량 강화에도 득이 될 것으로 판단됩니다.

그럼에도 유엔대표부의 어떤 직원들은 내가 결의안을 반대한다고 계속 거짓 정보를 흘렸다. 평화와 인간 생명을 존중하는 우리나라가 북한인권결의안을 반대하는 것은 상상할 수도 없는 일이다. 그나마 북한을 자극하지 않는 방법은 기권하는 것이다. 만약 북한인권결의안을 반대하면 어느 국가도 한국을 인권 선진국으로 보지 않을 것이다. 북한도 이런 우리 입장을 잘 알고 있다. 그래서 나는 노 대통령께 북한인권결의안을 지지하자는 건의를 드렸던 것이다. 최종적으로 본부에서는 기권한다는 결정을 했다.

유엔대표부 업무 분장

　유엔대표부 업무 분장을 보니, 여섯 개 분야가 두 차석 대사 위주로 반씩 분담되어 있었다. 업무 라인은 서기관은 참사관에게, 참사관은 차석 대사에게, 차석 대사는 다시 대사에게 보고하도록 짜여 있었다. 모든 연설은 대사가 하고, 대사가 못 할 경우 차석 대사가 대신하도록 되어 있었다. 이런 피라미드식 업무 분장은 비효율적일 뿐 아니라 직원의 능력 향상에도 도움이 되지 않는다. 그래서 나는 각자에게 업무를 부여하여 대사에게 직접 보고하도록 조정하고 서기관들에게 더 많은 책임을 주었다. 군축 분야는 우수한 서기관급 팀장이 맡도록 했고, 그가 소무기 위원회 위원장도 맡도록 했다. 관련 분야 연설도 대사와 차석 대사가 아니라 참사관 또는 서기관이 직접 할 수 있도록 했다. 이 제도는 통상교섭본부 시절 도입해 직원들 사이에 좋은 성과를 낸 검증된 방법이다.

　업무 구조는 여러 요소를 충분히 고심하며 감안한 후 직원들과 대화를 나눈 다음 신중하게 개편한 것이다. 공관 업무는 공관장이 재량을 갖고 수행하는 것이 일반적이다. 그런데 본부 간부가 이의를 제기해 왔다. 이의의 핵심은 두 명의 차석 대사에게 충분한 업무가 부여되지 않아 행자부가 봤을 때 고위급 차석 대사가 두 명이나 필요한지 의문을 갖게 되리라는 것이었다. 행자부가 12등급 차석대사 두 자리를 8, 9등급의 참사관으로 대체할까 봐 걱정되었던 것이다. 다시 말해 대사인 내가 다자공관에서 사람을 줄여 인원이 부족한 공관으로 재배치한다는 본부방침에 협조하면서 직원

능력 향상과 효율성을 최우선순위로 두고 업무를 분장한 것을 무시할 정도로, 2개 차석 대사 자리의 유지·확보가 더 중요한 것이었다.

실제로 차석 대사 2명이 필요하지 않으면 하나로 줄이고 실무자급으로 대체할 필요도 있다. 나는 이것이 과연 국익을 위한 것인지 외교부의 유엔국을 위한 것인지 이해가 가지 않았다. 다른 곳도 아닌 유엔에서 경비 및 관리비로 국민 세금을 매달 수만 달러씩 낭비하거나 방조·방치한 것은 문제 삼지 않고, 외교통상부의 조직 기여도 차원에서 1실 3국을 2실 6국으로 늘린 나에게 이런 비생산적인 문제로 따지는 관료의 모습은 분명 모순이라는 생각이 들었다.

3장

인사는 만사
흙 속에서 진주 찾기

상관의 의무를 한마디로 요약한다면 저들에게 실력 발휘할 기회를 주고 진흙 속에 감춰진 진주를 찾아내는 일이다. 직원들에게 해야 할 도리가 있다면 직원들의 능력을 계발하여 그들이 나약함과 두려움을 극복하고 현재 위치에서 날개를 활짝 펼 수 있도록 하는 것이다. 인간의 역사는 맹종하는 다수가 아니라 깨어 있는 한 사람에 의해 움직인다고 했다. 그들 중 흙 속에 묻힌 진주와 같은 인재를 찾아서 그가 진가를 발휘할 수 있는 환경을 마련해 주어야 한다. 이것이 인사의 핵심이다.

지도자에게 가장 소중한 자산은 유능한 인재가 조력자로 있는 것이다. 리더가 훌륭한 비전을 가지고 그것을 이루기 위한 전략을 제시한다 해도 구체적인 전술로 그 비전을 가능케 해주는 인재들이 없다면 그 비전과 전략은 무의미해진다. 사람들은 각기 다른 재능을 지니고 있으므로 각각의 장점과 약점을 파악하여 잠재력을 끌어내고 최대한 활용하는 것이 리더의 많이다. 그러나 조직에 유능한 인재들이 많다고 해도 각자의 장점과 능력을 조화롭게 활용하지 못하면 개인도 조직도 비효율적이 될 수밖에 없고 무기력해진다. 영화 〈벤허〉의 최고 명장면은 네 마리 말이 모는 전차 경기 장면이다. 그 전차 경기에 출전하기 전에 벤허는 네 마리 말을 훈련시킨다. 처음에는 말들이 잘 달리지 못했다. 그러나 벤허가 말 한 마리 한 마리의 특성을 잘 살펴보고 있어야 할 자리에 재배치하자 그때까지 숨겨져 있던 최고의 힘을 발휘하며 승리한 것은 깊이 음미할 만한 대목이다.

나는 통상본부장 재임 기간 중 직원 개개인의 장점을 파악하고 적재적소에 배치하여 외교 전쟁에서 최강의 팀이 되고자 노력했다. 확실히 내게는 사람에 대한 욕심이 있다. 그래서 사람을 우선시한다. 리더의 가장 중요한 덕목은 '숨겨진 보석을 찾아 그 보석을 갈고 닦는' 작업을 통해 조직의 선한 목적을 이루는 것이라 생각한다. 그들을 국보급으로 만들어야 했다.

요새 뭐 지시하기가 겁나

40개가 넘는 국가들과 FTA 협상을 시도하는 로드맵을 완성했을 무렵 심각한 문제가 있었다. FTA 협상 담당과가 2개 과밖에 없다는 현실이었다. 2개 과를 합쳐 열 명밖에 안 되는 인원으로는 동시다발적인 통상업무 추진은 가당치도 않았다. 사람이 있어야 했다. 그것도 재능 있는 사람이어야 했다. 그러나 FTA국을 만들어야 한다는 점을 지적하면 다들 내가 공무원 경력이 없어 몰라서 하는 말이라며 불가능한 것을 요구하지 말라는 말만 계속했다. WTO 업무를 담당하는 다자통상국, 양자통상을 맡는 지역국, OECD 환경 원조 업무를 맡는 경제국으로는 동시다발적 FTA의 전문적 업무 수행이 불가능한 것이 자명한데, 가만히 기다리고만 있을 수는 없었다. FTA국으로 조직을 확대하는 일에 밤낮으로 골몰했다.

나는 2004년 7월 29일, 장관급인 통상교섭본부장으로 승진했다. 15개월 동안 통상교섭조정관 일을 한 뒤였다. 그 기간 동안 대한민국의 통상정책이 나아갈 로드맵을 수립할 수 있었고 국회, 장관실 그리고 다른 부서와 일하면서 외교부 내부 업무에 익숙해질 수 있었다.

취임식 자리에서 윤광웅 국방부장관, 김승규 법무부장관과 함께 대통령과 차를 한 잔 하며 이야기를 나눌 기회가 있었다. 그 자리에서 대통령은 나에게 FTA 정책, 특히 한일 FTA 현황에 대해 질문했다. 한일 FTA와 관련해서 나는 전에 보고했던 내용대로 FTA 체결 시 무역적자가 190.4억에서 300억으로 증가한다는 점, 그리고 비관세무역장벽, 개성공단, 농수산물, 우리 건설 시장의 일본 진출과 관련해서 일본 측이 전혀 양보할 수 없는 입장이라는 점을 부각시키며 부품소재품, 특히 디지털 부품소재품을 앞으로도 상당 기간 보호해야 한다는 점을 강조했다. 대통령은 그런 점을 다 이해한다면서 이렇게 말했다.

"어쨌든 김 본부장이 낭패 보지 말고 국민들이 받아들일 수 있는 좋은 결과를 내주시죠."

"지시하신 목적을 달성할 수 있습니다. 그러나 한 가지 조건이 있습니다. 지금 통상교섭본부 인원으로는 FTA 협상을 하기에 턱없이 부족합니다. FTA국을 하나 만들어 주십시오."

대통령은 웃으면서 말했다.

"요새 뭐 지시하기가 겁나. 툭하면 '사람 더 달라', '예산 더 달라'고 그러니……. 몇 명이 필요한 겁니까?"

"35명이면 됩니다. 멕시코나 일본의 경우 협상가가 100명이 넘는데, 우리는 지금 1개 과밖에 안 됩니다."

주변의 표정들이 대통령의 대답에 예의주시하는 것이 확실했다. 이윽고 대통령이 김병준 실장을 쳐다보며 말했다.

"김 실장! 김현종 본부장에게 국 하나 만들어 주세요. 인원은 달라는 만큼 주세요."

임명장 받는 날 업무를 위해 조직을 확대해 달라고 대통령께 떼를 쓰는 장관이 또 있었는지는 모르겠으나, FTA에 관한 비전에 이미 동의했던 까닭에서인지 신속하고도 전폭적으로 지원해 주셨다. 한 부서의 인원을 늘리고 줄이는 일이 정부에서는 상당히 어렵다. 통상교섭본부에 1개국이 늘었다는 소식을 직원들에게 전했다. 그간 내게 시달렸던 직원들의 사기가 크게 올라갔다. 대통령의 의지를 확인했기 때문이다.

하지만 대통령의 지시가 있어도 행정자치부(현 행정안전부)에서 추가인원이 정말 필요한지 검토해야 했으므로 상당 기간 인내가 필요했다. 사람이 필요하면 즉시 뽑을 수 있는 사기업 환경에 익숙해 있던 나로서는 이해하기 쉽지 않은 제도였다. 2개월이 지나서 행자부는 2개안 중에서 하나를 택하라고 했다.

"본부장님, 최종 결정을 해야 합니다. 국장 1명, 심의관(부국장) 2명, 사무관 27명 혹은 국장 1명, 사무관 33명 중에서 택하라는 행자부 제안이 왔습니다."

"임 국장님, 두 번 생각할 필요도 없잖아요. 당연히 후자죠."

"본부장님, 공무원 사회에서는 고위급이 많은 안을 선택하는 게 일반적입니다."

"내 생각에는 실무자들이 많은 게 더 실리가 있는 것 같습니다. 그쪽으로 최종 통보하세요."

이 일로 행자부는 실무자 위주의 안을 선택한 통상교섭본부가 진정 열심히 일하려는 의도를 갖고 있음을 확인했다. 진정성을 읽어 주어서 고마웠다. 그러나 나의 인력확보 목표는 아직 멀었다. FTA국을 설립한 후 한미 FTA 협상을 위해 다시 김병준 정책실장을 찾아갔다. 44명 인원의 '한미 FTA국'을 만들어 달라고 다시 요청했다. 1개국을 만드는 것도 어려운데 거듭 1개국을 더 만들어 달라 하니, 웃음밖에 나오지 않는 듯싶었다. 하지만 나는 절박했다. 그리고 그는 그 절박함의 필요성을 이해하고 승낙해 주었다. 그때 우리 실무자들은 행자부에서 살다시피 했다. 나도 담당 사무관과 과장을 찾아가 한미 FTA국이 왜 필요한지 여러 차례 브리핑을 했다. 정부에서 장관급 인사가 타 부처 사무관을 찾아가는 일은 결코 흔치 않은 일이었다. 당시 재경부에서 온 임영록 국장은 나와 같이 수차례 행자부를 동행 방문하였다.

국을 설립할 때마다 시간이 걸리는 이유는 여러 가지가 있지만, 그중 하나는 다른 부처들도 FTA 협상을 하는데 왜 통상교섭본부 인원만 늘려 주느냐는 타 부처의 항의가 있기 때문이었다. 그러면 행자부는 부처들끼리 타협하라고 조언하고 이에 따라 검토 기간이 길어질 수밖에 없는 것이다. 행자부 담당 사무관이 우리가 제시한 인원 중에서 1명을 축소하겠다고 했다. 통상교섭본부 간부들은 "행자부와의 협상은 반도 건지기 어려운데

43명이면 대단한 겁니다. 얼른 받으시죠. 행자부 체면도 생각해 주셔야 합니다"라고 내게 조언했다. 그러나 나는 다시 행자부 담당 사무관을 찾아가서 "정원이 한 명 줄어 누군가가 외교부에 들어오지 못하는데, 바로 그 한 사람이 훗날 역사를 움직일 수 있는 인물일지 어떻게 알겠습니까"라는 요지로 설득했다. 결국 44명 전부를 받았다.

세 번째이자 마지막으로 'FTA 3국'을 늘린 것은 2006년 9월 8일이다. 핀란드 헬싱키에서 한-EU 및 한중 FTA를 협상하기 위해 차관보급 한 사람, 국장급 한 사람, 실무직원 30명이 더 필요함을 설명드렸고 대통령은 수락했다. 당시 김병준 실장이 청와대를 떠난 상태라서 귀국 후 이병완 비서실장에게 보고하고 차관보급 한 명이 포함된 1개국을 추가 설립하였다. 행자부가 통상교섭본부의 조직 확장에 지원을 한 것은 우리에게 지속적이고도 가시적인 결과가 있었기 때문이었다고 들었다. 부처 간의 협조는 국익에 직결한다.

한미 FTA, 한-EU FTA보다 더 중요한 성과는 인재들을 발굴해서, 통상 분야에서 국익을 향상시킬 수 있는 우수한 인력을 조성한 것이라고 생각한다. 대한민국은 물적자원은 빈약하지만 인적 자원만큼은 그렇지 않다. 한국은 인재들을 더욱 양성해야 한다. 새로 뽑은 직원들은 회계사, 변호사, 사기업, 교육부, 산자부, 재경부, 국방부, 중소기업청, 농림부, 학계, 국제기구 등 비외무고시 출신의 다양한 인재들이다. 전통적으로 외무고시에 합격하여 들어온 사람들이 기수별로 승진하면서 외교통상부에 배타적인 독특한 문화를 만들고 있었다. 나의 이런 인재등용을 두고 외교통상부 내에서는, 비외무고시 출신의 인재등용이 외교통상부의 고유성을 희석시킨다며 거부감을 보였다. 통상이 외교부에서 떨어져 나가야 된다는 주장이 제기되기도 했고, 심지어 고위 관료 몇몇은 본인들이 경제통상을 한 번도 안 해본 것에 자긍심마저 있어서 통상을 주무 업무로 하는 동료들을 2등 인재쯤으로 여기는 시대착오적인 태도를 취하기도 했다.

이런 태도는 1876년 일본과 불평등한 강화도조약을 체결할 당시 조선 관료들이 보인 태도와 흡사하다. 백성을 굶기고도 거리에서 팔자걸음을 걸으며 허명에 자존심을 건 사람들이다. 일본이 조선에게 강화도조약 체결을 강요했을 때 무관 출신인 조선 측 신헌申櫶 대표는 통상외교가 무엇인지도 몰랐고, 조약문에 당사국인 일본이 '대일본'이라고 기재하자 대단한 발견이나 한 것처럼 '대조선'이라 고쳐 쓰게 한 것에 스스로 감격해 자화자찬하는 한심한 모습을 보였다." 그는 "사대부는 덕치에 대해서나 생각하지 통상 같은 천한 문제에는 관심이 없다"는 자세로 협상한 결과, 조약 내용에는 일본의 권리만 나열되어 있고 조선의 권리는 단 하나의 조항도 찾아볼 수 없게 되었다." 이 조약으로 일본은 조선에서 일본 화폐 유통권과 개항 지역에서 모든 일본인에 대한 치외법권 인정 그리고 일본 상품의 무관세화를 문서화해서 얻었다." 일본 화폐의 통용이 인정됨으로써 일본 상인은 자본력으로 조선 상인을 압도할 수 있었고, 조선에 진출한 일본 은행에서 대출받아 조선 상인에게 다시 빌려 주어 환차익까지 챙기는 횡포를 부렸다." 아마도 오늘날 이러한 FTA 협상을 했으면 나라가 뒤집어져도 몇 번은 뒤집어졌을 것이다.

더 놀라운 일은 누가 무엇을 어떻게 임금에게 보고했는지, 고종이 신헌에게 격려차 무위도통사라는 벼슬까지 준 것이다." 강화도조약 서두에는 일본은 조선이 자주국임을 명시한다는 내용이 있다. 그것은 조선이 청나라 곧 중국의 속국이 아니라는 점을 의미하는 것이다. 당시 세계 열강들은 앞다투어 금광을 찾아 나설 때였다. 자신들과 교역하는 데 조선에 중국의 간섭이 미치지 않기를 바라는 것은 물론이고 실질적으로 우위에 있는 그들의 무역 입지를 조선에서 거침없이 확장하고픈 속내가 그 문구에 담긴 것이다. 더 분통이 터지는 것은 1882년 미국과 조미수호조약 협상 때 위의 인물이 또다시 협상대표로 나서는 한심한 일이 되풀이되었다는 사실이다.* 미국은 이 조약에서 최혜국대우를 조선으로부터 문서로 받았다. 하나 더 이야기한다면 조미수호통상조약이 맺어지고 다음 해 조영수호통상조약이 맺어지는데, 그 내용 중에 양국 국민들이 상대국에서 사망할 경우 그 사망에 따른 모든 비용을 서로 충당한다는 조항이 있다. 생각해 보라. 당시 영국인은 이미 조선에 상당수 들어와 있었으나 조선의 백성 중 한 사람인들 영국에 간 사람이 있었겠는가? 이런 것이 바로 수려한 문장으로 감격적으로 맺어졌던 국제간 불평등 조약의 실상이다. 그것도 빼도 박도 못 하는 문서로 말이다.

외교를 잘못해서 나라를 뺏긴 뼈아픈 경험이 있는 대한민국은 세부 사항까지 꼼꼼히 챙기면서도 깊고 넓게 또 멀리 보고 통합할 줄 아는 관료가 절대적으로 필요하다. 대부분의 나라는 해외공관에서 경제통상업무 비율이 절대적으로 높다. 특히 중국의 후진타오 주석이나 원자바오 총리를 만

* 강준만, 《한국 근대사 산책 1》, 인물과사상사, 2007, 156~159쪽 참조.

날 때는 6자 회담 외에도 원자력발전소나 중국 내륙지방 개발 관련 건설 논의가 항상 뒤따른다. 주駐 EU 대표부의 업무는 대부분이 경제통상이라 해도 과언이 아니다. EU 대사는 통상 배경이 있는 사람이 맡아야 한다. 통상이 외교부에서 떨어져 나갈 경우 통상교섭본부만 나가는 것이 아니라, 주 제네바, OECD, EU 대사 자리와 미국, 일본, 중국, 러시아의 경제 공사 자리 등이 같이 떨어져 나가는 것이다. 나는 국가 차원에서 봤을 때 객관적인 실리를 따져야 하는 경제통상 업무는 국가 내부의 이해관계에서 비교적 자유로운 부처인 외교부가 계속 맡아야 한다고 생각한다. 통상과 정무가 별개로 취급되던 시대는 이미 지났다. 통상과 정무의 유기적인 관계가 유연하게 효과를 내기 위해서라도 국제적 실력을 고루 갖춘 인재를 다양하게 키워 내야 하는 것이다.

  업무 수행 시 질적으로 혹독한 훈련을 시킴으로써 늘어난 인적자원 중에 우수한 무역 전사를 양성한 것은 국익에 보탬이 된다고 생각한다. 참여정부에 합류하기 전에 제네바에서 알게 된 어느 분은 정부에 부름을 받아 귀국하는 내게 이런 이야기를 했다. 결국은 사람을 키우는 일인데, 운이 좋으면 그중에서 자기 소신을 가지고 국익을 위해 일하는 훌륭한 인재 하나를 건질 수 있을 것이고, 기적이 일어나면 두 명을 건질 수 있을 거라고. 이제 돌아보건대 나는 통상 전선에서 소신껏 싸워 이길 수 있는 능력을 갖추고 대한민국의 미래 통상정책을 이끌어 나갈 인재가 한두 명은 넘는다고 믿는다. 100년 전 이준 열사가 네덜란드 헤이그에서 한 국가의 외교관으로도 인정받지 못했던 때를 생각하면 격세지감이다.

생각이 다른 사람을 기용하다

한미 FTA 얘기를 더 해보자. 한미 FTA 1단계인 출범 과정은 내가 주도해 진행했지만, 막상 2단계인 협상을 할 생각을 하니 내가 정해 놓은 기본 틀을 넘어서라도 협상을 제대로 주도하여 결과를 만들 줄 아는 사람들을 찾아야 했다. 유혹은 여기에 있었다. 나와 같이 일해 왔고, 또 주파수가 맞는 사람을 기용하고 싶었던 것이다. 당연한 일이다. 그러나 한미 FTA의 중요성과 파급 효과를 생각하면서 나는 그 유혹을 이겨야 했다. 나와는 생각이 다른 사람을 기용해야겠다고 결단했다. 내 한계를 인정함과 동시에 내 한계를 극복하고자 함이었다.

리더는 예스맨을 경계해야 하는데, 김종훈 대사는 자기 생각이 강한 사람이었다. 나는 김 대사의 이런 면을 높이 평가했다. 이혜민 국장은 일하는 스타일과 생각이 나와 180도 다른 사람이다. 과제가 열 개 있으면 아홉 개에 대한 답이 나와 다르고, 열 번째는 답은 같아도 완전히 다른 이유로 같은 결론이 나온다. 그러나 그는 풍부한 경험을 바탕으로 정치적인 수를 읽어 내는 능력이 탁월하고, 지적 능력이 가장 우수한 사람 중 하나다. 마지막 협상 시 미국이 제시한 3월 30일이 진짜 마감일이 아니고 4월 2일 오후 1시라는 것을 파악한 이혜민 국장은 우리 협상팀이 마감일도 제대로 파악하지 못한다는 비판적인 보도를 우려했었다. 그는 개인적으로 잘 아는 기자에게 미국이 제시한 마감일이 진짜가 아니란 것을 설명하며 혹시 우리 언론에서 협상팀이 마감일조차 모르고 협상한다는 보도가 나오면 이를 차단해 달라고 부탁했다. 실제로 그런 기사가 한두 번 나왔지만 그 이후로는 더 이상 보도되지 않았다. 이 사실은 아무도 몰랐다. 이것이 이혜민 국장의 충정이었다. 김원경 과장은 매우 독립적이고, 나, 김종훈 대사, 이혜민 국장과 생각이나 과제에 접근하는 방법이 또 달랐다. 워싱턴 근무 시절 새로운 발상을 잘 내놓아 미 무역대표부에서 김 과장의 별명을 '천재 소년wonder boy'이라고 지어 줄 정도였다.

네 명의 특성을 분석하며, 환상의 드림팀이 되든지 서로 충돌하든지 둘 중의 하나가 될 거라고 생각했다. 하지만 나는 기필코 드림팀을 만들어 내기로 결심했다. 우선 거시적 차원에서 전략을 제시한 뒤 이들과 분과장들에게 책임을 위임하고 재량권을 주었다. 다들 개성이 강하고 자기 의견을 거침없이 밝히는 사람들이라 다른 때보다 더 그들 말에 주의를 기울여야 했다. 다행히도 기대에 어긋나지 않았다. 우리 넷은 상호 보완하는 조화를 이루기 시작했다. 호흡이 맞았다.

다음은 틀 안에서 이루어져야 하는 FTA 협상팀을 조직해야 했다. 뽑는 과정에서 많은 사람을 직접 인터뷰했는데, 가장 중요시한 점은 그 사람의 헝그리 정신이다. 일 욕심이 많은 사람은 승부욕이 있을 뿐 아니라 열린 마음으로 배울 자세가 되어 있기 때문에 모든 일을 빨리 습득한다. 또 어떤 허드렛일도 자기 일처럼 충실히 해낸다. 많은 사람들이 성경에 나오는 다윗 왕의 가장 위대한 업적은 거인 골리앗과 싸워 이긴 것이라고 생각하는데, 내 생각은 다르다. 첫째와 둘째, 셋째 아들이 사울 왕과 전쟁터에 나갔을 때 이들에게 먹을 것을 전하려 했던 아버지 이새는 여덟 아들 중 막내인 다윗에게 심부름을 시킨다. 어찌 보면 아버지 이새는 그 심부름을 넷째나 다섯째 아들에게 시켜야 했다. 그러나 막내인 다윗은 양치기 일로 바쁜 와중에도 묵묵히 순종하며 그 심부름을 완수한다. 사소한 일도 자기 일처럼 충실히 이행하는 사람은 큰일도 잘해 내는 법이다. 큰일만 하려고 기다리는 사람은 일을 맡기면 사고를 내기 쉽다. 이런 정신이 외교관의 중요한 자질인 이유는 국익이 달린 협상에서는 세부 사항을 꼼꼼히 챙기는 데서 승부가 가려지기 때문이다.

외교부 직원들이 농담 반 진담 반으로 하는 얘기가 있다. 외교관은 막 외무고시에 합격했을 때 가장 똑똑하다는 것이다. 그 후로는 오히려 실력이 떨어진다는 자조적인 얘기가 들린다. 이는 허드렛일부터 시작해 출장을 가면 차량이나 식사 당번 같은 일을 하지 정책 차원에 기여하는 일을 배울 기회가 잘 주어지지 않기 때문이다. 나 자신도 질 낮은 일감을 맡아 능률도 오르지 않고 실력이 쌓이지 않을 때가 가장 불편했다. 사회생활을 처음 시작할 때 가장 중요한 것은 유능한 상관을 만나 질 높은 실무 경험을 쌓는 것이다. 어느 직업이든 첫 3년 동안 강도 높은 훈련을 받아 능력을 극대화하는 것이 중요하다. 6년째가 되면 훈련을 제대로 받은 사람과 그렇지 않은 사람은 천지 차이가 난다. 내가 이 점을 잘 아는 이유는 나 자신이 처음 3년간 좋은 훈련을 받지 못했기 때문이다. 손꼽히는 월가 로펌에서 고액 연봉을 받는 변호사였으나, 수동적이고 제한적인 분위기로 일에 대한 만족감을 느낄 수 없었다. 조직의 장이 부하 직원에게 한두 번 책임을 부여하는 것은 쉬운 일이다. 그러나 그들에게 지속적으로 책임을 부여하는 것이 강력한 조직을 만들기 위해 매우 중요하다. 리더가 세세한 부분까지 감시하는 미시적 경영을 하면, 직원들은 자기 잠재력을 충분히 계발할 수 없기 때문에 좌절감을 느끼게 되고 리더의 비전에 무심해지며 책임을 회피하게 된다. 이런 점을 고려해 인터뷰 과정에서 통상 지식에 앞서 그 사람의 국가관과 국익에 대한 관심 그리고 헝그리 정신에 중점을 두었다.

FTA 3개국을 만들면서 나는 직원들의 훈련 과정과 능력 계발에 초미의 관심을 기울였다. 2004년 11월 FTA국을 설립할 때 국장 자리를 맡은 김한수 국장, 통상 베테랑급인 유명희 과장 등이 쉴 새 없이 신참 직원들을 훈련시키며 큰 기여를 했다. 외교부에 처음 들어오면 과 배치를 받게 되는데, 사전에 그 분야에 대해 특별한 훈련을 받고 오는 것이 아니다. 통상교섭본부도 마찬가지다. WTO과나 환경기구과에 배정되면 그 과에 가서야 비로소 업무를 배우기 시작한다. 그래서 인재를 필요로 한다. 시작하면서 익히는 것을 동시에 할 수 있어야 하기 때문이다. 하나를 가르쳐 주면 열을 아는 사람들이다.

이들을 현장에 직접 투입해야 하는 까닭에 낭비할 시간이 없다. 통상 분야에 꼭 알아야 할 법이 바로 WTO 법이다. 나는 WTO 사무국에 연락해 각 분야별 전문가들로 하여금 신입 직원들을 일주일간 집중 훈련시키는 프로그램을 만들어 달라고 요청한 뒤 직원들을 대거 제네바 WTO 본부로 보냈다.

가장 싫어하는 말, '전례가 없다'

본부장 초기에 가장 많이 듣던 말은 불가능하다, 어렵다, 안 된다, 다시 생각해 봐라였는데 그중에서 내가 가장 싫어하는 말은 앞에서 잠깐 언급했듯 '전례가 없다'라는 말이다. 40개가 넘는 국가들과 FTA를 협상하는 것은 '어려운 일'이고, FTA국을 3개까지 만들어 인원을 두 배로 늘리는 것은 '전례가 없는 일'이었다. 김 분쟁으로 일본을 WTO에 제소까지 하는 것은 '안 되는 일'이며, 한미 FTA를 타결한다는 것은 '불가능한 일'이라고들 했다.

이런 유형의 직원들은 상관이 원하는 수준보다 오버하는 경향을 보인다. 상관이 말한 모든 것을 그대로 행하려고만 하기 때문이다. 그러면서 자신은 상관의 지시로 움직였기 때문에 비난받을 일이 없다고 생각한다. 문제를 파악하고 그 문제를 해결하기 위해 다양한 해법을 강구하는 유형의 직원도 있다. 그들은 "A옵션은 이런 문제가 있고 B옵션은 이런 문제가 있는데 C옵션이 문제를 해결하는 데 가장 효율적입니다" 하는 식으로 이야기한다. 우리가 명심해야 할 한 가지 모토는 "네 지옥을 네 상사에게 옮기지 말라Don't transfer your hell to your boss"는 것이다.

나는 조직 구성원에게 고루 기회를 주고 우수한 직원과 실적을 낸 직원에게는 반드시 보상을 하는 원칙을 수행했다. 동시에 개개인의 능력을 최대한 계발하고 발휘할 수 있게 배려했다. 창의적인 사람은 정책 입안 업무를, 추진력이 있는 사람은 집행 업무를 맡게 했다. 아무리 유능한 사람이라도 적재적소에 배치하지 않으면 결과가 좋지 않을 수 있다. 한마디로 "적시 적소에 적인right person at the right place at the right time"을 기용하는 것이라 할 수 있다.

이런 간단한 원칙이 적용되지 않는 경우가 있었다. 외교통상부는 직원들이 2년간 연수를 가는 제도가 있는데 그것이 늘 일정하지 않다는 것이었다. 어떤 해는 미국의 로스쿨을 갈 수 있지만 어떤 해는 이것이 허용되지 않기도 한다. 나는 제도의 기회가 한결같을 뿐 아니라 이를 확대해야 한다고 생각했다. 로스쿨뿐 아니라 미국 경영대학원의 MBA 과정도 밟을 수 있게 하고 싶었다. 이런 안을 외교부 고위급에 제안했으나 받아들여지지 않았다. 그 이유를 물었더니, 로스쿨을 졸업하거나 MBA를 취득하면 다시 외교부로 돌아오지 않고 고소득이 보장되는 기업이나 금융계로 빠져나가기 때문에 남 좋은 일만 시킨다는 것이다.

우리 민족은 기회가 주어지면 우수한 재능을 발휘한다. 그 한 사람으로 인해 우리 역사가 바뀔 수도 있음을 늘 염두에 두어야 한다. 외교부로 돌아오지 않는다 해도 외부에서 도울 수도 있는 것이다. 우수한 인재들을 빼앗길까 두려워 그들이 더 발전할 수 있는 길을 막기보다는, 어떻게 하면 그들이 남아서 기여하고 싶은 마음이 들게 할 수 있는지 고민하고 그런 시스템을 만들어 가는 게 더 현명한 것이다.

인사에는 원칙이 있어야

과장이 우수하면 그 과의 직원들은 자기 능력을 향상시켜 과장의 수준에 접근하려고 노력한다. 아무리 과원들이 우수해도 과장이 무능하면 다들 실력 발휘를 못하고 무기력해진다. 이런 경우 과장의 교체는 물론 과원들도 해산하여 새로운 팀을 꾸려야 한다. 유능한 리더를 임명하는 것은 매우 중요하다. 리더의 그릇이 작으면 그 사람은 부하 직원들을 자기의 조그마한 틀에 구속시킨다. 우선순위를 잘못 선정하여 중요하지 않은 일에 많은 시간과 에너지를 소비하기 때문에 직원들의 효율성과 능률은 떨어지게 마련이다. 이 원칙은 모든 조직에 적용된다.

나는 인사에 많은 신경을 썼다. 외교부는 1년에 두 번 인사가 있는데 외교부 직원들은 인사에 민감하다. 타 부처에서는 장관에게 미움을 사도 크게 불이익을 당하지 않는다. 잠시 좌천되었다가 장관이 바뀌면 복귀하면 된다. 그러나 외교부의 경우 전쟁과 말라리아가 있는 지역으로 발령이 나면 본인은 물론 같이 가는 가족도 큰 불이익을 당한다. 오지에 갓난아이를 데리고 가서 말라리아 약을 먹이고, 에이즈 감염률이 높은 지역으로 가서 만약의 경우를 대비해 자신의 피를 미리 뽑아 저장해 두며 외교관 생활을 하는 것은 쉬운 일이 아니다. 또한 오지나 작은 공관에 나가는 직원들은 외교부 내 핵심 보직을 맡을 가능성이 낮다. 그래서 대부분 워싱턴, 제네바, 유엔 같은 큰 공관을 선호한다. 문제는 공급보다 수요가 훨씬 많다는 것인데, 따라서 누구를 어디에 보낼지에 대한 투명하고 객관적인 기준이 있어야 한다. 외교부 인사는 무엇보다 원칙이 중시되어야 하고, 많은 사람들에게 공평한 기회를 주는 '공정성'과 우수한 인재가 적재적소에 배치되도록 하는 '실력 평가'가 반드시 조화를 이루어야 한다. 그래야 실력과 소신밖에 없는 직원들도 주요 보직을 경험할 수 있게 된다.

어떤 사회나 조직에도 엘리트 집단이 생기기 마련이고 또한 그들이 필요하다. 외교부도 예외는 아니다. 나라의 미래를 책임지고 외교정책을 수행하는 우수한 외교부 인재들이 꼭 필요하다. 그러나 외교부 조직의 특성은 직원 거의 전원이 외무고시 출신이며, 본부와 해외공관을 순환 근무한다는 것이다. 그러다 보니 특정 공관, 특정 분야 직원들이 종적으로 그룹을 형성하는 경우가 많다. 그 그룹의 보스가 장관 혹은 인사를 담당하는 기획관리실장이 되면 해당 그룹 구성원 모두가 인사에서 특혜를 받는 경우가 종종 있다.

지역별로 전문가 그룹이 생기는 것 자체가 문제는 아니다. 그러나 모모 스쿨로 불리는 이러한 집단에서 출세하는 데 실력보다는 스쿨 내부에서의 밥그릇 수, 이른바 짬밥 수와 보스에 대한 충성도가 더 중요해지고, 이것이 다른 유능한 사람들의 진입을 막는 장벽이 되어 버리면 문제가 심각하다. 스쿨에서 잘나가려면 실력만으로는 부족하고 플러스알파가 필요하다는 발상 자체가 벌써 문제가 있음을 증명하는 셈이다. 인사권자는 실력과 과잉 충성을 혼동하면 안 된다. 사심이 앞서는 사람들이 과잉 충성을 한다. 이들은 대의와 명분을 그럴듯하게 포장하여 결정권자의 판단을 흐리는 보고를 한다.

외교부가 발표하는 '인사 원칙'은 매년 두 차례 돌아오는 인사철마다 바뀐다. 어떤 해는 기준이 영어성적이고, 다음 해는 국내 근무기간이다. 이런 식으로 인사 원칙이 흔들리면 직원들은 조직에 실망하게 된다. 한 예로 다음과 같은 일이 있었다. 한미 FTA 협상 준비를 위해 필요한 직원 한 명을 본부에 데려오려고 했더니 선진국·후진국 순환 근무 때 후진국 근무 1년 6개월을 채워야 하는 원칙이 있다는 인사과의 설명을 들었다. 결국 6개월을 기다려 그 직원을 본부에 불렀는데, 알고 보니 같은 시기에 다른 직원 한 명은 후진국 근무 1년 만에 본부에 들어온 경우가 있었다. 어디 이 경우뿐만이었겠는가? 적용하고 싶을 때만 적용하고, 적용하고 싶지 않을 때는 적용하지 않는 원칙은 원칙이 아니다.

인사가 잘못 이루어지면 직원들은 냉소적, 체념적으로 변해 간다. 나는 통상교섭본부만큼은 열심히 일하는 사람이 보상받는 환경이 정착될 수 있도록 최선을 다했다. 그러자 선발된 다양한 출신의 직원들이 각자의 전문 지식과 특성을 살려 나가면서 서서히 열린 조직으로 바뀌기 시작했다. 새로운 근무 환경에서 직원들 개개인의 마음가짐도 변하기 시작했다. 열심히 일해서 좋은 결과를 내면 인사 문제는 위에서 알아서 잘 처리해 준다는 인식이 생기자 일에만 집중하게 되었고 보이는 일만 하려는 사람도, 눈도장 찍는 사람도 줄어들었다.

가장 큰 성과는 1998년 창설 이후 늘 전문성 시비에 시달려 왔던 통상교섭본부에 대해 더 이상 같은 문제를 제기하는 사람들이 사라지게 되었다는 점이다. 통상교섭본부는 명실공히 한국의 통상을 책임지고 이끌어 가는 조직으로 거듭나게 된 것이다. 이러한 변화가 한미 FTA 협상 타결을 비롯해 굵직굵직한 통상 현안들을 해결할 수 있는 원동력이 되었음은 확실해 보인다.

지나고 보니 더더욱 대한민국 통상본부 협상팀이 탁월한 능력을 발휘하고 협상에 헌신적으로 임했음을 깨닫는다. 그들은 자기 운명과 국가 운명이 똑같다고 생각했고, 테르모필레 전투에 참여한 300명의 스파르타 정예군처럼 국익을 지키고 국가 브랜드 가치도 높였다.

국가 대사가 성공적으로 이루어지려면 국운이 따라야 하는데, 국운은 책임 주무자들이 사심 없이 100%도 아니고 110%도 아닌 120%의 노력을 기울이고 진정성을 다해 책임을 완수할 때 하늘이 감동한 결과로 주어진다. 외인구단으로 형성된 직원들의 열정과 헌신 없이 한미 FTA는 타결되지 못했을 것이고 다른 40여 개 국가들과도 성공적으로 협상을 치르지 못했을 것이다. 이들은 국익을 위해 모든 것을 걸고 희생하며, 도쿠가와 이에야스의 표현대로 무거운 짐을 지고 험준한 태산을 정복한 사람들이다. 분명 'Impossible is nothing', 즉 '불가능하다는 것에 도전해 보니까 별것 아니더라'라는 말의 진정한 뜻을 가슴 깊이 느끼고 자부심을 가졌을 것이라 믿는다. 또한 향후 어떤 국가적 대사도 능히 해낼 수 있다는 자신감을 얻었을 거라 확신한다. 지난 5년 동안 함께 울고 웃으며 일해 온 동료 직원들을 진심으로 높이 평가한다. 이제 그들은 모두 흩어졌지만 카멜롯의 전설처럼 또다시 국가의 부름을 받아 국익 증진에 기여할 날이 있을 거라고 믿는다.

외교관이 더 필요하다

해외에 외교관을 한 명 파견하면 이로 인해 확보되는 국가의 이익은 외교관 파견에 드는 비용과는 비교할 수 없을 만큼 크다. 외교관 한 사람 한 사람은 국익을 위해 존재하는 사람들이다. 우리는 남북으로 분단된 상황에서 중국, 일본, 러시아라는 강국에 둘러싸인 지정학적 여건에 있다. 또한 태평양 너머 자국의 영향력을 축소하지 않으려는 미국의 의지도 늘 고려해야 한다. 우리나라는 경제적으로는 부존자원이 부족하여 원자재를 수입하여 가공품을 수출해 먹고산다. 이런 상황에서 해외에서 국익을 위해 뛰는 외교관의 중요성은 두말할 나위 없다. 역사적으로도 일본이 한국을 병합할 때 군대를 해산시키는 것보다 먼저 외교권을 박탈했다. 이는 정치·경제 분야의 국가 이익을 늘리고자 하는 저들의 치밀한 전략 수순이었다. 1907년 이준 열사가 네덜란드 헤이그에서 개최된 만국평화회의에 참석하여 일제의 침략상을 국제사회에 알리려 하였으나, 외교권을 박탈당한 조선은 이미 국제회의에 참석할 수 있는 자격조차 상실했다. 이에 그는 분을 이기지 못하고 현지에서 순국했다. 지금도 네덜란드 헤이그에는 조선을 대표한 그의 원통함과 억울함이 서려 있는 듯싶다.

1990년대 이래 외교 환경이 급변하고 우리 국민의 대외 활동이 증가했음에도 외교통상부 정원은 1991년 1,729명에서 2004년 1,533명(외무공무원 1,260명)으로 오히려 감소했다. 인구가 한국의 절반도 안 되는 네덜란드의 경우 외교관 수는 두 배 더 많다. 일본은 1968년 이래 9차에 걸친 전체 공무원 감축 조치(25% 감축)에도 불구하고 외무성 인력은 해마다 늘렸다. 미국은 1993년부터 2001년까지 국무성 직원이 1,997명(7.7%) 늘었다.

한국은 지정학적 특성상 외교를 잘해야만 선진국이 될 수 있다. 그러나 외교 업무가 늘었음에도 이에 상응하는 인력 증원이 없었다. 재외공관의 경우 약 80개(62%)의 공관이 공관장을 포함해 네 명 이하의 규모로 운영되고 있다. 대사가 직원 세 명을 데리고 효율적으로 전략을 세워 가며 일한다는 것은 쉬운 일이 아니다. 업무량과 현실을 반영하여 2010년 약 1,500명인 외교관을 빠른 시일 내에 두세 배 수준으로 늘려야 하고 대사관이 없어 겸임하는 국가에도 조속히 공관을 설치해야 한다. 최근에 중국 담당 과를 1개에서 2개로 늘렸는데, 일본과 중국 담당 부서는 국 단위로 격상시켜야 한다. 또한 2007년 아프가니스탄 한국인 피랍 사태에서도 드러났듯이 지역 전문가의 인원 확충 역시 시급하다. 따라서 인력 증원과 함께 지역 전문가들을 육성해야 한다. 지역 전문가들 중에서 오지에 근무하는 사람들에게는 확실하게 인센티브가 될 만큼 급여를 주고 그 지역에서 외교 결정권을 행사할 수 있도록 기회를 주어야 한다. 외교력은 국력과 직결된다.

4장

대한민국 미래 동력
FTA는 과정일 뿐이다

오늘의 대한민국이 지구상의 국가 중 열두세 번째 경제 대국으로 성장할 수 있었던 것은 말로 표현하기 어려울 정도로 우리 선배들이 피땀 흘려 노력하고 희생한 덕분이다. 1960~1970년대 비전과 열정을 가지고 뛴 기업인들, 주말도 없이 하루 14시간 이상 일하며 대한민국 경제의 중추를 담당한 노동자들과 특히 여공들, 국가의 부름을 받아 월남전에 참전한 우리 젊은 군인들, 독일에 이주해 고국에 있는 가족들의 생계를 책임지며 눈물의 돈을 벌었던 광부들과 간호사들, 중동에 건너가 그곳 인프라를 닦으며 외화벌이에 나섰던 건설 노동자들, 민주주의를 외치며 독재 타도에 앞장섰던 민주화 세력과 시민들이 바로 그들이다. 힘들고 어려운 시절에 했던 각오를 좀더 건설적으로 발전시키는 지혜가 필요하다. 사회 각계각층의 이해와 견해의 대립 속에서도 최선의 선택을 이끌어 내고, 그 과정이 역동적인 다양성으로 승화되어 선배들로부터 물려받은 대한민국이 국제사회에서 긍정적인 영향력을 지닌 존재감 있는 나라가 되기를 소망한다.

주도권을 유지하면서 선두주자로

통상교섭본부 재임 시 나는 이러한 비전을 갖고 한미, 한-EU, 한-아세안 등 45개 국가들과 동시다발적 FTA를 추진했다. 이는 우리가 경쟁력을 강화하고 부를 늘려 통일국가로 가기 위한 제2의 개항이었다. 통일은 민족적인 숙제이기도 하지만, 국제사회에서 자존감을 세울 수 있는 역량을 키워 주며, 지정학적으로 숙명적 긴장관계에 있는 한반도에서 가장 우선 풀어야 할 과제이기도 하기 때문이다. 그래서 나의 최종 귀착지는 남북 FTA였던 것이다. 결과적으로 대한민국은 FTA를 한 건도 체결하지 않은 국가에서 최근에 가장 많은 국가들과 높은 수준의 FTA를 타결 또는 협상하는 국가로 변신했다. WTO 다자협상이 결렬되자 여러 국가의 통상장관들이 FTA를 적극 추진하지 않은 것에 후회하는 것을 보았다. 그렇다. 세계 무대에서는 후회할 여유가 없다. 후회할 일을 만들면 그만큼 자국의 경쟁력은 뒤처지고, 국민들의 미래에 부담을 주게 되는 것이다. 세계 시장의 거센 파도에 담대하게 맞서 헤쳐 나갈 뿐 아니라 오히려 그 물살을 가르고 파도를 타면서 세계의 틈새시장을 더 부지런히 개척해야 한다.

통상 분야에서 지속적으로 개방·개혁을 하기 위해 주요 교역국들과 FTA를 타결하고 비준해야 한다. 우리는 한미 FTA가 2007년 4월 2일 타결되자 곧바로 한-EU FTA 협상을 2007년 5월 7일 출범시켰다. 현재 타결된 FTA 중에서 시장 개방 정도가 미국보다 더 광범위한 FTA는 한-EU FTA뿐이다. EU는 큰 교역국일 뿐 아니라 미국보다 관세가 더 높기 때문에 우리 기업들은 관세철폐로 실질적인 혜택을 얻을 것이다. 예를 들어 우리 주요 수출품목인 승용차의 경우, 현재 EU의 관세율은 우리보다 더 높은 10%다. 미국의 2.5% 관세율보다 무려 4배나 높은 것이다. 10% 관세율이 철폐되면 우리 자동차의 가격경쟁력이 높아지는 것은 물론이고 무관세 혜택을 받으려는 외국 자동차회사의 국내 투자유치도 가능해질 것이다. EU는 농산물에 많은 보조금을 부여하기 때문에 미국 농산물보다 가격경쟁력이 있어 국내 시장에서 대체효과도 있을 것이다.

한-EU FTA 외에도 캐나다와 FTA를 조기 체결하고 중국과도 유리한 환경을 조성해 협상을 출범시킬 필요가 있다. 그러나 주요 교역국들과 FTA를 체결했으니 이제 이들을 관리만 잘하면 된다는 생각은 금물이다. FTA 다음 단계는 수십 개 국가들과 체결한 FTA들을 거미줄처럼 묶어서 RTA(Regional Trade Agreement, 두 개 이상 국가와의 지역 자유무역 협정)를 체결하는 것이다. 예를 들어 아세안이 한국과는 FTA를 체결했지만 EU와 FTA를 체결하지 않은 상태에서, 한국-아세안-EU 3자가 RTA를 체결하면 동남아에서 현지산 또는 한국산 부품으로 만든 우리 기업의 상품이 EU 시장에 무관세로 수출될 수 있다. 거꾸로 한국에 진출한 EU 기업들이 EU산 또는 한국산 부품소재로 완제품을 만들어 아세안 시장에 수출할 경우에도 무관세 혜택을 받는다.

문을 잠그고 살면 안 된다

국제사회에서 인정받고 더 자주적인 국가가 되기 위해서는 국력을 키워야 한다는 점은 앞서 누누이 강조한 바다. 거슬러 살펴보면 이것은 민족적 혼란기에 도산 안창호와 백범 김구가 강조한 사상인데, 민족 내부의 힘을 최우선시하는 것이다. 민족의 힘에는 군사력·경제력 같은 객관적인 조건과, 민족성이나 국가관도 포함된다. 도산은 경제·지식·도덕을 강조했고, 백범은 자주적 독립국가를 강조했다. 이는 여전히 유효하며 국가 내실의 근본이다.

그러나 이를 실현하려면 문을 잠그고 살아선 안 된다. 올림픽과 월드컵을 통해 증명된 바다. 민족의 생활 터전이 이미 세계 각처로 확장되어 있고, 여러 국적의 외국인이 대한민국에서 일을 하고 있다. 그러므로 민족애는 이제 인류애로 승화해야 하며, 세계 평화 유지를 위한 노력과 책임을 자각하는 국가로 거듭나야 할 시점이다. 비록 한반도의 정세가 매일 혼란하더라도 결코 우물쭈물하거나 머물러 서서, 세계의 변화에 그 어떤 의무나 권리도 행사하지 못하는 비주류 국민이 되어서는 안 될 것이다. 국제사회에서 건강한 주류 국민이 되기 위해선 늦기 전에 기회를 만들어야 할 것이다. 그 기회를 통해 우리의 역량을 극대화하는 지혜가 필요하다. 21세기 우리의 운명을 결정할 수 있는 힘은 독자적으로 일구어야 한다. 그러기 위해서는 국가 경쟁력 강화가 필수다.

국가 경쟁력은 가만히 있으면 어디서 생기는 것이 아니다. 우리가 발전하지 말고 다 함께 이대로 '머물자' 한다고 세계가 함께 동조하지 않는다. 그러므로 정부는 현재는 물론 미래 국민들을 위한 정책에 정교한 비전을 갖고 있어야 할 것이다. 세계는 2차 세계대전 이후 냉전시대를 거치면서 자유민주주의가 보편적 국가 제도로 자리 잡았다. 유럽 중심의 세계가 미국 중심의 세계로 재편성되었다. 이제 다시 이 세계의 중심이 어디로 옮겨 갈지, 언제쯤 그 중심축이 이동할지는 앞으로도 예의주시할 사안임에 틀림없다. 그러나 향후 얼마간은 여전히 미국 중심의 세계화가 통용될 것이다. 그러니 거시적인 세계 동향의 변화 흐름을 예리하게 분석, 파악하는 동시에 현안에 대한 미시적인 정책 접근을 정교하게 해야 한다. 대한민국은 통상 분야에서 속히 경쟁력 향상을 도모해야 한다. 국민 모두가 세계의 흐름에 둔감해지게 만들면 안 된다. 자원이 없는 한반도의 대한민국 국민이 국제사회에서 당당하게 살아갈 수 있도록 가장 효과적인 통상정책을 추진해야 한다.

우선, 세계적으로 통용되는 기준과 표준 곧 글로벌 스탠다드를 과감히 수용하고 적용해야 한다. FTA는 선진국들과 맺는 것이 좀더 효과적이다. 1996년 유통업을 개방할 당시 업계는 우리 유통업체들이 다 도태된다며 강력히 반발했지만 개방 결과 유통업의 세계 기준 선도자인 미국의 월마트와 프랑스의 까르푸는 한국 유통 기업들에 인수되었고, 세계적 경쟁력을 갖춘 이마트는 국내는 물론 중국에서도 성공적으로 기반을 다지게 되었다. 2, 3위를 달리는 유통 기업들은 홈플러스와 롯데마트다. 얼마 전까지만 해도 한국 주부들은 일제 코끼리표 밥솥을 선호했는데 이제는 경쟁에서 살아남은 국내 중소기업 쿠쿠밥솥이 인기를 독차지하고 있다. 세계 활 시장을 독점하는 두 회사는 미국의 호이트사와 일본의 야마하사였다. 그러나 한국 양궁 선수들이 세계 정상에 오르기 시작하자 이들 기업은 한국 팀에 신제품을 주길 꺼려했다. 이에 양궁협회는 국산 활 개발을 독려했고, 부단한 노력 끝에 마침내 삼익에서 생산하는 활이 세계 양궁 시장의 45%를 장악하게 되었으며, 베이징 올림픽 8강전 출전자들의 90%가 이 회사의 활을 들게 되었다.*

　항공사도 마찬가지다. 1998년 미국과 항공자유협정을 맺을 때도 우리 항공 시장은 미국의 노스웨스트나 유나이티드 에어라인과 같은 거대 항공사에 의해 모두 망한다고 했지만 서비스 개선으로 지금은 우리 항공사가 미주 노선에서 여객 91.2%, 화물 75.5%를 점유하고 있다. 영국 항공사들은 서울에 일주일에 여러 편이 들어올 수 있지만 실제론 우리 항공사에 비해 경쟁력이 없어 한 번도 뜨지 못하고 있는 실정이다. 농업에서도 파프리카의 경우 전량 수입에 의존하고 있었는데 지금은 국내 투자와 연구 개발을 통해 국제 경쟁력을 확보, 일본에 약 500억 원을 수출해 일본 시장에서 65% 안팎의 점유율을 차지하고 있다. 삼성전자의 경우 미국의 통신회사 스프린트와 함께 와이브로 표준을 세계 표준으로 만드는 데 성공했다. LG화학은 미국 자동차 회사 GM에 자동차 배터리를 독점 공급하는 우수한 성과도 올렸다.

　다양한 맛으로 중국 소비자의 입맛을 사로잡은 파리바게뜨 제품은 경쟁사 제품보다 비싼 가격에도 불구하고 베이징에서 가장 호황을 누리고 있다. 많은 다국적 기업들도 우리나라 사람들의 아이디어를 바탕으로 만든 제품으로 세계 시장에서 인정받고 있다. 필립스코리아의 블렌더는 두유, 콩국수 제조에 필요한 거름망을 장착해 유럽에서도 인기 상품이 되었다. 토스터에 먼지가 들어가지 않게 뚜껑을 만든 것도 우리 아이디어다. 구글 미국 본사는 세계 모든 나라의 구글 초기 화면이 똑같아야 한다는 원칙을

---

* "[case study] 삼성 명품 전략 벤치마킹 일 야마하도 두손 들었다", 〈중앙일보〉 2008. 11. 13.

깨고 한국 시장에 맞추어 초기 화면에 '시작 페이지' 아이콘을 삽입했다. 이후 구글 코리아 방문자 수가 이전보다 40% 이상 늘자 다른 나라 지사도 초기 화면을 바꾸게 되었다.• 우리는 이런 우수한 창의력을 살려서 우리 상품과 서비스를 세계 시장에 펼쳐 보여야 한다.

분명히 말하지만 FTA는 과정이다. 만병통치약은 더더구나 아니다. 한미 FTA를 비롯한 모든 FTA는 목적 달성을 위한 수단이지 목적 자체가 아니다. 반드시 치러야 할 수순의 한 단계라는 뜻이다. 그 과정에서 습득해야 할 우리만의 노하우가 생기는 것이다. 대한민국 국민의 운명이 다른 나라들에 의해 결정되어서는 안 된다. 우리 기업들이 실질적인 경험과 유효한 정보 면에서 경쟁력을 보유케 하고 나아가 우리가 국제적 시장을 주도할 수 있도록 더 자유로운 활동이 가능해야 한다. 다시 말하지만, FTA는 그 가능성과 기회가 열리도록 보이지 않는 인프라를 구축하는 것이다. 그래서 미국 시장에서 우리 기업들이 좀더 자유롭게 기업 인수합병을 할 수 있는 기반을 조성하는 것도 FTA의 목적 중 하나였다. 경제 위기로 북미와 유럽 기업들의 자산 가격이 하락한 이 시점에서 50~100년간 우리의 미래를 책임질 전략적 기술을 보유한 기업들을 인수합병하여 시너지 효과를 극대화할 필요가 있다.

한미 FTA와 관련, 미국은 자동차 협상이 잘못되었다며 미국 자동차 판매가 한국 시장에서 늘어야 한다고 주장한다. 이 기회에 미국 자동차를

• "다국적 기업, 한국서 배운 '성공 노하우' 들고 세계로 간다", 〈중앙일보〉 2008. 11. 19.

몇 대 더 사주는 것보다 미국 자동차 회사를 통째로 사는 것이 나을 것이다. 중국계 자동차 회사는 한때 크라이슬러사의 꽃인 지프차 사업부문을 인수하겠다고 나선 적이 있고, 또 다른 중국계 자동차 회사는 포드사가 매각하는 볼보를 인수했다. 크라이슬러사는 과거에 AMC(American Motor Corporation)사를 인수하여 지프차 사업부만 유지하고 나머지 부문은 폐기했다. 한때 지프 체로키는 미국 소비자들에게 가장 인기 있는 자동차 중 하나였다. 그 외에도 크라이슬러사의 다지Dodge 브랜드는 미국 근로자들에게 인기가 높다. 볼보사는 지난 수년간 약 5억 달러의 흑자를 낸 모회사 포드사의 효자 업체이며 우수한 환경 기술을 확보한 기업이다. 우리 기업들도 앞으로 금융 지원을 받아 어떤 회사들을 인수해야 하는지 신중히 검토할 필요가 있다.

유형자산인 기업 인수보다 더 어려운 것은 인적자원 위주로 운용되는 연구소의 인수다. 유엔대사 시절 미국 산업연구소를 방문했을 때 개발 중인 기술에서 어떤 기술에 가장 기대를 걸고 있는지 물어본 적이 있다. 연구소장은 내게 핸드폰으로 TV를 보느냐고 되물었다. 나는 보긴 보지만 화면이 작아 불편하다고 했다. 그는 핸드폰에서 홀로그램이 나와 불편 없이 TV를 시청할 수 있는 기술이 거의 마무리되어 간다고 했다. 그러면서 그 기술을 보유한 외국 회사와 보유하지 못한 한국 회사의 경쟁력을 한번 비교하여 상상해 보라고 했다. 다른 국가들의 대규모 국부 펀드가 이런 분야를 인수합병하기 전에 우리가 먼저 손을 써야 한다. 기름 한 방울 안 나는 우리는 쉘Shell 같은 메이저급 에너지 회사도 인수해야 한다. 이런 기업을 인수하면 우리에게 경제적 이익이 되는 것은 물론이고 청년들에게 일자리가 생기며 한걸음 더 나아가 일자리 이상의 의미도 있다. 대한민국의 미래를 이끌고 갈 동력이 여기서 나오기 때문이다.

에필로그
승산은 있다

나는 전 세계를 돌아다니면서 제법 다양한 음식을 먹어 보았지만 아직 우리나라의 고들빼기김치만큼 맛있는 음식을 만나 보지 못했다. 야생 고들빼기는 이파리보다 뿌리가 길고 쓴맛이 더 나는데, 고들빼기를 물에 담가 야생의 쓴맛을 얼마나 적절하게 빼느냐와 김치를 담그는 손맛에 맛의 비밀이 있다 한다. 그 맛을 경험한 것은 십 대였을 무렵 순천 할머니 댁에서였다. 하얀 쌀밥과 함께 처음 먹어 본, 독특하고 고유한 고들빼기김치 맛은 유학 시절을 거쳐 해외에서 수십 년을 지내는 동안 늘 기억에 생생했다. 지구상의 어떤 문화와 환경에서도 변치 않는, 아니 살아남는 그 맛의 고유함 때문일 것이다. 국가 통상정책을 수행하며 본능적으로 내가 목적한 바는 내 기억에 새겨진 고들빼기김치의 참맛을 세계인이 경험케 만들겠다는 것이다. 우리의 고유성을 세계인에게 전하는 일이다.

1960년, 한국의 1인당 국민소득은 아프리카 가나의 171달러보다 적은 79달러였고, 필리핀의 원조를 받아 장충체육관 돔과 주한 미국대사관, 현 문화부 건물을 지어야 했다. 그 후 불과 반세기 만에 한국의 1인당 국민소득은 2만 달러 문턱에 진입했다. 개발도상국 중에선 거의 유일하게 비약적인 발전으로 선진국 대열에 근접한 나라가 되었다. 경제 발전과 더불어 사회도 함께 성숙했는데, 국민의 힘으로 독재 정부를 무력화한 후 보수와 진보 정치세력이 민주적으로 정권을 주고받으며 정치적 발전을 거듭하고 있는 것도 부인할 수 없다. 이 모든 일을 짧은 시간에 동시다발적으로 치러낸 나라가 바로 내 나라 대한민국인 것이다.

	그러나 '많이 좋아졌다'고는 하지만 아직 사회·경제·정치 전반에 내재된 문제들을 간과할 수 없다. 대한민국은 더 강해지고 다시 도약해야 한다. 성장이 멈춘 공동체는 전진은커녕 후퇴하게 마련이다. 국가공동체의 지속 성장 자체가 대한민국의 미래를 지키는 일이다. 우리의 미래 성장 잠재력을 약화시킬 직접적인 원인 중 하나는 저출산과 초고속 고령화다. 한국은 2005년 출산율이 경제협력개발기구OECD 평균인 1.6명에도 한참 못 미치는 1.08명에 불과했다. 65세 이상 노인 인구 비율이 7%인 고령화사회에서 14~20%인 고령사회에 도달하는 데 걸린 기간이 프랑스 115년, 스웨덴 85년, 미국 71년, 영국 47년인 반면 한국은 불과 19년 만인 2019년에 고령사회에 도달한다. 뿐만 아니라, 높은 청년실업률을 감안할 때 최근 경제성장이 고용 없는 성장 추세를 보인다는 점 역시 주목해야 한다.

	한국 경제가 세계 시장의 극심한 경쟁 속에서도 발전하며 버틸 수 있었던 것은 60년대 산업화 이후 비약적으로 발전한 조선, 철강, 자동차, 전기

전자, 반도체 등의 산업 덕분이었음은 의심할 여지가 없다. 그러나 이제는 더 큰 경쟁력을 갖추지 않고서는 버티기 어렵다. 벌써 중국이 무서운 추격을 시작했다. 기술 격차도 이미 현저하게 줄었다. 몇몇 보고서에 따르면, 현재 대한민국의 대중국 무역흑자는 하루 1억 달러지만 현재 양국의 경제 발전 속도를 감안하면 2012년에 무역적자로 돌아설 수 있다는 것이다. 발등에 떨어진 현안이다.

참여정부는 전 정부가 경제위기를 극복하며 생긴 여진餘震을 잠재움과 동시에 지속적인 성장을 향한 현실적이고도 분명한 청사진을 제시하기 위해 숙고했고 결단이 필요했다. 밖으로는 경쟁국들보다 유리한 조건으로 안정적인 시장을 확보해 수출 시장을 확대하고, 안으로는 부가가치가 높은 투자를 유치하여 광범위한 고용증대, 곧 많은 일자리가 만들어지도록 확실한 계획을 세워야 했다. 이것은 절체절명의 국가경영 과제였다.

그럼에도 자원이 절대적으로 부족하여 무역의존도가 매우 높은 대한민국은 태생적인 한계가 있다. 시시각각으로 변하는 세계경제의 도도한 흐름 앞에서 아무 대책 없이 불평하고 저항하는 일로 세월을 보내기엔 다음 세대에게 너무나 미안하다. 앞선 자들의 시간은 훨씬 빠른 속도로 움직인다. 국가 경쟁력을 극대화하기 위해서는 시대의 흐름에 부합하는 통상정책을 이행하는 것이 중요했고 그 시점은 바로 지금이라는 것이 나의 판단이었다. 그러기 위해서는 세계 시장을 종횡무진 활보하는 강대국들이 이미 만든 표준 혹은 기준에 빨리 적응하는 것이 우선이고 그 룰을 속히 익혀 제대로 실력을 겨뤄 보아야 했다. 승산이 있었다.

이즈음 세계통상리그의 현장을 직시한 노무현 대통령은 "정치적으로 부담은 되지만 결단을 내리고 갑시다!"라고 의지를 표명하고 끝까지 무게중심을 지켰다. 이것이 한미 FTA를 출범시키고 타결시킨 직간접적 원인이자 힘이었다. 이는 역사적 안목을 갖고 내린 판단으로 평가될 것이다. 한반도의 안정은 세계 평화와도 직결된다. 역사를 조금만 거슬러 올라가 보면 우리의 국력이 약할 때 주변국들의 힘이 한반도에서 충돌한 경우가 쉽게 발견된다. 세계 권력이 부딪치는 곳, 지정학적인 숙명을 짊어진 한반도를 두고 세계의 힘이 밀고 당기기를 멈추지 않는다. 급기야 전쟁이라는 막다른 상황까지 치닫는 경우, 한반도의 피해는 치명적이다. 중국의 속국화, 갑신정변, 청일전쟁과 러일전쟁, 을사늑약과 한일합방에 이어 일제 식민통치, 그리고 해방 후 민족 분열로 인한 한국전쟁에 이르기까지 한반도는 외세에 휘둘리는 악순환을 거듭 경험했다. 여전히 대한민국의 정책은 세계 권력의 긴장관계가 만드는 테두리에서 벗어날 수 없다. 지혜가, 아니 전략이 필요하다.

지금까지의 국제무역 환경은 강대국의 주도하에 일방적으로 조성되는 것이었다고 볼 수 있다. WTO도 예외가 아니다. 국제사회 무역 환경의 변화는 결국 WTO의 결정에 매일 수 없다는 것이 입증되었고 그 새로운 통상 환경의 출현이 FTA인 것이다. 쌍방이 동등한 기회를 갖고 좀더 적극적으로 주고받는 양자협상의 통상시대가 도래했다. 그 테이블에 누구와 마주할 것인지, 어떤 품목을 올려놓을 것인지 등 자국의 정치·경제적 이익을 위한 자유무역 환경으로 변화한 것이다.

이 테이블은 때로 세계의 힘이 이합집산하는 원인이 된다. 각국의 이념에 따른 혈맹관계가 시장을 중심으로 한 수입·수출의 통상관계로 옮겨

가는 것이다. 따라서 통상정책은 이미 단순히 사고파는 국가 간 산업발전의 한 부분에 국한된 정책에 머물 수 없다. 아니 그래서는 더욱 안 된다. 바로 이 점이 참여정부 통상정책의 근간을 동시다발적인 FTA로 결정한 이유였다.

나는 동북아 지역의 복잡 미묘한 국제적 긴장관계를 고려하여, 본부장 재임 기간 동안 한반도를 중심으로 동으로는 한미 FTA를, 남으로는 아세안 10개국과 FTA를 타결했다. 서로는 EU 27개국과 협상을 출범시켰고, 북으로는 신흥 시장인 러시아와 FTA 예비협상을 시작했다. 한 걸음 더 나아가 대통령께 남북 FTA 추진을 북측에 제의할 것을 건의했다.

대한민국 국민은 우수한 민족이다. 세계 어디를 둘러봐도 나라 빚을 갚기 위해 자기 재산을 국가에 헌납한 국민은 없다. 일본은 한국 경제를 파탄시키고 예속화하려고 강제적으로 1,300만 원의 차관을 도입케 했고 그 돈을 한국을 지배하는 데 썼다. 우리 국민은 이 빚을 갚기 위해 남자들은 담배를 끊고 여자들은 비녀와 가락지를 국가에 헌납했다. 1907년 국채보상운동 때 우리 국민은 1,300만 원을 모아 일본에 진 빚을 갚았다. 90년 후인 1997년 외환위기 때는 나라 빚을 갚기 위해 금을 앞다투어 내놓았다. 어느 퇴역 장성은 금으로 만든 별 계급장을 헌납하기도 했다. 감명 깊었다. 국민들의 열망은 뜨거웠다. 그 뜨거운 열망은 2002년 월드컵 4강 때 또다시 실현되었다. 우리가 이렇게 뭉치면 우리의 숙원인 통일을 이룰 수 있고 국가의 운명을 우리가 결정할 수 있는 강국이 될 수 있다. 주의해야 할 것은 민족의 애국심과 우수성이 쇄국적으로 활용된다면 시시각각 변하는 세계적 흐름 앞에서 대한민국은 왜소해질 것이 자명하다는 것이다.

2006년 한국 국가대표 야구팀이 도하 아시안게임에서 대만에 참패했다. 치욕적인 결과였다. 언론에서 분석한 패배 원인은 세 가지였다. 첫째, 한국은 세계 규격보다 작은 공을 사용하고 있었다. 작은 공을 사용하면 투수가 포크볼을 구사하기 쉬웠다. 둘째, 한국은 투수 마운드가 국제기준보다 높았고, 셋째로 스트라이크 존도 국제기준보다 넓고 높았다. 한국 야구는 자존심이 상했지만, 진정한 자존심을 되찾기 위해 '국제 표준'을 수용해야 했고 그 기준에 적응하기 위해 고통스러운 훈련이 필요했다. 국제 표준을 익힌 대한민국 야구 대표팀은 2008년 베이징 올림픽에서 일본, 미국, 쿠바 등 최강팀을 꺾고 금메달을 목에 걸었다. 김연아 선수도 마찬가지다. 세계 기준에 이르는 훈련이 필요했고, 그 절대량을 수행하고서야 세계 정상에 오른 것이다. 그것이 진정한 성취감이다.

자유무역을 추진하여 대한민국을 세계의 주류에 편입시킨다는 것은 국경을 해체해 경제 주권을 내주는 것이 절대로 아니다. 폐쇄적이고 소극적으로 미래를 대처할 것인가 개방적이고 적극적인 태도로 맞이할 것인가의 문제이다. 열린 세계를 향해 과감히 떨치고 나아갈 대한민국의 후배들에게 조금이라도 진일보한 환경을 물려주고 싶다. 다시 말하지만 승산은 있다! 훈민정음의 탄생이 그러했다. 중화체제라는 당시의 세계적 보편성과 조선의 특수성을 조화시킨 한글은 전무후무한 세계적 문화유산이며 세종대왕이 우리에게 남겨 준 자랑스러운 소통의 도구 그 이상이다. 세계의 보편성과 한국적인 고유성을 결합시켜 세계 시장에 유리한 조건으로 우리의 상품과, 나아가서 문화를 수출할 수 있는 환경을 구축하자는 것이다. 말하자면 고들빼기김치의 국제화이다.

한미, 한-EU FTA를 비롯하여 수십 개 국가들과의 협상 과정에서 나는 어떡하면 국민과 공감대를 이룰 수 있을까 참 많은 고민을 했다. 결코 쉬운 일이 아니었다. 이념과 지역, 계층 간 갈등은 생각보다 깊었다. 대국민 차원에서 충분히 설명하지 못한 나의 부족함 때문이다. 나는 한미 FTA를 반대한 이들의 열정과 나라 사랑을 높이 평가한다. 분명한 건 작지만 강한 나라를 목표로 우리 모두 소리를 내되 그 소리들이 모여 국가의 힘으로 작용해야 한다는 것이다. 한반도의 운명을 결정하는 진정한 힘은 국민들로부터 나온다.

2008년 6월 2일 나는 유엔대사 직을 그만두게 되었다. 무거운 책임을 안고 있다가 내려놓게 되어 일신은 자유를 누리게 되었고 지난 5년간을 복기하며 되새김하는 시간이 주어졌다. 좀더 국가에 기여할 수 있는 일이 있지 않았나 하는 아쉬움이 적지 않았다. 그러나 그동안 나도 모르게 몸을 혹사한 터라 휴식이 필요했다. 그러면서도 하늘이 나의 여섯 번째 직장을 어떤 방향으로 인도할지 궁금하기도 했다. 유엔대사 직을 그만둔 후 해외 소재 다국적 기업과 국제기구에서 같이 일해 보자는 제의가 여러 건 있었으나 그쪽 길을 택하지 않았다. 누가 보아도 그쪽 길이 자연스럽고 순리적인 선택이기에 더욱 그렇게 하지 않았던 것 같다.

귀국 후 나는 10개월 동안 백수 생활을 했다. 그 기간 동안 이 보고서를 쓰기 시작했다. 예전부터 대사大事를 치르고 난 뒤 기록이 제대로 남아 있지 않은 점이 안타까웠다. 기억이 생생할 때 한미 FTA 협상에 대한 기록을 남겨야 한다고 생각했고, 그 협상 경험에서 얻은 노하우와 교훈을 후배들에게 전할 필요를 느꼈다. 막상 책으로 남길 생각을 하니 쉽지 않았다. 보고의 내용과 수준을 가늠하는 일이 가장 어려웠다. 이 책이 새로운 싸움의 단초를 제공하는 것을 바라지 않기 때문이다. 있었던 일 그대로를 내 시각에서 정직하게 기록으로 남기는 일이 그동안 맡은 직무에 대한 최종 마무리라고 생각한다. 이런저런 이유로 과거의 주무자들이 기록을 남기기 어려웠음을 이해하면서 허다한 고민이 있었다. 그럼에도 보고서를 남기는 일은, 옳다는 판단을 했다.

  또다시 추가협상을 하여 2010년 12월 6일 양국은 한미 FTA를 타결했다. 큰 틀에서 볼 때 한미 FTA는 우리에게 도움이 되므로 비준되어야 한다. 2007년 4월 2일 협상을 타결한 뒤 미국이 노동과 환경 관련하여 추가 협상을 요구해 왔을 때, 나는 앞으로 더 이상의 추가협상은 없다는 다짐을 받으며 6월 30일 한미 FTA를 최종 타결했다. 타결된 지 3년 후 내용이 불리하다는 이유로 또다시 협상을 하자는 미국의 요구는 적절치 않았다. 2007년 6월 30일의 추가협상은 없다는 약속을 미국이 지키지 않은 것은 유감스럽다. 우리로서는 이런 전례를 남긴 것이 앞으로 부담이 될 수도 있다. 우리가 얻을 교훈은 패권국은 주는 것보다 더 많은 반대급부를 요구한다는 것이다. 우리 이익은 우리가 지켜야 한다.

  인간의 역사는 다수가 아니라 깨어 있는 소수에 의해 바뀐다. 무엇보다 나를 통상 수장으로 믿고 따라 준 통상 협상가들의 헌신과 열정에 깊이 감사한다. 그들의 노고가 있었기에 대한민국의 국제적 경쟁력이 진일보하였음은 분명하다. 일일이 열거하지 않겠다. 어설프게 나열하는 것은 그들이 조국 대한민국을 위해 충성한 가치를 절하할 수 있기 때문이다. 그럼에도 밤낮은 물론 휴일도 없이 일했던 그들과 가족들의 희생을 모른 척할 수 없다. 진심으로 감사드린다. 2차 협상 시 신라호텔에서 경찰병력을 지휘하다 과로로 쓰러져 아직도 의식을 찾지 못하고 있는 안성 경위, 양허를 하나라도 더 받아 내기 위해 몸을 아끼지 않고 고지대인 몬태나 협상에 참여한 후 아이가 유산된 직원을 생각하면 아직도 마음이 아프다. 통상 협상가들 외에도 나를 도와준 동료 장관들, 특히 각별한 사이였던 고 박홍수 농림부장관, 그리고 청와대 실장, 수석, 비서관들 및 언론과 국회에 그리고 나라 사랑하는 마음으로 한미 FTA에 비판을 아끼지 않은 분들께 깊이 감사한다.

특히 고 노무현 대통령께 감사드린다. 앞에서 언급했지만 한미 FTA 협상 중간에 한-EU FTA 협상도 출범시키겠다고 보고드리자 노 대통령은 "나는 동서화합 대통령이 되고 싶은데 김 본부장 때문에 FTA 대통령이 되겠어"라고 웃으며 말한 적이 있다.

그분이 갖고 있었던 애국애족의 의지와 국익을 위한 뚜렷한 개방 철학이 있었기에 미국, EU를 비롯하여 45개 국가들과 FTA를 출범하고 타결시킬 수 있었다. 4년 반 동안 노 대통령은 내 요청을 예외 없이 경청하고 힘을 실어 주었다. 일면식도 없었던 내게서 국익에 기여하고 싶어 하는 열정을 알아보고 국민을 위해 내 실력을 최대한 발휘할 수 있도록 기회를 주셨다. 인사차 봉하마을에 들러, 지난 5년간의 보고서를 쓰고 있다고 하니 완성되면 꼭 한번 보고 싶다 하셔서 "네. 곧 보내 드리겠습니다"라고 했는데 약속을 지키지 못했다. 좋은 어른이셨다. 무척 아쉽다.

김현종, 한미 FTA를 말하다
Ex-Trade Minister Talks about Korea-US FTA

지은이 김현종
펴낸곳 주식회사 홍성사
펴낸이 정애주
국효숙 김의연 박혜란 송민규 오민택 임영주 차길환

2010. 12. 24. 초판 발행   2025. 5. 2. 6쇄 발행

등록번호 제1-499호 1977. 8. 1.
주소 (04084) 서울시 마포구 양화진4길 3
전화 02) 333-5161   팩스 02) 333-5165
홈페이지 hongsungsa.com   이메일 hsbooks@hongsungsa.com
페이스북 facebook.com/hongsungsa
양화진책방 02) 333-5161

ⓒ 김현종, 2010

• 잘못된 책은 바꿔 드립니다. • 책값은 뒤표지에 있습니다.

ISBN 978-89-365-0834-0 (03320)